Reichs-Marine-Amt

Segelhandbuch für den Persischen Golf.

Reichs-Marine-Amt

Segelhandbuch für den Persischen Golf.

ISBN/EAN: 9783954271276
Erscheinungsjahr: 2012
Erscheinungsort: Bremen, Deutschland

© maritimepress in Europäischer Hochschulverlag GmbH & Co. KG, Fahrenheitstr. 1, 28359 Bremen. Alle Rechte beim Verlag und bei den jeweiligen Lizenzgebern.

www.maritimepress.de | office@maritimepress.de

Bei diesem Titel handelt es sich um den Nachdruck eines historischen, lange vergriffenen Buches. Da elektronische Druckvorlagen für diese Titel nicht existieren, musste auf alte Vorlagen zurückgegriffen werden. Hieraus zwangsläufig resultierende Qualitätsverluste bitten wir zu entschuldigen.

Reichs-Marine-Amt.

Segelhandbuch

für den

Persischen Golf.

Mit 94 Küstenansichten auf XVII Tafeln.

Preis: gebunden 3,00 ℳ.

Berlin 1907.
Gedruckt und in Vertrieb bei E. S. Mittler & Sohn
Königliche Hofbuchhandlung und Hofbuchdruckerei
Kochstraße 68—71.

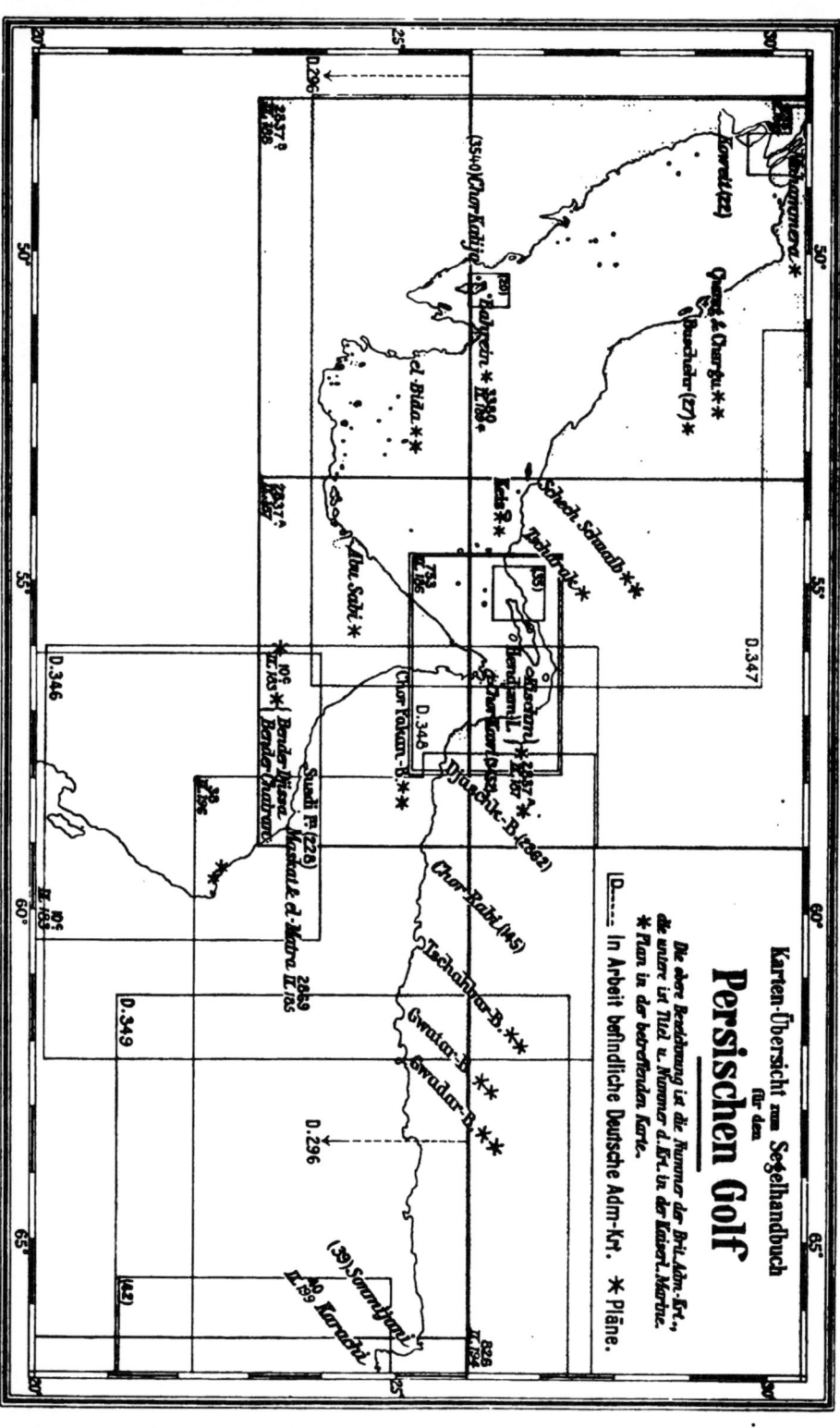

Vorwort.

Das Segelhandbuch für den Persischen Golf umfaßt die Ostküste Arabiens von Sur bis zum Schatt el-Arab, die Küsten von Beludschistan und Persien.

Als Grundlagen für die Bearbeitung dienten neben den neuesten britischen Admiralitätskarten: The Persian Gulf Pilot 1898 nebst Supplement 1905 und mehrere Berichte und Fragebogen deutscher Kapitäne der Handelsmarine und Konsuln, gesammelt von der Deutschen Seewarte. Im Abschnitt I sind nur die Angaben über magnetische Elemente von der Deutschen Seewarte bearbeitet worden. Die Schreibweise der arabischen und persischen Namen wurde unter gütiger Mitwirkung des Königlichen Orientalischen Seminars festgestellt. Zahlreiche Photographien sind der Güte des Forschungsreisenden Herrn *H. Burchardt* zu verdanken, dessen Reisebericht über Ostarabien ebenfalls verschiedene Angaben entnommen wurden.

Die »Nachrichten für Seefahrer« sind bis einschließlich Heft Nr. 51 vom 17. November 1906 berücksichtigt worden. Nachträge zu diesem Segelhandbuche werden nach Bedarf herausgegeben und können von der Verlagsbuchhandlung kostenfrei bezogen werden.

Alle deutschen Seefahrer werden ersucht, Angaben zur Berichtigung und Vervollständigung dieses Buches an das Reichs-Marine-Amt, Nautische Abteilung, Matthäikirchstraße 9, zu richten.

Berlin, im November 1906.

Zur Beachtung!

Die Angaben dieses Segelhandbuches sollen den Seefahrern als Anhalt dienen, sind aber nicht als unbedingt richtig anzunehmen, da sie Änderungen unterworfen sind. Wenn die Bücher mit den Karten nicht übereinstimmen, ist große Vorsicht und kritische Prüfung (vgl. Seite 5) geboten. Änderungen werden gewöhnlich durch die »Nachrichten für Seefahrer« bekannt gegeben und erscheinen nach Bedarf in Nachträgen, die dem Buche beizufügen sind.

Alle Angaben über Leuchtfeuer sind stets nach der neuesten Ausgabe der vom Reichs-Marine-Amt veröffentlichten Leuchtfeuer-Verzeichnisse und den seitdem erschienenen Nachrichten für Seefahrer auf Änderungen zu prüfen.

Wegen der Ungenauigkeit mancher Seekarten betrachte man jede Küste als gefährlich, von der nicht unzweifelhaft erwiesen ist, daß sie frei von Gefahren ist. Auch in anscheinend genügend ausgeloteten Gewässern bleiben häufig bei der Vermessung einzelne Klippenspitzen und Untiefen unentdeckt; manche werden in befahrenen Gewässern später noch durch gelegentliche Strandungen von Schiffen aufgefunden, während in schwach befahrenen Gewässern solche Gefahren oft viele Jahrzehnte lang, zuweilen trotz wiederholter Vermessung unbekannt bleiben und dadurch leicht zur Überschätzung der Genauigkeit der Seekarten solcher Gebiete verleiten.

Deshalb sollte der vorsichtige Seefahrer besonders in engen Gewässern und dicht unter Land stets loten und auch wenig bekannte Ankerplätze mit dem Lote untersuchen. **Man hüte sich davor, zu große Genauigkeit von den Seekarten und Segelhandbüchern zu erwarten;** sie können immer nur einen unvollständigen, je nach der Örtlichkeit mehr oder minder genauen Anhalt für die Schiffahrt geben, dürfen aber nie als unfehlbar betrachtet werden.

Man lasse sich nicht durch einzelne Lotungen, die die Karte nahe unter Land angibt, zu der Annahme verleiten, daß auch die ganze Umgebung keine geringeren Tiefen haben könnte oder müßte. Man meide insbesondere das dichte Hinangehen an Küstenvorsprünge, um Weg zu sparen (das »Eckenschrammen«), da dies erfahrungsgemäß alljährlich Ursache vieler Strandungen ist, und man meide die Nähe unbekannter und wenig befahrener Küsten. Näheres vergleiche Abschnitt I, Seite 1 bis 8.

Kurse und Peilungen sind rechtweisend in Graden von 0° bis 360° und dahinter eingeklammert mißweisend in Strichen gegeben, wobei die Mißweisung für das Jahr 1906 berücksichtigt worden ist.

Alle bei Leuchtfeuern angegebenen Kompaßrichtungen sind Peilungen nach dem Feuer zu. Die Richtung des Windes ist nach dem Kompaßstriche bezeichnet, woher der Wind weht; die Richtung des Stromes dagegen nach dem Kompaßstriche, wohin der Strom setzt. Angaben über Stromstärke gelten für die Durchschnittsgeschwindigkeit während einer Stunde. Als Abstand vom Lande gilt die Entfernung des Beobachters von der Hochwassergrenze der Küste, wo nicht anderes ausdrücklich bemerkt ist. Als »blinde« Klippen und »blinde« Riffe sind solche für die Schiffahrt gefährliche Klippen und Riffe benannt, die nur wenig unter dem mittleren Springniedrigwasserstand liegen.

Tiefenangaben gelten für mittleres Springniedrigwasser, Höhenangaben für mittleres Springhochwasser, wo nicht anderes ausdrücklich bemerkt ist.

Entfernungen sind in Seemeilen ausgedrückt:
1 Seemeile = 10 Kblg = 1852 m, 1 Kblg = 185 m.

Nullmeridian ist der Meridian der Sternwarte zu Greenwich.

Abkürzungen.

Adm-Krt. = Admiralitätskarte.
D. = Deutsche.
Brit. = Britische.
N. f. S. = »Nachrichten für Seefahrer«.
B-B. = Backbord.
St-B. = Steuerbord.
N-Br. = Nordbreite.
mw. = mißweisend.
rw. = rechtweisend.
V = Vormittag.
N = Nachmittag.

W-Lg. = Westlänge von Greenwich.
h = Stunde, Uhrzeit.
min = Minute, Uhrzeit.
sek = Sekunde, Uhrzeit.
Sm = Seemeile.
Kblg = Kabellänge.
m = Meter.
km = Kilometer.
kg = Kilogramm.
t = Tonne (Gewicht zu 1000 kg).
R-T = Registertonne Nettoraum.

Für Nachträge während des Drucks beachte Seite 262.

Übersicht des Inhalts.

Seite

Verzeichnis arabischer Wörter VIII; Verzeichnis persischer Wörter X; Verwandlungstabellen XII.

Abschnitt I. Allgemeines . . . . 1 bis 32

Über den Gebrauch der Seekarten und Segelhandbücher als Hilfsmittel der Schiffsführung 1; Über den Gebrauch von Öl zum Glätten der See 8; Auszug aus der Seestraßenordnung vom 5. Februar 1906 10; Lotsensignale nach dem Internationalen Signalbuche von 1901 11; Lotsenwesen 12; Telegraphenkabel 12; Betonnung, Leuchtfeuer, Docks, Konsulate, Bahnlinien 12; Gesundheitsverhältnisse 13; Münzen, Maße und Gewichte 14.

Wind und Wetter 15; Magnetische Elemente 22; Strömungen 22; Gezeiten 25; Dampferwege 27; Seglerwege 28.

Abschnitt II. Westseite des Golfs von Oman . . . . 33 bis 61

Von Sur nach Maskat 33; Maskat 38; Matra-Bucht 42; El-Batina-Küste 44; Esch-Schumeilija-Küste 50; Von Dibba nach Salama wa-Banataha (Keil-Inseln) 52; Salama wa-Banataha (Keil-Inseln) 60.

Abschnitt III. Von Ras Muari nach Gwadar . . . . 62 bis 79

Sonmijani-Bucht 62; Von Ras Kuschar nach Ras Malan 66; Von Ras Malan nach Ras Ormara 68; Von Ras Ormara nach Djebel Djarrēn 70; Von Djebel Djarrēn nach Gwadar 73; Gwadar 75.

Abschnitt IV. Von Gwadar nach Ras el-Kuh . . . . 80 bis 94

Gwatar-Bucht 81; Tschahbar-Bucht 82; Von der Tschahbar-Bucht nach Ras Djagin 86; Djaschk 90.

Abschnitt V. Nordküste von Oman von Ras Scharita nach Abu Sabi 95 bis 112

Von Ras Scharita nach Ras Schech Masud 95; Chasab-Bucht 98; Von Ras Schech Masud nach Ras el-Chaima 99; Von Ras el-Chaima nach Abu Sabi 102; Abu Sabi (Abu Thabi) 110; Insel Sir Abu Nuair 112.

Abschnitt VI. Nordküste von Oman von Abu Sabi nach Ras Rekkan 113 bis 135

Allgemeines 113; Von Abu Sabi nach Djesiret Sir Beni Jas 114; Inseln nördlich von Djesiret Sir Beni Jas 119; Von der Insel Sir Beni Jas nach el-Wakrah 122; Von el-Wakrah nach Ras Rekkan 129.

Abschnitt VII. Von Ras Rekkan nach Koweit . . . . 136 bis 171

Allgemeines 136; Küste von Ras Rekkan nach Ras Tannura 136; Inseln und Riffe nördlich von der Insel Bahrein 144; Insel Bahrein 147; Ansteuerung des Hafens von Bahrein 150; Hafen von Bahrein 153; Von Bahrein nach el-Adjer 155; Von Ras Tannura nach Ras el-Mischab 156; Von Ras el-Mischab nach Koweit 162; Koweit 166.

Übersicht des Inhalts.

Seite

Abschnitt VIII. Von Ras el-Kuh nach Ras Bistana . . . 172 bis 202

Von Ras el-Kuh nach Bender Abbas 172; Bender Abbas 177; Insel Larak 179; Djesiret et-Tauila (Insel Kischm) 180; Clarence-Straße 188; Von Basidu nach Ras Bistana 193; Inseln südlich und südöstlich von Ras Bistana 198.

Abschnitt IX. Von Ras Bistana nach Buschehr . . . 203 bis 224

Mugu-Bucht 203; Tscharak-Bucht 205; Djesiret Keis 206; Von Tscharak nach Tschiru 208; Von Tschiru nach Ras Nabend 209; Von Ras Nabend nach Kangun 214; Von Kangun nach Ras el-Chan 218; Von Ras el-Chan nach Buschehr 222.

Abschnitt X. Von Buschehr zum Schatt el-Arab . . . 225 bis 261

Buschehr 225; Djesiret Charag und Djesiret Chargu 236; Von Buschehr nach Ras el-Bahrdjan 238; Von Ras el-Bahrdjan zum Schatt el-Arab 242; Bahmischir-Fluß 245; Mündung des Schatt el-Arab 246; Schatt el-Arab 250; Basra 254; Von Basra nach Bagdad 256; Muhammera 258; Karun-Fluß 259.

Nachträge während des Drucks 262

Namenverzeichnis . . . . 263 bis 277

Verzeichnis arabischer Wörter.

abjad, weiß
abu, Vater
ahmar, rot (masc.)
aïn, Quelle
ala idak esch-schmal, nach der linken [Seite
ala idak aljamin, nach der rechten Seite
albarr, Land
alischmal, links
aljamin, rechts
almani, deutsch
amara, Flotte
areg, Düne
arse, Zeder
asrek, blau
aswad, schwarz
bab, Sund, Meerenge
babur, Dampfer
badije, Wüste
bahr, Meer
bahra, Binnensee
bahri, Schiffer, Matrose
bailik, belik, kleines Kriegsschiff
bandera, Flagge
barmil, Faß
barr, Land
beijat, Watt
beled, Dorf
bender, Hafen
beni, Stamm
bilbahr, zu Wasser
bilbarr, zu Lande
binbaschi, Major
bir, Brunnen
birke, See
boghas, Kehle, Fahrrinne, Einfahrt
bordj } Turm, Festung, Burg
burdj }
buhaira, Landsee
buras, Fahrrinne, Meerenge
burt (bunt) said, Port Said
bussla, Kompaß
chaime, Zelt
chalidj issuës, Suezkanal
charrub, Johannisbrotbaum
chirbe, Ruine

chor, Lagune, Kriek
churma, Paß
dabab, Nebel
daja, Senkungen
djamal, Kamel
djame, Moschee
djasr, Ebbe
djebel, Berg
djedid, neu
djesireh } Insel
djesiret }
djidri, Pocken
djisr, Brücke
djorf, Riff, Klippen
djun, Bucht
djunub, Süden
duar, Zeltdorf
dümendji, Steuermann
emir, Fürst
enschir, Hügel
eskeli, Hafen
fanar, Leuchtfeuer
filuka, Boot
fum, Mündung
gharb, Westen
ghubbet, Golf, Bucht
hadid, Anker
hadjin, Dromedar
haffi, Flußufer
hakim, Arzt
hammada, steiniges Hochland
hammam ilbahr, Seebad
hamra, rot (fem.)
hassi, Brunnen
hattija, kleine Oase
hawa gharbi, Westwind
hawa ilasfar, Cholera
hawa kibli, Südwind
hawa scharki, Ostwind
hawa schmali, Nordwind
hissar, Klippe; auch Festung, Schloß
    auf einer Klippe
ka, Flach, Untiefe
kabtan } Kapitän
kabudan }

Verzeichnis arabischer Wörter.

kadi, Richter
kadim, alt
kafr, Dorf
kaimmakam, Landrat
kala, Schloß, Festung
karantina, Quarantäne
karn, Huk, Horn, spitzer Hügel
kasba, Zitadelle
kaschsch frandji, Seegras
kasr, Palast, Festung
katat, Riff, Klippengruppe
kebir, groß
kibli, Süden
kil, Segel
kilawus, Lotse
kinasat, Sandbank
kubba, Kuppel
kumruk, Zollamt
lil-barr, an Land
liwara, rückwärts
madd, Flut
madd u-djasr, Gezeiten
maghrib, Westen
marabut, Heiliger, Heiligengrab
markab, Schiff
markab harbi, Kriegsschiff
marsa, mersa, mers, Bucht, Hafen,
masna, Zisterne [Ankerplatz
maune, großes Boot, Floß
medine, Stadt
médene, Minaret
mekan, Ort
mina, Hafen
mirdjan, Koralle
mirre, Anker
moi, Bach, Wasser
nachl, Dattelhain
natur, Turm
nebi, Prophet
ra'iss el-markab, Schiffskapitän

ra'iss el-mina } Hafenkapitän
ra'iss el-marsa }
ras, Kap, Vorgebirge
rif, Kulturland
sachr, Felsen
safad, Muschel
safar, pfeifen
saghir, seghir, srir, klein
sahl, Ebene
saitune, Ölbaum
sakije, Kanal
samsar, Makler
saraj, Schloß
sarwe, Zypresse
sauaki, Kanäle
saubaa, Orkan
schab, Riff
schachtura, großes Boot
schark, Osten
schati, schatt, Strand, Küste
schech, schaich, Beduinenhäuptling,
    auch Gelehrter
scherm, kleine Bucht, Kriek
schitui, Regen
schmal, Norden
schott, Salzsumpf
seghir, steiniges Hochland
seil, Gießbach
sidi, Herr
siwan, Zelt
taraf, Kante, Flußufer, Kap
tardschiman, Dolmetscher
tauil, lang
taun, Pest
tenijet, Paß
ued, wadi, wed, Regenfluß, Flußbett
umm, Mutter
wabur, Dampfer
wali, Statthalter
weled, Kinder, Stamm

Verzeichnis persischer Wörter.

āb, Wasser
āb gīr chōr, Lagune
ābī, blau
ābila, Pocken
aftāb, Sonne
āhen, Eisen
ātesch, Feuer

bād, Wind
bād-i schemāl, Nordwind
„ -i scherk, Ostwind
„ -i dschenūb, Südwind
„ -i gherb, Westwind
„ -i murād, günstiger Wind
„ -i schedīd, heftiger Wind, Sturm
bād-bān, Segel
bādgīr, hoher Windturm
baghala, Küstenfahrzeug
bahra, Binnensee
barān, Regen
barān-i schedīd, heftiger Regen
barr, Land
barran we-bahran, zu Land und zu
bātlāq, Morast [Wasser
bend, Damm
bend-i dschihās, Tauwerk
bender, Hafen
bendergah, Ankerplatz
buzurg, groß

cheme, Zelt
cherāb, Ruine
cherābī, Riff
cherseng, Fels
churma, Datteln

darja, See
degel, Mast
deh, Dorf
dehen, Mund, Golf
derās, lang
descht, salzige Ebene, Salzwüste
direcht, Baum
dschemmās, Dromedar
dschenūb, Süden

dschesr, Ebbe, Ebbstrom
dschesr we-medd, Ebbe und Flut
dschesīre, Insel
dschihās, Schiff, Kriegsschiff

emīr, Fürst
eres, Zeder
erk, Zitadelle

gherb, Westen
ghūr, Senkung
ghurūb-i aftāb, Sonnenuntergang
gil, Ton, Lehm
gumbed, Kuppel
gumruk, Zoll
gumruk-chané, Zollamt

hamūn, Salzsee
haus, Zisterne

kabile, Stamm
kaīk, Brot
kala, Schloß, Festung
karantin, Quarantäne
kaus, Südosten
kaus-i kusach, Regenbogen
kedīm, alt
kenar-i darja, Strand
keschti, Schiff
keschtibān, Matrose
keschti-ji bādbān, Segelschiff
keschti-ji buchār, Dampfer
keschti-ji dschengi, Kriegsschiff
kömer-i rīg, Sandbank
kubb-numā, Kompaß
kubbe, Kuppel
kuh, Berg
kulāk, Orkan
kütschük, klein
kutul, Paß

lenger, Anker

māder, Mutter
māh, Mond, Monat

mähtāb, Mondschein
medd, Flut
merdschān, Korallen
mesdschid, Moschee
mih, Nebel
muterdschem, Dolmetscher

na, neu
naschi, Nordosten
nebí, Prophet
nahúdā, Kapitän
nili, blau
nīm dschesīra, Halbinsel

paru, Ruder
pider, Vater
pipe, Faß
pipe buzurg, großes Faß
pul, Brücke

räh, Weg
räh-i-āb, Kanal
rās, Vorgebirge
rīg, Sand, Kies
rūd, Fluß
rūdchané, Fluß
rūs, Tag

ssāl, Jahr
ssail-i āb, Gießbach
ssandschak, Flagge
ssar, Kopf, Gipfel
scheb, Nacht
schehir, Stadt
schemal, Norden

scherk, Osten
schutur, Kamel
seitune, Ölpalme
ssenar, Untiefe
sseng, Stein
sserai, Schloß
ssebse-sār, Oase
ssedif, Muschel
ssefir, die Pfeife
ssefir saden, pfeifen
sserwe, Zypresse
ssijah, schwarz
ssu, Wasser
ssuchān, Steuerruder
ssurch, rot
suhaili, Südwesten

tang, eng
tang-i kuh, Engpaß
tebīb, Arzt
tepé, Hügel
tepehā-ji rīg-i kenar-i darja, Dünen
teref-i räst, rechts
teref-i tschep, links
terschuman, Übersetzung
tscheschme, Auge, Quelle
tschäh, Brunnen
tufān, Sturm
tufeng, Flinte
tulū'-i aftāb, Sonnenaufgang

wabūr, Dampfer
wairān, Ruine
wéba, Pest
wurūd, Ankunft

Verwandlung von englischem Maſs in Metermaſs.

a. Zoll in Meter.

Zoll	1	2	3	4	5	6	7	8	9	10	11
Meter	0,025	0,051	0,076	0,102	0,127	0,152	0,178	0,203	0,229	0,254	0,279

b. Fuß in Meter.

Fuß	0	1	2	3	4	5	6	7	8	9
0	0,00	0,30	0,61	0,91	1,22	1,52	1,83	2,13	2,44	2,74
10	3,05	3,35	3,66	3,96	4,27	4,57	4,88	5,18	5,49	5,79
20	6,10	6,40	6,71	7,01	7,32	7,62	7,92	8,23	8,53	8,84
30	9,14	9,45	9,75	10,06	10,36	10,67	10,97	11,28	11,58	11,89
40	12,19	12,50	12,80	13,11	13,41	13,72	14,02	14,33	14,63	14,93
50	15,24	15,54	15,85	16,15	16,46	16,76	17,07	17,37	17,68	17,98
60	18,29	18,59	18,90	19,20	19,51	19,81	20,12	20,42	20,73	21,03
70	21,34	21,64	21,95	22,25	22,56	22,86	23,16	23,47	23,77	24,08
80	24,38	24,69	24,99	25,30	25,60	25,91	26,21	26,52	26,82	27,13
90	27,43	27,74	28,04	28,35	28,65	28,96	29,26	29,57	29,87	30,17

c. Faden in Meter.

Faden	0	1	2	3	4	5	6	7	8	9
0	0,00	1,83	3,66	5,49	7,32	9,14	10,97	12,80	14,63	16,46
10	18,29	20,12	21,95	23,77	25,60	27,43	29,26	31,09	32,92	34,75
20	36,58	38,40	40,23	42,06	43,89	45,72	47,55	49,38	51,21	53,03
30	54,86	56,69	58,52	60,35	62,18	64,01	65,84	67,66	69,49	71,32
40	73,15	74,98	76,81	78,64	80,47	82,29	84,12	85,95	87,78	89,61
50	91,44	93,27	95,10	96,92	98,75	100,58	102,41	104,24	106,07	107,90
60	109,73	111,55	113,38	115,21	117,04	118,87	120,70	122,53	124,36	126,18
70	128,01	129,84	131,67	133,50	135,33	137,16	138,99	140,82	142,64	144,47
80	146,30	148,13	149,96	151,79	153,62	155,45	157,27	159,10	160,93	162,76
90	164,59	166,42	168,25	170,08	171,90	173,73	175,56	177,39	179,22	181,05

Verwandlung von Metermaſs in englisches Maſs.

a. Zehntel Meter in Fuß und Zoll.

Meter	0,1	0,2	0,3	0,4	0,5	0,6	0,7	0,8	0,9	1,0
	0′ 4″	0′ 8″	1′ 0″	1′ 4″	1′ 8″	2′ 0″	2′ 4″	2′ 7″	2′ 11″	3′ 3″

b. Meter in Fuß und Zoll.

Meter	0	1	2	3	4	5	6	7	8	9
0	0′ 0″	3′ 3″	6′ 7″	9′ 10″	13′ 1″	16′ 5″	19′ 8″	23′ 0″	26′ 3″	29′ 6″
10	32 10	36 1	39 4	42 8	45 11	49 3	52 6	55 9	59 1	62 4
20	65 7	68 11	72 2	75 6	78 9	82 0	85 4	88 7	91 10	95 2
30	98 5	101 9	105 0	108 3	111 7	114 10	118 1	121 5	124 8	127 11
40	131 3	134 6	137 10	141 1	144 4	147 8	150 11	154 2	157 6	160 9
50	164 1	167 4	170 7	173 11	177 2	180 5	183 9	187 0	190 4	193 7
60	196 10	200 2	203 5	206 8	210 0	213 3	216 6	219 10	223 1	226 5
70	229 8	232 11	236 3	239 6	242 9	246 1	249 4	252 8	255 11	259 2
80	262 6	265 9	269 0	272 4	275 7	278 11	282 2	285 5	288 9	292 0
90	295′ 3″	298′ 7″	301′ 10″	305′ 1″	308′ 5″	311′ 8″	315′ 0″	318′ 3″	321′ 6″	324′ 10″

c. Meter in Faden.

Meter	0	1	2	3	4	5	6	7	8	9
0	0,0	0,5	1,1	1,6	2,2	2,7	3,3	3,8	4,4	4,9
10	5,5	6,0	6,6	7,1	7,7	8,2	8,7	9,3	9,8	10,4
20	10,9	11,5	12,0	12,6	13,1	13,7	14,2	14,8	15,3	15,9
30	16,4	17,0	17,5	18,0	18,6	19,1	19,7	20,2	20,8	21,3
40	21,9	22,4	23,0	23,5	24,1	24,6	25,2	25,7	26,2	26,8
50	27,3	27,9	28,4	29,0	29,5	30,1	30,6	31,2	31,7	32,3
60	32,8	33,4	33,9	34,4	35,0	35,5	36,1	36,6	37,2	37,7
70	38,3	38,8	39,4	39,9	40,5	41,0	41,6	42,1	42,7	43,2
80	43,7	44,3	44,8	45,4	45,9	46,5	47,0	47,6	48,1	48,7
90	49,2	49,8	50,3	50,9	51,4	51,9	52,5	53,0	53,6	54,1

Abschnitt I.

Allgemeines.

Über den Gebrauch der Seekarten und Segelhandbücher als Hilfsmittel der Schiffsführung.

Grundsätze zur Beurteilung von Seekarten.

Die Zuverlässigkeit einer Seekarte hängt in erster Linie von der Vermessung ab; je genauer diese ist und je enger die Lotungslinien bei der Vermessung gelegt worden sind, um so größer wird die Gewähr dafür sein, daß sich innerhalb des ausgeloteten Gebietes keine unentdeckten Untiefen mehr befinden, die den Schiffen gefährlich werden könnten. Aber selbst die engsten bisher gemachten Lotungen schließen solche unentdeckten Untiefen nicht gänzlich aus. Solange nicht der Beweis durch Absuchen mit Leinen, Schleppnetzen oder Gerüsten erbracht worden ist, daß ein Gewässer völlig rein, d. h. frei von Untiefen ist, muß mit dem Gegenteil gerechnet werden.

Eine Seekarte wird niemals vollständig genau die Oberfläche des Meeresbodens darstellen; man muß daher bei ihrer Benutzung stets ein gewisses Maß von Vorsicht anwenden.

Je älter die Vermessung ist, auf der die Seekarte beruht, umsoweniger zuverlässig wird letztere im allgemeinen sein. Dies erklärt sich einmal daraus, daß die zu Vermessungen nötigen Hilfsmittel vervollkommnet worden sind, anderseits daraus, daß der Meeresboden fast überall Veränderungen unterworfen ist, die natürlich um so größer sein werden, je längere Zeit seit der letzten Vermessung verstrichen ist.*)

Je mehr Lotungen eine Seekarte enthält, um so genauer wird sie sein. Da, wo nur einzelne Lotungen in großen Abständen eingetragen sind, muß die größte Vorsicht bei der Schiffsführung obwalten, da angenommen werden muß, daß dort die Vermessung nur

---

*) In den D. Adm-Krt. ist meist die Zeit der Vermessung unter der Bezeichnung: »Grundlagen« angegeben. Auch die fremden Nationen machen meist ähnliche Angaben.

oberflächlich gewesen ist. Dabei spricht allerdings auch die Beschaffenheit des Grundes mit. Wenn der Grund aus Sand oder Schlick besteht und die Lotungen gleichmäßige Tiefen aufweisen, kann man annehmen, daß auch das zwischenliegende Gebiet ähnliche Tiefen aufweist. Besteht dagegen der Grund aus Felsen oder Korallen, oder sind überhaupt in der Nähe Riffe oder Steine vorhanden, so ist doppelte Vorsicht geboten, da hier selbst die genaueste Vermessung nicht imstande ist, jeden kleinen gefährlichen Stein oder jedes Riff aufzufinden.

Man sollte daher von jeder felsigen Küste oder Untiefe möglichst weit ab bleiben und sich zur Regel machen:

Die Umgebung jeder felsigen Küste oder Untiefe so lange als unrein anzusehen, bis das Gegenteil bewiesen ist.

Sind Kurslinien in die Karte eingetragen, dann darf man voraussetzen, daß diese Linien mehrfach befahren und genauer als die Umgebung auf Gefahren untersucht worden sind.

Sind in einer Karte keine Tiefenlinien ausgezogen, so ist das ein Beweis dafür, daß entweder die Lotungen nicht zahlreich genug waren oder daß der Grund so uneben ist, daß Tiefenlinien nicht mit Sicherheit festgestellt werden konnten. Solche Seekarten können immer nur als ungefährer Anhalt für die Schiffsführung dienen.

Je größer der Maßstab einer Seekarte ist, um so größere Genauigkeit kann man im allgemeinen von ihr beanspruchen. Die Seekarten größeren Maßstabes werden gewöhnlich auch zunächst für Änderungen berichtigt.

Je befahrener ein Gewässer und besonders ein Hafen oder Ankerplatz ist, um so genauer wird die Seekarte wenigstens innerhalb der betonnten Fahrwasser sein, da bei der Vermessung vielleicht unentdeckt gebliebene Untiefen oder solche, die sich später gebildet haben, meistens durch die Schiffahrt aufgefunden und in die Karten eingetragen werden.

Es kommt aber auch vor, daß in Küstenfahrwassern und Häfen, wo gewöhnlich nur Schiffe mittleren oder mäßigen Tiefganges verkehren, im Fahrwasser einzelne Gefahren für tiefgehende Schiffe unentdeckt bleiben, bis eins der selten dort verkehrenden großen Schiffe auf solcher Gefahr zu Schaden kommt; in klippenreichen, wenn auch anscheinend gut vermessenen Gewässern sind solche Unfälle nicht selten. Große Schiffe dürfen in solche Gewässer stets nur mit größter Vorsicht einsteuern.

Regeln bei Benutzung der Seekarten. 1. Tiefenlinien.

Die 10 m-Grenze der Seekarten ist als Warnungs- und Gefahrgrenze aufzufassen, die man nicht ohne Not überschreiten soll; ausgenommen sind Hafenpläne, die genau ausgelotet sind. Wegen der schon erwähnten Unsicherheit jeder Vermessung dürfen aber auch die Metergrenzen nicht als sicherer Anhalt dafür dienen, daß sich außerhalb dieser Grenzen nicht dennoch flachere Stellen vorfinden.

2. **An Küsten, die mit Riffen besetzt sind,** ist besonders für tiefgehende Schiffe die 20 m-Linie noch eine Warnungs- und Gefahrgrenze mehr.

3. **Untiefen.** Sind auf einer Seekarte vereinzelte Untiefen eingezeichnet, meide man, sich ihnen zu nähern, namentlich wenn sie auf der Seekarte mit einer gestrichelten, punktierten oder ähnlichen Linie umgeben sind, weil solche Untiefen häufig ihrer Lage und Ausdehnung nach noch nicht genau bestimmt und auch nicht genau ausgelotet sind.

4. **Strom.** Bei Gewässern mit starken Strömungen und an Küsten, die heftigen Stürmen unterworfen sind, ist die Seekarte mit großer Vorsicht zu benutzen, weil dort das Fahrwasser häufigen Änderungen unterworfen ist.*)

Seekarten von Mündungsgebieten großer Ströme, ganz besonders solcher, in denen starker Gezeitenstrom setzt, sind stets nur von bedingtem Werte, mag auch die zugrunde liegende Vermessung noch neu sein.

5. **Kartennullpunkt.** Die Tiefenangaben in den Seekarten beziehen sich je nach dem Ursprung der Vermessungen und nach der Gezeitenerscheinung des dargestellten Gebietes auf mittleres oder niedrigstes Springniedrigwasser oder auf mittleres Niedrigwasser oder auch auf Mittelwasser. Auf welchen Wasserstand die Tiefenangaben auch bezogen sein mögen, es muß damit gerechnet werden, daß der tatsächliche Wasserstand manchmal unter dem Kartennullpunkt liegen kann. Man beachte dabei folgendes: Wo der Tidenhub schon unter gewöhnlichen Verhältnissen groß ist, pflegen auch seine außergewöhnlichen Schwankungen groß zu sein (vgl. Seite 5).

6. **Schwimmende Seezeichen** dürfen nur als Warnungszeichen, nicht als feste Punkte für die Ortsbestimmung dienen, weil sie leicht vertreiben können. Also auch bei der Schiffsführung in der Nacht verlasse man sich nie auf die Leuchttonnen allein, da sie vertrieben sein können und weil ihre Feuer meist unzuverlässig sind.

7. **Beachtung des Kartenmaßstabes.** Man gebrauche stets die Karte größten Maßstabes, weil fast alle Nationen bestrebt sind, diese in erster Linie laufend richtig zu halten.

8. **Kartenzerrung.** Bei Kreuzpeilungen und Doppelwinkelmessungen denke man daran, daß das Seekartenpapier infolge des

---

*) Die D. Adm-Krt. enthalten hier meistens einen besonderen Hinweis.

Druckes oder auch infolge von Witterungseinflüssen während des Gebrauchs gewissen Zerrungen unterworfen ist. Durch solche Verzerrungen werden die Seekarten zwar nicht unbrauchbar, doch können sie Unterschiede zwischen mehreren gleichzeitigen Ortsbestimmungen nach verschiedenen Landmarken durch Doppelwinkelmessungen oder durch mehrere gleichzeitige Kreuzpeilungen verursachen, selbst wenn der Karte die genauesten Vermessungen zugrunde liegen.

Diese Unterschiede sind um so größer, je weiter die Landmarken entfernt sind. Man wähle daher stets die nächsten mit Sicherheit auszumachenden Landmarken; dabei hat man auch den Vorteil, daß Fehler in der Peilung oder beim Winkelmessen weniger ins Gewicht fallen.*)

9. **Mißweisende Kompaßrosen.** Die auf den Seekarten angegebene Mißweisung und ihre jährliche Änderung ist zu beachten. In den D. Adm-Krt. werden die Kompaßrosen erneuert, sobald die Mißweisung um mehr als 40′ falsch wird. Dies ist aber nicht überall bei fremden Seekarten der Fall. Man gebrauche stets die dem Schiffsorte nächste Kompaßrose, wenn man mißweisende Kurse und Peilungen benutzen will; dies gilt besonders für Übersichts- und Segelkarten, sofern auf solchen Karten überhaupt mißweisende Kompaßrosen vorhanden sind. Auch achte man auf etwa in der Karte angegebene lokale Störungen der Mißweisung.

10. Überhaupt mache man sich zur Regel, vor Benutzung der Karte alle darauf verzeichneten Anmerkungen zu lesen.

11. **Feuerkreise.** In den D. Adm-Krt. bedeuten die um die Feuer gezogenen Kreise nicht mehr die Sichtweiten, sondern sie geben nur die Kennung und die Sektoren des Feuers an. Auch bei fremden Karten ist dies häufig der Fall. Man überzeuge sich daher stets durch Abmessung, ob die Kreise Sichtweiten- oder Kennungskreise sind. Die Angaben über die Sichtweiten der Feuer beziehen sich auf eine Augeshöhe von 5 m; die Sichtweite ist aber abhängig vom Feuchtigkeitsgehalt der Luft, von der Strahlenbrechung und in Gebieten mit großem Tidenhub auch vom Wasserstand.

12. **Feuerschiffe.** Für Feuerschiffe liegt der Schiffsort auf deutschen Seekarten in der Mitte der Grundlinie, auf britischen Seekarten im schwarzen Ball. Es kann vorkommen, daß bei schlechtem Wetter die Laterne der Feuerschiffe nicht so hoch gehißt werden kann, wie angegeben; bei schlechtem Wetter kann also die Sichtweite eines Feuerschiffes trotz klarer Luft wesentlich geringer sein als bei gutem Wetter.

---

*) Die D. Adm-Krt. geben am linken unteren Rande die Größe der Stichplatten, also der normalen Kartenausdehnung, an. Man kann also auf ihnen durch Nachmessen unmittelbar die Größe der Verzerrung feststellen.

13. **Strompfeile** deuten nur an, wie unter normalen Witterungsverhältnissen der Strom läuft.

14. **Berichtigung der Seekarten.** Man benutze stets, wenn irgend möglich, die neuesten Ausgaben der Seekarten, da diese immer die neuesten Angaben enthalten. Die D. Adm-Krt. werden vor ihrer Ausgabe mit einem Stempel versehen, der angibt, bis zu welchem Datum sie berichtigt sind. Die später veröffentlichten Berichtigungen sind nach den »Nachrichten für Seefahrer« handschriftlich nachzuweisen. Bei großen Berichtigungen wird die Seekarte neu herausgegeben und dies ebenfalls in den »Nachrichten für Seefahrer« bekannt gegeben.

15. **Kritische Prüfung.** Bei Unterschieden zwischen den Segelhandbüchern und den Seekarten halte man im allgemeinen die Angaben der Seekarten für richtiger, weil die Segelhandbücher nicht so häufig berichtigt werden können. Indessen kann es vorkommen, daß die Angaben eines neu erschienenen Segelhandbuches oder seines neuesten Nachtrags richtiger sind als die Angaben einer älteren Seekarte. In zweifelhaften Fällen beachte man voneinander abweichende Angaben und prüfe vorsichtig selbst, welche die richtige ist.

Gezeiten. Da die angegebenen Wassertiefen auf den deutschen Admiralitätskarten sich auf mittleres Springniedrigwasser beziehen, kommen auch kleinere Werte als die angegebenen an den betreffenden Stellen vor. Es ist daher Vorsicht geboten, besonders zuzeiten, wo der Tidenhub maximale Größen erreicht. Es ist dies zu erwarten, wenn die Erdnähe des Mondes mit Voll- oder Neumond zusammenfällt. Wo der Tidenhub schon unter normalen Verhältnissen groß ist, pflegen auch seine absoluten Schwankungen am größten zu sein. Besonders niedrige Wasserstände sind an den europäischen Küsten häufiger zur Zeit der Nachtgleichen, in den tropischen Meeren meist häufiger zur Zeit der Sonnenwenden. Starke Winde und hoher Luftdruck können den Wasserstand herunterdrücken.

Zum Umrechnen der Wasserstände auf bestimmte Stunden der Gezeit, wie es beim Kreuzen einer Barre oder flachen Stelle nötig sein kann, kann die Tafel 22 im Nautischen Jahrbuch Verwendung finden.

Die in den europäischen Häfen fast völlig fehlende tägliche Ungleichheit macht sich außerhalb des Atlantischen Ozeans fast überall deutlich bemerkbar und muß berücksichtigt werden. Wo sie, wie z. B. im Indischen Archipel, so überwiegend ausgebildet ist, daß Eintagsfluten zustande kommen, können die Angaben über Hafenzeit und Tidenhub nur noch einen rohen Anhalt bieten.

Gezeitenströme. In offenem Wasser und offenen Kanälen läuft unter normalen Umständen der Flutstrom von 3 Stunden vor bis 3 Stunden nach Hochwasser, mit größter Stärke zur Hoch-

wasserzeit, der Ebbstrom von 3 Stunden vor bis 3 Stunden nach
Niedrigwasser, mit größter Stärke zur Niedrigwasserzeit. In geschlossenen
Buchten dagegen pflegt der Flutstrom von Niedrigwasser
bis Hochwasser, der Ebbstrom von Hochwasser bis Niedrigwasser
zu laufen. Von diesen beiden Grundformen bringen aber Küsten-
und Bodengestaltung beträchtliche regelmäßige Abweichungen hervor,
über die sich die (durch meteorologische Einflüsse verursachten)
unregelmäßigen Abweichungen lagern. Von den an einem Küsten-
punkt durch Beobachtungen gewonnenen Resultaten weichen die
Verhältnisse in einiger Entfernung sowohl seewärts als längs der
Küste oft beträchtlich ab. Die allgemeine Regel, daß die Ströme
den Küsten parallel zu laufen pflegen, wird vielfach lokal durch-
brochen.

Meeresströmungen. Die Stromangaben der Karten entsprechen
mittleren Verhältnissen, von denen nach Richtung und
Stärke sowohl regelmäßige Abweichungen nach den Jahreszeiten, wie
unregelmäßige nach den augenblicklichen Umständen, wie Wetterlage,
Eisverteilung usw. vorkommen. Dabei ist ferner zu beachten, daß
auch die angegebenen Mittelwerte nur einer beschränkten Beob-
achtungsperiode und möglicherweise nur sehr wenigen Beobachtungen
entstammen.

Magnetische Mißweisung. Die Säkularänderung der
Mißweisung ist bei der Benutzung der Karten zu berücksichtigen.
Sie macht die in die Seekarten eingezeichneten mißweisenden Kompasse mit der Zeit falsch und gibt so zu Fehlern Veranlassung, die
bei der Positionsbestimmung um so größer werden können, je kleiner
der Kartenmaßstab und je länger die benutzten Peilungslinien sind.
Die Kompasse der D. Adm-Krt. werden, wie schon Seite 4 angegeben,
neu gestochen, wenn der Fehler des Kompasses 40′ erreicht.

Bei Karten kleineren Maßstabes kann der mißweisende Kompaß
nur für ein gewisses Gebiet der Karte gelten; es muß dann auch
die räumliche Änderung der Mißweisung berücksichtigt werden. Dies
ist ganz besonders erforderlich in Gegenden, wo sich die Isogonen
nahe zusammendrängen. In der Belle Isle-Straße z. B. ändert sich
die Mißweisung um 8° auf 300 Sm.

Die Isogonen der Karten stellen im allgemeinen ausgeglichene
Werte der Deklination dar, von denen die tatsächlichen Werte in
einzelnen, als magnetische Störungsgebiete bezeichneten Gegenden
stärkere Abweichungen zeigen. Für die Schiffsführung nach dem
Kompaß eines fahrenden Schiffes sind diese Störungen nur an
wenigen Punkten der Erde von Belang. Man darf diese Störungen
zwar nicht unmittelbar einzelnen Magnetpolen des sichtbaren Landes
zuschreiben — man müßte unglaubhaft starke Magnetisierungen annehmen, um aber auch nur in $1/2$ Sm Entfernung eine bemerkbare

Nadelablenkung erklärlich zu machen —, doch zeigt die Erfahrung, daß in den meisten Fällen nördlich vom magnetischen Äquator (Inklination = 0°) der Nordpol der Nadel nach einem solchen Störungsgebiet hingezogen erscheint, während südlich vom magnetischen Äquator das Gegenteil stattfindet; so zeigt z. B. die magnetische Störung im Gebiet der Insel Bornholm ein ähnliches Verhalten, als ob die Insel aus einem stark magnetisierbaren Material bestände, das unter dem Einfluß des Erdmagnetismus oben einen Südpol bekommen hat, der die Nordpole der Magnetnadeln von allen Seiten nach sich hinzieht. Merkliche störende magnetische Wirkungen in größerer Entfernung vom Land zeigen sich nur in flacher See, so daß sie vielleicht dem magnetischen Verhalten des Meeresbodens unter dem Schiff zugeschrieben werden dürfen.

Ergibt sich aus Beobachtungen an Bord eine lokale magnetische Störung, so sollten die darüber feststellbaren Tatsachen (Beträge der Abweichung der magnetischen Elemente vom normalen Wert) unter Angabe des genauen Schiffsortes sowie der begleitenden Nebenumstände in allen Fällen mitgeteilt werden.

Rechtweisende Kurse. Alle neueren deutschen Segelhandbücher geben Kurse und Peilungen rechtweisend in Graden von 0° bis 360° (und dahinter vorläufig noch eingeklammert mißweisend in Strichen). Die Hochseedampferfahrt bevorzugt schon längst die rechtweisenden Kurse, weil sie die Schiffsführung von den unvermeidlichen Fehlern und Ungenauigkeiten der Mißweisungskarten unabhängig machen. Mit Hilfe der Absetzdreiecke mit Kreisteilung kann man auf Seekarten bequem und genau jeden rechtweisenden Kurs oder rechtweisende Peilungen absetzen, auch wenn die Karte nur mißweisende oder gar keine Kompaßrosen enthält. Die Verwendung nur rechtweisender Richtungen macht den Seefahrer auch unabhängig vom Alter der Mißweisung in den Seekarten und Segelhandbüchern. Da der einheitliche Gebrauch nur rechtweisender Angaben die Genauigkeit und Sicherheit der Schiffsführung vermehrt, ist zu erwarten, daß er sich künftig mehr und mehr einbürgern wird.

Nebelsignale. Der Schall durchdringt die Luft in sehr unregelmäßiger Art und Weise. Unabhängig von der Windrichtung hat man große Gebiete ohne jede Schallwirkung in verschiedenen Abständen und Richtungen von einer Schallquelle (Nebelsirene) sogar bei klarem Wetter gefunden. Man darf sich also nie darauf verlassen, daß man ein Nebelsignal sicher wird hören können. Außerdem geht bei den meisten Nebelsignalgeräten geraume Zeit noch nach Eintritt des Nebels verloren, bevor die Nebelsignale wirklich in Betrieb gesetzt werden können. Oft nähert sich ein Nebel nur ganz allmählich von See her der Küste und wird vom Leuchtturmwärter erst bemerkt, wenn er am Lande ist, während ein Schiff, das sich dieser Küste nähert, schon mehrere Stunden im Nebel sein kann. In solchen Fällen kann es vorkommen, daß das Schiff die Küste erreicht, ehe überhaupt Nebelsignale am Lande gemacht werden. Wenn der Schall gegen den Wind laufen muß, kann es vorkommen, daß er nach oben abgelenkt wird; dann kann ein Ausgucksmann im Topp möglicherweise Nebelsignale hören, die an Deck und auf der Kommandobrücke nicht zu hören sind. Aus allem Vorgenannten geht hervor, daß bei der Ansteuerung von Land bei Nebel die größte Vorsicht erforderlich ist. Das Lot ist dann im allgemeinen das einzige brauchbare Hilfsmittel.

Über den Gebrauch von Öl zum Glätten der See.

Durch viele erfolgreiche Versuche ist zweifellos festgestellt worden, daß man durch den Gebrauch von Öl ernste Gefahren des Seegangs für Schiff und Besatzung mindern und abwenden kann. Eine kleine Menge von Öl, geschickt angewendet, kann schon großen Nutzen bringen.

Am wirksamsten ist das Öl auf offener See, auf tiefem Wasser. In der Brandung über flachem Grunde ist der Erfolg des Ölens der See unsicher, aber auch in einzelnen Fällen schon erzielt.

Tierische und Pflanzenöle sind wirksamer als mineralische Öle; gereinigtes Petroleum ist nicht zu gebrauchen, rohes hat schon gute Erfolge erzielt. Dickflüssige Öle sind dünnflüssigen vorzuziehen; aber bei kaltem Wetter empfiehlt es sich, dem dickflüssigen Öl ein dünnflüssiges (Petroleum) beizumengen, weil es stets darauf ankommt, daß das Öl sich schnell auf der Wasseroberfläche ausbreiten kann. In der Kaiserlichen Marine haben sich sowohl die Maschinenöle (Rüböle) wie auch die Zylinderschmieröle (Mineralöle) als wirksam und brauchbar erwiesen.

Zum Austräufeln des Öls verwende man Ölsäcke aus leichtem Segeltuch oder Kartoffelsäcke. Je dickflüssiger das Öl, desto weitmaschiger muß das Zeug des Ölsacks sein. Die Säcke werden lose mit ölgetränktem Werg (Wischbaumwolle ist weniger gut, weil sie das Öl zu fest hält) und dann mit Öl gefüllt, gut zugebunden und an geeigneten Stellen über Bord gehängt. Wenn nötig, schütze man die Säcke durch außen aufgenähte Grummetstroppen oder Holzreifen vor dem Zerschlagen an der Bordwand. Die Säcke müssen zwischen Wind und Wasser, d. h. eben über Wasser hängen, und zur besseren Verteilung des Öls am besten da, wo sich viel Wellenschaum bildet. Auch die Klosettröhren kann man zum Austräufeln des Öls benutzen, ebenso andere Ausgüsse. An Ölverbrauch wird man etwa $1/2$ kg für jeden Sack stündlich rechnen müssen, d. h. für große Schiffe etwa 4 kg stündlich.

Wenn man vor Wind und See läuft (lenzt), hänge man Ölsäcke an jeden Kranbalken. Bei Fahrt mit seitlicher See wird man am Luvbug oder Luvkranbalken einen Ölsack ausbringen und auch Öl durch das Luvklosett träufeln. Beiliegende Schiffe müssen längs der Luvseite in Abständen von 10 bis 15 m Ölsäcke aufhängen, dabei den vordersten soweit wie möglich voraus, vor dem Bug; auch das Luvklosett verwende man dabei zum Austräufeln. Zuweilen genügt es, um das Schiff besser am Winde zu halten, am Luvvorschiff zwei Ölsäcke anzubringen. Beiliegende Dampfer müssen möglichst weit vorn an jeder Seite einen Ölsack aufhängen und die vorderen Klosetts zum Ölausgießen benutzen. Beim Dampfen gegen die See mit mehr als 4 Sm Fahrt ist kaum Nutzen vom Ölen zu erwarten.

Wird ein Schiff von einem anderen bei hohem Seegang geschleppt, hänge das schleppende Schiff vorn an beiden Seiten mehrere Ölsäcke aus; dadurch wird sowohl für das schleppende wie für das geschleppte Schiff ruhigeres Wasser geschaffen, so daß die Schlepptrosse weniger gefährdet ist. Bei großer Entfernung zwischen beiden Schiffen und bei seitlichem oder achterlichem Seegange können noch Ölsäcke an der Schiffsseite oder am Heck nötig werden.

Will ein Schiff einem anderen in Not befindlichen bei hohem Seegang mit Booten Hilfe bringen, öle man von beiden Schiffen aus die See entweder mit passend aufgehängten Ölsäcken oder indem man unmittelbar aus einem Gefäß Öl langsam auf die See träufelt. Hat nur ein Schiff Öl an Bord, so sollte dieses in Lee von dem anderen liegen und das Öl gebrauchen; das zu Luvwart befindliche Schiff wird dann bald in den Ölstreifen zwischen beiden Schiffen hineintreiben. Die Boote dürfen erst zu Wasser, wenn die Ölschicht den ganzen Zwischenraum zwischen beiden Schiffen ausfüllt. Die Boote sind mit zwei gefüllten Ölsäcken an der Luvseite auszurüsten. Ähnlich verfahre man, um Schiffbrüchige oder über Bord gefallene Leute zu retten. Fällt ein Mann bei schwerem Seegang über Bord, gieße man ihm so schnell wie möglich Öl nach oder werfe ihm mit der Rettungsboje ein Ölgefäß zu. Kann man dann kein Boot zu Wasser bringen, so hat man doch Aussicht, den über Bord Gefallenen mit aufgebojten Leinen zu retten, wenn man zu Luvwart von ihm beidreht und die See durch Ausgießen von Öl und Ausbringen von Ölsäcken an der Luvseite des Schiffes glättet.

Muß man mit einem Boot bei Flutstrom eine Barre kreuzen, sollte man vorher unverkorkte, also offene, mit Öl gefüllte Flaschen in die Brandung werfen; oder man gieße Öl auf das Wasser und lasse es auf die Brandung treiben. Das Boot muß zum Kreuzen der Barre am Bug und Heck je einen Ölsack aushängen und auch während des Kreuzens reichlich Öl über Bord gießen. Das Ölen ist unwirksam, wenn man versuchen wollte, eine Barre gegen den Strom zu kreuzen.

Ölsäcke am Treibanker erleichtern das Abreiten eines Sturmes für Boote.

Gestrandete Schiffe können bei schwerem Wetter die Rettungsmaßregeln durch Ausgießen von Öl unterstützen.

Genauere Verhaltungsmaßregeln findet man in der »Anleitung für den Gebrauch von Öl zum Glätten der See« (Berlin 1893) sowie in der preisgekrönten Schrift des Geheimen Admiralitätsrats Rottok: »Die Beruhigung der Wellen durch Öl« (Berlin 1888).

Auszug aus der Seestraßenordnung vom 5. Februar 1906.

Einleitung.

Die nachfolgenden Vorschriften gelten für alle Fahrzeuge auf See und auf den mit der See im Zusammenhange stehenden, von Seeschiffen befahrenen Gewässern.

IX. Notsignale.

Artikel 31.

Fahrzeuge, welche in Not sind und Hilfe von anderen Fahrzeugen oder vom Lande verlangen, müssen folgende Signale — zusammen oder einzeln — geben.

Bei Tage.

1. Kanonenschüsse oder andere Knallsignale, welche in Zwischenräumen von ungefähr 1 Minute Dauer abgefeuert werden.
2. Das Signal »NC« des Internationalen Signalbuches, s. Seite 11.
3. Das Fernsignal, bestehend aus einer viereckigen Flagge, über oder unter welcher ein Ball oder etwas, was einem Balle ähnlich sieht, aufgehißt ist.
4. Anhaltendes Ertönenlassen irgend eines Nebelsignalapparates.

Bei Nacht.

1. Kanonenschüsse oder andere Knallsignale, welche in Zwischenräumen von ungefähr 1 Minute Dauer abgefeuert werden.
2. Flammensignale auf dem Fahrzeuge, z. B. brennende Teer-, Öltonnen oder dergleichen.
3. Raketen oder Leuchtkugeln von beliebiger Art und Farbe; dieselben sollen einzeln in kurzen Zwischenräumen abgefeuert werden.
4. Anhaltendes Ertönenlassen irgend eines Nebelsignalapparates.

Artikel 32.

Vorbehaltlich des Rechts der Kriegsfahrzeuge, Sternsignale oder Raketen zu anderweitigen Signalzwecken zu benutzen, dürfen Notsignale nur dann angewendet werden, wenn die Fahrzeuge in Not oder Gefahr sind usw. usw.

Notsignal.   Lotsensignal.

Lotsensignale
nach dem Internationalen Signalbuche von 1901.

Lotsensignale im Sinne dieser Vorschriften sind Signale, durch welche angedeutet wird, daß auf den signalisierenden Schiffen Lotsen verlangt werden.

Als Lotsensignale gelten:

a. Bei Tage:

1. Die am Vormast gehißte, mit einem weißen Streifen von einem Fünftel der Flaggenbreite umgebene Reichsflagge (Lotsenflagge); oder

2. das Signal »PT« des Internationalen Signalbuches (wie vorstehend gegeben);
3. die internationale Signalflagge »S« mit oder ohne den darüber zu setzenden Signalbuchwimpel;
4. das internationale Fernsignal, bestehend aus zwei Bällen oder diesen ähnlichen Körpern über einem mit der Spitze nach oben zeigenden Kegel.

b. Bei Nacht:

1. Blaufeuer, welche alle 15 Minuten abgebrannt werden; oder
2. ein unmittelbar über der Verschanzung in Zwischenräumen von kurzer Dauer gezeigtes helles weißes Licht, welches jedesmal ungefähr 1 Minute lang sichtbar ist.

Die Lotsensignale dürfen auf den Schiffen nur dann zur Anwendung gelangen, wenn auf ihnen Lotsen verlangt werden. Auch dürfen auf den Schiffen andere als die im § 4 bezeichneten Signale als Lotsensignale nicht benutzt werden.

Lotsenwesen.

Früher pflegte man in Maskat Lotsen für den Persischen Golf bis nach Buschehr zu nehmen. Da die sich als Lotsen anbietenden Leute nicht zuverlässig zu sein scheinen und nur Ortskenntnis haben, kann man sich diese Ausgaben sparen. Angaben über Lotsen in den einzelnen Hafenplätzen findet man in den entsprechenden Hafenbeschreibungen. Lotsen für den Schatt el-Arab kann man von Buschehr oder zeitweise auch von Lingah mitnehmen. Nimmt man Lotsen an Bord für die arabische Küste, so muß man sehr vorsichtig sein, da diese Leute nur ihre Heimat und gewisse Gegenden gut kennen.

Telegraphenkabel.

Telegraphenkabel führen von Fao am Schatt el-Arab nach Buschehr, Djaschk und von Maskat nach Djaschk. Man kann von dort Telegramme nach allen Weltgegenden aufgeben. Wenn man die Kabel mit den Ankern gefaßt oder beschädigt hat, muß man sobald als möglich dem Telegraphenamte Meldung von dem Vorfall machen. Ein Kabel verbindet Gwadar mit Karachi. An der Küste von Mekran läuft eine Telegraphenlinie über Land. In Ormara, Gwadar, Tschahbar und Djaschk werden Telegramme angenommen.

Betonnung, Leuchtfeuer, Docks, Konsulate, Bahnlinien.

Betonnung. Im Chor Kafka, der westlichen Einfahrt zum Schatt el-Arab, hat die British India Steam Navigation Co. einige Tonnen ausgelegt. Ebenso liegen Tonnen im Hafen von Buschehr, in der Einfahrt nach Bahrein und eine Tonne vor Bender Abbas. Baken und künstliche Landmarken sind spärlich und haben keinen großen Nutzen. Auch darf man sich nicht auf die Lage der Tonnen verlassen.

Leuchtfeuer sind nicht vorhanden. Ein schwaches, unzuverlässiges Feuer wird in Fao gezeigt. Die Telegraphenämter zeigen Feuer, wenn Schiffe erwartet werden. Flackerfeuer werden von den Ämtern erwidert, wenn sie bemerkt werden.

Docks und Ausbesserungswerkstätten sind nicht vorhanden. Ein kleines Dock für Flußdampfer befindet sich in Makil. Dort werden auch kleine Ausbesserungen für Flußdampfer ausgeführt.

Deutsche Konsulate befinden sich in Bagdad und in Buschehr.

Bahnlinie soll von Bagdad nach Koweit gebaut werden.

Gesundheitsverhältnisse.

Während der kalten Jahreszeit herrschen Fieber vor. Das sogenannte Golffieber ist sehr gefährlich. Besserung tritt nur ein, wenn man den Golf verläßt. Die Cholera kommt nicht oft vor. Sie scheint auf dem Landwege, nicht auf dem Seewege eingeschleppt zu werden.

Pocken treten oft epidemisch auf. Kleine Feldlager in der Nähe arabischer Orte sind oft Lazarette für Pocken. Beim Landen muß man jene Gegenden meiden.

Augenentzündungen findet man unter den Eingeborenen vielfach. Fast auf jedem arabischen Fahrzeuge begegnet man einem blinden Matrosen.

Pest tritt in gelinder Form selten in Mesopotamien auf. In den letzten 70 Jahren hat sie sich nicht bis Basra ausgebreitet. Wenn Pestfälle gemeldet sind, werden Schiffe aus Häfen des Golfs in Ägypten und in Indien in Quarantäne gelegt. Wenn keine Krankheitsfälle an Bord vorgekommen sind, können Schiffe den Suez-Kanal unter Quarantäne passieren.

Gelbes Fieber kommt im Persischen Golf nicht vor.

Die Hitze an sich scheint nicht ungesund zu sein. Hitzblattern, Furunkel und dergleichen kommen vor. Wenn man sich nicht den Sonnenstrahlen aussetzt und für genügende Lüftung sorgt, hat man ernste Krankheitsfälle nicht zu fürchten. Bei Tage sollte man die Mannschaft nur im Notfalle in der Takelung arbeiten lassen. Sonnensegel müssen immer gebraucht werden. Der Tau scheint nachts nicht ungesund zu sein. Nur im äußersten Notfalle sollte man die Leute in der Sonne arbeiten lassen. Man muß weißen Hut tragen. Ein britisches Kriegsschiff, das diese Vorsichtsmaßregeln nicht beachtet hatte, verlor in der Einfahrt zum Persischen Golf 3 Offiziere und etwa 20 Mann durch Hitzschlag. Das Thermometer zeigte etwa 40° C. Es empfiehlt sich, Eingeborene zur Bedienung der Maschine anzunehmen.

Münzen, Maße und Gewichte.

Arabien.

Münzen: 1 Krusch zu 40 Diwani = 1,675 Mk.; 1 Mahmudi zu 20 Gaß = 0,214 Mk.; 1 Mochataler zu 80 Kabir = 3,55 Mk.; 1 Maria-Theresientaler = 4,21 Mk.

Maße: 1 Kobido = 0,482 m; 1 Goeß = 0,635 m; 1 Draah = 0,488 m. Hohlmaße: 1 Kuddij zu 8 Nusfias zu 16 Wakeia = 7,57 l; 1 Timan zu 40 Mekmeda = 56,760 L.

Gewichte: 1 Bahar zu 15 Frehsils zu 10 Mahnds zu 2 Rottoli = 83,05 kg; 1 Timan (Reis) zu 40 Kellas = 84,9 kg.

Persien.

Münzen: 1 Toman zu 10 Neukran zu 10 Senaar zu 10 Bisti zu 10 Dinar = 8,10 Mk.

Maße: 1 Arschin oder Sär zu 4 Tscheharek zu 4 Girre zu 2 Var = 1,13 m in Täbris, 1,04 m in Teheran; 1 Faresang = 6720 m; 1 Dscherub = 1152,986 qm. Hohlmaße: 1 Artalea Getreide = 65,238 l.

Gewichte: 1 Miskal zu 24 Nochud zu 4 Gendum = 0,00459 kg; 1 Batman (Man) i Schah (von Schiras) à 1280 Miskal = 5,88 kg; 1 Halwar = 100 Man.

(Nach v. Juraschek, Geographisch-Statistische Tabellen 1905.)

Wind und Wetter.

Lufttemperatur. Das Klima des Persischen Golfs ist für Europäer fast unerträglich, wenn es auch nicht als ungesund gelten kann. Die große Hitze wird durch beständigen Sonnenschein, Regenlosigkeit und dabei doch feuchte Luft, welche die Verdunstung hindert, besonders empfindlich gemacht. An der arabischen Küste ist es noch heißer und ungesunder als an der persischen. Im südlichen Teile des Golfs ist die Hitze größer als im nördlichen. Auf den Schiffen liegen die Verhältnisse im Sommer noch ungünstiger als am Lande infolge der Rückstrahlung des heißen Wassers, das bis auf 37° C. erhitzt wird. Im ganzen Jahre sinkt die Wassertemperatur selten unter 33° C. Im Winter wehen kalte, schneidende Winde. Das Wetter ist dann für Europäer besser erträglich, doch scheint der Winter für sie ungesunder zu sein.

Im Juni und der ersten Hälfte des Juli wird am Nordende des Golfs die Hitze durch den fast beständig wehenden, mit Staub geschwängerten *Schamal* gemildert. Von Mitte Juli bis Ende August ist es am heißesten. Bei südlichen Winden wird es infolge der feuchten Luft ganz unerträglich. Im August steigt am Lande das Thermometer mit geschwärzter Kugel im Sonnenschein auf 76° C. Auf den Schiffen ist im Schatten der Stand des Thermometers fast konstant. In Buschehr steigt das Thermometer von etwa 33° C. um 4^h V. auf 37° C. am Nachmittag. In Basidu ist die Temperatur noch etwas höher. Im Schatt el-Arab hat man im Schatten 51° C. beobachtet. Die Hitze läßt nachts nur wenig nach. Der September ist ein wenig kühler als der August. Die Nächte sind aber, namentlich gegen Ende des Monats, weniger schlimm. In diesem Monat reifen die Datteln. Der Oktober ist zwar noch heiß, aber besser erträglich. Gegen Ende des Monats sinkt die Temperatur infolge der gewöhnlich auftretenden Böen beträchtlich. November bringt schönes, angenehmes Wetter mit oft äußerst klarer Luft. Im Dezember ist es angenehm kühl, bis das schlechte Wetter beginnt, das selten vor Mitte des Monats einsetzt. Gewöhnlich tritt es erst gegen Anfang Januar ein, seltener bleibt es bis zum Ende des Januar aus. Januar und Februar bringen kaltes, stürmisches Wetter mit Regen. Die Temperatur sinkt am stärksten in der ersten Hälfte des Februar. März bringt wieder schönes, klares, angenehmes Wetter mit veränderlichen Winden. Nach der Ansicht der Eingeborenen findet das schlechte Wetter im südlichen Teile des Golfs um die Mitte des Monats sein Ende. Im nördlichen Teile treten Stürme oft noch gegen die Frühlingsnachtgleiche hin auf. Veränderliche Winde wechseln mit schönem Wetter. Im April herrscht meist schönes Wetter, gegen Ende des Monats steigt die Temperatur. Der Schamal tritt gelegentlich mit mäßiger Stärke auf. Im nördlichen Teile des Golfs hat man im April schon sehr starke Schamalwinde mit heftigen Böen oder östlichen Sturm wahrgenommen. Meist herrschen veränderliche Winde, oft von Regen begleitet. Nach dem 15. April tritt selten schlechtes Wetter ein. Im Mai setzt die Hitze ein. Das Wetter ist meist schön. Mäßige Schamalwinde treten häufig auf. Schwere Böen kommen nur ausnahmsweise vor.

Die folgende Tabelle gibt die durchschnittlichen Monatstemperaturen, die aus Beobachtungen in den Jahren 1878 bis 1886 abgeleitet sind. In Buschehr ist schon Schnee gefallen. In Koweit sank die Temperatur bei einem Schamal auf 2° C.

Januar .. 14,1°	April ... 23,0°	Juli .... 31,4°	Oktober .. 25,4°
Februar .. 14,1°	Mai .... 27,1°	August .. 31,5°	November . 20,5°
März ... 17,1°	Juni .... 29,0°	September 29,2°	Dezember . 16,2°

Im Mittel beträgt die Jahrestemperatur 23,1°.

Das Klima an der Küste von Mekran bildet den Übergang vom Klima des Persischen Golfs zu dem Indiens. Im westlichen Teile der Küste ist das Klima wesentlich anders als im östlichen Teile. Infolge des Südwest-Monsuns ist die Temperatur im östlichen Teile niedriger als im westlichen, wo in den Sommermonaten das Thermometer fast ebenso hoch steigt als im Persischen Golf. Auch an dieser Küste macht sich der Südwest-Monsun bemerkbar, indem er von Juni bis September starken Seegang an die Küste wirft. Es herrscht dann feuchtes wolkiges Wetter. Gelegentlich treten starke westliche Winde mit Regenfällen in den östlichen Gegenden auf. Im Winter ist das Klima an der ganzen Küste gleichmäßiger. Im östlichen Teile bringen die starken Westwinde des Mai Abkühlung, das ist besonders der Fall nach Regenfällen. In Djaschk wehen während des Monsuns leichte südöstliche und südliche Winde. Infolgedessen ist die Hitze nicht so groß als im Persischen Golf. Von März bis September ist die Luft sehr feucht, so daß das trockene und das feuchte Thermometer fast die gleiche Temperatur anzeigen. In der folgenden Tabelle sind die Extremwerte der Temperatur und die Mittelwerte der Extremtemperatur aus neunjährigen Beobachtungen, die von einem an dieser Küste verkehrenden Schiffe gemacht wurden, zusammengesetzt.

	Maximum	Minimum	Im Mittel aus 9 jähr. Beobachtung		
			Maximum	Minimum	Mittel
Januar	25,6°	13,3°	22,8°	18,3°	20,6°
Februar	25,6	17,8	23,3	19,4	21,4
März	28,9	20,0	25,6	22,8	24,2
April	30,5	22,8	28,3	25,0	26,7
Mai ,.....	33,9	22,8	30,0	27,8	28,9
Juni	33,3	25,5	31,1	28,9	30,0
Juli	33,3	25,0	29,4	27,8	28,6
August	30,5	25,0	28,3	26,7	27,5
September ...	30,0	23,9	28,3	25,6	27,0
Oktober	30,0	22,8	28,3	25,0	26,7
November	30,0	21,7	27,2	23,3	25,3
Dezember	26,7	18,3	23,3	21,1	22,2

Regen und Dunst. Die Regenmenge ist klein und veränderlich. In Buschehr hat der Regenmesser 13 bis 74 cm Regen im Jahre registriert. An der arabischen Küste regnet es noch weniger, in Maskat hat man nur 8 bis 20 cm Regen beobachtet. Mit seltenen Ausnahmen fällt nur im Winter Regen. An der Südseite des Persischen Golfs soll es äußerst selten regnen.

An der Küste von Beludschistan fällt sehr wenig Regen, zeitweise, regnet es kaum in zwei bis drei Jahren. Gelegentlich treten sehr starke Regenfälle ein. Es soll, wenn es überhaupt regnet, so gießen, daß der Ackerbau nicht weniger Schaden davon leidet, als von der langen Dürre.

Tau tritt im Persischen Golf sehr stark auf, namentlich in den Sommermonaten, so daß die Segel so naß sind, als ob es stark geregnet hätte. An der Küste von Beludschistan fällt von März bis September starker Tau, gelegentlich auch in der kalten Jahreszeit.

Dichten Nebel, der alles durchnäßt, trifft man oft morgens nahe an der Küste. Er hält nur wenige Stunden an. Dichten feuchten Nebel findet man zeitweise auch an der Küste von Beludschistan, und zwar meistens im Winter. Er kommt morgens mit dem Landwind und verschwindet noch vor Mittag.

Luftdruck und Wind. Der enge Zusammenhang zwischen der jeweiligen Verteilung des Luftdrucks und dem Winde wird durch folgendes Gesetz ausgedrückt, das für die nördliche Halbkugel, mit Ausnahme der nächsten Nachbarschaft des Äquators, allgemein gilt:

»Stehst du mit dem Rücken zum Wind, so ist der Barometerstand rechts und hinter dir höher, links und vor dir niedriger, als an dem Orte, wo du bist.«

»Der Wind ist um so stärker, je größer dieser Unterschied des Barometerstandes auf gleicher Strecke ist.«

Dieses Gesetz gilt sowohl für die einzelnen Tage als auch für Mittelwerte und vorherrschende Winde, bei den letzteren jedoch nur in den größeren Zügen, nicht in allen Einzelheiten. Das liegt teils an der Unvollständigkeit des Beobachtungsmaterials, teils an der Natur der Mittelwerte selbst.

Verteilung des Luftdrucks. Im Persischen Golf sind die Barometerschwankungen nicht so groß als in nördlicheren Breiten; immerhin sind sie größer als im Indischen Ozean. Im Winter beträgt die größte Schwankung etwa 15 mm; der mittlere Barometerstand ist 762 mm. Im Sommer ist der Luftdruck auffällig niedrig. Das Barometer beginnt Anfang Mai zu fallen. Während der nächsten drei Monate beträgt der Luftdruck mit geringen Schwankungen 750 mm.

In der folgenden Tabelle sind die mittleren Barometerstände in Buschehr in dem Zeitraum von 1878 bis 1896 zusammengestellt.

Abschnitt I: Allgemeines.

Januar....	764,7 mm	Mai......	755,0 mm	September..	754,1 mm
Februar...	763,2 „	Juni.....	750,5 „	Oktober...	759,4 „
März.....	761,2 „	Juli......	748,1 „	November..	762,8 „
April.....	758,2 „	August....	749,5 „	Dezember..	764,4 „

Die tägliche Amplitude zeigt ein ziemlich auffälliges Verhalten. Es tritt nur ein Maximum ein um 10^h V. und ein Minimum um 4^h N. Von 4^h N. steigt das Barometer allmählich bis zum nächsten Morgen. Das Minimum um 4^h V. ist kaum wahrnehmbar. Das tägliche Maximum liegt etwa 3 mm höher als das Minimum.

Stürmisches Wetter tritt oft ohne jede Warnung durch das Barometer ein. Der Luftdruck ändert sich oft erst nach Beginn des Sturmes.

An der Küste von Mekran sind die Barometerschwankungen zwar klein, aber immerhin größer als in den Tropen. Fallendes Barometer zeigt gewöhnlich schlechtes Wetter an. Jedoch treten starke Nordwestwinde und Böen oft ohne jede Warnung auf. Die folgende Tabelle gibt die monatlichen Mittelwerte des höchsten und niedrigsten Luftdrucks und die größten monatlichen Barometerschwankungen während eines Zeitraums von neun Jahren. Wie ersichtlich, steht das Barometer im Sommer andauernd niedrig und erreicht sein Minimum im Juni, während das Maximum in den Dezember fällt. Die mittlere jährliche Schwankung beträgt etwa 13 mm. Der höchste Luftdruck mit 772,2 mm wurde im Dezember, der niedrigste mit 749,8 mm im Juni beobachtet.

	Im Mittel		Größte		Im Mittel		Größte
	Maximum mm	Minimum mm	Schwankung mm		Maximum mm	Minimum mm	Schwankung mm
Januar....	769,1	763,5	11,2	Juli.....	757,2	752,1	8,6
Februar...	767,8	763,5	9,2	August...	758,2	753,6	9,1
März.....	766,3	762,0	8,1	September..	761,2	756,7	10,9
April.....	764,5	760,0	10,7	Oktober...	765,5	761,5	9,4
Mai......	762,2	759,5	7,1	November.	767,8	763,8	8,9
Juni.....	757,2	752,1	9,7	Dezember..	769,6	765,8	8,4

Wind. Im Persischen Golf sind die Winde, wie in allen Binnenmeeren, sehr unzuverlässig. Gelegentlich weht der Wind in den Sommermonaten mit großer Stärke in der Richtung des Golfs abwärts und zuweilen im Winter in der entgegengesetzten Richtung, meistens, ohne daß leicht erkennbare Witterungsanzeichen auf baldiges Eintreten solcher Winde hindeuteten. Vorherrschend ist der Nordwestwind, den die Eingeborenen Schamal nennen. Er weht golfabwärts in der Küstenrichtung, ist daher im Golf selbst nördlich bis nordwestlich, an den Küsten des Golfs von Oman aber südwestlich bis westlich. Der Schamal weht neun Monate lang — vom Februar bis Oktober — fast ununterbrochen. Im Juni und Juli, etwa 40 Tage lang, erreicht er seine größte Beständigkeit und Stärke (7 der Beaufort-Skala). Die Eingeborenen bezeichnen ihn dann als »Großen Schamal oder Barih«. Der starke Wind hält in der Regel drei, zeitweise auch sieben Tage an, in seltenen Fällen währt er nur einen Tag oder gar nur einige Stunden. Zeitweise tritt der Schamal während dieses Zeitraums sehr leicht auf. Die Luft, die sich bei dem vorhergehenden Regen aufgeklärt hatte, wird durch die aus der Wüste von Mesopotamien herübergewehten Staubmassen unsichtig. Dadurch wird die Schiffahrt in hohem Maße gefährdet, denn die hohen Berge, die sich einige Sm landwärts von der Küste hinziehen, kommen manchmal nicht eher in Sicht als die weiße Brandung am Strande. Auf dem Schatt el-Arab trifft man oft so dichten Staub, daß man von der Mitte des Stromes aus die Ufer nicht mehr sieht. Sogar außer Sicht des Landes werden Takelung und Deck eines Schiffes mit feinem Staube überschüttet. In den Sommermonaten ist während eines Schamals die Luft äußerst trocken und der Himmel wolkenlos. Im Winter dagegen ist der Wind manchmal von Regenböen und kurzen Gewittern begleitet. Während eines Etmals schwankt der Wind in der ruhigen Zeit nur wenige Striche. Nachts kommt er von der persischen Küste oder mehr nördlich, tags von der See oder mehr westlich.

Wie schon erwähnt, gibt das Barometer keine Warnung für einen herannahenden Schamal. Wenn es jedoch verhältnismäßig tief steht, wird es nach dem Einsetzen des Nordwestwinds zu steigen beginnen. Ziemlich sichere Anzeichen des kommenden Schamals hat man in dem Verschwinden des Taus, der Austrocknung der Luft und der hohen nordwestlichen Dünung im südlichen Teil des Golfs. Einige der heftigsten Winterstürme, die manchmal plötzlich bei schönem Wetter auftreten, werden durch eine dicke Wolkenbank im nordwestlichen Viertel, die, alles in Dunst hüllend, rasch heraufzieht, gewöhnlich einige Stunden vorher angezeigt. Man sollte darauf achten, wenngleich nicht immer auf das Vorüberziehen einer solchen Bank Sturm eintritt.

Der Schamal hat stets bei seinem Einsetzen die größte Stärke. Nicht immer beherrscht er den ganzen Golf. Mit Tagwerden wird er manchmal auf kurze Zeit flau. In den Sommermonaten erreicht er die Stärke 7, während er im Winter Stärke 8 bis 9 hat. Für schwache Dampfer und Segler empfiehlt es sich, beim Herannahen eines solchen Sturmes einen der vielen guten Ankerplätze aufzusuchen.

Im Winter wechseln Südostwinde, von den Eingeborenen Scharki oder Kaus genannt, mit Nordwestwinden ab. Sie folgen, ähnlich wie die Nordwestwinde, der Küstenrichtung. Nur von Dezember bis

April erreichen sie einige Stärke. In der Regel sind diese Winde von dickem Wetter und Böen, zuweilen auch von anhaltendem Regen und Gewittern begleitet. Die Luft enthält viel Feuchtigkeit, das Barometer steht tief. Daher deuten Bewölkung des vorher wolkenlosen Himmels und fallendes Barometer solche Stürme an. Selten dauert dieser Wind bei Stärke 7 mehr als drei Tage, bei Stärke 9 höchstens einen Tag. Wenn er nach rechts bis Süd herumgeholt hat, naht er sich seinem Ende. Man sollte dann auf Umspringen des Windes nach NW gefaßt sein, namentlich nachts oder wenn man vor Anker liegt. Man muß dann den Ankerplatz aufgeben, da man sonst Gefahr läuft, den Schamal an einer Leeküste abreiten zu müssen.

Außerdem treten im Winter, namentlich im südlichen Teil des Golfs, sogenannte Naschi, starke Nordostwinde auf, die wolkiges Wetter und gelegentlich Regen bringen. Das Barometer steht dann hoch und fällt erst wenig, wenn der Wind vorbei ist. Der Wind führt viel Staub von der persischen Küste mit sich. Er tritt im Golf von Oman sehr stark auf, wo er von den Eingeborenen gefürchtet wird, besonders weil die Küste von el-Batina — die Leeküste — keinen Schutz bietet.

Südwestlicher Wind, der Suhaili der Eingeborenen, tritt nur selten und nur im Winter auf. Er dauert nur einige Stunden und bringt Regen und Gewitter. Die meisten guten Ankerplätze sind gegen den Suhaili ungeschützt. Er kommt in allen Teilen des Persischen Golf und im Golf von Oman vor, besonders bei Ras el-Kuh.

Starke Böen aus verschiedenen Richtungen, von den Arabern Laheimar genannt, treten beim Wechsel der Jahreszeiten auf, besonders vom 15. Oktober bis zum 5. November. In jener Zeit gehen die Fahrzeuge der Eingeborenen nicht in See. Wenn nach dem 5. November keine Böen mehr auftreten, so sollen sie überhaupt bis zum Eintritt des meist schlechten Winterwetters ausbleiben. In der Zeit der Böen ist die Luft stark elektrisch, St. Elmsfeuer werden dann häufig beobachtet. Zuweilen ist die Luft bei diesen Böen wundervoll klar. Auf der Basidu-Reede hat man selbst im Mai Böen aus Nord, im Juli Böen aus Südost beobachtet. Auch im oberen Teil des Persischen Golfs treten im Mai heftige nördliche Böen auf. Aus den Bergschluchten in der Nähe von Maskat wehen im Winter fürchterliche Windstöße. Zuweilen wechseln Böen von einigen Minuten Dauer und aus verschiedenen Richtungen miteinander ab.

Im Winter wehen oft örtliche Winde. Der Schamal weht vielleicht an einem Ende des Golfs, während am anderen Ende oder in der Mitte der Wind aus der entgegengesetzten Richtung weht oder Stille herrscht. In Buschehr weht der Wind oft aus der entgegengesetzten Richtung, die er im Schatt el-Arab hat.

Im Golf von Oman sind die vorherrschenden Windrichtungen ebenfalls NW und SO. Der Nordwestwind weht von Oktober bis April frisch und wird von Wolken und Regen begleitet, während er im Sommer heiß und trocken ist. Der Südostwind herrscht während des indischen Südwest-Monsuns, also etwa vom 10. Juni bis Mitte September. Er erreicht meist nur geringe Stärke und wird zeitweise von Stillen unterbrochen. Mitunter bringt er Regen. Auch in dieser Gegend zeigt das Barometer Witterungsänderungen nicht an. Der Südwest-Monsun tritt nördlich und westlich von Ras el-Hadd nicht auf. Der Nordost-Monsun drängt den Schamal des Persischen Golfs im Golf von Oman oft zurück.

An der Küste von Beludschistan wechseln die beständigen Monsune regelmäßig ab. Der Südwest-Monsun beginnt Mitte April. An der Küste tritt er früher auf als auf offener See. Die Windverhältnisse gleichen denen an der Westküste Vorderindiens.

Land- und Seebrise treten nicht regelmäßig auf. Bei gutem Wetter findet man nur nahe an der Küste scharf ausgeprägte Landwinde. Die Seebrise tritt in Buschehr im Sommer regelmäßig auf gegen 9^h V, wenn nicht der Schamal weht. Landwinde sind dort sehr schwach und kurz. In Basidu treten starke Landwinde auf und halten bis 10^h V an. Seebrise tritt auch regelmäßig ein, doch nicht so früh wie in Buschehr. An der arabischen Küste sind die Landwinde oft morgens stark und wehen gelegentlich in starken Böen. In Koweit weht Seebrise bei gutem Wetter regelmäßig.

Windstillen treten im Persischen Golf und im Golf von Oman häufig auf und halten tagelang an. Mäßige ständige Brise weht fast nie. Ein Sprichwort sagt: Es weht entweder zu viel oder gar kein Wind im Golf. Wasserhosen und Sandhosen am Lande sieht man häufig im Persischen Golf und an der Küste von Beludschistan.

Zyklone im Arabischen Meere erreichen die Küste von Beludschistan nicht. Sie bringen nur mit fallendem Barometer schweren südlichen Seegang und wolkiges unruhiges Wetter. Wenn der Sturm vorüber ist, setzt steife südwestliche Brise oder mäßiger Südweststurm ein. Das im Süden herrschende stürmische Wetter tritt auch im Norden auf, ohne jedoch bis an die Küste zu kommen. Die nördliche Grenze scheint in der Nähe des Wendekreises zu liegen. Am 4. Juni 1890 11^h N brach ohne vorherige Warnung in Maskat ein orkanartiger Sturm aus, der 24^h anhielt, wobei es andauernd stark regnete (290 mm Regenfall). Der Sturm wehte anfangs aus NO, drehte dann nach N und W und endete im SO.

Magnetische Elemente.

Die magnetischen Elemente zeigen, soweit bekannt, in dem Gebiete des Persischen Golfes und des Golfes von Oman keine Störungen, die der Schiffahrt Gefahr bringen könnten.

Mißweisung. Die Linien gleicher Mißweisung verlaufen, wie die beigegebene Karte (Tafel 2) zeigt, ungefähr von Nordwest nach Südost parallel den Küsten des Persischen Golfes. Die Werte der Mißweisung schwanken daher in dem dargestellten Gebiete nur zwischen sehr engen Grenzen, nämlich $0°$ und $1\frac{1}{2}°$ Ost. Die jährliche Änderung beträgt im Persischen Golf ungefähr $+3'$ und im Golf von Oman $+2'$. Ein aus der Karte entnommener Wert muß daher für spätere Jahre als 1905 um den genannten Betrag multipliziert mit der Anzahl der seit 1905 verflossenen Jahre vermehrt werden.

Die Tabelle auf Seite 23 enthält die Werte der Mißweisung für die auf See liegenden Schnittpunkte der Längen- und Breitengrade, berechnet für das Jahr 1905,0.

Inklination. Die Linien gleicher Inklination verlaufen in west-östlicher Richtung den Breitengraden parallel. Die Werte der Inklination nehmen mit abnehmender Breite von $39°$ im Norden bis zu $24°$ im Süden des auf der Mißweisungskarte dargestellten Gebietes ab. Die jährliche Änderung beträgt etwa $+0{,}05°$ bis $0{,}10°$. Aus der Tabelle auf Seite 23 kann man für jeden beliebigen Ort die Inklination mit genügender Genauigkeit einschalten.

Horizontalintensität. Die Linien gleicher Horizontalintensität haben ostnordöstliche Richtung. Die Werte der Intensität schwanken zwischen $3{,}21$ und $3{,}65$ Gaußischen Einheiten und nehmen von Norden nach Süden hin zu. Die jährliche Änderung ist gering.

In der Tabelle auf Seite 23 sind die Schnittpunktwerte für das Jahr 1905,0 zusammengestellt.

Strömungen.

Die Hauptursache der im Persischen Golfe auftretenden Strömungen wird wohl den Gezeiten zuzuschreiben sein. Über die Strömungen am Nordende des Golfs ist wenig bekannt. Neuere Berichte zeigen, daß im südöstlichen Teile starker Strom läuft. Im Januar kommen Stromversetzungen von 10 bis 20 Sm, im April von 15 bis 40 Sm im Etmal vor, worauf man bei der Fahrt im Golfe genügend Rücksicht nehmen muß. Der Strom scheint meist in den Golf hineinzusetzen, dann läuft er längs der Persischen Küste und dreht bei Schech Schuaib auf die Arabische Küste zu. Bei Nordwest- oder Südostwinden wird die Hauptströmung durch eine schwache Oberflächenströmung, die mit dem Winde setzt, beeinflußt. Am

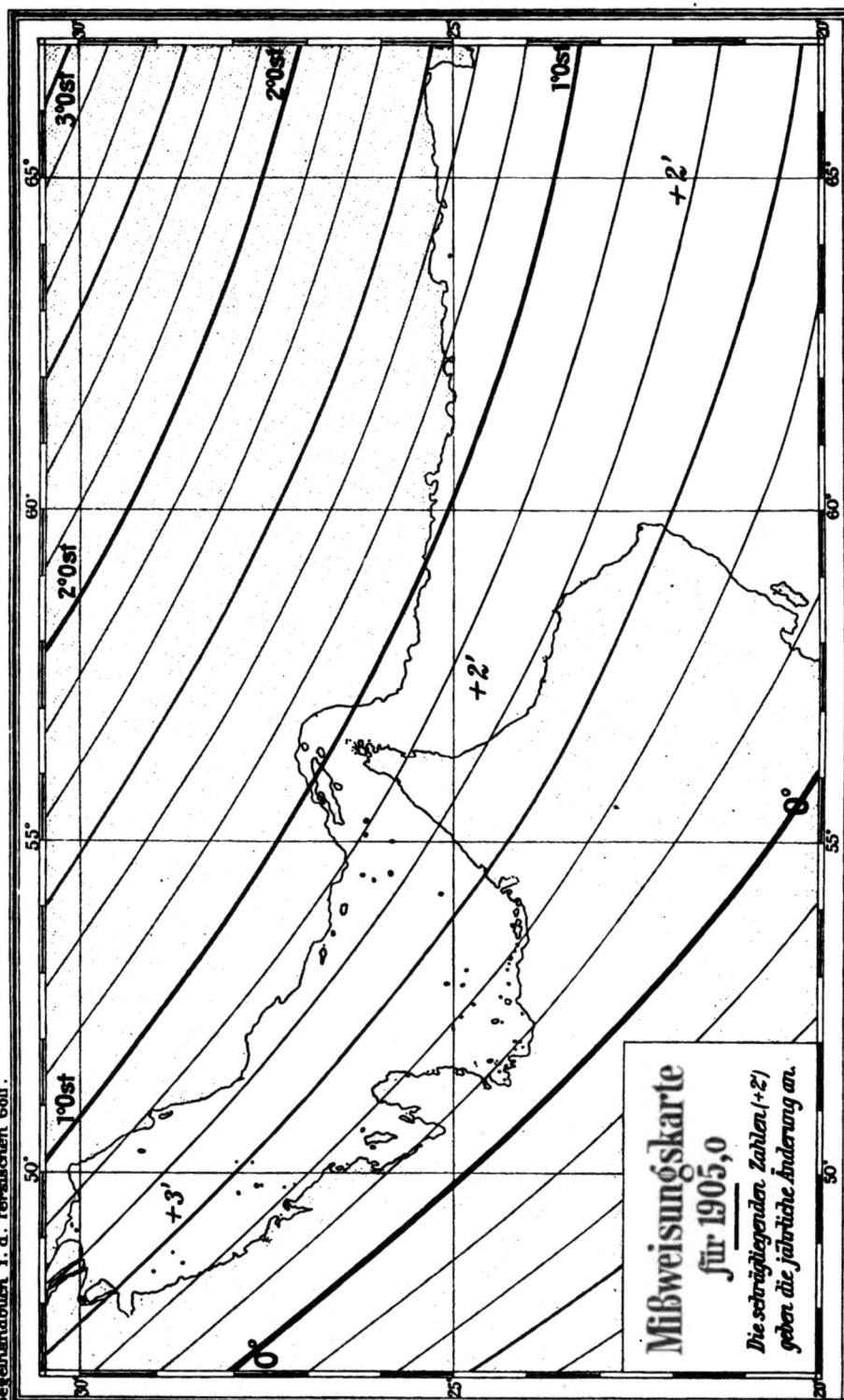

Magnetische Elemente.

Mißweisung für die Schnittpunkte, gültig für 1905,0.

Nördliche Breite	Östliche Länge von Greenwich																	
	49°	50°	51°	52°	53°	54°	55°	56°	57°	58°	59°	60°	61°	62°	63°	64°	65°	66°
29°	0°30'	0°40'	—	—	—	—	—	—	—	—	—	—	—	—	—	—	—	—
28°	0 21	0 29	0°38'	0°36'	—	—	—	—	—	—	—	—	—	—	—	—	—	—
27°	—	0 20	0 28	0 27	0°44'	0°40'	—	—	—	—	—	—	—	—	—	—	—	—
26°	—	—	0 19	0 18	0 34	0 30	0°46'	0°52'	0°57'	—	—	—	—	—	—	—	—	—
25°	—	—	—	—	0 24	—	0 36	—	0 47	0°51'	0°55'	0°58'	1°3'	1°7'	1°11'	1°14'	1°18'	1°22'
24°	—	—	—	—	—	—	—	—	0 36	0 41	0 45	0 48	0 52	0 55	0 58	1 1	1 4	1 8
23°	—	—	—	—	—	—	—	—	—	—	0 35	0 38	0 42	0 45	0 48	0 50	0 52	0 55
22°	—	—	—	—	—	—	—	—	—	—	—	0 29	0 32	0 35	0 38	0 40	0 42	0 44
21°	—	—	—	—	—	—	—	—	—	—	0 18	0 21	0 24	0 27	0 29	0 31	0 33	0 35

Inklination für die Schnittpunkte, gültig für 1905,0.

Nördliche Breite	Östliche Länge von Greenwich																	
	49°	50°	51°	52°	53°	54°	55°	56°	57°	58°	59°	60°	61°	62°	63°	64°	65°	66°
29°	39,0°	39,0°	—	—	—	—	—	—	—	—	—	—	—	—	—	—	—	—
28°	37,0	37,0	37,0°	—	—	—	—	—	—	—	—	—	—	—	—	—	—	—
27°	—	35,0	35,0	35,0°	35,1°	—	—	—	—	—	—	—	—	—	—	—	—	—
26°	—	—	33,1	33,1	33,2	33,2°	33,3°	33,3°	33,3°	—	—	—	—	—	—	—	—	—
25°	—	—	—	31,0	31,1	31,2	31,3	—	31,4	31,5°	31,6°	31,7°	31,7°	31,8°	31,9°	32,0°	32,0°	32,1°
24°	—	—	—	—	—	—	—	—	29,5	29,6	29,7	29,8	29,9	30,0	30,0	30,0	30,1	30,2
23°	—	—	—	—	—	—	—	—	—	—	27,6	27,7	27,8	27,9	28,0	28,0	28,1	28,2
22°	—	—	—	—	—	—	—	—	—	—	—	25,7	25,8	25,9	26,0	26,1	26,2	26,3
21°	—	—	—	—	—	—	—	—	—	—	23,8	23,9	24,0	24,0	24,1	24,2	24,3	24,4

Horizontalintensität für die Schnittpunkte, gültig für 1905,0.

Nördliche Breite	Östliche Länge von Greenwich																	
	49°	50°	51°	52°	53°	54°	55°	56°	57°	58°	59°	60°	61°	62°	63°	64°	65°	66°
29°	3,21	3,22	—	—	—	—	—	—	—	—	—	—	—	—	—	—	—	—
28°	3,25	3,26	3,27	—	—	—	—	—	—	—	—	—	—	—	—	—	—	—
27°	—	3,30	3,31	3,32	3,33	—	—	—	—	—	—	—	—	—	—	—	—	—
26°	—	—	3,35	3,36	3,37	3,39	3,40	3,41	3,42	—	—	—	—	—	—	—	—	—
25°	—	—	—	3,40	3,41	3,42	3,43	—	3,45	3,46	3,47	3,48	3,49	3,50	3,51	3,52	3,53	3,54
24°	—	—	—	—	—	—	—	—	3,48	3,49	3,50	3,51	3,52	3,53	3,54	3,55	3,56	3,57
23°	—	—	—	—	—	—	—	—	—	—	3,52	3,53	3,54	3,55	3,57	3,58	3,59	3,60
22°	—	—	—	—	—	—	—	—	—	—	—	3,56	3,57	3,58	3,59	3,60	3,61	3,62

4. Tage des Schamal soll der Strom mit 1 Sm Geschwindigkeit gegen den Wind setzen; doch verdient diese Angabe wenig Zutrauen.

An der el-Batina-Küste setzt beim Südwestmonsun der Strom nordwestwärts. Er nimmt nach Maskat hin und südöstlich davon an Stärke zu und erreicht 0,4 bis 1,4 Sm Geschwindigkeit. Von Oktober bis Februar setzt bei den vorherrschenden Nordwestwinden des Persischen Golfs der Strom gewöhnlich südostwärts. Er soll in der Gegend von Maskat nach Ras el-Hadd am stärksten auftreten und 0,4 bis 1,7 Sm Geschwindigkeit erreichen.

An der Mekran-Küste ist der Strom von den vorherrschenden Winden abhängig und muß infolgedessen ungleiche Geschwindigkeit haben. Im Südwestmonsun tritt er jedoch weniger unregelmäßig auf und setzt mit 0,4 bis 1,2 Sm Geschwindigkeit längs der Küste. Beim Nordostmonsun und in der Zeit zwischen den Monsunen ist der Strom ganz unsicher. Zeitweise setzt er mit 0,4 bis 1,2 Sm Geschwindigkeit westwärts.

Seegang tritt im Persischen Golfe schnell auf. Die Seen sind kurz und hohl. In der Einfahrt steht, wenn der Gezeitenstrom gegen einen starken Schamal anläuft, besonders wilde, brandende See. Nach einem Sturm legt sich der Seegang bald. Der Seegang steht oft in gar keinem Verhältnis zu den herrschenden Winden. Zeitweise läuft mehrere Stunden lang hohe Dünung, ohne daß Winde vorhergegangen sind oder nachfolgen. Meist ist diese Dünung der Vorbote eines ankommenden Sturms. Bei heftigem Schamal steht vor Maskat sehr hohe See. Beim Südwestmonsun läuft der Seegang um Ras el-Hadd herum und ist noch bei Maskat, oder auch noch nahe bei der Einfahrt zum Persischen Golfe fühlbar.

Von Juni bis September setzt schwerer Seegang infolge des im Arabischen Meere wehenden Südwestmonsuns auf die Mekran-Küste zu. Bei Karachi hat der Seegang westsüdwestliche oder südwestliche Richtung; am westlichen Teile der Küste hat er mehr südliche oder gar südöstliche Richtung; so setzt er bei Gwadar nach Südsüdwesten, bei Tschahbar nach Süden, bei Djaschk nach Südosten. Er nimmt von Gwadar nach Djaschk allmählich an Stärke ab. Bei Djaschk macht er sich nur als schwache Grundsee bemerkbar. Die Stärke des Seegangs schwankt stark, bei einer Pause im Monsun ist der Seegang oft schwach. Zeitweise verschwindet er früh im September, zu anderen Zeiten läuft während der größeren Hälfte des Monats schwerer Seegang, der erst gegen Ende des Monats abnimmt. Der Seegang tritt im Vergleich mit den herrschenden Winden stark auf. Bei einem Zyklon oder Sturm im Arabischen Meere läuft heftiger nördlicher Seegang, der schwere Grundseen und Brandung hervorruft. Bei starken Nordwestwinden läuft hoher Seegang, der sich noch südlich von Bombay fühlbar macht.

Gezeiten.

Die Gezeiten im Persischen Golfe sind infolge der engen und gewundenen Einfahrt und der vielen Inseln und Bänke sehr verwickelt. Die Springhochwasserhöhe beträgt an verschiedenen Stellen 1,8 bis 4 m, während die Nipphochwasserhöhe 0,3 bis 2,4 m beträgt. Über die Gezeiten ist wenig bekannt.

Die halbtägige Ungleichheit in bezug auf Höhe und Zeit ist sehr scharf ausgeprägt. Im Winter überwiegt die Nachttide, im Sommer die Tagtide. Der Fluthub wird vom Winde beeinflußt; ebenso der Wasserstand, der 0,3 m und mehr steigt und fällt. Beim Schamal ist der Wasserstand niedriger, beim Südostwind höher. Der größte Fluthub findet bei Springtide im August statt.

Die Gezeitenwelle erreicht die Einfahrt zum Golf 1^h später als Maskat; etwa 13^h später trifft sie das Innere des Golfs. Die Hafenzeit in Maskat ist etwa $9^1/_4{}^h$, bei Ras Musandam 10^h, bei Basidu 12^h, bei der Keis-Insel $12^1/_2{}^h$, bei Bahrein $6^1/_4{}^h$, bei Buschehr $7^1/_2{}^h$ und bei der Barre des Schatt el-Arab $11^1/_2{}^h$. Im Golfe von Oman schreitet die Welle der größeren Wassertiefe wegen entsprechend schneller fort. Die Gezeitenströme kentern keineswegs, namentlich am Südende des Golfs, bei Hoch- und Niedrigwasser.

Im Golf von Oman sind die Gezeitenströme an der el-Batina-Küste und außerhalb Ras Djaschk ganz unmerklich, obgleich der Fluthub 2,4 bis 2,7 m beträgt. Je näher nach dem Persischen Golf, desto stärker werden die Gezeitenströme infolge der abnehmenden Entfernung der angrenzenden Küsten. Bei Ras el-Kuh und in dem Teil nördlich davon tritt der Strom stark auf. Der Strom nimmt nach Ras Musandam hin an Geschwindigkeit zu und erreicht bei der scharfen Biegung des Kaps 4 Sm und bei Springtide vielleicht noch mehr größte Geschwindigkeit. Starke Neerströme und Stromwirbel treten beim Kap und den Salama wa-Banataha-Inseln auf, die ein Segelschiff fast manövrierunfähig machen. An der gegenüberliegenden Küste tritt der Strom nicht so stark auf und erreicht bei Guru nur 2 bis 3 Sm Geschwindigkeit. Dort kentert der Strom am 3^h nach Hochwasser am Lande.

Der Flutstrom setzt dann nach der Persischen Küste hinüber und westwärts auf beiden Seiten der Inseln Larak, Hormus und Kischm mit 2 bis 3 Sm Geschwindigkeit entlang. An der Küste von Oman setzt er südwestwärts mit 1 bis 2 Sm Geschwindigkeit.

Bei den Tanb-Inseln setzt der Strom ostwärts und westwärts mit 3 Sm Geschwindigkeit bei Springtide. Er kentert 3^h nach Hoch- und Niedrigwasser.

Durch die schmale Clarence-Straße an der Nordseite der Insel Kischm wird der Strom gehemmt, so daß er mit dem an der Südseite entlang setzenden Strome bei Basidu erst 1^h vor Hochwasser an der Festlandküste zusammentrifft.

In den Durchfahrten zwischen den Inseln südöstlich und südlich von Ras Bistana und bei der Insel Keis erreicht der Strom 1 bis 2 Sm Geschwindigkeit. Der Strom kentert dort 3^h nach Hoch- und Niedrigwasser am Lande.

Wahrscheinlich trifft die Gezeitenwelle bei Ras Rekkan und bei Ras el-Mutaf zu gleicher Zeit mit 1 Sm Geschwindigkeit ein. Von Ras Rekkan läuft der Strom auf beiden Seiten der Halbinsel Barr el-Katr mit 1 bis $1^1/_2$ Sm Geschwindigkeit entlang. Er trifft den von Osten her über die Riffe südlich von el-Bida hinwegsetzenden Flutstrom in der Nähe von Chor el-Udeid.

Bei der Bahrein-Insel setzt der Flutstrom südwärts auf beiden Seiten der Insel. Er tritt auf den großen Riffen nördlich davon stark auf. Auch an der Südseite von el-Katif läuft er mit etwa 2 Sm Geschwindigkeit südwärts. Nördlich vom el-Jarim-Riffe setzen die Ströme ost- und westwärts mit 1 Sm Geschwindigkeit. Der Strom setzt dort also quer zum Kurse der nach Bahrein laufenden Schiffe. Bei den Inseln in der Nähe der Farsi-Insel setzt der Strom ebenfalls ostwärts und westwärts.

Bei Ras Mutaf nimmt die Geschwindigkeit des Stromes zu. Das Wasser ist dort stark entfärbt. Von da nach Buschehr und an der gegenüberliegenden Küste von Arabien sind die Gezeitenströme schwach.

Bei der Insel Charag hat man nordwestlichen und südöstlichen Strom mit 1 bis 2 Sm Geschwindigkeit beobachtet. Die Geschwindigkeit des Stromes wächst, je mehr er sich den Flüssen nähert. Im nördlichen Teile des Golfs kentern die Ströme etwa bei Hoch- und Niedrigwasser. Bei den Inseln Karu und Kubbar setzt der Strom mit 1 bis $1^1/_2$ Sm Geschwindigkeit nordwestwärts und südostwärts. Der Flutstrom läuft an der persischen Küste entlang nach Dilam und schwenkt dann westsüdwestwärts nach Ras el-Bahrdjan.

In den Flüssen erreichen die Gezeitenströme große Geschwindigkeit, bei Springtide gewöhnlich 3 bis 4 Sm. Wenn der Schnee auf den Gebirgen von Kurdistan schmilzt, erreicht der Ebbstrom 5 Sm Geschwindigkeit. Ebbstrom läuft 8^h lang, während nur 4 bis 5^h Flutstrom läuft. Der Strom kentert einige Zeit nach Hoch- und Niedrigwasser.

Die Gezeitenwelle braucht etwa 6^h von der Barre des Schatt el-Arab nach Basra oder Makil.

Golf von Oman. Zwischen Gwatar und Djaschk sind die Gezeitenströme kaum fühlbar. Bei Djaschk setzt der Flutstrom westwärts nach dem Persischen Golfe hin. Bei Gwadar setzt der Flutstrom längs der Küste ostwärts nach Karachi hin. Der Ebbstrom setzt in entgegengesetzter Richtung. Die Gezeiten werden stark vom Südwestmonsun beeinflußt.

Dampferwege.

Starke Dampfer schlagen auf der Reise von Aden nach Häfen des Persischen Golfs und Indiens den kürzesten Weg ein bei beiden Monsunen. Auf der Reise von Bombay nach dem Persischen Golf sollten sie sich im Südwestmonsun, wenn sie weit genug frei vom Lande sind, nördlich von dem geraden Wege nach Maskat halten bis zum 24. Breitenparallel hin. Von Karachi aus steuern sie an der Küste von Mekran entlang, bis sie Tschahbar hinter sich haben. Auf der Fahrt vom Persischen Golf nach Aden halte man sich dicht unter der arabischen Küste. Der Monsun tritt am stärksten auf zwischen Ras Madraka und den Churja Murja-Inseln. Wenn man das Kap Fartak hinter sich hat, wird der Monsun schwächer. Von Häfen an der Ostküste Afrikas kommend, setze man den Kurs so, daß man an der Insel Sokotra östlich vom 56. Längengrade entlang steuert, damit man von dem Gegenstrom und den Kreuzseen westlich vom 56. Längengrade verschont bleibt.

Im Persischen Golf steuert man von Huk zu Huk. Zeitweise können auch für Dampfer die Bemerkungen über Seglerwege (Seite 28) vonnutzen sein.

Schwache Dampfer auf der Fahrt von Aden nach dem Persischen Golf und Indien wählen beim Südwestmonsun meist den kürzesten Weg. Auf der Reise vom Persischen Golf nach Bombay steuern sie im Südwestmonsun den geraden Weg. Man sollte bis zum Breitenparallel der Insel Kundari laufen, bevor man Land macht, damit man sich luvwärts vom Hafen befindet. Vom Persischen Golf nach Aden bestimmte Dampfer mit schwacher Maschine laufen unter Zuhilfenahme ihrer Schratsegel südostwärts oder südwärts, wobei sie gut westlich frei von den Lakediven bleiben müssen, bis zum 7. oder 9.° Breitenparallel, dort treffen sie leichte Winde und schlichtes Wasser. Man kann dann unter Dampf allein auf 7° N-Br. entlang laufen bis zu 61° O-Lg. In etwa 60° oder 61° O-Lg. angekommen, können sie allmählich nach Nordwesten auf das Kap Guardafui zusteuern, dürfen aber 10° N-Br. erst überschreiten, wenn sie 53° O-Lg. erreicht haben, um nicht in das Wirbelstromgebiet etwa 150 Sm südlich von Sokotra hineinzukommen. Dort steht sehr hohe durcheinanderlaufende See. Über die Weiterreise vergleiche das Segelhandbuch für das Rote Meer und den Golf von Aden Seite 56 ff.

In Nordostmonsun von Aden nach dem Persischen Golf bestimmte schwache Dampfer sollten, wenn möglich, unter Ausnutzung der gerade angetroffenen Verhältnisse bis Ras el-Hadd die arabische Küste halten und dann nach der Nordseite des Golfs von Omar hinüberstehen. Ist der Wind aber so kräftig, daß sie unter der arabischen Küste nicht vorwärts kommen, so müssen sie Segel setzen und auf B-B.-Halsen nach Osten stehen, bis der Wind so weit abflaut, daß sie nach Norden steuern können, was in etwa 69° O-Lg. der Fall sein wird. Haben sie in dieser Länge etwa 19° N-Br. erreicht, so sollten sie wieder Segel setzen und auf St-B.-Halsen in den Persischen Golf hineinsteuern.

Beim Nordostmonsun kreuzen schwache Dampfer, die von Häfen südlich vom Äquator kommen, den Äquator in 70° O-Lg. Dann steuern sie auf nördlichen Kursen weiter bis zur Breite der Lakediven und halten dann etwas mehr nordwestwärts, damit sie in Sicht des hohen Landes im Südosten von Maskat kommen.

Seglerwege.

Wenngleich, außer dem einheimischen Küstenverkehr, Segelschiffahrt im Persischen Golfe nicht mehr vorhanden ist, könnten doch diese Gewässer gelegentlich zu anderen als Handelszwecken oder von Seglern mit Schlepperhilfe befahren werden. Deshalb werden im folgenden einige allgemeine Anhaltspunkte für solche Reisen gegeben. Die Wege, die Segler einzuschlagen haben, um nach dem Persischen Golfe zu gelangen, und wie sie gegen die Monsune aufkreuzen müssen, ergeben sich aus den Darlegungen über Wind und Strom und über die Wege schwacher Dampfer. Die für diese Reise nötigen Angaben über meteorologische und hydrographische Verhältnisse sind im Segelhandbuch für den Indischen Ozean, herausgegeben von der Seewarte 1892, enthalten.

Allgemeine Bemerkungen. Die Fahrt golfaufwärts ist beschwerlicher als die golfabwärts. Schiffe, die lediglich durch den Golf hindurchlaufen, sollten sich an der persischen Küste halten, die meist hoch ist und auffällige Landmarken bietet. Die persische Küste ist meist steil und größtenteils frei von blinden Klippen und Untiefen. Die arabische Küste hingegen ist sehr niedrig, nur in der Einfahrt zum Golf hat sie hohe Berge. Große Riffe erstrecken sich von der arabischen Küste weit in den Golf hinein. Wegen der zahlreichen Inseln im Golfe, der starken Gezeitenströme in der Einfahrt und des häufigen schlechten Wetters ist große Vorsicht geboten. Wie schon erwähnt, hindert der Dunst beim Schamal, namentlich im Sommer, und beim Naschi, der im südlichen Teil des Golfs während des Winters auftritt, die Fernsicht, so daß man erst durch Brandung auf die gefährliche Nähe der Küste aufmerksam gemacht wird.

Die nach dem Golf bestimmten Segler laufen häufig erst Maskat an. Die arabische Küste ist gewöhnlich weithin sichtbar, namentlich bei Sonnenuntergang. Man sichtet zuerst das hohe Land zwischen

Ras Abu Daud und Sur. Auch die Teufels-Schlucht ist leicht auszumachen. Wenn man von Süden aufkreuzt, halte man sich in 50 Sm Abstand von der Küste, damit man den leichten Winden und dem südöstlichen Strome unter der Küste entgeht. Beim Südwestmonsun sollte man Ras el-Hadd so nahe als möglich umsteuern. Das hohe Land sieht man in dieser Jahreszeit nicht eher, als bis man auf der Höhe von Sur oder Kalhat ist. Wenn man weit von der Küste absteht, wird man es des Dunstes wegen überhaupt nicht wahrnehmen. Oft wird es gegen Sonnenuntergang sichtbar. Maskat kann man beim Südwestmonsun leicht ansteuern. Vorsicht ist geboten, damit man nicht in Lee des Hafens gerät.

Von Maskat nach der Einfahrt zum Persischen Golf setzt man bei günstigem Winde den Kurs so, daß man gut frei von Ras el-Kuh und den Keil-Inseln bleibt. Bei Nordwestwind empfiehlt es sich, nach der persischen Küste hinüberzulaufen und dort aufzukreuzen, da man dort weniger Seegang hat. Die persische Küste ist steil. Man kann sich ihr östlich vom Kap Djaschk sicher nähern. Da aber das Land niedrig ist und die Hügel weit landwärts liegen, sollte man bei Nacht weit von dieser Küste abbleiben. Die Küste bleibt bis nach der Insel Hormus hin niedrig. Die Hügel im Hintergrunde erschweren die Abstandsschätzungen. Das Lot bietet nur geringen Anhalt. Man darf der arabischen Küste nicht zu nahe kommen, wenn man nördlich von Ras el-Kuh kreuzt. Der Wind flaut dort meist ab und läuft um unter den hohen Bergen. Die Gezeitenströme sind sehr stark, namentlich nördlich von Umm el-Fajarin. Der großen Wassertiefen wegen kann man nicht ankern. Man umsteure die Keil-Inseln nicht zu nahe und laufe auch nicht zu nahe daran vorbei, wenn man die Durchfahrt zwischen den Keil-Inseln und Ras Musandam benutzt, wenn man nicht kräftige günstige Brise hat. Solche Brise hält aber selten an, bis man an den Inseln vorbei ist. Die Gezeitenströme setzen in der Nähe mit großer Geschwindigkeit nordwest- und südostwärts und erzeugen Neerströme und Stromschnellen an der Südseite der Inseln.

Auf der Rückreise von den Keil-Inseln nach Maskat bleibe man der Küste von el-Batina fern, da man sie bei Nordostwinden in Lee hat und im Sommer der Strom an der Küste oft nordwestwärts setzt. Wenn man Ras el-Kuh hinter sich hat, setze man geraden Kurs auf Maskat. Im Sommer kann man auch östlich vom geraden Kurse entlang laufen, bis man auf dem Längenkreise von Maskat ist. Beim Südwestmonsun wird man südöstlichen Seegang treffen, sogar bei Ras el-Kuh. Will man Maskat nicht anlaufen, so steuere man nach 24° N-Br., ehe man östlich vom Längenkreise von Ras el-Hadd ist, da der Wind dort zeitweise südlich und südsüdöstlich ist und schweren Seegang hervorruft.

Von der Einfahrt zum Persischen Golf nach der Insel Tanb. Die Gezeitenströme setzen von Ras el-Kuh quer über die Einfahrt hinweg nach der Insel Hendjam. Bei guter Brise zum Kreuzen sollte man weit genug nach der Insel Larak hinüberlaufen. Bei schwachen Winden kann man vom Flutstrom nordostwärts versetzt werden, worauf man, namentlich nachts, gut achtgeben muß. Bei Ras Musandam ist die Hafenzeit etwa 10^h, Flutstrom und Ebbstrom kentern 3^h nach Hoch- und Niedrigwasser an der Küste. Der Schamal weht aus WSW und SW. Man darf daher der persischen Küste nicht zu nahe kommen. Guten Schutz bieten im Notfalle die Insel Hormus und die Reede von Kischm. Zwischen den Keil-Inseln und der Insel Tanb bleibe man weit genug von der Basidu-Bank vor dem Südwestende der Insel Tauila ab. Auf der Kante der Bank findet man gewöhnlich entfärbtes Wasser. Oft ankern dort Fischerboote. Auf dem Coote-Riff, nordöstlich von der Insel Tanb, erreichen die Gezeitenströme bei Springtide 2 bis 3 Sm Geschwindigkeit und erzeugen starke Stromkabbelung.

Von der Insel Tanb nach der Insel Keis. Auf der Fahrt golfaufwärts von der Insel Tanb steuert man nahe an den Inseln Farur und Keis entlang. Farur ist nachts gut sichtbar, wenn das Wetter nicht sehr dunstig ist. Kreuzt man zwischen diesen Inseln bei schwachen Winden, so bleibe man nördlich von den Tanb-Inseln, damit man ankern kann, wenn der Wind abflaut oder Gegenstrom auftritt. Wenn man nahe bei den Inseln Stille antrifft, muß man gut auf den Strom achten. Bei starken Nordwestwinden findet man Schutz dicht unter Land bei Ras Bistana, in der Mugu-Bucht, in der Tscharak-Bucht oder östlich von der Insel Keis. Bei Nordwestwinden kann man nahe unter der persischen Küste besser aufkreuzen, da man dort weniger Seegang trifft.

Von der Insel Keis nach Ras el-Mutaf steuert man bei günstigem Winde in genügendem Abstande an den Inseln Hindarabi und Schech Schuaib vorbei. Bei klarem Wetter hat man ausgezeichnete Landmarken und kann ohne Schwierigkeit seinen Kurs so wählen, daß man frei von Ras el-Mutaf läuft. Das schlickige Wasser in einigen Sm Abstand von der Bank wird bei Tage ihre Nähe früh genug verraten. Bei nebligem Wetter oder nachts hält man sich auf der 30 m-Grenze, die gut außerhalb der Bank entlang führt. Man kann sich aber auf das Lot nur verlassen, wenn man den Schiffsort ziemlich gut kennt. Man bedenke, daß die Wassertiefen südöstlich von der Bank zwischen 50 und 70 m schwanken. Man läuft daher auf geradem Wege von diesem Tief über 30 m Wasser in gefährliche Gegenden. Bei einem Nordweststurm findet man in der Tschiru-Bucht östlich vom Ostende von Schech Schuaib oder vor

Schiwu Schutz. Muß man bei Nordwestwind kreuzen, so mache man kleine Schläge unter Land. Man kreuzt so von Tahiri nach Ras el-Mutaf auf, wenn außerhalb der Bank zuviel Seegang steht. In Lee dieser Bank findet man guten Schutz. Das Lot kann man beim Passieren der Inseln Keis, Hindarabi und Schech Schuaib nicht verwerten, da die Wassertiefen nahe bei den Inseln groß sind.

Von Ras el-Mutaf nach Buschehr. Von einem Punkte, etwa 10 Sm südwestlich von der Insel Mocheila, kann man geraden Kurs absetzen, der etwa 6 Sm außerhalb der Halbinsel Buschehr führen muß. Von dort kann man die Türme von Buschehr sehen. Auf solchem Kurse bleibt man 6 bis 10 Sm von der Küste auf 27 bis 31 m Wasser. Vor Ras Halila nimmt die Wassertiefe auf 22 m ab. Die Gebirge an der Küste sind gut sichtbar. Das Land in der Umgegend von Ras el-Chan ist sehr niedrig und wird zeitweise überflutet. Wenn man die Reede von Buschehr anlaufen will, sollte man Ras Halila ansteuern. Die 20 m-Grenze liegt dort 4 Sm vom Lande. Unter fleißigem Loten sollte man dann auf 11 m Wassertiefe laufen und auf dieser Wassertiefe längs der Küste steuern bis man seewärts von der Reede ist. Beim Kreuzen darf man nicht weiter als 40 Sm von der persischen Küste abstehen, damit man nicht dem Rennie-Riffe und den Inselchen Farsi und Arabi zu nahe kommt. Wenn man nördlich vom Breitenparallel des Berges Bu Rijal (Eselsohren) ist, sollte man auf der 20 m-Grenze entlang laufend die Reede von Buschehr ansteuern.

Von Buschehr nach dem Schatt el-Arab steuert man auf geradem Kurs auf die Außentonne des Schatt el-Arab zu, die bei leidlichem Wetter leicht auszumachen ist. Wenn das Wetter unsichtig ist und wenn man den Schiffsort nicht genau kennt, sollte man, wenn möglich, so steuern, daß man die Maidan Ali-Bank anlotet, und dann auf 9 m Wassertiefe westwärts laufen, bis man die Tonne sieht. Man muß seinen Abfahrtsort gut nach Peilungen der Insel Charag bestimmen.

Vom Schatt el-Arab nach der Einfahrt zum Golf. Setzt Südoststurm ein, wenn man die Barre hinter sich hat, so muß man Segel pressen, um die hohe See zu gewinnen, da die Lotsen unter solchen Umständen das Schiff nicht wieder über die Barre zurückführen. Sollte man ankern müssen, so kann man auf der Maidan Ali-Bank am besten einen Sturm abreiten; dort soll der Seegang geringer sein als in den Fahrwassern oder weiter draußen. Es ist nicht zu empfehlen, bei Südoststurm die Nabend-Bucht aufzusuchen, da ein Segelschiff bei einsetzendem Schamal aus der Bucht kaum hinauskommen kann. Man ankert am besten in der Nachilu-Bucht.

Bei Nordwestwind ist die Luft sehr dunstig. Da das Lot nur geringen Anhalt gibt, muß man beim Passieren der Inseln sehr vorsichtig sein. Die Insel Farur sieht man am leichtesten. Sie ist frei von abliegenden Untiefen, außer einem kleinen Riff an ihrer Westseite.

Beim Kaus findet man in den Buchten von Tscharak oder Mugu Schutz. Man muß aber gut in die Buchten hineinlaufen, wenn man auch gegen den Schamal Schutz haben will, andernfalls muß man beim ersten Anzeichen eines aufkommenden Schamals den Ankerplatz aufgeben. Zwischen Lingah und der Basidu-Bank trifft man bei östlichen Winden nicht viel Seegang. Bei Südostwind findet man guten Schutz in Lee der Insel Hormus.

Abschnitt II.

Westseite des Golfs von Oman.

Mißweisung für 1905,0:

Maskat . . . . 0° 40′ O | Keil-Inseln . . . . . . 1° 0′ O
(jährliche Zunahme etwa 2′)

Von Sur nach Maskat.

Von Ras el-Hadd nach Sur siehe Segelhandbuch für das Rote Meer und den Golf von Aden, 1906, Seite 552 bis 556.

Von Sur nach Ras esch-Schadjar läuft die Küste 29 Sm nordwestwärts. 3 Sm nordwestlich von Sur erstrecken sich die steilen Abhänge der Gebirgsketten *Djebel Kalhat* und *Djebel Beni Djabir,* die nebeneinander herlaufen, bis an die Küste. Ortsunkundige haben bei großem nördlichen Abstande das Südende der Gebirge mit Ras el-Hadd verwechselt. Der der Küste nähere Gebirgszug ist durchschnittlich 1400 m hoch, während der entferntere mehr als 1800 m Höhe erreicht. Etwa 10 Sm nordwestlich von Ras esch-Schadjar tritt das Gebirge von der Küste zurück und endet in einem großen steilen breiten Abhange der Südseite der *Teufels-Schlucht (Devil's Gap)*.

Kalhat ist ein kleines Dorf 11 Sm nordwestlich von Sur. Kleine Fahrzeuge sollen dicht unter Land ankern können, wo sie durch eine kleine vorspringende Huk gegen Nordwinde Schutz finden. Große Schiffe müßten auf sehr großen Wassertiefen und dicht unter Land ankern. Brunnen liefern gutes Trinkwasser. Ochsen, Schafe, Geflügel und Gemüse kann man in geringer Menge in Kalhat und den anderen Dörfern an der Küste erhalten.

Haiwa-Ankerplatz liegt $6^1/_2$ Sm nordwestlich von Kalhat. Guter Kalkstein wird dort nach Indien verladen.

Taiwa ist ein großes Dorf mit einem Dattelhain in einer Schlucht, 8 Sm südlich von Ras esch-Schadjar. Eine Süßwasserlagune liegt etwa 2 Kblg von der Küste. Früchte findet man dort

Siehe Brit. Adm-Krt. Nr. 10c, 38 (Tit. IX, Nr. 183, 196)

in Menge. In Taiwa leben etwa 300 Menschen. $^1/_4$ Sm vom Lande fand man bei 200 m Wassertiefe keinen Grund. Das britische Kriegsschiff »Dragon« ankerte auf 16 m Wasser dicht unter Land nördlich von einer kleinen Landzunge.

Ghail Schahab, ein kleines Dorf mit einem Turm auf einer kleinen Anhöhe, liegt $1^1/_2$ Sm nordwestlich von Taiwa an der Mündung eines tiefen Tales, das ein Bach mit gutem Wasser durchfließt. Etwa $^1/_4$ Kblg von der Küste bildet der Bach eine Lagune, aus der man bequem Wasser holen kann.

Ankerplatz findet man auf 35 bis 55 m Wasser $^1/_3$ Sm vom Lande. Bei drohendem Schamal muß man den Ankerplatz aufgeben. Zwischen Ghail Schahab und Ras esch-Schadjar liegt der Ankerplatz *Makalla wabar*, der kleinen Fahrzeugen Schutz gegen Nordwestwinde bietet. Südlich von Ras esch-Schadjar am Fuße von Hügeln liegen die beiden Dörfer *Fins* und *Daghmar* mit je 200 Einwohnern, wo man gutes Trinkwasser erhalten kann.

Ras esch-Schadjar, etwa 40 Sm nordwestlich von Ras el-Hadd,

dem Kap an der Südseite der Einfahrt zum Golf von Oman, ist eine niedrige sandige Huk, die man nur in geringem Abstande vom Lande deutlich ausmachen kann. Ein auffälliger einzelner Baum befindet sich $^1/_2$ Sm südlich vom Außenende von Ras esch-Schadjar. Von $3^1/_2$ Sm südlich bis $3^1/_2$ Sm nordwestlich von der Huk werden die Berge durch niedriges Land von der Küste geschieden. Die Boote der Küstenbewohner ankern bei Nordwestwind sehr nahe bei der Huk. Auf der Bank, die sich $^3/_4$ Sm weit von der Huk erstreckt, scheiterte die britische Bark „Marian Moore".

Ankerplatz auf 10,5 m Wasser, Grund Sand und Steine, findet man etwa 4 Kblg vom Lande, von wo man den Turm in Fins rw. 173° (mw. S$^5/_8$O) und die Außenkante von Ras esch-Schadjar rw. 306° (mw. NW$^7/_8$W) peilt.

Von Ras esch-Schadjar nach Ras Abu Daud

läuft die Küste 27 Sm weit nordwestwärts und besteht aus niedrigen Abhängen bis dicht bei Karjat, wo die Küste niedrig und sandig wird. Wie schon erwähnt, endet das Gebirge Djebel Beni Djabir etwa 11 Sm westlich von der Mitte dieser Küstenstrecke in einem breiten steilen Abhang an der Südseite der Teufelsschlucht. Nördlich von der Teufelsschlucht streicht ein etwa 1900 m hohes Gebirge mit ebenem Kamm und einem kleinen Gipfel 12 Sm weit nordwestwärts, das im Norden und Süden in breiten steilen Abhängen endet. Der mächtige Abhang im Süden, *Djebel Karjat*, fällt stufenförmig zu der Schlucht ab. Djebel Beni Djabir und Djebel Karjat sind 80 Sm weit sichtbar. Durch die Teufelsschlucht, von den Eingeborenen *Wadi Hail el-Ghaf* genannt (Abbild. 1 u. 2), sieht man,

Siehe Brit. Adm-Krt. Nr. 10c (Tit. IX, Nr. 183)

wenn man sie westsüdwestlich peilt, gut hindurch; sie bildet dann eine gute Landmarke, ist aber auch gut sichtbar zwischen den Peilungen rw. 281° (mw. WzN) bis rw. 213° (mw. SWzS). Zeitweise kann man, wenn die Berggipfel in Wolken gehüllt sind, durch die Schlucht hindurch den blauen Himmel sehen. Diese Erscheinung ist namentlich abends auffällig. Böen und starke Windstöße wehen im Winter aus der Schlucht.

Karjat *(Karyat)* besteht aus zwei kleinen Dörfern, 6 Sm von einander. In der sandigen Ebene zwischen beiden Dörfern dehnt sich ein großes Dattelgehölz aus. Kleine Rinnen in der Ebene führen nach Regengüssen das Wasser aus der Teufelsschlucht ab. Wenn man in dieser Gegend nahe an der Küste ist, sieht man zwischen der Küste und der Teufelsschlucht eine niedrige Hügelkette oder welliges Land. *Karjat el-Kebira,* das nördliche größere Dorf, 3 Sm südlich von Ras Abu Daud, liegt dicht bei den Hügeln, fast ganz versteckt in dem Dattelgehölz. Als gute Landmarke für das Dorf dient die kleine etwa 15 m hohe Klippeninsel *Karjat* dicht am Strande. Eine Rinne führt um das Nordende des Gehölzes herum und bildet einen kleinen Kriek. *Karjat es-Seghira,* das kleinere Dorf am Südende des Dattelgehölzes, liegt nahe bei einer niedrigen vorspringenden sandigen Huk, $7^1/_4$ Sm südöstlich von Ras Abu Daud. Eine seichte, 2 Sm lange und höchstens $1/_2$ Sm breite Küstenbank, die nicht vermessen worden ist, erstreckt sich von dieser Huk nordwestwärts. Das Dorf kann man an einem weißen Fort, $1^1/_2$ Sm südlich von der niedrigen Huk, auf einem kleinen Erdhügel, der die Bäume überragt, ausmachen. Diese beiden Dörfer werden von etwa 1000 Mann des Beni Sinan-Stammes bewohnt. Die Beni Djabir-Leute bilden den wichtigsten Stamm zwischen Kalhat und Karjat. Weiter nördlich haust der Beni Battasch-Stamm.

Ankerplatz fndet man am besten nahe bei dem nördlichen Dorfe auf 22 m Wasser, Grund Sand, etwa $1^1/_4$ Sm von der Küste, von wo man die kleine Klippeninsel rw. 225° (mw. SW) und Ras Abu Daud rw. 334° (mw. NNW$^1/_4$W) peilt. Dampfer können auch auf 8 bis 9 m Wasser, $1/_4$ Sm vom Lande, ankern zwischen der Karjat-Klippeninsel und Ras Abu Daud. Die Lotungsgründe sind etwa 3 bis 4 Sm breit.

Schiffsausrüstung. Rindvieh, Geflügel, Früchte und Gemüse, sowie Trinkwasser kann man in Karjat billiger kaufen als in Maskat, da die Lebensmittel von Karjat nach dem Markt in Maskat gebracht werden.

Ras Abu Daud ist ein steiles felsiges Kap, das durch eine Rinne mit 5,5 bis 7,8 m Wasser von einer kleinen etwa 30 m hohen Klippeninsel, $1^1/_2$ Kblg nördlich davon, getrennt wird (Abbild. 1 u. 2). Die 2 Sm lange felsige Küstenstrecke südlich vom Kap bildet mehrere

Siehe Brit. Adm-Krt. Nr. 38 (Tit. IX, Nr. 196)

Huken. Das Kap ist nicht leicht auszumachen, wenn man nicht dicht dabei ist. Kleine Fahrzeuge finden bei Nordwestwind Schutz in einer kleinen Bucht eben südlich vom Kap; doch würden sie ohne Schlepperhilfe bei aufkommendem Südostwind nicht aus der Bucht auslaufen können. Die Küste vom Kap bis 4 Sm nordwestlich davon besteht aus steilen Abhängen, die den Fuß des *Djebel Abu Daud* bilden. Dieser alleinliegende, unregelmäßig geformte, etwa 1200 m hohe hellfarbige Berg mit tiefen Einschnitten erhebt sich jäh über dem Kap. Von See aus sieht man Djebel Karjat über Djebel Abu Daud hinweg. In rw. 310° (mw. NW$^1/_2$W)-Peilung gleicht der Berg einer Insel und zeigt einen langen Abhang an der Landseite und steilen Absturz an der Seeseite. Ein breites Tal trennt den Berg vom Gebirge im Hintergrunde. Djebel Abu Daud läuft etwa 8 Sm weit längs der Küste und ist 60 Sm weit sichtbar. Djebel Abu Daud und Djebel Karjat sichtet man in dieser Gegend zuerst, außer bei sehr dunstigem Wetter. Bei Sonnenuntergang sollte man genau auf die Berge achten, da dann ihre Umrisse oft, wenn auch nur einige Minuten lang, sichtbar werden. Vom Kap Ras Abu Daud bis nach Maskat befinden sich nahe am Meere regellose Hügelketten, hinter denen sich zahlreiche Berge hinziehen. Auf die Küstenabhänge nordwestlich von Ras Djebel Daud folgt niedriges sandiges Land bis zum Sifa-Turme. Zwischen den Bergen und der Küste zieht sich ebenes Land hin.

Sifa ist ein viereckiger Turm auf einem etwa 18 m hohen Hügel mit einem Dattelgehölz nahe an der Küste, $10^1/_4$ Sm nordwestlich von Ras Abu Daud. Eine Kette aus zerklüfteten abschüssigen Hügeln zieht sich von dort längs der Küste bis 6 Sm westlich von Maskat. Die unregelmäßige Küste besteht fast ganz aus steilen Abhängen mit kleinen sandigen Buchten und zahlreichen Krieks dazwischen.

Wassertiefen. Bei Ras Abu Daud bleibt die 200 m-Grenze weniger als 1 Sm vom Lande, während sie sich von dort bis nach Ras el-Chairan vielleicht 7 bis 8 Sm weit von der Küste entfernt. Zwischen Ras el-Chairan und der Maskat-Huk nähert sie sich der Küste wieder auf 2 bis 3 Sm. Während bei Ras Abu Daud, Ras el-Chairan und Maskat die 40 m-Grenze sehr nahe bei den Küstenabhängen entlang läuft, bleibt sie zwischen den beiden Kaps mehr als $1^1/_2$ Sm von der Küste.

Ras el-Chairan ist ein etwa 18 m hoher hellfarbiger steiler Küstenabhang 15 Sm nordwestlich von Ras Abu Daud, der 2 bis 3 Sm weit aus der Küstenlinie vorspringt. Vier kleine sandige Buchten befinden sich südlich vom Kap. Die dem Kap nächste Bucht ist $^1/_2$ Sm tief und hat 5,5 m Wassertiefe, ist aber nach Nordosten offen; *Ras Kiskisan,* eine felsige Halbinsel, begrenzt die Bucht

Siehe Brit. Adm-Krt. Nr. 10c (Tit. IX, Nr. 183).

im Osten. Die zweite Bucht hat keine Bedeutung; in der dritten befindet sich ein Dattelgehölz, *Sifat esch-Schech;* die vierte und südlichste Bucht heißt *Chaisat es-Sum.*

Bender Chairan. Eben westlich von Ras el-Chairan liegen zwei Inseln, die nicht leicht auszumachen sind, weil sie sich vom Hinterlande nicht abheben und nicht aus der Küstenlinie vorspringen. Die kleinere Insel ist ½ Sm lang. Die Durchfahrt zwischen der Insel und der Küste ist nur 0,3 Kblg breit, beschwerlich und sehr seicht, obschon in der Einfahrt 5,5 bis 9 m Wassertiefe ist. Die westliche, etwa 90 m hohe und etwa 1 Sm lange Insel ist steil und felsig. Eine kleine alleinliegende Klippe liegt dicht vor ihrem Ostende. Die 3 Kblg breite Durchfahrt zwischen den beiden Inseln hat in der Einfahrt 27 m Wassertiefe. Die nur 0,6 bis 1,5 Kblg schmale Rinne zwischen der Südseite der größeren Insel und der vorspringenden Huk an der Küste bildet den Bender Chairan-Ankerplatz. Vor dem Südostende der Insel hat man 6 bis 8,2 m Wassertiefe. Die Rinne erweitert sich vor dem Südwestende der Insel. Ein felsiges Inselchen liegt in ihrer Mitte, an dessen Nordende 11 m Wassertiefe ist, während ringsum 5,5 bis 7,3 m Wasser ist. Die Einfahrt an der Westseite der Insel ist etwa ¾ Kblg breit, ½ Sm in südlicher Richtung lang und hat 17 bis 11 m Wassertiefe. Der Ankerplatz wird nur von Fischerbooten aufgesucht. Die Winde springen namentlich in der westlichen Einfahrt häufig um und wehen bei Nordwestwind in heftigen Stößen. Eine schmale Rinne führt aus der westlichen Einfahrt in eine 1 Sm in südlicher Richtung lange seichte Bucht, die in einem Sumpfe endet. Ein kleines Dorf und ein großes Dattelgehölz befinden sich in der Bucht.

Gezeiten. Hafenzeit in Bender Chairan ist 9ʰ; Springhochwasserhöhe beträgt 1,5 m.

Jiti *(Yiti)* ist eine kleine sandige Bucht mit einem kleinen Fischerdorfe und einigen Dattelbäumen in einem Tale, 4½ Sm west-nordwestlich von Ras el-Chairan. Die Küste zwischen der Bucht und dem Kap besteht aus steilen felsigen Abhängen; auch zwischen Jiti und Bender Djissa ist die Küste felsig.

Bender Djissa, 5 Sm südöstlich von Maskat, ist eine ¾ Sm lange und tiefe Bucht, in deren Einfahrt eine abschüssige, hellfarbene, 3 Kblg lange und 43 m hohe Insel liegt, die einem kleinen Ankerplatze auf 7,8 bis 13 m Wasser Schutz gewährt. Die 1,4 Kblg breite Einfahrt an der Ostseite der Insel hat 13 m Wassertiefe, während die Einfahrt an ihrer Westseite fast ganz durch eine flache Klippe gesperrt wird und an deren Nordost- und Südwestseite nur 2,7 m Wassertiefe hat. In der Ausbuchtung an der Südwestseite der Bucht liegt eine kleine Insel; westlich von der Insel befinden sich ein großes Dorf mit 500 Einwohnern und ein Dattelhain.

Siehe Brit. Adm-Krt. Nr. 10c (Tit. IX, Nr. 183)

Gezeiten. Hafenzeit in Bender Djissa ist 9^h; Springhochwasserhöhe beträgt 1,5 m.

Schiffsausrüstung. Geflügel und Eier sind zu haben. Trinkwasser liefern Brunnen etwa $1/2$ Sm vom Dorfe.

Von Bender Djissa nach Maskat
besteht die Küste aus felsigen Huken und sandigen Buchten, an denen einige Dörfer liegen. Bei *el-Bustan*, einem Bauerndorfe, befindet sich ein Dattelgehölz. Am Fuße des Hügels *Maskat-Sattel* liegt das kleine Fischerdorf *Kantab*. In der sandigen Bucht nahe am Strande befindet sich ein kegelförmiger Felsen.

Sudab ist ein Dorf an einer kleinen Bucht, in der kleine Fahrzeuge bei Nordwestwind Schutz finden. Der Paß über den Höhenzug zwischen Sudab und Maskat wird durch eine Mauer mit einem Tore geschlossen. Das Land auf beiden Seiten des Dorfes besteht aus zerklüfteten Hügeln und steilen Abhängen an der Seeseite.

Ras el-Kanada ist ein 76 m hoher Küstenabhang 6 Kblg nordöstlich von Sudab. 2 Kblg rw. 349° (mw. NzW) davon liegt die einzelne 30 m hohe *Säulen-Klippe (Pillar Rock)*. Zwei 1,2 bis 1,8 m hohe Klippen liegen $3/4$ Kblg vom Lande und $1/4$ Sm nordwestlich von der Säulenklippe.

Maskat.

Landmarken. Die beste Fernmarke für von Osten und Südosten kommende Schiffe ist die Teufelsschlucht (Seite 34). Eine zweite gute Landmarke für von Osten oder Westen kommende Schiffe ist der 408 m hohe Sattelhügel, der höchste Punkt der dunklen zackigen Hügelkette im Hintergrunde von Maskat. (Abbild. 3.) Der Hügel besteht aus zwei scharfen Gipfeln, die in westsüdwestlicher Peilung in Eins peilen. Von Norden aus ist dieser Hügel nicht so auffällig, da die Gipfel dann etwas voneinander frei liegen. Weiter im Süden sieht man bei klarem Wetter das Karjat-Gebirge (Seite 34), während *Djebel Tain* und *Djebel Nachl* westlich vom Sattelhügel liegen. Zwischen diesen beiden Gebirgen und dem Höhenzuge an der Küste befinden sich niedrigere Bergketten.

Wenn man morgens Maskat von Osten her ansteuert und die Sonnenstrahlen das Djalali-Fort, südlich von der Insel Maskat, treffen, hebt sich das weiße Fort gut von den dunklen Gebirgen im Hintergrunde ab. (Abbild. 4.)

Von Westen oder Norden kommend kann man die Insel Fahal (Seite 44) als Landmarke verwenden.

Bei dunstigem Wetter sollte man, falls man den Schiffsort nicht kennt, auf den Sattelhügel, den zerklüftetsten Teil der Hügelketten,

Siehe Brit. Adm-Krt. Nr. 10c (Tit. IX, Nr. 183)

zuhalten. Die Brandungslinie ist unter der Dunstwolke fast stets noch zu erkennen. Ortsunkundige sind oft an Maskat vorbeigelaufen, weil die Ortschaften sich schlecht von den dunklen Hügeln abheben und nur sichtbar werden, wenn die Buchten, an denen sie sich befinden, offen liegen. Für Dampfer wird die Ortsbestimmung keine Schwierigkeit machen, da die Küste frei von abliegenden Untiefen ist.

Insel Maskat. Die 106 m hohe, überall steile Insel Maskat an der Ostseite der Maskat-Bucht ist 1300 m lang und 1 bis $2^1/_2$ Kblg breit. In ihre unregelmäßige Küste schneidet etwa 2 Kblg vom Südende von Südosten und Nordwesten aus je eine tiefe Bucht ein, so daß die Insel fast in zwei Teile zerlegt wird. Das Land zwischen diesen Buchten ist sehr niedrig. *Ras Maskat,* die Nordhuk der Insel, ist ein runder breiter allmählich abfallender Hügel, während die Huken an der Westseite aus steilen Küstenabhängen bestehen. *Sira,* ein Fort oder eine Batterie nahe am Wasser mit einem Turm in halber Höhe des Hügels, liegt an der Westküste etwa $1^1/_4$ Kblg vom Nordende. $^1/_2$ Kblg nördlich vom Nordende auf 23° 38′ N-Br. und 58° 36′ O-Lg. befindet sich die etwa 18 m breite, 3 m hohe *Fischer-Klippe,* die durch eine $^1/_4$ Kblg breite Durchfahrt mit 3,7 bis 5,5 m Wassertiefe von dem Steerte vor dem Nordende der Insel getrennt wird. Dicht vor der vorspringenden Huk südöstlich von Sira-Fort liegt dicht unter Land die *Pinnen-Klippe (Pinnacle Rock).* Vor dem Südostende der Insel liegt dicht unter Land eine 30 m hohe Klippe. In dem Raume zwischen dem Südende der Insel Maskat und der hügeligen 46 m hohen Halbinsel, die das Djalali-Fort trägt, liegt eine 30 m hohe Insel. Die schmale Durchfahrt *Duweira,* zwischen dieser Insel und der Insel Maskat, ist versandet und fällt bei halber Tide trocken.

Maskat-Bucht, an deren Innenseite die Stadt Maskat liegt, ist die östlichste von fünf Buchten zwischen Ras Maskat, der Nordspitze der Insel Maskat und Ras esch-Schateif, 1,8 Sm westnordwestlich davon. Die Bucht wird im Osten durch die steile felsige Insel Maskat, im Westen durch einen abschüssigen, 133 m hohen Gebirgszug, der in *Ras Kalbu* ausläuft, begrenzt. Die Einfahrt zu der in nordnordwestlicher Richtung $^3/_4$ Sm langen Bucht ist $^1/_2$ Sm breit. Etwa von der Mitte des Landes an der Westseite springt eine Huk vor, die die Breite der Bucht auf $^1/_4$ Sm beschränkt. Innerhalb der Huk wird die Bucht wieder breiter; ganz im Innern beträgt ihre Breite $1^1/_2$ Kblg. Auf dem Außenende der erwähnten Huk befindet sich das Fort *Sira el-Gharbi (West-Fort)* mit zwei Reihen Schießscharten. Auf dem höchsten Punkte befinden sich die Trümmer eines runden Turmes. An der Südseite der Huk liegt die *Makalla-*Bucht, die ihrer geringen Wassertiefen wegen nur kleineren Küstenfahrzeugen als Ankerplatz dienen kann. Im Innern der Bucht befinden sich die Kohlenlager der indischen und der französischen

Siehe Brit. Adm-Krt. Nr. 2869 (Tit. IX, Nr. 185)

Regierung. Im Südosten fällt der Gebirgszug zu einem etwa 46 m hohen Küstenabhange ab, auf dem das große *Merani*-Fort liegt. Das Fort hat auf den Anhöhen mehrere runde Türme und eine Batterie in geringer Höhe über dem Wasser.

Wassertiefen in der Einfahrt zur Maskat-Bucht betragen 16 bis 23 m; weiter nach innen nehmen sie allmählich ab und betragen im schmalsten Teile 11 bis 13 m. Der innere Teil bis 1 Kblg von dem weißen Sandstrande hat nur 1,8 bis 3,7 m Wassertiefe.

Ansteuerung der Maskat-Bucht bei Nacht.

Von Osten kommend bleibe man südlich vom Breitenparallel des Ras Maskat, damit man nicht daran vorbeifährt. Dies Kap umsteuert man in etwa 1 Kblg Abstand, wobei die Fischer-Klippe (Seite 39) zu meiden ist. Wenn man das Kap umsteuert hat, kann man die Schiffe im Hafen liegen sehen. Ankern sollte man in der Einfahrt zur Maskat-Bucht und zwar etwas näher an Ras Kalbu als an Ras Maskat.

Von Norden oder Westen kommend steuere man die Insel Fahal (Seite 44) an und setze von dort Kurs auf die Fischer-Klippe. Man bedenke, daß Ras Maskat die letzte Huk ist und östlich davon kein Land mehr sichtbar ist. Die Masten der Schiffe im Hafen heben sich, namentlich nachts, schlecht gegen die Hügel ab. Wenn man nahe genug, wird man die Schiffe selbst sehen können, besonders vom Topp aus. (Abbild. 5.)

Die Ansteuerung der Maskat-Bucht bei Nacht erfordert, namentlich für Segelschiffe, große Vorsicht. Fremde sollten die Bucht überhaupt nicht nachts ansteuern.

Leuchtfeuer in Maskat. Ein bläuliches Festfeuer von 4 Sm Sichtweite brennt (unregelmäßig) auf dem Palaste des Sultans.

Gezeiten. Hafenzeit in der Maskat-Bucht ist $9^h 15^{min}$; Hochwasserhöhe beträgt 1,8 bis 2,7 m. Gezeitenströme setzen anscheinend ziemlich stark längs der Küste.

Ankerplatz in der Maskat-Bucht

findet man vor dem Lande im Westen der Bucht, nahe bei der Sira el-Gharbi-Huk. Die Küstenfahrzeuge liegen weiter innen. Wenn man Maskat nur für Order anläuft, kann man auch in der Einfahrt auf etwa 24 m Wasser ankern. Bei heißem Wetter ankert man vor der Schlucht auf einem weit kühleren Platze und holt das Heck nach der Insel hin mit einer Trosse, die man an einer um einen Felsen gelegten Kette festmacht.

Die Maskat-Bucht ist gegen Nordwestwinde ziemlich ungeschützt, die die Bucht unter einem Winkel von 2 Strich etwa treffen, während der Seegang die Bucht voll trifft. Schiffe, die in Maskat länger liegen, brauchen einen Heckanker, um den Bug auf den Seegang zu

Siehe Brit. Adm-Krt. Nr. 2869 (Tit. IX, Nr. 185)

legen. Auch der Nordostwind oder Naschi sendet schweren Seegang in die Bucht. Man hat gegen diese Winde keinen oder doch nur geringen Schutz. Der Grund besteht aus Sand und Muscheln. Vor langer Kette braucht man ein Treiben nicht zu befürchten. Nahe bei der Felsküste werden durch rücklaufende See die Ankerketten entlastet. Dampfer mit etwa 6,5 m Tiefgang ankern auf 22 m Wasser in der Kreuzpeilung: Fischer-Klippe in rw. 54° (mw. $NO^3/_4O$), der weiße Turm auf Ras Kalbu in rw. 252° (mw. $WSW^3/_8W$) und das Fort Sira el-Gharbi in rw. 180° (mw. Süd). Außerhalb der Bucht, auf etwa 35 m Wassertiefe, besteht der Grund aus Ton oder Schlick. (Abbild. 6, 7, 8.)

Segelschiffe müssen sich so weit aus der Bucht hinauswarpen, bis sie Segel setzen können, da der Wind fast immer in die Bucht hineinweht; doch können sie auch oft mit der Landbrise nachts auslaufen.

Telegraphenkabel landet in der kleinen *Moghab*-Bucht, eben südlich vom Djalali-Fort, es führt von Djaschk in Persien nach Maskat.

Landungsplatz befindet sich an der Südseite des Merani-Forts, dort kann man auch Boote auf den Strand holen und ausbessern.

Maskat ist die Hauptstadt von Oman und Residenz eines mächtigen Sultans, dem auch Gwadar an der Nordseite des Golfs von Oman untersteht. Die Regierung hat Verträge mit Großbritannien, Frankreich und den Vereinigten Staaten von Nordamerika. Die Armee besteht aus einer ständigen Truppe Araber, Mekranier und Wahabiten, die mit modernen Gewehren ausgerüstet ist. Die Forts befinden sich in schlechtem Zustande. Dem Sultan stehen zwei kleine Dampfer zur Verfügung.

Die Stadt Maskat liegt im Innern der Maskat-Bucht, dicht am Strande. Da die Stadt zeitweise den Portugiesen, den Persern und indischen Völkerschaften gehörte, so sind die Häuser in sehr verschiedenen Bauarten angelegt. Die Stadt ist an der West- und Südseite mit Mauern umgeben, während der östliche Stadtteil und ein Teil der Südseite dicht an oder auf den Hügeln erbaut sind. Die Vororte mit ihren Hütten aus Matten bedecken den ganzen ebenen Grund in der Umgegend. Das größte Gebäude ist der Palast des Sultans. Die Moscheen sind klein und haben keine Kuppeln und Minarets. Das britische Konsulat liegt am Ostende der Stadt vor der kleinen *Moghab*-Schlucht. Auf den Hügeln im Hintergrunde befinden sich mehrere Türme, vom Turme *Buma Sali*, auf einem 150 m hohen Hügel, kann man die Stadt und die Bucht übersehen. An der Nordostseite der Stadt befindet sich ein 46 m hoher einzelner Hügel, der mit der Stadt durch eine niedrige sandige Landenge zusammenhängt. An der Südseite des Hügels liegt das *Djalali- (Yalali)* Fort mit zwei Reihen Schießscharten. Maskat mit el-Matra

Siehe Brit. Adm-Krt. Nr. 2869 (Tit. IX. Nr. 185)

und den nahen Dörfern hat etwa 30 000 Einwohner verschiedener Rassen.

Einfuhr besteht aus Zucker, Reis, Stückgut, Weizen, Kaffee, roher Seide, Baumwolle, Waffen, Petroleum.

Ausfuhr besteht aus Datteln, groben Baumwollwaren, Perlmutter, Frucht, getrockneten Fischen, Salz und Matten.

Dampferverbindung durch Dampfer der Hamburg—Amerika-Linie monatlich einmal von Hamburg über Aden nach Häfen des Persischen Golfs. Die British India Steam Navigation Co. vermittelt wöchentlich den Postverkehr mit Indien und dem Persischen Golfe.

Schiffsausrüstung. Obgleich die Umgegend unfruchtbar ist, kann man in Maskat verschiedene Schiffsausrüstung kaufen, z. B. Brennholz, Schafe, Rindvieh, Gemüse, Südfrüchte, Trauben, Geflügel, Mehl, Reis und frisches Brot. Fische sind reichlich und billig zu haben. Geistige Getränke, Salzfleisch und Hartbrot sind nicht zu haben. Gutes Trinkwasser kann man in genügender Menge gewöhnlich erhalten, doch ist das Wasser nach langer Dürre spärlich und schlecht. Eine kleine Wasserleitung bringt das Wasser aus den Brunnen in den Vororten nach dem Landungsplatze, von wo es durch Boote der Eingeborenen in Fässern nach den Schiffen befördert wird. Neun Fässer halten etwa 2 t Wasser. Bunkerkohlen sind nur ausnahmsweise zu haben von dem erwähnten Kohlenlager der indischen Regierung. Neben dem indischen Kohlenlager befindet sich das französische, das 1400 t faßt. Die Kohlen werden aus Leichtern von 12 bis 25 t übergenommen. Die Leichter können nicht am Strande anlegen. Man kann kaum 15 bis 20 t Kohlen die Stunde übernehmen.

Klima von Maskat ist im allgemeinen ähnlich dem Klima des Oman-Reiches; doch herrscht in Maskat, in den Dattelwäldern von el-Batina und an anderen Stellen Sumpffieber, das aber selten stark auftritt. Trotz der Nähe Indiens und des regen Verkehrs zwischen Oman und Indien ist die Pest nur im Jahre 1899 kurze Zeit in Maskat und el-Matra aufgetreten, während das Innere des Landes verschont wurde. Die im Sommer 1899 von Karachi eingeschleppte Cholera war bald über das ganze Land verbreitet und hat zahlreiche Opfer gefordert.

Matra-Bucht.

Kalbu-Bucht zwischen Ras Kalbu und *Ras el-Bas (Ras al-Baz)*, einem 30 m hohen einzelnen Hügel mit einem runden Turme, ist etwa 3 Kblg tief und $2^1/_2$ Kblg in der Einfahrt breit. Die Wassertiefen betragen zwar 15 bis 7,3 m, doch wird die Bucht nicht besucht, weil sie nur geringen Schutz bietet. Ein Riff, das

Siehe Brit. Adm.-Krt. Nr. 2869 (Tit. IX, Nr. 185)

bei Hochwasser in der Wasserlinie liegt, erstreckt sich 1 Kblg westsüdwestwärts von Ras Kalbu. Auf der sandigen Landenge an der Südseite von Ras el-Bas liegt das Dorf *Doha*. Die Stadt *Kalbu* erstreckt sich vom Sandstrande im Innern der Bucht fast bis zu den Vororten von Maskat. (Abbild. 5 u. 9.)

Ras Kowasir, $3/4$ Sm westnordwestlich von Ras el-Bas, ist eine etwa 60 m hohe abschüssige Huk, von der sich ein Riff mit einzelnen 9 m hohen Klippen $1\frac{1}{2}$ Kblg ostwärts erstreckt. Eine kleine niedrige Insel liegt 1 Kblg nordöstlich von der Huk. (Abbild. 9.)

Matra-Bucht zwischen Ras el-Bas und Ras Kowasir ist 6 Kblg tief. Von der Matra-Bucht zweigen sich mehrere kleine Buchten ab, darunter in der Südostecke die *Rijam (Riyam)*-Bucht. Außer der Stadt *el-Matra* im Innern der gleichnamigen Bucht liegen noch einige Dörfer an der Bucht. Der 30 m hohe einzelne Hügel, der das *el-Matra*-Kastell trägt, trennt die Stadt el-Matra von dem großen Dorfe *Mateira*. $2/3$ Sm südlich vom Kastell liegt der auffällige scharfe 308 m hohe *Matra-Pik*, der höchste Punkt des Höhenzugs. Die Stadt el-Matra ist fast so groß wie Maskat. Der Stadtteil innerhalb der Mauern ist gut gebaut. Viele Kaufleute aus Maskat wohnen in el-Matra. Die Chodjas bewohnen ein eigenes befestigtes Stadtviertel mit etwa 500 Häusern, das Fremde nicht betreten dürfen. Die Stadt wird von einem Statthalter des Sultans verwaltet.

Von Maskat kann man auf dem Landwege nur über el-Matra nach dem Innern des Landes gelangen. Die Stadt ist überall, wo sie an der Landseite nicht an unzugängliche Hügel grenzt, mit Mauern und Türmen umgeben; viele einzelne Türme befinden sich auf den nahen Hügeln. Der Landweg von el-Matra nach Maskat führt über Mateira. Von Mateira gelangt man durch einen zerklüfteten steilen Paß über Rijam oder direkt durch einen sehr steilen zerklüfteten Paß, der für Fußgänger und unbeladene Tiere gangbar ist, nach Maskat. Beladene Tiere können beide Pässe nicht benutzen. Der Verkehr zwischen den beiden Städten wird deshalb durch große Boote vermittelt.

Ankerplatz im Innern der Matra-Bucht liegt etwa $2\frac{1}{2}$ Kblg vom Land zwischen Ras Kowasir und dem Dorfe *Arbak*. Die innere Bucht bietet Schutz gegen Nordwestwinde, ist aber schutzlos gegen Nordostwinde (Naschi). Größere Küstenfahrzeuge ankern in der Bucht. Andere Schiffe ankern lieber in der Maskat-Bucht. Bei Nordostwind landet man am besten auf den Felsen in der Nordwestecke des Strandes. (Abbild. 10.) Man beachte, daß auf der 6 m-Grenze eine Klippe mit 1,2 bis 1,8 m Wasser liegen soll!

Schateif-Bucht *(Shateif)* an der Südseite des *Ras esch-Schateif* ist klein und gegen Nordostwinde schutzlos; sie wird daher wenig besucht. Ein Fußweg führt von dem kleinen Dorfe *Schateif* im

Siehe Brit. Adm.-Krt. Nr. 2869 (Tit. IX, Nr. 185)

Innern der Bucht nach Arbak. Der etwa 100 m hohe Berg an der Nordseite der Bucht endet in dem senkrechten breiten **Ras esch-Schateif.** $1^1/_2$ Kblg von diesem Kap hat man 37 m Wassertiefe. (Abbild. 9.)

El-Batina-Küste.

Ras el-Hamar, $3^1/_2$ Sm westlich von Ras esch-Schateif, ist eine etwa 45 m hohe Huk aus roten Küstenabhängen mit $1^1/_4$ Sm langem Sandstrand zwischen der Huk und den *Runden Hügeln (Paps)* bei Darseit. *Darseit* und *Eint* sind zwei kleine Dörfer an kleinen sandigen Buchten am Ende der 1 Sm langen Küstenabhänge an der Westseite von Ras esch-Schateif. Darseit, das westliche und größere Dorf, zeigt mehrere Türme. Das Dorf wird von Fischern bewohnt. Beide Dörfer stehen durch Fußwege über die Hügel mit Schateif und Arbak in Verbindung. Dicht westlich von Darseit liegt nahe an der Küste ein etwa 120 m hoher auffälliger roter Hügel, der in zwei Runden Hügeln (Paps) mit Küstenabhängen am Fuße ausläuft. *Ras el-Abias (Ras al-Abyaz, Weiße Huk)* ist eine allmählich abfallende Huk nahe am Westende des Sandstrandes.

Fahal-Insel, 2 Sm nördlich von Ras el-Hamar, ist 85 m hoch und ziemlich abschüssig. Die Wassertiefe ringsum ist groß. Untiefen sind in ihrer Nähe nicht vorhanden. Die hellfarbige, $1/_3$ Sm lange Insel hebt sich meist von der Küste ab und ist 18 Sm weit sichtbar. Die reine Durchfahrt zwischen der Insel und der Küste hat 18 bis 22 m Wassertiefe. Landen kann man nur in der Südwestecke der Insel, da anderswo die Küstenabhänge überhängen. Die Lotungsgründe bei der Insel sind etwa 3 bis 4 Sm breit. (Abbild. 9 u. 11.)

El-Batina-Küste. 1 Sm südwestlich von Ras el-Abias enden die Küstenabhänge; dann folgt 150 Sm weit die niedrige, durchschnittlich 12 Sm breite el-Batina-Küste bis Murer. An dieser Küste liegen viele Städte, Dörfer und Dattelwälder. Die Küste ist außer den *Daimanijat*-Inseln frei von abliegenden Untiefen. Häfen sind nicht vorhanden, nur Krieke für ganz kleine Boote. Die Küste ist gegen den Schamal und den Naschi völlig ungeschützt. Den Verkehr mit Maskat besorgen kleine Boote, die man bei schlechtem Wetter auf den Strand holt.

Schiffsausrüstung. In den Städten an der el-Batina-Küste kann man Rindvieh, Geflügel, Fische und Gemüse erhalten. Trinkwasser ist zwar reichlich vorhanden, doch muß man zu lange darauf warten, wenn man nicht die Schiffsboote brauchen will. Das Trinkwasser liefern Brunnen, die oft nur in geringer Entfernung vom

Siehe Brit. Adm-Krt. Nr. 10c (Tit. IX, Nr. 183)

Strande gegraben sind. Brennholz in geringer Menge ist zu haben. Sehr gute Datteln werden ausgeführt.

Von Maskat nach Sib. Das Ende der Dattelwälder von Sib liegt etwa 25 Sm westlich von Ras Maskat. Bei Ras el-Abias tritt die Küste zurück und bildet die sandige Bucht *Ghubbet el-Hail (Kubbat al-Hail)*. Die Hügel entfernen sich südwestwärts von der Küste und gewinnen an Höhe. Der höchste Punkt ist der 1600 m hohe *Djebel Tain (Tjin)*, 21 Sm südwestlich von Ras Maskat. Die Berge sind nicht auffällig. Einer von den niedrigeren Bergen, 4 Sm von der Küste, heißt seiner weißen Farbe wegen *Weißer Berg (White Hill)*. Der Djebel Tain wird vom 2360 m hohen *Nachl*-Gebirge durch das große Tal *Wadi Semail* geschieden. Das Nachl-Gebirge hat vier hohe Gipfel; einer davon, der 2134 m hohe auffällige *Djebel Nachl* gleicht einer Pfefferdose auf dem Kamme des Gebirges. Er ist von Maskat aus sichtbar, verschwindet aber, wenn man westlich von Maskat ist, hinter den anderen Gipfeln und wird erst nahe bei Barka wieder sichtbar. Diese Gebirge sind 90 Sm weit sichtbar.

Wassertiefen. Abliegende Untiefen sind nicht vorhanden. Bei Maskat sind die Lotungsgründe nicht mehr als 3 Sm breit; weiter westlich werden sie breiter und erreichen bei Sib 15 Sm Breite. Die 40 m-Grenze läuft von Ras esch-Schateif fast gradlinig nach der Insel Fahal, von dort läuft sie in etwa 3 Sm Abstand längs der Küste bis nahe bei Sib, wo das Flach beginnt, an dessen Kante die Daimanijat-Inseln liegen. Der Grund besteht aus Sand und Schlick, auf Wassertiefen größer als 40 m vorwiegend aus Schlick.

Ghubbet el-Hail. Etwa 1 Sm südwestlich von Ras el-Abias befindet sich der kleine *Chuwair (Khuwair)*-Kriek, in den ein breites Gewässer mündet. Einige Hütten stehen dort. Die Mangroven benutzt man als Brennholz. Zwischen Chuwair und Sib liegen die kleinen Dörfer *Chalil (Khalil)* mit einem Fort und einem Dattelgehölz und *Hail*. Von Hail aus erstrecken sich Dattelwälder bis 2 Sm westlich von Sib.

Sib, eine Stadt aus Mattenhütten, die weit auseinanderliegen, hat zwei einzelne Forts. Ein Basar, große Dattelpflanzungen und viele Gärten sind vorhanden. Lebensmittel werden von Maskat nach Sib geschickt. Im Sommer kommen viele Besucher aus Maskat, die sich dort zeitweilig Häuser errichten. Die Stadt wird von einem Wali verwaltet.

Ankerplatz von Sib liegt auf 9 m Wasser, Grund Sand, $3/4$ Sm von der Küste, ist aber gegen die vorherrschenden Winde ziemlich ungeschützt.

Siehe Brit. Adm-Krt. Nr. 2837a (Tit. IX, Nr. 187)

Von Sib nach Suadi. Wenn man westlich von Sib ist, kommt der große breite Abhang des 3020 m hohen *Djebel Achdar* in Sicht, der bei klarem Wetter 110 Sm weit sichtbar ist. Der obere Teil des Gebirges zeigt zwei Stufen; die Nordseite erscheint fast abschüssig; von den Stufen fällt das Gebirge nach Westen hin allmählich ab. Niedrigere Höhenzüge finden sich zwischen diesem Gebirge und der Küste. (Abbild. 12.)

Die Küste ist niedrig und sandig; eben westlich von Sib springt sie etwas vor. Fast auf der ganzen Strecke finden sich Dattelwälder. Die Daimanijat-Inseln liegen in $6^1/_2$ bis 8 Sm Abstand von der Küste.

Wassertiefen. Die Lotungsgründe erstrecken sich 5 bis 6 Sm nordwärts von den Daimanijat-Inseln. Auf den Gründen sind die Tiefen ziemlich regelmäßig und betragen weniger als 40 m, mit Ausnahme der Umgegend der östlichen Inseln. Innerhalb der 40 m-Grenze besteht der Grund aus Schlick und Sand; außerhalb derselben findet man vorwiegend Schlick. Eine Sandbank mit 5,5 m Wassertiefe und 7,3 m Wassertiefe an ihrer Landseite liegt $1^1/_3$ Sm nördlich von Ras el-Ghaf.

Ras el-Ghaf *(Akazien-Huk)* ist eine breite niedrige Huk 5 Sm westlich von Sib. In dieser Gegend findet man eine 4 Sm lange Strecke mit Sanddünen im Hintergrunde, die keine Dattelpalmen nahe an der Küste hat. Auf dem äußersten Teile der Huk stehen zwei große Akazienbäume. Zwischen der Akazienhuk und der Suadi-Huk bildet die Küste eine Bucht, an der die große Stadt Barka liegt.

Barka. Das Fort von Barka befindet sich auf 23° 43′ N-Br. und 57° 54′ O-Lg., $7^1/_4$ Sm südöstlich von der Suadi-Huk. In der Mitte der Stadt steht das Kastell des Schechs, ein hohes arabisches Bauwerk, das 10 Sm weit sichtbar ist. Vier große Türme befinden sich auf den Ecken. Viele unbrauchbare Kanonen stehen vor dem Tore. Die übrige Stadt, meist aus Mattenhütten, erstreckt sich 3 Sm weit längs des Strandes in den Dattelwäldern. Das Land bei der Stadt ist gut bebaut. Die Stadt wird von einem Wali verwaltet. Große Mengen Schellfische werden gefangen und getrocknet nach dem Innern versandt. Ein großer Basar ist vorhanden. Lebensmittel kann man sich leicht verschaffen.

Ankerplatz von Barka auf 9 m Wasser liegt 1 Sm vom Strande. Die Wassertiefen nehmen regelmäßig ab. Das Wasser ist klar, so daß man den Grund in 7 m Tiefe sieht. Bis 3 Sm nordöstlich von Barka hat man unebenen Grund mit 9 bis 16 m Wassertiefe gefunden.

Djesiret Suadi. Die Suadi-Huk ist niedrig und sandig und hat eine Sanddüne. Die Dattelwälder hören $1^1/_2$ Sm südöstlich

Siehe Brit. Adm.-Krt. Nr. 2837a (Tit. IX, Nr. 187)

von der Huk auf. Vor der Huk liegt die Suadi-Inselgruppe, die aus einer größeren und sechs kleinen Inseln besteht und auf einem in westnordwestlicher Richtung $1^3/_4$ Sm langen Raume verteilt ist. (Abbild. 18.) *Djebel Add*, die größte und östliche Insel, ist 85 m hoch, 6 Kblg in westlicher Richtung lang und 3 Kblg breit. Der tafelförmige Gipfel der Insel zeigt einen Einschnitt. Die 18 Sm weit sichtbare Insel hat überall an der Seeseite Küstenabhänge. An der Westseite befindet sich eine kleine sandige Bucht. Die 2 Kblg breite Durchfahrt zwischen der Insel und dem Lande hat bei Niedrigwasser nur sehr geringe Wassertiefen, daß man dann zur Insel hinüberwaten kann. Die anderen Inseln sind abschüssig und 15 bis 45 m hoch. Die südlichste Insel, *Mukbara*, ist etwa $^1/_4$ Sm lang. Auf ihrem Südostende befindet sich ein Turm, der zum Schutze des Ankerplatzes gegen Piraten erbaut wurde.

Ankerplatz. Zwischen Mukbara und der Küste befindet sich ein kleiner, $^1/_2$ Sm langer Ankerplatz mit 1,8 m Wassertiefe dicht an der Südseite, wo die Boote der Eingeborenen ankern und teilweise Schutz gegen die vorherrschenden Winde finden. Während der Datteleernte liegt der Ankerplatz voll von Booten. Die Einfahrt führt dicht um das Südwestende der Insel. Kleine Schiffe können dicht an der Südostseite von Djebel Add auf 7,3 m Wasser ankern, wo sie Schutz gegen den Schamal finden; doch würde man im Winter bei Nordostwind unter der Küste besetzt sein. An der Seeseite der Inseln liegen keine Klippen in größeren Abständen. Man findet 7,8 bis 9 m Wassertiefe ziemlich nahe an den Inseln. Die Lotungsgründe außerhalb der Inseln sind nicht mehr als 9 Sm breit.

Trinkwasser. Am Strande befindet sich ein Brunnen mit gutem Trinkwasser, etwa 1 Sm westlich von den Suadi-Inseln.

Daimanijat-Inseln *(Saba Djesair)* sind fast ganz kahl und wasserlos. Fischer suchen die Inseln mit ihren kleinen Booten auf.

Charaba-Inselgruppe *(Kharaba)*, die östlichste der drei Gruppen von Inseln, besteht aus einer kleinen, $^1/_4$ Sm langen Insel mit einigen einzelnen Klippen. An der Nord- und an der Ostseite erstreckt sich ein Riff etwa $^1/_2$ Sm weit seewärts. Die 40 m-Grenze liegt $^1/_4$ Sm von der Insel. Der höchste, etwa $7^1/_2$ m hohe Teil der Insel ist 8 Sm weit sichtbar. Zwischen den schwarzen felsigen Huken der Insel befindet sich weißer Sandstrand, der nachts sichtbar wird. Die Lotungsgründe erstrecken sich 4 Sm weit von der Insel. Eben innerhalb der Außenkante der Gründe hat man 40 m Wassertiefe. Nach dem Festlande hin nimmt die Wassertiefe allmählich ab. Die Durchfahrt zwischen der östlichen und der mittleren Inselgruppe ist 3 Sm breit.

Die mittlere Inselgruppe, in westlicher Richtung $3^2/_8$ Sm lang, besteht aus sieben Inseln von verschiedener Größe mit einzelnen Klippen. Die Inseln sind 9 bis 12 m hoch, haben niedrige hell-

Siehe Brit. Adm-Krt. Nr. 228, 10c (Tit. IX, Nr. 183a, 183)

braune Küstenabhänge und sind nachts schwer sichtbar. Die westlichste und größte Insel hat zwei kleine Hügel mit einem Tal dazwischen und ist $3/4$ Sm lang und $1/4$ Sm breit. Die Inseln sollen steil unter Wasser abfallen; abliegende Untiefen sollen sich nahe bei den Inseln nicht vorfinden. 1 Sm nördlich davon findet man 55 m Wassertiefe, 4 Sm davon hat man keinen Grund gefunden. Die Durchfahrt zwischen der mittleren und der westlichen Gruppe ist $3^1/_2$ Sm breit, hat 35 m Wassertiefe und ist ziemlich rein.

Djesiret Djun (Jun), die westliche Gruppe, besteht aus einer kleinen Insel und drei sichtbaren Klippen und erstreckt sich $1^1/_2$ Sm weit in westlicher Richtung. Das große 33 m hohe Inselchen nahe am Westende ist $3/4$ Sm lang und sehr schmal. Nachts ist das hellbraune Inselchen schwer auszumachen; bei Tage ist es 12 bis 13 Sm weit sichtbar. Zwischen der 11 m-Bank, südlich von Djesiret Djun, und dem Inselchen hat man 16 m Wassertiefe. Von der westlichen Klippe erstreckt sich ein Riff mit 3,7 m Wassertiefe 1,5 Kblg ostsüdostwärts fast bis zu dem großen Inselchen hin. Die Wassertiefe beträgt $3/4$ Sm landwärts von der Djun-Gruppe 25 m und nimmt nach dem Lande zu ab. $4^1/_2$ Sm nördlich von Djesiret Djun hat man etwa 90 m und $1^1/_2$ Sm nördlich von der Insel 35 m Wassertiefe.

Ankerplatz an der Südseite von Djesiret Djun auf 15 m Wasser, Grund Sand, ist leidlich und bietet Schutz gegen die vorherrschenden Winde, wenn auch bei starkem Winde viel Seegang um die Insel herum läuft. Der Ankerplatz befindet sich vor einem kleinen Sandstrande, $1/4$ Sm vom Lande.

Clive-Riff,
auf dem im Jahre 1858 das kleine Kriegsschiff der Ost-India-Co. den Grund berührte, ist eine $1/4$ Sm breite einzelne blinde felsige Stelle, etwa $1/4$ Sm westnordwestlich vom höchsten Punkte des Djesiret Djun, mit 2,7 m geringster Wassertiefe über grobem Korallengrund. $1/4$ Sm nördlich davon hat man 37 m Wasser. Das Riff ist aus den Toppen gut sichtbar, wenn man die Sonne hinter sich hat. Die 8 Sm breite Durchfahrt zwischen dem Riff und den Suadi-Inseln ist rein und hat 25 bis 11 m Wassertiefe. Zwischen dem Riff und Djesiret Djun hat man 33 m, und $1/4$ Sm südlich vom Riff 26 m Wassertiefe.

Gezeiten. Hafenzeit bei den Daimanijat-Inseln ist $9^h\ 30^{min}$; Springhochwasserhöhe beträgt 2,7 bis 3,0 m.

Von Suadi nach Schinas.
Von Suadi nach Chor Kelba ist die ganze Küste niedrig und sandig und frei von abliegenden Untiefen. Von Europäern wird die Küste selten besucht. Dörfer und Städte mit einem mehr oder minder verfallenen Fort und Dattelwälder liegen nahe am Wasser. Die Küste ist höchstens

Siehe Brit. Adm-Krt. Nr. 2837a (Tit. IX, Nr. 187)

9 bis 10 Sm weit sichtbar. Die große Bergkette scheint vom Djebel Achdar fortzulaufen bis zum Persischen Golf und nähert sich in ihrem nördlichen Teile der Küste; bei Chor Kelba wird sie nur durch eine schmale Ebene von der Küste geschieden. Die ganze Bergkette ist von See aus sichtbar.

Wassertiefen. Diese Küste ist sehr unvollkommen vermessen. Die 200 m-Grenze liegt bei den Suadi-Inseln 9 Sm von der Küste, entfernt sich dann immer mehr vom Lande und bleibt von Chor Kelba 18 Sm ab. Die Wassertiefen scheinen regelmäßig zu sein. Wenn man an dieser Küste ankert, bleibe man außerhalb der 10 m-Grenze, besonders zur Zeit der Nordwestwinde. Innerhalb der 10 m-Grenze ist der Grund uneben und stellenweise felsig. Landung ist meist schwierig.

Masna ist ein Dorf, 9 Sm westlich von Suadi, mit Lehm- und Mattenhütten und einem Fort in der Mitte. Die Wassertiefen vor Masna sind gering; man hat 1 Sm vom Lande nur 5,5 m Wassertiefe. 1 Sm westlich von Masna stehen sechs auffällige runde Bäume.

Es-Suweik *(as Suwaik)*, eine teilweise mit einer Mauer umgebene Stadt 20 Sm westnordwestlich von Djesiret Suadi, hat in der Mitte ein großes auffälliges Fort mit drei hohen Türmen. Außerhalb der Mauer stehen viele Hütten. Die Stadt untersteht dem Wali von Barka. In es-Suweik liegen Truppen des Sultans. Ein Basar ist vorhanden. Sechs Dörfer liegen zwischen es-Suweik und Suadi.

El-Chadra *(al Khadhra)*, ein langes Stranddorf, 3 Sm westlich von es-Suweik, hat an seinem Ostende ein teilweise verfallenes Fort.

El-Chabura *(al Khabura)* ist eine Stadt 20 Sm westnordwestlich von es-Suweik. Zwischen beiden Städten liegen etwa fünf kleine Dörfer. Nördlich von el-Chabura bis nach Sohar befinden sich acht Dörfer, unter denen *Sahm* das größte ist. 20 und 25 Sm südwestlich von el-Chabura liegen zwei auffällige Hügel, die als Landmarken verwandt werden können. Der entferntere ist ein breiter keilförmiger 900 m hoher Hügel; der andere auf dem niedrigen Bergzuge hat die Form eines Eselsohres.

Sohar, eine große Stadt auf 24° 22′ N-Br. und 56° 46′ O-Lg. mit 4000 bis 5000 Einwohnern, wird von einem Wali verwaltet. Ein hohes Fort, die Residenz des Schechs, befindet sich in der Mitte der mit Mauern und Graben umgebenen Stadt und ist 12 Sm weit sichtbar, wenn die Dattelpalmen noch nicht sichtbar sind. Ein großer Basar ist vorhanden. Viele Mattenhütten hat man am Strande in den Dattelwäldern außerhalb der Mauern errichtet. Im Fort befinden sich mehrere große runde Bäume. Ein spitzer hellfarbiger 470 m hoher Gipfel liegt $12^1/_2$ Sm westsüdwestlich von der Stadt vor dem hohen Gebirge. Der Gipfel bildet eine gute Landmarke für Sohar.

Siehe Brit. Adm-Krt. Nr. 2837 a (Tit. IX, Nr. 187)

(Abbild. 14.) Die Dattelwälder folgen in ununterbrochener Reihe an diesem Küstenstriche.

Ankerplatz vor Sohar findet man auf passender Wassertiefe querab von der Stadt. 1 Sm von der Küste hat man 9 m Wassertiefe, Grund Sand.

Schinas ist eine große Stadt, 27 Sm nordwestlich von Sohar. Das große Fort ist, von Südosten gesehen, lang. Es hat drei Türme, darunter am höchsten der Turm am Nordende, der überhaupt der einzige hohe Turm in der Gegend ist. Es hebt sich, außer in südlichen Peilungen, gut gegen die Bäume im Hintergrunde ab. Wenn man nördlich von der Stadt sich befindet, kann man nur den höchsten Turm sehen. Die Einfahrt zu dem Kriek vor der Stadt liegt $1^1/_2$ Sm nördlich von der Stadt und kann an einer kleinen Sanddüne am Strande und einer Lücke in den Dattelpalmen ausgemacht werden. In den Krieken nördlich und südlich von der Stadt liegen gewöhnlich Dauen. Zwischen Sohar und Schinas liegen sechs Dörfer. *Madjis*, das größte davon, hat eine Fabrik für baumwollenes Segeltuch, das von den Fahrzeugen der Eingeborenen benutzt wird. Der Sohar-Gipfel (Abbild. 14) ist eine gute Landmarke für Schinas. Wenn er südlicher als südwestlich peilt, erscheint er mehr dreieckig. Den Gipfel bekommt man querab von Chor Kelba als eine hellbraune dreieckige Insel in Sicht.

Ankerplatz von Schinas auf 9 m Wasser liegt etwas nördlich von der Stadt vor der Einfahrt zum Kriek, in den Boote zum Landen einlaufen müssen. Die Wassertiefen nehmen allmählich ab.

Murer ist ein Dorf mit zwei Türmen am Nordende und einer Turmruine am Südende. 1 Sm südlich davon befinden sich ein großes Fort mit zwei Turmruinen und mehrere Mattenhütten. Etwa 3 Sm nördlich von Murer läuft ein dunkler Höhenzug bis an die Küste. Drei Dörfer liegen zwischen Murer und Schinas.

Esch-Schumeilija-Küste.

Esch-Schumeilija (asch Shameiliya) wird die Küste zwischen Murer und Dibba genannt, die zu dem Gebiet des Jowasim-Schechs gehört. Die Ebene an der Küste wird schmaler; 15 Sm nördlich von Chor Kelba treten die Hügel dicht an die Küste. Die esch-Schumeilija-Küste läuft bis Ras Dibba 35 Sm nordwärts und biegt dann 5 Sm westwärts ab nach der Stadt Dibba. Die Gebirge dicht an der Küste sind hoch. Die Küste besteht aus Küstenabhängen mit sandigen Buchten, an denen Dörfer und Dattelwälder liegen.

Wassertiefen. Die esch-Schumeilija-Küste ist frei von abliegenden Untiefen. Die 50 m-Grenze bleibt 2 bis 4 Sm vom Lande.

Siehe Brit. Adm.-Krt. Nr. 2837a (Tit. IX, Nr. 187)

Die Wassertiefen nehmen nach Land zu regelmäßig, aber schnell ab. Die 200 m-Grenze läuft querab von Chor Kelba nach der Persischen Küste bei Ras el-Kuh. Nördlich davon sind die Wassertiefen geringer als 200 m. 9 Sm östlich von Chor Kelba hat man 50 m Wassertiefe und ebensoviel etwa 5 Sm von Ras Dibba.

Chor Kelba ist ein Dorf von etwa 200 Einwohnern mit einem Fort, 19 Sm nördlich von Schinas. In den Kriek beim Dorfe können Boote bei Hochwasser einlaufen. Dicht an der Küste bei *Kalat Kelba* steht ein großes viereckiges kastellartiges Gebäude mit viereckigem Turm. Kalat Kelba *(Ghalat Kalba)* ist ein großes Dorf mit 200 bis 300 Einwohnern etwa in der Mitte zwischen Chor Kelba und el-Fudjera.

El-Fudjera *(al Fujaira)*, 6 Sm nördlich von Chor Kelba, ist ein Ort mit 500 Einwohnern. Von dort kann man in $2^1/_2$ Tagen über das Gebirge nach Schardja an der Nordküste von Oman gelangen. Beim Landungsplatze *Gerefa* stehen einige kleine Hütten. Der Ort besteht aus einem arabischen Fort und liegt $1^1/_2$ Sm von der Küste. Das *el-Fudjera*-Fort zwischen den Dattelpalmen ist ein auffälliges viereckiges Gebäude mit runden Türmen, das mit Hütten umgeben ist. 3 Sm nördlich von el-Fudjera liegt das kleine Dorf *Sakamkam* mit etwa 50 Einwohnern, das von See aus nur an einem runden Turm, der in einiger Entfernung von der Küste steht, kenntlich ist. Etwas nördlich von Sakamkam befindet sich eine steile schwarze felsige Huk. Zwischen dieser Huk und Chor Fakan dehnt sich eine Ebene aus, die mit schwarzen kleinen Hügeln von verschiedener Höhe übersät ist.

Ankerplatz von el-Fudjera liegt auf 9 m Wasser etwa $^3/_4$ Sm vom Strande.

Schiffsausrüstung. Lebensmittel sind zu haben. Trinkwasser ist reichlich vorhanden.

Chor Fakan ist eine sandige Bucht, 15 Sm südlich von Ras Dibba. An der Südseite der Bucht liegt ein Dorf von 150 Einwohnern mit einem großen Dattelhain. An der Ostseite wird die Bucht von 300 bis 600 m hohen Hügeln begrenzt. Vor den Hügeln liegt ein 73 m hohes spitzes Inselchen. Die Durchfahrt zwischen dem Inselchen und dem Lande ist 2 Kblg breit und hat tiefes Wasser. *Ras Lulija*, die felsige Huk an der Nordseite der Bucht, liegt $1^1/_2$ Sm nordwestlich von dem Inselchen. Die Wassertiefe in der Einfahrt beträgt 16 m und nimmt nach Land hin regelmäßig ab. Nördlich von Ras Lulija liegen an der niedrigen und sandigen Küste Dörfer und Dattelwälder; die Berge befinden sich in geringer Entfernung von der Küste. *Subara (Zubara)* ist ein kleines Dorf $1^3/_4$ Sm nördlich von Ras Lulija.

Siehe Brit. Adm.-Krt. Nr. 2837a (Tit. IX, Nr. 187)

Ankerplatz in Chor Fakan, $^1/_2$ Sm vom Dorfe, auf 11 m Wasser ist gegen die Nordostwinde (Naschi) ungeschützt. An der Ostseite der Bucht, eben östlich von der Huk mit einem Küstenabhang mit zwei Türmen darauf, befindet sich ein kleiner $1^1/_2$ Kblg tiefer Schlupfhafen mit Sandstrand im Innern. In der Einfahrt hat man 5,5 m Wassertiefe. Kleine Boote finden in diesem Hafen Schutz gegen alle Winde.

Schiffsausrüstung. Rindvieh, Geflügel, Gemüse und ausgezeichnetes Trinkwasser kann man schnell erhalten. Fische sind im Überfluß vorhanden. Brennholz kann man aus dem Inlande auf vorherige Bestellung in zwei bis drei Tagen erhalten.

El-Badi ist eine kleine etwa 60 m hohe Insel dicht unter Land, $4^1/_2$ Sm nördlich von Chor Fakan. Das Dorf *el-Badi* liegt etwas nördlich davon. Zwischen el-Badi und Ras Dibba liegen die Dörfer *Karam, Sadna (Zadna)* und *Ruwul Sadna*. Die Küste besteht aus felsigen Huken mit sandigen Buchten. Das Gebirge erhebt sich steil in geringer Entfernung von der Küste.

Dibba-Bucht. *Ras Dibba* ist eine vorspringende Huk aus Küstenabhängen mäßiger Höhe. Ein kleines Inselchen wird von der Huk durch eine $^1/_4$ Sm breite Durchfahrt mit 3,7 bis 5,5 m Wasser getrennt. 1 Sm westlich von der Huk befindet sich in der Dibba-Bucht ein weißer Fleck an den Küstenabhängen. Die 5 Sm breite Bucht ist nach Nordnordosten bis Osten offen. Die Wassertiefen nehmen von 27 m regelmäßig nach dem Sandstrande hin ab. Das Fort und die Stadt *Dibba* mit 2000 Einwohnern liegen etwa 5 Sm westlich von Ras Dibba. In dem Tale südlich von der Stadt befinden sich große Dattelpflanzungen.

Schiffsausrüstung. Rindvieh, Gemüse und gutes Trinkwasser sind zu haben.

Von Dibba nach Salama wa-Banataha (Keil-Inseln).

Ruus el-Djebel *(Ruus al Jebel)* wird das große Vorgebirge nördlich von der Linie Dibba am Golf von Oman und Ras el-Chaima (Ras al Khaima) am Persischen Golf genannt. Den nördlichen Teil des Vorgebirges bildet die Musandam-Halbinsel (Abbild. 14, 15, 16). Das Land bis nach Chasab (Khasab) steht unter dem Sultan von Maskat, von Chasab bis Ras el-Chaima wird das Land vom Schech von Ras el-Chaima verwaltet. Von Ras Dibba läuft die Küste 47 Sm nordwärts nach dem Nordende der Insel Musandam und ist abschüssig. Die Küstenabhänge sind von der See unterwaschen. Die Gebirge erheben sich steil aus dem Wasser; vor den Talmündungen

Siehe Brit. Adm-Krt. Nr. 753 (Tit. IX, Nr. 186)

befinden sich kleine sandige Buchten. In die Musandam-Halbinsel schneiden von beiden Seiten tiefe Buchten mit großen Wassertiefen ein. Das Land ist im allgemeinen kahl. Nur in wenigen kleinen Tälern finden sich Dattelhaine. In den Schluchten der Hügel finden Ziegen nur spärliche Weideplätze. Die Gebirge bestehen aus kahlen Felsen und bieten einen großartigen wilden Anblick. Die schmalen Fußsteige über das Gebirge sind nur für Araber und Ziegen geeignet. Wölfe, Leoparden, Hyänen und Füchse kommen in großer Menge vor.

Die Bewohner von Ruus el-Djebel gehören meist dem Schihijin-Stamme an und treiben Viehzucht und Fischfang. Während der Datteleernte verlassen sie ihre Heimstätten und suchen in Batina, Chasab und anderen Orten Beschäftigung. Diese harmlosen äußerst armen Menschen sind sehr unwissend und abergläubisch und kennen teilweise nicht einmal Geld. Als Geschenke kann man am besten Datteln und Reis verwenden.

In den Buchten und Krieks an der Küste springen die Winde häufig um. Segelschiffe können deshalb nur schwer ein- und auslaufen, auch ist in den meisten Buchten die Wassertiefe zum Warpen zu groß. Größere arabische Küstenfahrzeuge oder andere Fahrzeuge, die nicht durch Ruder getrieben werden, suchen die Buchten nie auf. Sollte ein Segelschiff eingelaufen sein, so wird es am besten nachts auslaufen, da dann oft Landbrise außerhalb der Buchten weht. Dampfer können sicher einlaufen.

Gebirge. Von Osten aus sieht man auf den Bergen zwei auffällige Gipfel. Der nördliche, etwa 2060 m hohe *Djebel el-Harim* zeigt einen kleinen tafelförmigen Gipfel mit einem kleinen Einschnitt an der Südseite. Der etwa 1770 m hohe *Djebel Kawa* ist ein großartiger Gipfel mit einer kleinen Senkung an seiner Spitze. Diese Gipfel sind 80 bis 90 Sm weit sichtbar, also bis Djaschk, an der Nordseite des Golfs von Oman und bis Lingah, an der Nordseite der Straße von Hormus.

Wassertiefen. Die Küste ist rein von abliegenden Untiefen. Südlich von Djesiret Umm el-Fajarin hat man etwa 1 Sm vom Lande 70 m und 10 Sm vom Lande etwa 110 bis 120 m Wassertiefe, das ist die größte Wassertiefe in diesem Teile des Golfs von Oman. Nördlich von der Insel findet man die größte Wassertiefe mit 130 m dicht bei den Huken und mit 150 bis 180 m gerade vor der Musandam-Insel. Bis nach der Mitte des Golfs hin nimmt die Wassertiefe auf 90 bis 70 m ab.

Von der Dibba-Bucht nach Ras Lima.

Ras Suwat ist eine felsige Huk, $4^1/_2$ Sm nordnordöstlich von Dibba, und bildet die nördliche Einfahrhuk an der Dibba-Bucht (Seite 52). Auf der Küstenstrecke von Ras Suwat bis Ras Musandam treten die Gebirge

Siehe Brit. Adm-Krt. Nr. 753 (Tit. IX, Nr. 186)

dicht an die Küste. Etwa 1 Sm nördlich von Dibba liegt das Dorf *el-Karscha* mit 50 Einwohnern.

Duhat Haffa. *Ras Haffa* ist die Südhuk der schmalen gebirgigen mäßig hohen, nach Süden hin abfallenden Halbinsel an der Ostseite der 2½ Sm langen, ½ bis ¼ Sm breiten Bucht Duhat Haffa. Ras Haffa liegt 1½ Sm nordnordöstlich von Ras Suwat, welche Huk die Bucht an der Südseite begrenzt. Die Halbinsel verdeckt die Bucht nach See zu und schließt sie fast ganz ab. Die Wassertiefen in der Bucht sind ziemlich regelmäßig und betragen 13 bis 15 m. Einige Fischer findet man dort.

Chor Mala ist eine ¾ Sm tiefe kleine Bucht, 3½ Sm nordöstlich von Ras Haffa. Die Wassertiefen nehmen von 15 m in der Einfahrt nach dem Innern hin ab. Die Küste zwischen Ras Haffa und der Bucht besteht aus Küstenabhängen. Die Wassertiefe beträgt ¼ Sm von der Küste 35 m.

Duhat Schardja, 8 Sm nördlich von Ras Haffa, ist eine etwa 1¼ Sm tiefe und ¾ Sm breite, nach Osten offene Bucht. Die Wassertiefen nehmen von 35 m in der Einfahrt nach dem Sandstrande im Innern allmählich ab. Duhat Schardja wird von der nächsten Bucht südlich davon durch eine ⅜ Sm breite Halbinsel getrennt. Die Wassertiefen in dieser 1 Sm tiefen Bucht nehmen von 22 m in der Einfahrt regelmäßig nach dem innern, ½ Sm breiten Teile der Bucht hin ab. An der Südseite des inneren Teiles der Bucht befinden sich ein kleines Dorf und ein Dattelhain. Mehrere kleine Buchten liegen zwischen dieser Bucht und Chor Mala.

Von Duhat Schardja läuft die Küste 3 Sm nordnordostwärts nach *Ras Hamra* an der Südseite von Ghubbet Akaba. Die Küste ist ziemlich abschüssig. Der 600 m hohe *Lima*-Gipfel nahe an der Küste erscheint, wenn man ihn in südlichen Peilungen hat, wie ein schöner Kegel. Weiter landwärts liegt ein etwas höherer sattelförmiger Berg, der ebenfalls von Norden aus gut sichtbar ist. In westlichen Peilungen heben sich diese beiden Berge gegen das höhere Land nicht ab.

Ghubbet Akaba ist eine 2 Sm breite, 1½ Sm tiefe Bucht. Die Wassertiefen nehmen von 35 m in der Einfahrt regelmäßig ab. *Ras Samut*, die Huk an der Nordseite der Bucht, liegt 2¼ Sm nordöstlich von Ras Hamra. In der Nordwestecke der Bucht, an einer Talmündung, liegt das kleine Dorf *Akaba* mit 80 bis 90 Einwohnern. Ein kurzer Landweg führt vom Dorf über die Berge nach Lima. Dicht vor dem Dorfe finden Boote Schutz gegen Nordostwinde, die an dieser Küste am heftigsten auftreten.

Ras Lima, 27 Sm südlich von Ras Musandam, ist eine schmale abschüssige 87 m hohe, 1 Sm aus der Küste vorspringende Huk. *Djesiret Lima*, eine ⅓ Sm lange, 87 m hohe abschüssige

Siehe Brit. Adm-Krt. Nr. 753 (Tit. IX, Nr. 186)

Insel, wird von der Huk durch eine $3^1/_2$ Kblg breite Durchfahrt mit 35 m Wassertiefe getrennt. Nahe bei der Insel liegt eine kleine einzelne Klippe. Dicht außerhalb der Insel hat man 55 m Wassertiefe. Die Gezeiten setzen mit großer Geschwindigkeit durch die Durchfahrt. Djebel el-Harim (Abbild. 17 u. 18) liegt westlich von Ras Lima.

Lima ist ein Dorf mit 200 Einwohnern vor einer Talmündung an der 1 Sm breiten sandigen *Lima*-Bucht, westlich von Ras Lima. Das Dorf liegt an der Südseite der Bucht und ist teilweise an einem Hügel stufenförmig angelegt, eine Hütte über der anderen. In dem Tale befinden sich ein Dattelhain und etwas Ackerland. Die Einwohner von Lima waren im Juni 1898 bewaffnet und feindselig. Die Berge an diesem Küstenstrich erheben sich rasch zu großen Höhen. Am Nordende der Lima-Bucht befindet sich ein hoher abschüssiger Hügel, vor dem vier 3 bis 9 m hohe kleine Felseninseln liegen. Ein Steert läuft nahe bei dem Dattelhain nördlich vom Dorfe etwa 2 Kblg weit in die Bucht hinein.

Ankerplatz auf etwa 20 m Wasser ist gegen Ost- und Nordostwinde ungeschützt. Bei östlichen Winden landet man am besten in der kleinen Bucht dicht bei den Küstenabhängen an der Südseite, wo die Boote der Eingeborenen liegen.

Schiffsausrüstung. Rindvieh usw. ist zu haben. Gutes Trinkwasser kann man aber nur in größerer Menge erhalten, wenn man es weit herholt. Auf Brennholz muß man einen oder zwei Tage warten. Man soll in einem Tage nach Ras el-Chaima kommen können. Teiche mit frischem Wasser befinden sich in den Bergen, etwa $^1/_2$ Tagereise von der Küste.

Von Lima nach Duhat Kabal.

Von Lima läuft die Küste 5 Sm nordwärts nach dem hohen Küstenabhang *Ras Samid* an der Südseite von Duhat Kabal. Die $2^1/_4$ Sm lange Küstenstrecke zwischen Ras Samid und Ras Marovi besteht aus kleinen Huken und Buchten. Vor *Ras Marovi* liegen zwei kleine, 6 bis 9 m hohe Felseninseln. $1^3/_4$ Sm südlich von Ras Samid liegt etwa $^1/_2$ Sm von der Küste eine 7,6 m hohe Klippe, an deren Landseite 40 m Wassertiefe ist. An der Südseite von Ras Marovi befindet sich eine reichlich 1 Sm breite Bucht mit etwas Sandstrand.

Duhat Kabal

ist eine schöne, 2 Sm tiefe, in der Einfahrt 1 Sm breite Bucht mit Sandstrand im Innern. Eine 1 Sm lange Bucht zweigt sich davon in der Südwestecke ab. Die Küste an der Bucht ist stark eingebuchtet. An den Buchten befinden sich kleine Strecken Sandstrand. Die Huken bestehen aus Küstenabhängen. Dicht an der Südwestseite erheben sich die Gebirge wie eine Mauer und bilden einen breiten mächtigen, mehr als 1200 m hohen Ab-

Siehe Brit. Adm-Krt. Nr. 753 (Tit. IX, Nr. 186)

sturz. Die Wassertiefen in der Bucht nehmen von 50 m in der Einfahrt auf 24 m im Innern ab. In der südwestlichen Zweigbucht nehmen sie innerhalb der 10 m-Grenze rasch ab.

Die Bucht wimmelt von Fischen, sie wird von den Fischern aus Lima besucht. Einige armselige Hirten leben in Hütten, die im Tale im Innern der Bucht zerstreut liegen. Im westlichen Zweige dieses Tales oder Flußbettes befinden sich die Trümmer eines großen Dorfes, dessen Mauern aus großen Steinplatten ohne Mörtelverbindung bestehen. Ein kleiner einem Schuppen ähnlicher Hügel befindet sich auf dem Gipfel der hohen Küstenabhänge an der Nordseite der Einfahrt zur Bucht. Von da laufen die Küstenabhänge 3 Sm weit nordostwärts nach Ras Sarkan. Sie sind sehr verschieden in Höhe, tief gefurcht und fallen nach Norden hin ab.

Ankerplatz in Duhat Kabal fand im Jahre 1902 das britische Kriegsschiff »Redbreast« auf 13 m Wasser $1^{1}/_{2}$ Kblg vom Innern der Bucht.

Ras Sarkan ist ein senkrechter mehr als 100 m hoher Küstenabhang an der Südseite von Ghubbet Ghasira. Die 70 m-Grenze liegt $^{1}/_{2}$ Sm von der Huk.

Ghubbet Ghasira
ist eine 8 Sm in westnordwestlicher Richtung lange Bucht, deren Einfahrt zwischen Ras Sarkan an der Südseite und Ras Dilla an der Nordseite $2^{1}/_{2}$ Sm breit ist. Die Küste ist überall hoch und abschüssig und bildet zahlreiche tiefe Krieke. Nur einige kleine sandige Buchten befinden sich vor den Tälern. Zwei größere Seitenbuchten schneiden in die Südküste, die eine $1^{1}/_{4}$ Sm, die andere $2^{1}/_{4}$ Sm tief ein. An der östlichen Seitenbucht liegt ein Dörfchen. An einer kleinen Bucht im Innern von Ghubbet Ghasira liegt das Dorf *Habalain*.

An der Nordseite von Ghubbet Ghasira werden zwei große, 3 Sm tiefe Buchten durch eine hohe zerklüftete Halbinsel voneinander getrennt. An der westlichen Bucht liegt das Dörfchen *Mukaka*. Die Nordseite dieser Bucht wird von Chor esch-Schem an der Westseite der Musandam-Halbinsel durch einen stellenweise nur 1 Sm breiten Höhenzug geschieden. Im Innern der östlichen Bucht liegt das Dorf *Filam*.

Wassertiefen sind überall groß. In der Hauptbucht hat man 65 bis 55 m, in den kleineren Buchten 45 bis 35 m und dicht an den Küstenabhängen 35 m Wassertiefe. Der Grund besteht meist aus Schlick; in der Einfahrt ist er felsig.

Gezeiten. Die Hafenzeit in Ghubbet Ghasira ist 9^{h} 30^{min}; Springhochwasserhöhe beträgt 3 m.

Ras Dilla, 60 bis 90 m hoch, ist ein senkrechter Küstenabhang mit spitzem Gipfel und bildet die Osthuk der 5 Sm langen hohen

Siehe Brit. Adm-Krt. Nr. 753 (Tit. IX, Nr. 186)

Halbinsel, die beim Dorfe Filam beginnt. Auf dem breitesten Teile der Halbinsel befindet sich ein auffälliger reichlich 300 m hoher bräunlicher Gipfel mit einem runden Hümpel auf dem Gipfel. Die Halbinsel trennt die Buchten Ghasira und Schabus. Die Wassertiefen an der Seeseite von Ras Dilla betragen 55 bis 65 m.

Ghubbet Schabus schneidet in westlicher Richtung $2^1/_2$ Sm weit in die Südostküste der Musandam-Halbinsel ein und wendet sich dann 2 Sm weit nordwärts. Die Einfahrt zur Bucht ist $2^3/_4$ Sm breit. Die Wassertiefen betragen 65 m in der Mitte und 35 bis 55 m dicht an den Seiten. Die Küste besteht aus hohen Küstenabhängen und hat stellenweise kleine Sandstrecken. Das Dorf *Schabus* befindet sich in einer kleinen Bucht an der Südwestseite. Im nördlichen Teile sind zwei Dörfchen. Nahe am Innern der Bucht befindet sich der auffällige spitze 910 m hohe *Djebel Sibi* mit flachem zackigem Gipfel.

Eine hohe, in nördlicher Richtung 4 Sm lange Halbinsel trennt die Bucht von Duhat Schisa, ihre schmalste Stelle ist nur 1 Sm breit. Der hellfarbige, mehr als 300 m hohe spitze *Kaisa*-Gipfel liegt etwa in der Mitte der Halbinsel. *Ras Baschin*, eine 30 m hohe hellrote Huk, das Südende der Halbinsel, begrenzt die Einfahrt zur Schabus-Bucht im Norden. Ein kleines Inselchen liegt etwa $^3/_4$ Sm nordöstlich von der Huk. Nicht weit davon soll nach Angaben der Araber nahe am Lande das Riff Abu el-Mawar mit $1{,}8$ m Wasser liegen. *Ras Kaisa* (Abbild. 19), die östlichste Huk an der Südseite der Einfahrt zu Duhat Schisa, ist Ras Baschin ähnlich. Ein kleines Inselchen liegt $1^1/_2$ Kblg seewärts davon. Die Wassertiefen bei diesen Huken betragen 55 m und 1 Sm davon 130 m.

Umm el-Fajarin ist ein Felseneiland $4^1/_2$ Sm südöstlich von Ras Kaisa und liegt $3^3/_4$ Sm vom nächsten Küstenstriche. Das $^1/_3$ Sm lange hellfarbige und 110 m hohe Eiland ist 22 Sm weit sichtbar, an der Westseite abschüssig und kaum an der Südostseite zugänglich. Die Wassertiefen betragen an der Ostseite nahe bei der Insel 110 m und zwischen der Insel und der Küste im Westen 70 bis 80 m.

Gezeitenströme treten nahe beim Eiland sehr stark auf, ebenso auch zwischen dem Eiland, der Musandam-Halbinsel und den Keil-Inseln. Nehrströme und Stromschnellen machen sich besonders beim Kap Musandam bemerkbar, so daß Segler jene Gegend meiden müssen, besonders weil der Wind unter dem hohen Lande sehr unbeständig ist, bald ganz aufhört, bald von der entgegengesetzten Seite einsetzt. Die Gezeitenströme setzen nord- und südwärts längs der Küste bis nach Ras Musandam, nordwestwärts bis nach den Keil-Inseln und westwärts und ostwärts längs der Nordseite der Musandam-Halbinsel.

Siehe Brit. Adm-Krt. Nr. 753 (Tit. IX, Nr. 186)

Duhat Schisa ist eine 6 Sm in westlicher Richtung lange und 4 Sm in der Einfahrt breite Bucht mit 55 bis 70 m Wassertiefe. Nahe bei den Küstenabhängen hat man 25 bis 35 m Wassertiefe (Abbild. 19). Die Küste ist abschüssig und unregelmäßig; kleine Strecken Sandstrand finden sich in den Buchten. Drei kleine Inseln liegen vor der Mitte der Küste an der Nordseite. *Rote Insel*, so genannt nach ihrer Farbe, ist die größte davon, 30 m hoch und $^1/_4$ Sm lang. Das neue Dorf *Schisa* liegt an einer Bucht an der Westseite im Innern von Duhat Schisa auf dem an einer Stelle nur $^3/_4$ Sm breiten Rücken, der die Bucht von Chor esch-Schem trennt, und etwa $1^3/_4$ Sm nördlicher als das alte Dorf, das nur aus einigen Hütten besteht.

Ras Kabr Hindi, etwa 370 m hoch, ist ziemlich abschüssig und zeigt auf dem Gipfel drei Einschnitte. $^1/_2$ Sm vom Kap hat man 110 m Wassertiefe. Das Kap ist die östlichste Spitze von Ruus el-Djebel und nur 30 Sm von der Persischen Küste entfernt. (Abbild. 20.)

Musandam-Halbinsel. Die tiefen Buchten nördlich von Ghubbet Schabus bieten viele gute Hafenbuchten, die aber wegen der großen Hitze im Sommer nur vorübergehend als Ankerplätze benutzt werden können. Das Klima ist für Europäer ganz ungeeignet; es war deshalb unmöglich, auf der Halbinsel ein Telegraphenamt einzurichten.

Musandam-Insel (Abbild. 21) ist dreieckig, 267 m hoch und überall abschüssig, außer in drei kleinen Buchten an der Ostseite, die Landungsplätze aufweisen. An der Südseite ist die Insel am höchsten und hat drei kleine Gipfel. An der Nordseite der etwa 2 Sm in nördlicher Richtung langen und am Südende $1^1/_2$ Sm breiten Insel liegen Reste von Bauwerken, die aus großen Steinblöcken ohne Mörtel zusammengefügt sind. Meist trifft man dort einige Hirten mit ihren Ziegenherden. Die Küste in der Umgegend wird von den Fischern aus Kumsar aufgesucht. *Ras Musandam*, ein 30 m hoher Küstenabhang, bildet das Nordende der Insel und liegt auf 26° 23′ N-Br. und 56° 32′ O-Lg.

Wassertiefen betragen dicht nördlich und östlich vom Kap Musandam 180 m. Dies ist die einzige Stelle nördlich von Ras el-Kuh, wo man solch große Wassertiefen gefunden hat.

Kachal ist eine kleine 30 m hohe Klippeninsel, $^1/_2$ Sm nord-nordöstlich von Ras Musandam. Die Durchfahrt zwischen Kachal und dem Kap ist rein. Gezeitenströme s. Seite 57 u. 59.

Fak el-Asad-Sund, von den Eingeborenen *Bab* genannt, trennt die Insel Musandam von der gleichnamigen Halbinsel. Der 3 Kblg

Siehe Brit. Adm-Krt. Nr. 753 (Tit. IX, Nr. 186)

breite Sund ist rein von Untiefen und hat 44 m Wassertiefe. An der Südwestseite des Sundes liegt etwa 3 Sm nordnordwestlich von Ras Kabr Hindi die 60 m hohe Huk *Ras el-Bab*, ein senkrechter Küstenabhang. Zwischen beiden Huken befindet sich eine tiefe Bucht. Das Kalkgestein der Huk und der Inseln davor ist von der See unterwaschen, stellenweise mehrere Meter weit. Der Sund ist von Dampfern oft benutzt worden; doch muß man sorgfältig steuern und so genau als möglich die Fahrwassermitte halten. Für Segler ist wegen der starken Gezeitenströme und umspringenden Winde die Durchfahrt unsicher. Die Araber befahren den Sund nur mit Ruderbooten (Abbild. 20, 21 u. 22).

Gezeitenströme im Fak el-Asad-Sunde. Der Flutstrom setzt auf die Küstenabhänge an der Westseite des Sundes zu, der Ebbstrom in entgegengesetzter Richtung.

Von Ras Musandam nach Ras Scharita.

Tawachul ist ein abschüssiges, 140 m hohes Inselchen, $1^3/_4$ Sm westnordwestlich von Ras Musandam, mit großer Wassertiefe dicht an seiner Südseite. Von den Fischern wird das Inselchen *Suwaik* genannt. Tawachul ist etwa so groß und ähnlich geformt wie die große Keil-Insel. Gezeitenströme s. Seite 57.

Rak Suwaik ist ein kleines 45 m breites Riff mit nur 2,7 m Wassertiefe und 90 bis 110 m dicht dabei, $^3/_4$ Sm westlich von Tawachul. Vom Riffe peilen die Muschkan-Klippen in Eins mit Ras Machduk (Lochklippe) vor Ras Scharita (Seite 60); ebenso peilt das Westende der Kun-Insel in Eins mit der Kante des runden Hügels bei Kumsar. Hält man das Inselchen Kachal nördlich frei von Tawachul, so bleibt man nördlich frei vom Riffe. Man sieht oft eine Schar kleiner Vögel über dem Riffe.

Djesiret Kun ist eine 180 m hohe abschüssige Insel, die in westlicher Richtung 1 Sm lang ist und in der Mitte eine sattelartige Einsenkung zeigt. Der westliche höhere Gipfel liegt 4 Sm westsüdwestlich von Ras Musandam.

Djesiret Abu Sir ist eine in nördlicher Richtung 6 Kblg lange Insel mit Küstenabhängen auf allen Seiten und liegt vor dem vorspringenden Vorgebirge *Ras Muchalif*. Nahe am Südende der Insel befindet sich ein 120 m hoher spitzer Hügel. Die Insel wird vom Ras Muchalif durch die $^1/_4$ Sm breite Straße *Bab Muchalif* mit 64 m Wassertiefe getrennt. Die Gezeitenströme setzen mit großer Geschwindigkeit durch die Straße und bilden Nehrströme. Etwa in der Mitte des Fahrwassers liegt eine hohe abschüssige Klippe.

Muschkan-Klippen, mehrere einzelne 4,6 m hohe weiße Klippen nahe beieinander, werden durch eine reine 6 Kblg breite Durchfahrt mit 35 bis 45 m Wassertiefe von Djesiret Abu Sir getrennt. 1 Sm nördlich davon hat man 130 m Wassertiefe.

Siehe Brit. Adm.-Krt. Nr. 753 (Tit. IX, Nr. 186)

Von **Ras el-Bab** bis Kumsar bildet die sehr unregelmäßige Küste vorspringende Huken mit mehreren Buchten, in denen die Wassertiefe groß ist. Die größte Bucht liegt südöstlich von Djesiret Kun. Ihre 1 Sm breite Einfahrt liegt zwischen zwei auffällig schmalen vorspringenden Huken aus steilen Abhängen. Auf dem Sandstrande im Innern der nächsten Bucht südlich von Djesiret Kun stehen einige Hütten. Im Hintergrunde erhebt sich der auffällige scharfe 578 m hohe Gipfel *Djebel Maili*, der in südlichen Peilungen nach Osten überzuhängen scheint.

Kumsar ist ein großes Dorf mit 500 Einwohnern in einem dunklen Tale oder Schlucht im Innern der 1 Sm tiefen und $3/4$ Sm breiten Bucht an der Ostseite von Ras Muchalif. Landwärts vom Dorfe erhebt sich ein 600 m hoher Berg mit rundem Gipfel. Die Bewohner treiben Fischfang und besitzen etwa 50 Boote verschiedener Größe. Gesalzene Fische, Haifischflossen und dergleichen bringen sie nach der Insel Kischm an der Nordseite der Einfahrt zum Persischen Golfe, mit der sie viel Verkehr pflegen. Die Bucht ist gegen Nordostwinde ungeschützt, die im Winter oft stark auftreten. Die Wassertiefen nehmen von 65 m in der Einfahrt regelmäßig ab. Fahrzeuge müssen auf 33 bis 37 m Wasser, sandigen Grund, ankern.

Trinkwasser liefert ein tiefer Brunnen in einiger Entfernung von einem Flußbett.

Ras Scharita ist die Nordhuk eines schmalen, $1 1/4$ Sm langen Vorgebirges, das überall abschüssig ist und im höchsten Teile 60 bis 90 m Höhe erreicht. 1 Kblg seewärts von der Huk liegt eine kleine, etwa 12 m hohe Klippe mit senkrechten Seiten und einem querdurchgehenden Loche, die *Ras Machduk* genannt wird (Abbild. 23). Im Umkreise von 1 Sm nördlich von der Klippe hat man 110 bis 130 m und zwischen der Klippe und den Muschkan-Klippen 55 bis 65 m Wassertiefe.

Zwischen Ras Scharita und Ras Muchalif befinden sich drei Buchten mit großen Wassertiefen, die gegen nördliche Winde ungeschützt sind. In der östlichsten bildet ein kleiner Bach einen Boothafen. Dort finden sich einige Hütten und ein Brunnen.

Fortsetzung dieser Küstenbeschreibung s. Seite 95.

Salama wa-Banataha (Keil-Inseln).

Die Keil-Inseln *(The Quoins, Salama wa-Banataha)* bilden eine Gruppe von drei auffälligen Inseln. Die größte davon, *Großer Keil (Great Quoin, Salama)*, 165 m hoch, liegt etwa 7 Sm nördlich von Ras Musandam und ist bei klarem Wetter 27 Sm weit sichtbar. Die 4 Kblg breite keilförmige Insel hat an der Südostseite senkrechte

Siehe Brit. Adm-Krt. Nr. 753, 3452 (Tit. IX, Nr. 186, 187a)

Küstenabhänge und ist nur an der Nordwestseite zugänglich. Eine kleine einzelne Klippe liegt etwa 70 m vor ihrer Nordküste. Von dieser Klippe peilt die höchste Stelle der Kleinen Keil-Insel rw. 140° (mw. SO$^1/_2$S) und der 76 m hohe Gipfel nahe an der Mitte der *Schlucht-Insel* (*Gap Island*), die überall Küstenabhänge hat, rw. 104° (mw. OSO$^3/_4$O) $^3/_4$ Sm. (Abbild. 21 u. 24.)

Kleine Keil-Insel *(Little Quoin)* ist 51 m hoch und auch keilförmig, fällt aber am Gipfel sanfter ab als die Große Keil-Insel. Der höchste breite Abhang befindet sich an der Südseite. Die Insel ist nur an der Nordseite zugänglich, von der sich ein kleiner Steert nach der Schlucht-Insel hin erstreckt.

Wassertiefen betragen dicht bei der Großen Keil-Insel 80 bis 90 m, südlich von der Kleinen Keil-Insel 130 bis 145 m und nehmen nach der Insel Musandam hin zu.

Gezeitenströme setzen bei den Keil-Inseln nordwestwärts und südostwärts, bei Springtide mit mehr als 3 Sm Geschwindigkeit. Segelschiffe sollten nördlich von den Inseln bleiben, da in dieser Gegend der Wind oft abflaut und infolgedessen das Schiff im Gezeitenstrom steuerlos wird. Bei den Inseln Kachal und Tawachul sind die Gezeitenströme am stärksten und bilden Stromkabbelungen, deren Geräusch bei Springtide in stillem Wetter auf einige Entfernung wahrgenommen werden kann. Vgl. auch Seite 57.

Siehe Brit. Adm-Krt. Nr. 753 (Tit. IX, Nr. 186)

Abschnitt III.

Von Ras Muari nach Gwadar.

Mißweisung für 1905,0:

Ras Muari . . . . 1° 20′ O | Gwadar-Vorgebirge . . 1° 10′ O
(jährliche Zunahme etwa 2′)

Vom Flusse Hab, der die Grenze des Britisch-Indischen Reiches bildet, bis nach Ras Malan gehört die Küste zur Provinz Lus Bela, die dem Kelat-Staate tributpflichtig ist. Westlich von Ras Malan gehört die Küste zu Beludschistan und steht bis nach Gwadar unter der Herrschaft des Chans von Kelat. Die Gegend bildet größtenteils eine unbewohnte Wüste. Hügel und steile Küstenabhänge wechseln mit sumpfigen Ebenen ab. Lebensmittel kann man in den Dörfern nur in geringer Menge haben. Das Wasser ist schlecht; auch ist es nur schwierig zu holen.

Sonmijani-Bucht.

Die große Sonmijani-Bucht wird von der Küste zwischen Ras Muari und der Mündung des Flusses Pur begrenzt. Von Ras Muari läuft die Küste 19 Sm weit nordnordostwärts und bildet zahlreiche felsige Huken und kleine Buchten. Dann läuft die Küste nordwestwärts und schließlich westwärts. Dieser Teil der Küste bis an den Fuß des Djebel Hara ist sandig und zeigt einige mit niedrigem Buschwerk bewachsene Sanddünen. Im Hintergrunde zieht sich zwischen dem Pab-Gebirge und dem Djebel Hara eine große 35 Sm breite Ebene hin. Das Pab-Gebirge erreicht mehr als 900 m Höhe, während *Djebel Hara*, eine weniger regelmäßige und stärker gezackte hellfarbene Bergkette, nur 450 m Höhe erreicht. Durch die Ebene fließt der Fluß Pur Ali, der bei Sonmijani mündet. Eine Landstraße führt von Sonmijani durch das Tal des Pur Ali nach Bela, der Hauptstadt der Provinz, 65 Sm nördlich von Sonmijani.

Wassertiefen. Die 20 m-Grenze liegt etwa 3 Sm von der Küste an der Ostseite der Bucht. Bei Sonmijani bleibt sie 9 Sm vom

Siehe Brit. Adm-Krt. Nr. 38 (Tit. IX, Nr. 196)

Lande; von der 20 m-Grenze nehmen die Wassertiefen allmählich
ab auf 7,3 m bei Niedrigwasser dicht bei der Barre von Sonmijani
und 1 Sm von der Küste südöstlich von der Barre. Nach See zu
wachsen die Wassertiefen regelmäßig. Die 40 m-Grenze liegt etwa
5 Sm außerhalb der 20 m-Grenze.

Ras Muari, ein allmählich abfallendes breites Kap, bildet
den Ausläufer der etwa 230 m hohen *Lakki*-Hügelkette, die sich
vom Kap nordostwärts erstreckt und landwärts an Höhe abnimmt.
Östlich vom Kap treten die Hügel 5 Sm nordwärts von der Küste
zurück. Die Küste von dort bis zur Manora-Huk bei Karachi ist
niedrig. Die Hügelkette zeigt auf dem Gipfel drei auffällige kleine
Erhöhungen. Ein 140 m hoher Gipfel liegt $^3/_4$ Sm östlich vom Kap.
Eine einzelne Hügelkette zieht sich vom Kap längs der Küste nordwärts zur Mündung des Flusses *Hab*.

Wassertiefen. Die Lotgründe erstrecken sich von Ras Muari
westwärts bis zum 66° O-Lg., also etwa 35 Sm weit. Die 100 m-
Grenze liegt etwa 20 Sm, die 40 m-Grenze etwa 9 Sm vom Kap.
Nach Südwesten hin sind die Lotgründe breiter, die 100 m-Grenze
liegt 40 Sm, die 50 m-Grenze 20 Sm vom Kap. Die 50 m- und
die 40 m-Grenze laufen parallel mit der Küste. Die 20 m-Grenze
bleibt etwa 4 Sm von der Küste nahe bei der Manora-Huk; sie
liegt aber ganz nahe an der Kante des seichten Wassers westlich
von der Huk und umläuft das Kap Muari in geringem Abstande.
Der Grund ist allenthalben weich, außer innerhalb der 40 m-Grenze
südwestlich vom Kap und innerhalb der 20 m-Grenze östlich vom
Kap. Der Westseite des Kaps Muari kann man sich auf 3 Sm
nähern. Ein Steert mit 3,7 bis 7 m Wassertiefe erstreckt sich vom
Kap 2 Sm weit südwestwärts; dicht seewärts davon findet man
11 bis 22 m Wassertiefe, felsiger Grund. Südöstlich vom Kap hat
man 1 Kblg von den Klippen 25 m Wassertiefe. Von Ras Muari
bis 4 Sm östlich davon treten die Hügel nahe an die Küste. Die
Wassertiefen sind dort noch nahe am Lande groß. Dann wird die
Küste auf einer 5 Sm langen Strecke niedrig und felsig. Weiter
östlich folgt eine seichte Bucht.

Schurna *(Churna)* ist eine unter Wasser steil abfallende Insel
mit ganz abschüssigen hellfarbigen Hügeln, 4 Sm nordwestlich von
Ras Muari, der man sich sicher nähern kann. Von Süden aus
sieht man einen 177 m hohen Hügel. Von Westen aus sieht man
den Hügel mit flachem Gipfel und nach Nordwesten und Südosten
hin abfallend. Die 6 Kblg breite Insel ist kahl und wasserarm.
Menschen leben dort nicht. Man ankert auf 9 m Wasser, Grund
Sand, 2 Kblg vom Lande, von wo man den hohen Teil der Insel
südwestlich peilt. Die Durchfahrt zwischen der Insel und dem
Festlande hat 9 bis 23 m Wassertiefe, felsigen Grund, und ist rein.

Siehe Brit. Adm-Krt. Nr. 38 (Tit. IX, Nr. 196)

Südwestlich von der Insel verlaufen die Wassertiefen 6 Sm weit unregelmäßig, der Grund ist felsig.

Von Ras Muari nach der Mündung des Hab-Flusses. Dicht nördlich vom Kap Muari bildet die Küste eine kleine Bucht mit Sandstrand vor dem Tale zwischen den Lakki-Hügeln und der 170 m hohen einzelnen Hügelgruppe am Südufer des Hab-Flusses, die an der Seeseite steile Abhänge hat. Die Bucht ist seicht, doch kann man im Notfalle auf $1/_3$ Sm an die Huken an der Nordseite und an der Südseite hinanlaufen, wo man 7,3 m Wassertiefe findet. Einige Fischer halten sich dort in der guten Jahreszeit auf.

Hab-Fluß bildet die Westgrenze von Britisch-Indien. Er entspringt auf dem Gebirge nördlich vom Pab-Gebirge und mündet nach einem Laufe von mehr als 150 Sm etwa 4 Sm nordnordöstlich von Ras Muari in die Bucht von Sonmijani. Mehrere Sm oberhalb der Mündung findet man nur nach Regengüssen süßes Wasser. Die felsigen Hügel an der Südseite des Flusses enden etwa 1 Sm oberhalb der Mündung. Im übrigen dehnen sich an beiden Ufern des Flusses Ebenen aus, die als Tal des Hab bezeichnet werden. Die Nordseite der Mündung ist niedrig. Ein Sandsteert erstreckt sich von der Nordseite fast quer über die Mündung. Ein kleiner einzelner felsiger Hügel findet sich am Nordufer eine kurze Strecke oberhalb der Mündung. Bei Niedrigwasser liegt die Mündung fast trocken. Bei Hochwasser beträgt die Wassertiefe 2,7 bis 3,0 m. Brandung steht meist quer über die Einfahrt. Das äußere Fahrwasser ändert häufiger, kann aber von Schiffsbooten leicht befahren werden. Die Gezeitenströme reichen nur bis etwa 2 Sm oberhalb der Mündung.

Vom Hab-Fluß nach Schir Schurna. Vom Nordufer des Hab läuft die niedrige Küste fast geradlinig $3^1/_2$ Sm weit nordwärts nach einer Huk, dann bildet sie eine 5 Sm breite Bucht, an deren Nordende der einzelne felsige viereckige, 30 m hohe *Schir Schurna (Chir Churna)*-Hügel liegt, der mit dem Festlande durch eine niedrige sandige Landenge in Verbindung steht.

$1^1/_2$ Sm nördlich von der niedrigen Huk an der Südseite dieser Bucht liegt eine 5,5 m-Stelle; $1^1/_2$ Sm nördlich davon befindet sich eine blinde Klippe etwa 2 Sm südsüdwestlich von Schir Schurna. Die Wassertiefe um diese Untiefen herum beträgt 7 bis 11 m. $3/_4$ Sm nordwestlich von Schir Schurna liegt ein niedriges felsiges Inselchen. Dicht dabei findet man 13 m Wassertiefe. Zwischen dem Inselchen und dem Lande beträgt die Wassertiefe 9 m. Die 20 m-Grenze bleibt etwa 2 Sm seewärts von diesen Klippen.

Von Schir Schurna nach Sonmijani. Nördlich von Schir Schurna findet man drei kleine Buchten, die durch hohe felsige Huken voneinander getrennt werden. Hinter der südlichsten Bucht

Siehe Brit. Adm-Krt. Nr. 38 (Tit. IX, Nr. 196)

liegen Lagunen. Die Einfahrt zu einer Lagune befindet sich dicht östlich von Schir Schurna. Landwärts von diesen Lagunen steigt das Land jäh an nach dem Pab-Gebirge, das eben südlich von diesem Küstenstriche endet. Bei der nördlichsten Huk biegt die Küste nordwestwärts und läuft fast geradlinig 15 Sm weit nach dem Sonmijani-Kriek und besteht aus Sanddünen, die stellenweise mit Gras und kleinen Büschen bewachsen sind. Die Hügel treten von der Küste zurück.

Ansteuerung von Sonmijani. Die Stadt Sonmijani ist von See aus schlecht auszumachen. Am besten erkennt man die Lage des Kriek an dem Rauschen der Brandung auf der vorspringenden Bank vor dem Kriek. Wenn aber die See schlicht ist, sollte man bei Niedrigwasser außerhalb der 10 m-Grenze bleiben. Bei klarem Wetter ist die Schurna-Insel (Seite 63) eine gute Landmarke. Wenn man vor dem Kriek ist, peilt die Insel rw. 172° (mw. S^3/$_4$O). Bei unsichtigem Wetter sollte man, von Süden kommend, nach Peilungen dieser Insel den Schiffsort festlegen. Fischerboote trifft man gewöhnlich in jener Gegend. Es ist daher Vorsicht geboten.

Ankerplatz von Sonmijani. Europäische Schiffe laufen in den Kriek nicht ein. Die größten, etwa 30 t tragenden Fahrzeuge der Küstenbewohner liegen etwa 1 Sm von der Stadt. Selbst Schiffsboote sollten beim Einlaufen in den Kriek die Hilfe eines Fischers in Anspruch nehmen. Um mit Sonmijani zu verkehren, ankert man 8 Sm von der Stadt auf 9 bis 11 m Wasser außerhalb der Barre.

Gezeiten. Hafenzeit in Sonmijani ist 9^h 0^{min}; der Fluthub beträgt 2,7 m. Die Gezeitenströme sind auf See nur schwach. Der Flutstrom kommt von Westen, biegt aber an der Küste südwärts nach Ras Muari zu.

Einfahrt zum Kriek von Sonmijani ist etwa 2 Sm breit. Das tiefe Fahrwasser, dicht am östlichen Ufer des Krieks, ist nur etwa 1^1/$_2$ Kblg breit. Stellenweise findet man innerhalb der Barre 13 m Wassertiefe, während man auf der Barre nur 2,3 m Wassertiefe bei Niedrigwasser hat. Das Fahrwasser windet sich durch eine große seichte Bank, die fast 2^1/$_2$ Sm lang ist und schwere Brandung hervorruft. Ganz dicht an der Außenkante dieser Bank hat man bei Niedrigwasser 7,3 m Wassertiefe.

Die westliche Einfahrtshuk besteht aus niedrigen kahlen Sanddünen. Auf der Osthuk befinden sich Sanddünen mit kleinen Gras- und Buschstellen. Zwischen der Huk und der Stadt dehnt sich eine große Schlickbank aus, über die nach heftigen Regengüssen der Vindar-Fluß hinwegfließt. Wenn man zwischen den Einfahrthuken ist, kann man die Stadt sehen. Vom Ankerplatz innerhalb der Barre peilt die Stadt nordnordöstlich.

Siehe Brit. Adm-Krt. Nr. 38, 39 (Tit. IX, Nr. 196, 198)

Das Hauptfahrwasser führt in nördlicher Richtung den Fluß hinauf, hält sich 3 Sm von der Stadt, dreht dann 18 Sm westwärts innerhalb der Küstendünen fast bis an das Hara-Gebirge. Es ist nicht vermessen. Bei heftigen Regengüssen mündet der Pur Ali in den Sümpfen hinter der Küste westlich von der Stadt. Das Wasser verläuft aber meist im Erdboden. Das Land an der Westseite der Sonmijani-Lagune ist niedrig und wird teilweise überflutet. Die Fahrzeuge der Eingeborenen benutzen einen Seitenzweig des Hauptfahrwassers, der sie bis auf 1 Sm an die Stadt bringt.

Sonmijani ist der Seehafen der Provinz Beila. Die kleine Stadt mit einigen hundert Lehmhäusern steht am Lande an der Ostseite einer großen Lagune, in die zahlreiche große Krieke münden. Die Stadt hat an Bedeutung verloren, ihr früherer Handel mit dem Inlande geht jetzt über Karachi. Der geringe Handel geht jetzt durch die Hände weniger indischer Kaufleute. Trinkwasser ist schlecht. Lebensmittel sind kaum zu haben.

Von Sonmijani nach dem Hara-Gebirge. Westlich von der Einfahrt nach Sonmijani ist die Küste niedrig und besteht aus Sanddünen, die spärlich mit Gras bewachsen sind. Hinter der Küste ziehen sich bis an das Hara-Gebirge Sümpfe und Krieke. Die Wassertiefen vor der Küste sind regelmäßig. Mit dem Lote kann man sich der Küste bis auf 11 bis 13 m Wassertiefe nähern. Die 5 m-Grenze bleibt 1 bis 2 Sm vom Lande.

Pur-Kriek mündet etwa 10 Sm östlich von Ras Kuschar. Der kleine Salzwasserkriek nimmt das Regenwasser in dem Tale zwischen den Gebirgszügen des Hara-Gebirges auf.

Von Ras Kuschar nach Ras Malan.

Von See aus sieht man zwischen dem Hara-Gebirge und Ras Malan eine Reihe zackiger Berge, meist von heller Farbe, mit niedrigeren Gipfeln aus weißem Ton, die von den Eingeborenen *Schur* bezeichnet werden. Der 1070 m hohe *Djebel Hingladj* ist ein scheunenartiger Berg, 8 Sm von der Küste (Abbild. 25). Westnordwestlich davon liegt der sehr auffällige, 1160 m hohe *Djebel Gorangati* mit scheunenartigem Gipfel, der einem Kastell mit Bastionen gleicht. Die Seiten fallen fast senkrecht ab. Vom Djebel Hingladj erstreckt sich das Hauptgebirge mit unregelmäßigen Umrissen etwa 10 Sm weit landwärts bis nach den niedrigen Hara-Hügeln hin. Vor dem Gebirge liegen niedrigere Hügel. Von weitem sieht man Ras Malan als eine große helle Hochebene mit steilen Abhängen. Dieser Landstrich hat keine ständigen Bewohner.

Siehe Brit. Adm-Krt. Nr. 38 (Tit. IX, Nr. 196)

Wassertiefen zwischen Ras Kuschar und Ras Malan nehmen von der Küste aus regelmäßig auf 32 m in 10 bis 19 Sm Abstand vom Lande zu. Von da bis nach der 200 m-Grenze wachsen sie schnell an. Bei Ras Malan ist die Küstenbank außerhalb der 40 m-Grenze ganz steil. Die 20 m-Grenze liegt etwa 6 Sm vom Lande. Abliegende Untiefen gibt es an diesem Küstenstriche nicht. Nur südlich vom *Djebel Ghurab* liegt eine Bank, auf der in 2 Sm Abstand vom Land 6,4 m Wassertiefe ist über felsigem Grunde. Dicht dabei hat man 11 m Wassertiefe.

Ras Kuschar *(Kuchari)* ist die Südostspitze einer Kette niedriger Küstenabhänge, von denen sich eine einzelne Gruppe niedriger Hügel abzweigt. Ein Brunnen nahe am Strande am Ostende dieser Hügel liefert Frischwasser. Die Küste östlich von Ras Kuschar bildet eine schwach gekrümmte Bucht. Von Sonmijani bis nach den Küstenabhängen von Ras Kuschar ist die Küste niedrig und sandig. 2 Sm landwärts von der Küste an der Bucht östlich von dieser Huk liegen mehrere weiße spitze Hügel, die man *Darja Scham (Darya Cham)* nennt. Der höchste davon ist etwa 90 m hoch. Die Hügel liegen in einer Ebene, die sich hinter den Sanddünen bis zum Fuße des Hara-Gebirges hinzieht.

Ankerplatz findet man auf 7 bis 9 m Wasser etwa $1^3/_4$ Sm vom Lande in der Bucht östlich von Ras Kuschar.

Von Ras Kuschar nach Chor Hingol. Westlich von Ras Kuschar ist die Küste niedrig. $2^1/_2$ Sm westlich von der Huk liegt nahe am Strande der kleine längliche Hügel *Djebel Ghurab*, der von weitem einer Insel gleicht. 4 Sm weiter westlich liegen dicht unter Land einige Klippen, die man *Djesiret Schahardak* nennt. Die 6 bis 9 m hohen Klippen sind etwas höher als die Küste. Boote können an der Innenseite der Klippen landen.

Von diesen Klippen bis zum *Djebel Hab* ist die Küste niedrig. Vom Djebel Hab läuft eine Kette niedriger Hügel bis dicht an die See.

Chor Hingol. Die Einfahrt zu diesem Kriek liegt 1 Sm östlich von Djebel Hab und 9 Sm westlich von Djesiret Schahardak. Boote mit 1,8 m Tiefgang können bei Hochwasser in den Kriek einlaufen. Frischwasser kann man immer in einiger Entfernung von der Küste erhalten. Das Flußbett ist meist ausgetrocknet. Der 140 Sm lange Fluß bringt viel Treibholz mit zur Küste. Die Ebene östlich vom Fluß an der Innenseite der Sanddünen ist nach Regenfällen sumpfig.

Trinkwasser soll ein Brunnen nahe am Meere an der Ostseite vom Djebel Hab liefern.

Ras Malan auf 25° 19′ N-Br. und 65° 13′ O-Lg. ist ein hohes Kap mit steilem, breitem Abhang und ebenem Gipfel. Die Abhänge

Siehe Brit. Adm-Krt. Nr. 38 (Tit. IX, Nr. 196)

erheben sich steil aus dem Wasser. Der höchste Teil des Kaps ist 625 m hoch. Von Ras Malan bis zum Djebel Hab zeigt die niedrige Küste Sanddünen, hinter denen sich unregelmäßige Hügelketten, die man Schur nennt, hinziehen. Weiter landwärts zieht sich ein hoher unregelmäßiger Gebirgszug bis zum Djebel Hingladj hin. Der große Gorangati-Berg liegt nördlich von Ras Malan und 12 Sm von der Küste. Zwischen diesem Berg und dem Djebel Hingladj befindet sich ein Tal.

Ankerplatz bei Ras Malan findet man auf 7,3 m Wassertiefe, 1 Sm vom Lande, wenn man das Kap in rw. 214° (mw. SWzS)-Peilung bringt. Das Kap und die Bucht an seiner Ostseite sind rein. Trinkwasser ist nicht zu haben. In einer kleinen Hütte an der Mündung eines kleinen Krieks lebt ein Telegrapheninspektor.

Von Ras Malan nach Ras Ormara.

Die steilen Küstenabhänge erstrecken sich von Ras Malan 20 Sm weit westwärts und nehmen nach Westen hin an Höhe ab. Dann wird die Küste niedrig und sandig bis zum Ras Ormara. Eine breite Ebene zieht sich von dieser Küste landwärts. Eine Schlucht durchschneidet 7 Sm westlich vom Kap das Hochland *Batt* bei Ras Malan. Die Schlucht läuft ganz durch das Gebirge hin. Ein Salzsee mit einer Sandbarre befindet sich zwischen der Schlucht und dem Meere. Westlich von der Schlucht sind die Berge niedriger. Die Ebene westlich vom Batt-Hochlande erstreckt sich 8 bis 10 Sm weit landwärts bis zum Fuß der *Tallu*-Hügel, deren einzelne Höhenzüge mit der Küste gleichlaufen und sich mit dem Gorangati-Gebirge vereinigen. In dieser Ebene, nördlich von der Osthuk von Ras Ormara, liegt 4 Sm von der Küste der auffällige weiße, 180 m hohe Kegel der *Schandra-Kuppe (Chandra Kup)*.

Wassertiefen. Dieser Küstenstrich ist rein. Die Wassertiefen nehmen nach Land zu allmählich ab. Die 20 m-Grenze liegt etwa 4 Sm von Ras Malan und 3 Sm von Ras Ormara. Seewärts von der 40 m-Grenze nehmen die Wassertiefen schnell zu, bis man mit dem Lot keinen Grund mehr findet.

Ras Ormara ist ein auffälliges, 7½ Sm langes und an der breitesten Stelle 2 Sm breites Vorgebirge, das 6 Sm weit aus der Küstenlinie vorspringt. Das an der höchsten Stelle etwa 430 m hohe Vorgebirge ist etwa in der Mitte seiner Nordseite durch eine sandige, fast 1½ Sm breite Landenge mit der Küste verbunden. Dadurch entstehen auf beiden Seiten große Buchten mit guten Ankerplätzen, doch sind sie in einiger Entfernung vom Land seicht. Das Vorgebirge sieht man von See aus wie eine keilförmige Insel. Der

Siehe Brit. Adm-Krt. Nr. 38 (Tit. IX, Nr. 196)

Gipfel fällt nach Osten und Süden sanft ab und endet auf allen Seiten mit steilen Abhängen. Ras Ormara ist nur schwer zugänglich. In der Mitte der Landenge nördlich vom Dorfe befinden sich hohe Sanddünen, der Strand ist jedoch niedrig. 12 Sm nordöstlich vom Dorfe mündet der seichte Kriek *Chor Gurad,* der nach Regenfällen das Wasser eines Baches zum Meere führt. Der Kriek wird von den Booten der Eingeborenen benutzt. Der *Manidji*-Fluß mündet etwa 4 Sm östlich vom Chor Gurad.

Wassertiefen. Dicht südlich von den steilen Abhängen des Vorgebirges hat man 11 m Wassertiefe. Von der 40 m-Grenze, die 7 Sm davon abbleibt, liegt die Kante der Küstenbank nur 2 Sm ab.

Gezeitenströme treten in der Bucht östlich von Ras Omara nur schwach auf. Der Flutstrom setzt nordwärts und nordostwärts längs der Küste; der Ebbstrom läuft in entgegengesetzter Richtung.

Ankerplatz in der Bucht Demi Sar an der Ostseite der Landenge wird gewöhnlich von den Fahrzeugen, die mit dem Dorf Ormara verkehren, benutzt. Der Grund ist, außer nahe bei den Küstenabhängen, sandig. Vor der Stadt ist die Bucht seicht. Der Ankerplatz liegt auf 6,4 m Wassertiefe 2½ Sm von der Stadt. Das etwa 150 m hohe Ostende der steilen Abhänge peilt vom Ankerplatze rw. 170° (mw. SzO), das Telegraphenamt etwa rw. 260° (mw. WzS). Die Wassertiefen nehmen, wenn man in die Bucht einsteuert, regelmäßig ab. An die breite Osthuk von Ras Ormara kann man auf ½ Sm Abstand hinanlaufen. Der Strand vor der Stadt fällt eine große Strecke weit trocken. Landung ist daher bei Niedrigwasser unbequem. Eine seichte Bank erstreckt sich längs der Nordseite der steilen Abhänge.

Die Bucht Demi Sar ist gegen Ostwinde, die zeitweise in den Monaten Dezember, Januar, Februar stark wehen, ungeschützt. Beim Südwestmonsun tritt gewöhnlich kurze Zeit Ostwind mit Regen ein. Sollte man mit diesem Winde ankommen, so ankere man lieber in der Bucht westlich von Ras Ormara, wenn auch dort der Verkehr mit dem Lande zeitraubend ist. Die Fahrzeuge der Eingeborenen scheinen auch beim Ostwinde dort liegen zu bleiben. Beim Südwestmonsun setzt lange Dünung um die Osthuk von Ras Ormara herum in die Bucht, so daß die Fahrzeuge heftig rollen, und erzeugt Brandung am Strande.

Ankerplatz in der Bucht Padi Sar an der Westseite der Landenge findet man mindestens 3 Sm vom Lande, von wo man das äußerste Ende der steilen Abhänge von Ras Ormara etwa rw. 181° (mw. S) peilt. Die Bucht ist gegen Südwest- und Westwinde ungeschützt. Sie ist seichter als die Bucht an der Ostseite der Landenge und wird selten aufgesucht. Die Einfahrt zur Bucht ist zwischen dem hohen Westende von Ras Ormara und dem Ostende

Siehe Brit. Adm.-Krt. Nr. 38 (Tit. IX, Nr. 196)

der hohen Küstenabhänge des *Ras Sakani* etwa 8 Sm breit. Im Innern der Bucht, die von einer niedrigen sandigen Küste begrenzt wird, befindet sich nahe am Strande, 5 Sm vom Dorfe, ein kleiner felsiger Hügel.

Ormara mit 3000 Einwohnern, meist Fischern, ist ein schmutziges Dorf mit einigen steinernen Häusern und etwa 100 Mattenhütten am Oststrande der Landenge, etwa 1 Sm von den steilen Abhängen des Ras Ormara. Die Bewohner haben neben vielen Fischerbooten nur wenige kleine Küstenfahrzeuge, mit denen sie Küstenhandel mit Maskat, Karachi und anderen indischen Plätzen betreiben. Einige indische Kaufleute wohnen in Ormara. Einige hundert umherziehende Hirten gehören zum Dorfe.

Telegraphenamt befindet sich auf der Landenge etwa 1 Sm westlich vom Dorfe.

Schiffsausrüstung. Trinkwasser, minderwertig und spärlich, liefern Brunnen beim Telegraphenamte. Geflügel und einige Schafe kann man kaufen. Ausgezeichnete Fische liefern die Fischerboote.

Von Ras Ormara nach Djebel Djarrēn.

Westlich von den Tallu-Hügeln, die nördlich von Ras Ormara liegen, ziehen sich die Hügelketten *Kuh Talar* hin. Nach Westen hin kommen die Hügel näher an die Küste. An der Nordseite der Pasni-Bucht tritt die niedere Hügelreihe dicht ans Meer. Die Steppe zwischen Ras Ormara und Djebel Djarrēn weist keine Dörfer auf. Nur in Kalmat befinden sich wenige Hütten.

Ras Bassul. Von Ras Sakani ziehen sich helle, 250 m hohe steile Küstenabhänge mit unregelmäßigen Umrissen, ohne ausgeprägte Gipfel, reichlich 10 Sm weit westwärts nach Ras Bassul. Dahinter ziehen sich die *Kamgar*-Hügel hin. Zwischen diesen und den Tallu-Hügeln befindet sich eine breite Ebene, die Fortsetzung der Ebene nördlich von Ras Ormara. 1 Sm von diesen Küstenabhängen hat man 5,5 m Wassertiefe. Die 20 m-Grenze bleibt 8 Sm davon. Etwa 2 Sm nordwestlich von Ras Bassul befindet sich ein Kriek, der die Wassermassen des *Bassul*-Flusses zum Meere führt. Das Land in der Nähe der Mündung ist sehr niedrig und sumpfig.

Chor Kalmat, etwa in der Mitte zwischen Ras Ormara und Pasni, ist der größte Kriek an der ganzen Küste. Auf der Barre steht bei Niedrigwasser nur 1,2 bis 1,5 m Wasser, während innerhalb der Barre in dem sehr breiten Kriek die Wassertiefe 9 bis 11 m beträgt. Das Einlaufen in den Kriek wird durch Klippen erschwert, die reichlich 1 Sm außerhalb der Barre liegen. Die Gezeiten-

Siehe Brit. Adm-Krt. Nr. 38 (Tit. IX, Nr. 196)

ströme treten in der Einfahrt stark auf. Das Land bis zum Bassul-Flusse ist sehr niedrig. Sümpfe mit Mangroven liegen nahe bei der Einfahrt. In kurzer Entfernung von der Mündung teilt sich der Kriek in mehrere Arme. Nahe bei der Mündung stehen einige Fischerhütten. 3 Sm oberhalb der Mündung befinden sich am Westufer ein alter Turm und einige Dattelpalmen.

Die Bucht zwischen Ras Bassul und Chor Kalmat ist seicht. Die 5 m-Grenze liegt etwa 5 Sm von der sehr niedrigen Küste, die in solchem Abstande kaum sichtbar ist.

Astula *(Astola)*, auf 25° 6′ N-Br. und 63° 50′ O-Lg., ist eine in östlicher Richtung 2 Sm lange und $1/_2$ Sm breite Insel mit tafelförmigem Gipfel und steilen Abhängen auf allen Seiten. Ein etwa 80 m hoher Hügel, der 20 Sm weit sichtbar ist, befindet sich am Westende und ist etwas höher als der Rest der Insel. Die Insel erhebt sich steil aus dem Wasser. Nur an der Nordseite wird durch eine kleine sandige Huk etwa in ihrer Mitte und durch einen Sandsteert bei der Nordwestecke ein kleiner Boothafen gebildet. Riffe finden sich vor beiden Enden. Einige einzelne sichtbare Klippen liegen vor der Südküste, aber weniger als 2 Kblg von den Küstenabhängen. Die kahle, wasserarme Insel wird von Fischern aus Maskat aufgesucht, die dort Fische und viele Schildkröten fangen.

Untiefen nördlich von Astula. Drei etwa 7 Kblg lange Bänke liegen nördlich von Astula. Zwei davon mit 2,7 m Wassertiefe liegen nahe beieinander; ihre Außenkante befindet sich $1\frac{1}{2}$ Sm von der Insel. Dicht nördlich davon hat man 9 m Wassertiefe, während zwischen den Untiefen und der Insel nur 5,5 bis 7,3 m Wassertiefe ist. Die dritte Bank mit 4,5 m Wasser liegt $1^7/_8$ Sm nordöstlich vom östlichen breiten Abhang. Sie fällt unter Wasser steil ab. Ein Paß führt zwischen diesen Untiefen und der Insel Astula nicht hindurch.

Durchfahrt zwischen Astula und dem Festlande. Die Küste nördlich von Astula ist sehr niedrig. Ein 4 Sm breiter Streifen seichtes Wasser zieht sich längs der Küste. Zwischen diesem Streifen und den Untiefen nördlich von der Insel führt ein 7 Sm breites Fahrwasser mit 9 bis 15 m Wassertiefe, Grund Sand, Felsen und Muscheln, hindurch. Man bleibe von der Insel mindestens 4 bis 5 Sm ab, damit man die erwähnten Untiefen meidet, auf denen schon Schiffe festgekommen sind, die zu nahe an der Insel entlang steuerten. Bei Nacht darf man nur unter günstigen Umständen die Durchfahrt mit großer Vorsicht benutzen.

Segel-Klippe *(Sail Rock)*, 7 Kblg vor der Mitte der Südseite der Insel Astula, ist eine kleine, einem Boote unter Segel ähnliche, 6 m hohe Klippe, die unter Wasser steil abfällt. Zwischen der Segel-Klippe und der Insel Astula sollte man nicht hindurchlaufen.

Siehe Brit. Adm.-Krt. Nr. 38 (Tit. IX, Nr. 196)

Webb-Riff. Eine 1 Sm breite felsige Stelle, auf der vielleicht nur 5,5 m Wasser ist, liegt 4³/₄ Sm südsüdöstlich von der Osthuk der Insel Astula. Im Südwestmonsun steht auf dem Riffe schwere Brandung. Die Durchfahrt zwischen dem Riff und der Segelklippe ist anscheinend rein. Der Grund ist aber uneben; stellenweise soll die Wassertiefe nur 9 m betragen, felsiger Grund. Die 40 m-Grenze bleibt nur ³/₄ Sm von der Südseite des Riffs ab. Nachts muß man daher in jener Gegend sehr vorsichtig sein und vom Riffe weit abbleiben.

Djebel Djarrēn *(Zarrain)* ist ein auffälliger Hügel am Südwestende einer Bucht, in deren Innern das Dorf *Pasni* liegt. Der etwa 120 m hohe, braune Hügel sieht, besonders von Osten oder Westen gesehen, einem Schuppen ähnlich. In nördlichen Peilungen sieht man ihn als einen langen Höhenzug mit einem Einschnitt und abfallenden Enden. Von weitem glaubt man eine Insel vor sich zu haben, da das Land in der Umgebung niedrig ist. Djebel Djarrēn erhebt sich steil aus dem Wasser. Man kann auf etwa 1 Sm hinanlaufen, wo man 9 m Wasser hat. Die 20 m-Grenze bleibt 7 Sm, die 40 m-Grenze 10 Sm südlich von Djebel Djarrēn. Weiter südlich nehmen die Wassertiefen nach der Kante der Küstenbank hin schnell zu. In der *Pasni*-Bucht sind die Wassertiefen überall geringer als 13 m.

An der Ostseite von Djebel Djarrēn befindet sich eine kleine Bucht, die im Nordosten durch die niedrige Huk *Ras Djeddi (Jaddi)* begrenzt wird. Eine Anzahl sonderbar geformter Kreidehügel von etwa 45 m Höhe erheben sich etwa 1¹/₂ Kblg vom Strande. Von Ras Djeddi erstreckt sich ein felsiger Steert ¹/₂ Sm weit seewärts, an dessen Kante 7,3 m Wassertiefe ist. Diesen Steert hat man zu meiden.

Pasni ist ein Dorf aus Mattenhütten auf der niedrigen Küste nordwestlich von Ras Djeddi. Dort befindet sich ein kleines Fort aus Erde und Stein. Die Ortsbewohner treiben hauptsächlich Fischerei. Einige große Boote dienen auch dem Verkehr mit Gwadar und Karachi. In Pasni und dem angrenzenden Bezirk leben etwa 500 Menschen. In der Umgegend gibt es keinen Pflanzenwuchs, nur einige Dattelpalmen befinden sich südlich vom Dorfe. Südwestlich vom Dorfe liegen hohe weiße Sanddünen, nördlich davon sieht man eine Anzahl Hügel, die die Eingeborenen mit dem Namen Schur belegen.

Ein altes geschlossenes Telegraphenamt ist in Pasni. Die Gebäude liegen nordwestlich von der Stadt.

Wassertiefen zwischen Pasni und der Insel Astula schwanken zwischen 9 und 16 m. Nahe am Lande ist das Wasser seicht bis nach Chor Kalmat. Die 5 m-Grenze liegt 2 bis 3 Sm vom Lande. Die 200 m-Grenze bleibt etwa 16 Sm südlich von Djebel Djarrēn.

Siehe Brit. Adm-Krt. Nr. 38 (Tit. IX, Nr. 196)

Ankerplatz auf 6,4 m Wasser, Grund Sand, findet man etwa 1½ Sm vom Lande, von wo man das Dorf etwa rw. 271° (mw. West) und Ras Djeddi rw. 192° (mw. SzW) peilt. Man ankert auch weiter draußen auf 7,3 m Wasser. In den Monaten nach dem April steht dort beträchtliche Brandung, so daß eine Landung schwierig ist.

Schiffsausrüstung. Fische sind zu haben, gelegentlich auch einige Schafe und Geflügel. Trinkwasser ist nicht gut.

Schaddi Chor ist ein Fluß, der sich durch die Hügel nördlich von Pasni hindurchwindet und in einen großen seichten Kriek mit sumpfigen Ufern nördlich vom Dorfe endet. Die Mündung des Krieks befindet sich 2 Sm nordöstlich vom Dorfe, wo sich eine kleine vorspringende Huk befindet. Trockne Bänke erstrecken sich 6 Kblg vom Lande. Boote können in den Kriek nur bei Hochwasser einlaufen.

8 Sm nordöstlich von Schaddi Chor befindet sich ein kleiner Boothafen. Nördlich vom Fluß ist das Land etwa 2 Sm weit niedrig und sumpfig. Dann folgt eine Kette niedriger Hügel (Schur), die teilweise dicht an die Küste treten. 22 Sm von Pasni treten diese Hügel von der Küste zurück. Von dort bis Chor Kalmat ist die Küste sandig. An diesem Küstenstrich münden ein Paar kleine Wasserläufe, der östliche größere davon wird *Rumra* genannt. Das Inland bis zum Kedj-Tale ist wenig bekannt und soll eine hüglige Wüste sein.

Von Djebel Djarrēn nach Gwadar.

An die Talar-Hügel schließt sich ein Gebirge an, das in 8 bis 10 Sm Abstand längs der Küste läuft. Der östliche Teil heißt *Schakuli Kuh (Chakuli Kuh)*, der westliche *Kuh Daram*. Auf dem Kamm von Kuh Daram befindet sich der kleine scheunenähnliche, etwa 975 m hohe Hügel *Much (Mukh)*, der von See aus gut sichtbar ist. Niedrigere Hügel aus Ton liegen vor dem Gebirge, teilweise nahe am Wasser.

Die Küste ist anscheinend unfruchtbar, eine kurze Strecke landwärts ist sie stellenweise fruchtbar und bringt Getreide und Baumwolle hervor. Zwischen Pasni und der Grenze des Gwadar-Bezirks, die etwa 7 Sm östlich vom Djebel Mahdi liegt, befindet sich der Kolantsch-Bezirk, der sich 20 bis 30 Sm weit landwärts erstreckt und etwa 2000 Einwohner hat. Kapar ist das einzige Dorf an diesem Küstenstrich.

Wassertiefen verlaufen regelmäßig. Bei Djebel Djarrēn liegt die 20 m-Grenze etwa 7 Sm vom Lande, weiter westlich tritt sie auf 5 Sm an die Küste hinan. Die Kante der Küstenbank, die außerhalb der 40 m-Grenze fast steil ist und etwa 16 Sm von der Küste

Siehe Brit. Adm-Krt. Nr. 38 (Tit. IX, Nr. 196)

bleibt, liegt nur 7 Sm von der Gwadar-Huk. Der Grund besteht außerhalb der 10 m-Grenze aus Schlick. Felsige Stellen findet man bis auf 22 m Wassertiefe.

Ras Schahid Bender *(Ras Schamal Bender)* ist ein Kap, das durch das Ostende eines langen zackigen Höhenzugs aus weißen, sehr abschüssigen Hügeln aus Tonerde gebildet wird. An der Innenseite ist das Land niedrig. Der Höhenzug ist 19 Sm lang und 120 bis 150 m hoch. Die Küste von Djebel Djarrēn bis zum Kap ist niedrig. Das Kap ist das erste hohe Land nahe am Wasser westlich von Djarrēn, weshalb es leicht auszumachen ist. Man sieht es als einen breiten Abhang. Man darf sich dem Kap nur bis auf 11 m Wassertiefe nähern, da sich ein Riff aus Klippen 1 Sm weit vom Lande erstreckt, in dessen Nähe die Wassertiefen rasch abnehmen. Die nahe am Lande seichte Bucht östlich vom Kap wird von Fischerbooten und kleinen Fahrzeugen aufgesucht, die dort Schutz gegen Westwinde finden.

Ras Schahid, das südlichste Ende der steilen Abhänge, liegt etwa 5 Sm westlich von Ras Schahid Bender. Die Huk ist frei von abliegenden Untiefen. Die 10 m-Grenze bleibt 1 Sm vom Lande.

Ras Kapar kann man an einem teilweise alleinliegenden, etwa 240 m hohen Hügel mit tafelförmigem Gipfel und breiten steilen Enden ausmachen. Die Huk liegt am Westende der Hügel, die sich von Ras Schahid Bender längs der Küste erstrecken. Die Huk springt nur wenig aus der Küstenlinie vor. 3 Kblg vom Lande hat man 5 m Wassertiefe. Von Ras Schamal Bender laufen die steilen Abhänge ununterbrochen westwärts. Nur 4 und 7 Sm östlich von Ras Kapar befinden sich drei Einschnitte. Durch den einen ergießt sich der Sawur-Fluß, der einen großen Salzwasserkriek bildet, ins Meer. Nur stellenweise findet sich bei Niedrigwasser zwischen den beiden Huken Strand. Nahe bei Ras Kapar liegt dicht am Wasser das kleine Dorf *Kapar*, das einzige zwischen Pasni und Gwadar.

Kuh Dimak ist ein kleiner Hügel, 6 Sm westlich von Ras Kapar. Der Hügel liegt etwas landwärts, ist dunkler als die Hügel in der Nähe und hat einige kleine Erhebungen auf seinem Gipfel.

Chor Barambab ist ein kleiner Kriek, 9 Sm westlich von Ras Kapar, und bildet die Ostgrenze des Gwadar-Gebiets.

Sar *(Djebel Sar)*, 15 Sm westlich von Ras Kapar, ist ein kleiner keilförmiger, weißer, 170 m hoher Hügel aus Ton mit senkrechtem Abhang an der Ostseite und bildet die Nordosthuk der Gwadar-Bucht. Djebel Sar hängt mit dem Festlande durch eine niedrige sandige Landenge zusammen. Nördlich davon schneidet eine seichte Bucht mehr als 1 Sm tief ins Land ein. Von da läuft

Siehe Brit. Adm-Krt. Nr. 38 (Tit. IX, Nr. 196)

die Küste fast geradlinig nach Ras Kapar. Diese Küste ist sandig und zeigt kleine Hügel.

Abliegende Untiefen weist die Küste zwischen Ras Kapar und Sar nicht auf. Man kann sich daher auf 1 Sm der Küste nähern. Doch findet man dicht innerhalb dieser Grenze 9 bis 11 m Wassertiefe. Man tut gut, auf 18 bis 27 m Wassertiefe entlang der Küste zu laufen, wenn man Gwadar anlaufen will. Selbst bei dunstiger Luft wird man dann Gwadar nicht verfehlen. Will man weiter westwärts laufen, so halte man sich auf der 40 m-Grenze, da man dann besser von Gwadar Head frei bleibt.

Gwadar.

Gwadar Head ist ein 7 Sm in östlicher Richtung langes und 1 Sm breites felsiges Hochland, das mit dem Festlande durch eine niedrige sandige, 4 Kblg breite Landenge zusammenhängt. Der höchste Punkt des Kaps, ein breiter Abhang, ist 146 m hoch und 27 Sm weit sichtbar. Er liegt dicht südwestlich von der Stadt. Von Osten aus glaubt man eine Insel mit hohen weißen, gut sichtbaren steilen Abhängen zu sehen; von Westen und Süden aus ist das Land viel dunkler und hebt sich weniger gut vom Hinterlande ab. *Ras Nuch,* die Osthuk des Kaps, ist ein 85 m hoher breiter Abhang, auf dem nahe an der Kante ein einzelner Baum steht. (Abbild. 26.) *Ras Kamiti,* die Westhuk, ist ein 22 m hoher steiler Abhang. Die Küste nördlich von Ras Nuch bildet die Gwadar-Bucht und ist niedrig und sandig.

Bender Hairan, $^3/_4$ Sm südwestlich von Ras Nuch, ist eine kleine Bucht mit niedrigen Küstenabhängen und Sandstrand, die von Fischerbooten besucht wird.

Gebirge. An der Nordseite der Ostbucht erheben sich die weißen Hügel aus Ton des *Djebel Mahdi,* der sehr auffällige Umrisse hat. (Abbild. 27). Djebel Mahdi ist ein abschüssiger Höhenzug mit senkrechten Abhängen an der Südseite und erhebt sich jäh aus der Ebene. Die Mitte des 4 Sm in östlicher Richtung langen Djebel Mahdi liegt nördlich von Ras Nuch. Eine 2 Sm breite niedrige Einsenkung befindet sich zwischen diesen Hügeln und der Huk Sar. Den höchsten Punkt bildet ein 419 m hoher zuckerhutförmiger Gipfel am Ostende. Westlich davon befindet sich der *Kathedral*-Felsen, ein 415 m hoher Gipfel mit eigentümlichen Zacken. Von Osten aus erscheinen der 36 Sm weit sichtbare Höhenzug sowie die Sar-Huk und Gwadar Head wie Inseln.

Kuh Daram nimmt westlich vom Djebel Mahdi an Höhe ab und endet in dem 472 m hohen *Garr*-Hügel, der aus zwei großen senkrechten stufenförmigen Abhängen besteht. Der Garr-Hügel liegt

Siehe Brit. Adm-Krt. Nr. 38 (Tit. IX, Nr. 196)

18 Sm nordwestlich von Gwadar und bildet eine gute Landmarke. Vor Kuh Daram zieht sich eine große Ebene hin, in der der Nigor-Bezirk mit einzelnen Dörfchen und bebauten Feldern liegt. Hinter dem Daram-Gebirge liegen die 994 m hohen Gipfel des *Kuh Saidji*, die einem in 20 Sm Abstand von der Küste sich in westlicher Richtung hinziehenden Gebirge angehören.

Ansteuerung von Gwadar. Der Much-Gipfel ist in allen Peilungen gut sichtbar. Bei klarem Wetter kann man Gwadar Head leicht ausmachen. Bei dunstiger Luft halte man sich in der Nähe von Gwadar auf 22 bis 27 m Wassertiefe. Man bleibt so 2 Sm frei von Gwadar Head, welches Kap man an seinen Umrissen und dem einzelnen Baum auf Ras Nuch (Abbild. 26) erkennen kann. Wenn man von Süden aus auf die Küste zusteuert, muß man mit Stromversetzungen rechnen. Von September bis April setzt der Strom mit 1 bis $1^1/_2$ Sm Geschwindigkeit in beiden Richtungen längs der Küste. Beim Südwestmonsun setzt der Strom stets ostwärts, ist aber kaum bemerkbar.

Bei Nacht muß man vor allem guten Ausguck nach Fischerbooten und Netzen halten. Zeigt man ein Flackerfeuer, so wird vom Telegraphenamte eine Laterne am Flaggenmaste aufgehißt.

Bei dichtem Nebel sollten Fremde auf See warten, bis der Nebel sich vor Mittag verzogen hat.

Wassertiefen verlaufen südlich von Gwadar Head außerhalb der 20 m-Grenze, die 1 Sm vom Lande liegt, regelmäßig. Nur bei Ras Nuch nehmen sie schnell nach der 40 m-Grenze, die 2 Sm von dieser Huk liegt, ab, während die 20 m-Grenze 6 Sm von der Westhuk von Gwadar Head abbleibt. Die Kante der Küstenbank liegt etwa 8 Sm von Gwadar Head. Innerhalb der 20 m-Grenze ist der Grund stellenweise hart, außerhalb derselben besteht er aus Schlick.

Demi Sar *(Ostbucht, East Bay)*, an der Ostseite der sandigen Landenge, ist eine seichte Bucht. Eine 2 Sm breite Bank mit 3,7 m Wassertiefe erstreckt sich längs der Küste bei der Stadt. Bei der Sar-Huk und vor dem Djebel Mahdi liegt die 5- und die 10 m-Grenze näher am Lande.

Riff vor Ras Nuch. Ein keilförmiges Riff erstreckt sich von Ras Nuch 9 Kblg südwärts. Dicht außerhalb des Riffs beträgt die Wassertiefe 18 m; auf dem Ende des Riffs beträgt sie 7,3 m. Nach dem Lande hin nimmt die Wassertiefe ab. Hält man den Mahdi-Hügel vollständig frei von dem breiten Abhang, so bleibt man östlich frei vom Riffe. Man bleibt ebenfalls frei vom Riffe, wenn man sich auf mindestens 22 m Wassertiefe hält, bis Ras Nuch rw. 349° (mw. NzW) peilt. Gewöhnlich ist das Riff an Stromkabbelung kenntlich. Beim Südwestmonsun steht darauf Brandung.

Siehe Brit. Adm-Krt. Nr. 38 (Tit. IX, Nr. 196)

Einsteuerung in die Ostbucht.
3 Kblg östlich von Ras Nuch hat man 11 m Wassertiefe. Man darf deshalb nach Umsteuerung des Riffs in etwa $1/2$ Sm Abstand an Ras Nuch vorbeilaufen. Die Wassertiefen in der Einfahrt nördlich von Ras Nuch betragen 9 bis 11 m, weiter innerhalb der Bucht nehmen die Wassertiefen nach dem Lande hin regelmäßig ab, Grund Sand. Etwa halbwegs zwischen Ras Nuch und der Stadt wird durch eine vorspringende Huk mit steilem Abhang ein Boothafen gebildet, in dem die Fahrzeuge der Eingeborenen auflegen oder Boote Schutz suchen.

Gezeiten. Hafenzeit ist etwa 9^h 30^{min}; Springhochwasserhöhe beträgt 2,4 bis 2,7 m. Die Gezeitenströme sind kaum fühlbar. Der Flutstrom setzt ostwärts.

Telegraphenkabel. In Gwadar ist ein Telegraphenamt, das Telegramme aus allen Weltteilen annimmt. Der Flaggenstock des Telegraphenamts befindet sich auf 25° 7,3′ N-Br. und 62° 19,2′ O-Lg. Das Amt, ein großer Häuserblock, liegt nördlich von der Stadt. Einige Bäume stehen in der Nähe des Amts. Um das Telegraphenkabel zu meiden, halte man die ganze Stadt in Eins mit dem westlichen hohen breiten Abhang von Gwadar Head, oder den Flaggenmast des britischen Residentengebäudes in rw. 271° (mw. West)- Peilung oder auch in südlicheren Peilungen.

Ankerplatz in der Ostbucht.
Wenn man Ras Nuch hinter sich hat, laufe man weit genug nordwärts und bringe das Telegraphenamt in rw. 260° (mw. WzS)- bis rw. 248° (mw. WSW)- Peilung. Eine gute Einsteuerungsmarke ist: Flaggenstock an der Kante des kleinen Kabelhauses. Man ankert so nahe an der Stadt wie der Tiefgang des Schiffs gestattet, einesteils um möglichst bequem mit der Stadt verkehren zu können, andernteils um schlichteres Wasser zu haben. Die Bucht bietet guten Schutz gegen Südwestwinde. Doch rollen die Schiffe in der langen niedrigen Dünung, die beim Monsun um Ras Nuch herumläuft, heftig. Bei Ostwinden kann man oft schwer mit der Stadt verkehren. Die Ostwinde treten jedoch selten so stark auf, daß die Schiffe auf ihren Liegeplätzen gefährdet werden. Für Dampfer empfiehlt es sich, bei Ostwinden die Westbucht aufzusuchen.

Padi Sar
(Westbucht, West Bay), zwischen Ras Kamiti, der Westhuk von Gwadar Head und Ras Pischkan, ist eine große, kreisförmige, in der Einfahrt etwa 8 Sm breite Bucht, die im Osten durch die Gwadar-Landenge begrenzt wird. Die Küste an der Nord- und Nordwestseite der Bucht ist niedrig bis nach *Kuh Tuschdan (Tuzhdan)*, einer niedrigen Hügelkette an der Küste nördlich von Pischkan. Eine gute Landmarke ist der 472 m hohe Garr-Hügel, nördlich von

Siehe Brit. Adm-Krt. Nr. 38 (Tit. IX, Nr. 196)

der Mitte der Bucht. *Chor Ankara* ist ein kleiner Kriek im Innern der Bucht, 12 Sm nordwestlich von Gwadar. Das Land in der Nähe ist Marschland.

Ras Pischkan ist eine schmale felsige, etwa 6 m hohe Huk mit niedrigen steilen Abhängen. Ein felsiger Steert, auf dem Brandung steht, läuft von der Huk $3^1/_2$ Kblg ostsüdostwärts. Die Küste an der Westseite der Gwadar-Bucht läuft von der Huk nordnordwestwärts und bildet drei kleine, durch zwei breite felsige Huken getrennte Buchten. Die Araber haben in der Nähe ein Fort angelegt.

Wassertiefen in der Westbucht. Die 20 m-Grenze liegt 2 Sm außerhalb Ras Kamiti und Ras Pischkan. Die Bucht ist rein, zwischen den Einfahrthuken hat man 15 m Wassertiefe, nach dem Lande hin nimmt die Wassertiefe ab. Von Ras Kamiti erstreckt sich seichtes Wasser $^1/_2$ Sm südwestwärts. An der Ostseite der Bucht liegt die 5 m-Grenze $2^1/_2$ Sm vom Strande. An der Westseite der Bucht ist das Wasser bis auf 2 Sm vom Strande seicht.

Ankerplatz in der Westbucht. Guten Ankerplatz auf 7,3 m Wasser $2^3/_4$ Sm vom Lande, Grund Sand, findet man, wenn man Ras Kamiti rw. 203° (mw. SSW) und das Telegraphenamt rw. 91° (mw. Ost) peilt. Man kann auch an der Westseite der Bucht auf 7,3 m Wasser ankern, von wo man Ras Pischkan etwa rw. 203° (mw. SSW), 3 Sm ab, peilt.

Gwadar mit 5000 Einwohnern, meist Fischern, ist die wichtigste Stadt an der Küste von Mekran. Sie liegt auf der sandigen Landenge nördlich von Gwadar Head (Seite 75). Die Wohnungen bestehen meist aus Mattenhütten. Nur bei dem viereckigen Fort mit hohem Turm, auf dem die Flagge gesetzt wird, befinden sich Häuser aus Lehm und Stein. Die britische Residenz liegt nördlich vom Telegraphenamte. Ein arabischer Wali hat in Gwadar seinen Sitz und verfügt über eine kleine Truppe arabischer Soldaten. Stadt und Bezirk stehen unter dem Sultan von Maskat. Die Stadt ist sehr schmutzig. Fremde tun gut, auf den Schiffen zu schlafen, da unter den dort ansässigen Europäern häufig Fieber herrscht. Die Bewohner sind meist Baluch-Leute. Einige Araber und indische Kaufleute haben fast den ganzen Handel in Händen und erheben die Zölle. Baluch-Leute, die sich in der Ebene auf kurze Zeit Hütten aufschlagen, vermitteln den Verkehr mit dem Inlande. Die Bewohner verfügen über eine große Anzahl Boote und Dangis, kleine Seeschiffe, von denen viele in Gwadar gebaut werden.

Einfuhr besteht aus Baumwollwaren, Seide, Zucker, Reis, Eisen und Petroleum.

Siehe Brit. Adm-Krt. Nr. 38 (Tit. IX, Nr. 196)

Ausfuhr besteht aus indischer Butter, Wolle, Häuten, gesalzenen Fischen, Datteln, Matten.

Dampferlinien. Indische Postdampfer laufen Gwadar alle 14 Tage an.

Schiffsausrüstung. Schafe, Geflügel, Eier und Gemüse in kleinen Mengen kann man in Gwadar kaufen, ebenso Reis, Butter und sonstige Nahrungsmittel für die Eingeborenen. Kohlen sind nicht zu haben. Gutes Trinkwasser liefern Brunnen. Man kann auch Wasser erhalten, indem man 4 m tiefe Löcher in den Boden gräbt.

Siehe Brit. Adm-Krt. Nr. 38 (Tit. IX, Nr. 196)

Abschnitt IV.

Von Gwadar nach Ras el-Kuh.

Mißweisung für 1905,0:
Djaschk . . . . 0° 55′ O
(jährliche Zunahme etwa 2′)

Zwischen Gwadar und Ras el-Kuh ist das Land zwar kahl, doch nicht so vollständig öde als östlich von Gwadar. Die Landschaft ist gleichartig; die Küste ist stellenweise niedrig, Gebirge liegen landwärts. Viele felsige hohe Huken und Hügel befinden sich aber in der Nähe und auch dicht am Wasser. Einzelne Dörfer und Niederlassungen sind vorhanden, aber keine Stadt von irgendwelcher Bedeutung. Die Bevölkerung ist spärlich, doch findet man dort mehr feste Wohnsitze als östlich von Gwadar. Die Grenze zwischen Persien und Beludschistan läuft etwa von der Mitte der Gwatar-Bucht nordwärts an der Westseite des Hügels Kuh Darabul entlang.

Ras Gunz ist eine breite, helle, etwa 60 m hohe Huk. Sie bildet das Ostende des vorspringenden, etwas hohen Küstenstrichs *Katagar*, des südlichsten Teils der Küste von Gwadar nach Ras el-Kuh. Die Küste bildet zwischen Ras Gunz und Ras Pischkan die große Bucht *Bender Gunz*, deren Westseite aus einer Reihe felsiger Huken mit steilen Abhängen besteht, zwischen denen sich Sandstrand befindet. Die Nordseite bis nach Ras Pischkan ist niedrig. Einige Hügel mit zackigen Gipfeln und Tonfelsen liegen etwas landwärts, und erstrecken sich fast bis zum *Dascht*-Flusse. Nördlich davon liegt das große *Dascht*-Tal.

Ras Gunz ist von Westen aus gut sichtbar, doch ist die Huk von Osten aus nicht leicht auszumachen. Kleine Fahrzeuge finden auf 5,5 bis 7,3 m Wasser, etwa 1 Sm vom Lande, in der Gunz-Bucht Schutz gegen Westwinde.

Nach den Angaben der Eingeborenen soll die *Kaharband*-Bank vor Ras Gunz liegen. Das britische Kriegsschiff »Sphinx« lotete auf 24° 58′ N-Br. und 61° 45′ O-Lg 18, 15 und 11 m Wassertiefe. Wahrscheinlich liegt diese Stelle auf der Bank.

Siehe Brit. Adm-Krt. Nr. 38 (Tit. IX, Nr. 196)

Wassertiefen. Die 20 m-Grenze bleibt etwa 1 Sm von Ras Gunz und läuft mit der Katagar-Küste südwestwärts. Seewärts von der 20 m-Grenze nimmt die Wassertiefe regelmäßig nach der Kante der Lotgründe hin zu, die 12 Sm vom Lande liegt. Innerhalb der 20 m-Grenze ist der Grund sehr uneben.

Gwatar-Bucht.

Die Gwatar-Bucht ist zwischen den Einfahrthuken Ras Djijuni an der Ostseite und Ras Fasta an der Westseite etwa 16 Sm breit. Die Küstenabhänge von Ras Djijuni erstrecken sich etwa $3^1/_2$ Sm weit längs der Ostküste der Bucht, dann wird die Küste sandig. Felsige Hügel liegen nicht weit vom Strande. Die Nordküste an der Bucht ist sehr niedrig und weist viele Krieke und Sümpfe mit Mangroven auf. Die Westküste besteht aus einer Reihe breiter Huken, zwischen denen Sandstrand besteht. Darüber erheben sich tafelförmige Hügel. Die Hügel in der Nähe der Ostküste haben gleichmäßige Umrisse, doch in geringer Entfernung von der Küste haben sie sonderbare Formen. Eine auffällige Säule, eine der höchsten, ist sehr gut sichtbar. *Kuh Darabul*, etwa 9 Sm nördlich von der Mitte der Bucht, ist ein einzelner, etwa 150 m hoher Hügel mit tafelförmigem Gipfel und schrägen Abhängen.

Ras Djijuni *(Jiyuni)*, das Westende des Katagar-Hochlandes, an der Ostseite der Einfahrt zur Gwatar-Bucht, ist ein etwa 30 m hoher steiler Abhang. Zwischen Ras Gunz und Ras Djijuni besteht die Küste aus einer fast zusammenhängenden Reihe steiler Abhänge, vor denen sich stellenweise Sandstrand befindet. 2 Sm östlich von Ras Djijuni springt die etwa 6 m hohe Huk *Ras Garnan* etwa $^1/_2$ Sm aus der Linie der höheren Abhänge vor. Diese Huk ist deshalb der südlichste Punkt der Mekran-Küste.

Ras Fasta, an der Westseite der Einfahrt zur Gwatar-Bucht, ist ein 14 m hoher steiler Abhang. An der Innenseite der Huk befindet sich eine kleine Bucht, die den Landesfahrzeugen Schutz bietet. Von der Huk erstreckt sich ein einzelner Höhenzug 6 Sm weit längs der Küste westnordwestwärts. Dahinter liegt ein großer, 130 m hoher viereckiger felsiger Hügel, dessen Gipfel, der über die niedrigeren Hügel davor wegragt, einem Kastell ähnlich sieht. (Abbild. 28.) Nach dem Dorfe Gwatar hin liegen mehrere breite und spitze Huken, die eben südlich vom Dorfe enden. Hinter den Hügeln zieht sich eine niedrige Ebene weit ins Land hinein.

1 Sm östlich von Ras Fasta befindet sich ein 33 m hohes, 2 Kblg breites Inselchen. Unreiner Grund umgibt das Inselchen 4 Kblg weit. $1^1/_2$ Sm südwestlich von Ras Fasta befindet sich eine einzelne Bank mit 7,3 m Wassertiefe.

Siehe Brit. Adm-Krt. Nr. 38 (Tit. IX, Nr. 196)

Wassertiefen in der Gwatar-Bucht verlaufen regelmäßig. Sie nehmen von 11 m in der Einfahrt auf 5,5 m $1\frac{1}{4}$ Sm von dem niedrigen Lande im Innern ab, Grund Schlick. Die Südseite von Ras Djijuni ist rein. Ein $\frac{1}{2}$ Sm breites Riff zieht sich vor der Küste nördlich von dieser Huk hin, das sich vor dem Dorfe Djijuni auf 8 Kblg verbreitert. Eine Klippe mit 3,7 m Wassertiefe liegt 1,4 Sm rw. 296° (mw. NWzW$^{3}/_{4}$W) von Ras Djijuni. **Dem Lande an der Ostseite der Bucht darf man sich nur mit Vorsicht nähern.** Vor dem Dorfe Gwatar und der Küste an der Westseite hat man $\frac{1}{2}$ Sm vom Lande 5,5 m Wassertiefe. In der *Fasta*-Bucht findet man, wenn man das Inselchen hinter sich hat, 3,7 bis 5,5 m Wassertiefe, Grund Schlick. Mitten vor der Gwatar-Bucht hat ein Dampfer Brandung beobachtet, aber bisher sind dort keine Untiefen gefunden worden.

Gwatar-Flach ist ein auffälliges Flach, das weit aus der Bucht vorspringt und bei Nacht oder unsichtigem Wetter gut zur Bestimmung des Schiffsorts verwendet werden kann. 9 Sm außerhalb der Küstenlinie hat man 18 m Wassertiefe; weiter draußen nimmt die Wassertiefe allmählich auf 27 m in 15 Sm Abstand von der Küstenlinie zu. Von da bis zur Kante der Küstenbank wachsen die Wassertiefen ganz rasch. Der Grund besteht aus weißem Ton, der sehr zäh und mit Sand gemischt ist. Am weitesten springt das Flach vor der Mitte der Bucht vor. Die Wassertiefen auf dem Flach verlaufen unregelmäßig. Nach heftigen Regengüssen ist das Wasser stark entfärbt. Die Flüsse bringen dann viel Treibholz mit.

Gezeiten. Hafenzeit in der Gwatar-Bucht ist 9^h 30^{min}, Springhochwasserhöhe beträgt 2,4 bis 2,7 m.

Djijuni (*Jiyuni*) ist ein Dorf an der Ostseite der Bucht, etwa $2\frac{1}{2}$ Sm nördlich von der Huk Djijuni. Im ziemlich fruchtbaren Dascht-Bezirk, namentlich in dem Teile am Flusse befinden sich viele Dörfer. *Chor Djijuni* ist der östliche Kriek im Innern der Gwatar-Bucht. Nicht weit davor mündet der *Dascht*, der größte Fluß an jener Küste. Der Kriek ist nicht vermessen.

Gwatar ist ein kleines Dorf aus 200 bis 300 Mattenhütten nahe an dem großen Kriek an der Westseite der Gwatar-Bucht, in den zwei Flüsse münden. In dem Kriek liegen die Boote der Fischer. Innerhalb der seichten Barre findet man mehrere Meter Wassertiefe. Die Gezeiten sind noch eine Strecke weit landwärts fühlbar. Nach Regenfällen führt der Fluß mehrere Sm weit flußaufwärts Frischwasser. In beiden Dörfern ist fast nichts zu haben. Der Handel ist sehr gering.

Tschahbar-Bucht.

Von der Gwatar-Bucht nach der Tschahbar-Bucht.
Die Küste westlich von Ras Fasta bis zur Tschahbar-Bucht ist ziemlich leicht auszumachen. Im östlichen Teil sieht man

Siehe Brit. Adm-Krt. Nr. 38 (Tit. IX, Nr. 196)

den steilen *Beris*-Abhang und dahinter eine Kette zackiger Hügel. 18 Sm westnordwestlich von Ras Beris, nahe an der Küste, hat man den 300 m hohen Berg *Sija Kuh,* der an seiner dunklen Farbe kenntlich ist und an der Seeseite steile Abhänge zeigt. Zwischen diesen beiden Höhen liegt 9 Sm von der Küste das mehrere Sm lange, 620 m hohe *Chaki Kuh (Khaki Kuh)*-Gebirge, das an der Südseite steil abfällt. Die Umrisse des Gebirges sind sehr gezackt. Von Westen sieht man einen Gipfel in Eselsohrenform mit einem breiten Abhang östlich daran. Der weiße Ton des Abhangs ist bei Sonnenschein deutlich sichtbar. Nahe an der Ostseite der Tschahbar-Bucht liegt frei von anderen Hügeln ein Hochland mit etwa 300 m hohen steilen Abhängen am Nordende.

Wassertiefen. Zwischen Ras Fasta und der Tschahbar-Bucht nehmen die Wassertiefen nach Land hin regelmäßig ab. Die Küste ist frei von abliegenden Untiefen. Die Breite der Lotgründe nimmt südlich von Chaki Kuh auf 7 Sm ab. Die 20 m-Grenze liegt von dort bis zur Tschahbar-Bucht nur wenig mehr als 1 Sm von der unter Wasser steil abfallenden Küste. Vor Ras Beris bleibt die 20 m-Grenze 3 Sm vom Lande, die Küstenbank verbreitert sich allmählich nach dem Gwatar-Flach hin. Der Grund besteht überall innerhalb der 20 m-Grenze aus Schlick.

Ras Beris *(Bris)* ist das Westende einer 7 Sm langen Reihe senkrechter, ebener, weißer, etwa 60 m hoher Küstenabhänge. Zwischen diesen Abhängen und denen von Ras Fasta befindet sich eine 2 Sm breite Einsenkung mit niedriger Küste, wo der Strand etwas landwärts von der sonst fast geradlinig zwischen beiden Huken verlaufenden hohen Küste zurücktritt. Nördlich von Ras Beris befindet sich eine seichte Bucht, in der das Fischerdorf *Beris* mit wenigen Hütten liegt. Hinter Ras Beris und frei von den Küstenabhängen befinden sich viel höhere weiße Tonhügel mit sehr auffälligen Gipfeln. Die Küste an der Nordseite der *Beris*-Bucht ist niedrig und sandig. (Abbild. 29.)

Kindj-Fluß mündet durch eine Schlucht in den Hügeln an der Küste westlich von Sija Kuh, wo sich einige Dattelpalmen befinden. Westlich davon befinden sich felsige Hügel mit Küstenabhängen bis zur Tschahbar-Huk, nach der hin die Hügel allmählich an Höhe abnehmen. Innerhalb der Hügel an der Küste zieht sich eine große Ebene hin, die sich mit der Ebene nördlich von der Tschahbar-Bucht vereinigt.

Tschahbar-Bucht *(Chahbar)* ist in der Einfahrt $7^1/_4$ Sm breit und schneidet 10 Sm weit in die Küste ein. Das Land auf beiden Seiten bis 4 Sm innerhalb der Einfahrt ist felsig und hat stellenweise steile Abhänge. Die übrige Küste ist niedrig und sumpfig.

Siehe Brit. Adm-Krt. Nr. 38 (Tit. IX, Nr. 196)

Ein Gebirge läuft 8 Sm landwärts mit der Küste parallel und zeigt etwa nördlich von der Mitte der Bucht einen 730 m hohen keilförmigen Gipfel.

Tschahbar-Huk, an der Ostseite der Einfahrt, ist niedrig und felsig und zeigt Sanddünen. Ein felsiger Steert erstreckt sich von der Huk 3 Kblg weit. Die Küste östlich von der Huk besteht aus niedrigen steilen Abhängen, die nach dem Kindj-Flusse hin ansteigen. Auf dem äußersten Ende der Huk befindet sich ein kleines viereckiges Grabmal. Von da läuft die Küste nordostwärts 1 Sm weit und bildet eine kleine Bucht, an der die Stadt *Tschahbar* liegt. Die Südseite dieser Bucht ist seicht und hat bis 1 Sm von der Küste unreinen Grund. Das Land nördlich von der Stadt erhebt sich zu einem hohen Tafellande, das an der Südseite 256 m hoch und stellenweise ganz abschüssig ist. Nahe am Wasser ziehen sich steile Abhänge hin von $1^1/_2$ Sm nördlich von der Stadt bis zur *Tis*-Huk, einem hellen, senkrechten, 46 m hohen Abhang. Nordöstlich von der Huk treten die Abhänge von der Küste zurück und bilden die Südseite eines großen Tales. Die Hügel an der Nordseite sind höher. Von der Tis-Huk an ist die Küste im Innern der Bucht niedrig und sumpfig. 6 Sm von der Tis-Huk mündet der *Chor Namak*, der bei Regenfällen zu einem kleinen Flusse anwächst.

Ras Kuh Lab, an der Westseite der Einfahrt zur Tschahbar-Bucht, besteht aus niedrigen Küstenabhängen. Von der Huk laufen die steilen Abhänge nord- und nordwestwärts und nehmen an Höhe bis auf 82 m, $3^1/_4$ Sm nordwestlich davon, zu. Dann treten die Abhänge von der Küste zurück. Die Küste wird niedrig.

Wassertiefen. In der Einfahrt zur Tschahbar-Bucht hat man 15 m Wassertiefe. Innerhalb der Einfahrt nach der Tis-Huk hin nimmt die Wassertiefe auf 11 m, Grund Schlick, ab. Nördlich von der Huk erstreckt sich ein Riff 3 Sm weit von der Küste in die Bucht hinein, das an seiner Außenkante 3,7 m, an der Innenkante 7,3 m Wassertiefe hat. Das Riff erstreckt sich etwa 5 Sm nordwestwärts. Vor Ras Kuh Lab hat man 5,5 m Wassertiefe 2 Kblg vom Strande, 9 m in 7 Kblg vom Strande. Vor den Küstenabhängen nördlich von der Huk beträgt 1 Sm vom Lande die Wassertiefe 7,3 m; weiter nördlich vor der West- und der Nordküste der Bucht ist seichtes Wasser. Die 5 m-Grenze liegt dort etwa 2 Sm vom Lande.

Ansteuerung von Tschahbar. (Abbild. 30.)

Das Telegraphenamt in Tschahbar ist 8 Sm weit sichtbar. Die Küste auf beiden Seiten der Einfahrt kann man sicher ansteuern, doch ist sie nachts nicht leicht sichtbar. Das gilt namentlich von den beiden niedrigen hellen Einfahrtshuken. Bei der Ansteuerung von Süden muß man sehr häufig loten, da die 40 m-Grenze nur 2 bis 3 Sm von der Küste liegt. Von der Tschahbar-Huk muß man 7 Kblg ab-

Siehe Brit. Adm-Krt. Nr. 38 (Tit. IX, Nr. 196)

bleiben, damit man von dem Steerte vor der Huk freibleibt. Vom Ende des Steerts peilt das Grabmal rw. 101° (mw. OzS).

Gezeiten. Hafenzeit ist etwa $9^h\ 30^{min}$, Springhochwasserhöhe beträgt 2,7 m. Strom ist nicht fühlbar.

Ankerplatz in der Tschahbar-Bucht.

Der Ankerplatz auf 7,3 m Wasser, Grund Sand, liegt nordnordwestlich vom Grabmal auf der Tschahbar-Huk und $1\frac{1}{4}$ Sm vom Lande, von wo man die weiße Kuppel rw. 91° (mw. Ost) bis rw. 102° (mw. OzS) peilt. Die Fahrzeuge der Eingeborenen ankern auf 3,7 m Wasser etwa $\frac{1}{2}$ Sm vom Lande. Bei Nordwestwind findet man guten Ankerplatz an der Westseite der Bucht, 1 Sm vom Lande, auf 7,3 m Wasser nördlich von der Kuh Lab-Huk.

Telegraphenamt, $\frac{1}{2}$ Sm südlich von der Stadt, nimmt Telegramme nach allen Ländern an. Das Telegraphenamt ist ein schönes Gebäude mit flachem Dach. Es ist über das Land hinwegzusehen, wenn man südlich davon steht; es liegt auf 25° 16′ 43″ N-Br. und 60° 37′ 7″ O-Lg.

Landung kann man vor dem Telegraphenamte ausführen, da der Strand sandig und ziemlich steil ist.

Tschahbar ist eine Stadt mit 3000 Einwohnern, meist Fischern. Das Fort im Süden der Stadt ist zerfallen. Dicht südlich von der Stadt liegen Gärten mit zahlreichen Obstbäumen und einigen Dattelpalmen. Nordöstlich von dem verfallenen Fort befindet sich eine Moschee mit weißer Kuppel, die von See aus gut zu sehen ist. Das Klima ist im allgemeinen gesund. Der Südwestmonsun tritt als frischer Südsüdostwind auf. Während dieser Zeit brandet die See an der Küste der Bucht stark, mit Ausnahme bei der Stadt. Schamals treten im Winter ziemlich häufig auf; dagegen findet man an der Westseite der Bucht Schutz. Wegen der Südsüdostwinde ist das Klima von Tschahbar für Europäer geeigneter, als das von Bender Abbas. Dauen vermitteln den Handelsverkehr; Landwege gibt es nicht.

Einfuhr besteht aus Reis, indischer Hirse, Zucker, Baumwollwaren.

Ausfuhr besteht aus indischer Butter, Mungobohnen, Matten, Ziegenfellen, Häuten, Gelatine und Gerste.

Schiffsausrüstung. Gutes Trinkwasser liefern die Brunnen in den Gärten. Schafe und Ochsen, Gemüse, Fische sind zu haben. Kohlen sind nicht zu haben.

Tis. In dem Tale nördlich von der Tis-Huk, etwa 1 Sm von der Küste, befindet sich ein Erdfort mit einigen Hütten, in deren Nähe sich Bäume und bebautes Land befinden. An der Mündung des Tales befindet sich ein kleiner Hügel, auf dem man ein persisches Fort angelegt hat. Davor liegt eine seichte Lagune, in die Fischerboote nur bei Hochwasser einlaufen können.

Siehe Brit. Adm-Krt. Nr. 38 (Tit. IX, Nr. 196)

Von der Tschahbar-Bucht nach Ras Djagin.

Die Küste von Tschahbar nach dem Sadeisch-Flusse, der etwa 30 Sm westlich von Ras Maidani mündet, steht unter dem Schech von Geh, der dem Persischen Reiche tributpflichtig ist. Nahe an der Küste befinden sich mehrere Dörfer und etwas bebautes Land. Man hält dort, wo Weiden sind, große Mengen von Kamelen, Ziegen und Schafen.

Baklang-Klippe ist eine gefährliche, einzelne, etwa 1 Kblg breite Klippe, $2^1/_2$ Sm südöstlich von der Osthuk von Ras Raschidi. Die Klippe fällt bei Niedrigwasser trocken. Dicht bei der Klippe hat man überall 11 m Wassertiefe. Bei schlichtem Wasser ist die Klippe nicht sichtbar. Die folgende Leitmarke führt genau über die Klippe hinweg: die niedrigen braunen Hügel nordöstlich von Ras Tank um ihre halbe Breite frei vom westlichen steilen Abhang von Ras Raschidi. Bei klarem Wetter sieht man dann zwischen diesen beiden Grenzmarken auf dem Kuh Kalat den scharfen *Bir*-Gipfel in Eselsohrenform. Die Nordostseite der beiden höchsten Gipfel sieht man an der Kante des westlichen steilen Abhangs von Ras Raschidi. Diese drei Gipfel sind überhaupt nur sichtbar. Wenn man eben außerhalb der Klippe steht, kommt auch der vierte Gipfel der Bir-Hügel von Ras Raschidi frei.

Ein Rücken erstreckt sich eine kurze Strecke weit südwärts von der Baklang-Klippe. 4 Sm von der Klippe hat man 25 m Wassertiefe. Von da ab fällt die Küstenbank ganz steil ab. 3 Sm weiter seewärts findet man mit dem Lote keinen Grund mehr. An jeder Seite des Rückens hat man dort, wo man auf dem Rücken 25 m Wassertiefe lotet, 40 bis 50 m Wassertiefe. Bei Nacht sollte man in dieser Gegend außerhalb der 40 m-Grenze bleiben.

Pasim-Bucht *(Pazim)* wird im Osten durch Ras Pasim, im Westen durch Ras Raschidi begrenzt. Vor der Einfahrt zur Bucht liegt die Baklang-Klippe. In der Einfahrt hat man 9 m Wassertiefe. Nach dem Innern hin nimmt die Wassertiefe schnell ab. $^1/_2$ Sm südlich von Ras Raschidi hat man 7,3 m Wassertiefe. 2 Sm von Ras Pasim findet man 9 m Wassertiefe. Der Küste zwischen der Tschahbar-Bucht und Ras Pasim kann man sich auf 2 Sm nähern. Das kleine Fischerdorf *Pasim* liegt an der Ostseite der Bucht innerhalb Ras Pasim. Landwärts von der Bucht liegen in der großen Ebene wenige Dörfer und Niederlassungen. Etwa 12 Sm von der Küste laufen Berge fast parallel zur Küste; sie gehören zu demselben Gebirge, das man von Tschahbar aus sieht. Vor dem Gebirge befinden sich einige niedrigere Hügel; einer davon, 6 Sm von der Küste, ist der kegelförmige Kuh Milin.

Siehe Brit. Adm-Krt. Nr. 38 (Tit. IX, Nr. 196)

Ras Pasim am Westende des Kuh Lab-Vorgebirges ist ein 90 m hoher steiler Küstenabhang, der nach seinem Südostende hin abfällt und dort nur geringe Höhe hat.

Ras Raschidi ist ein in westlicher Richtung 6 Sm langes, 46 m hohes, auf allen Seiten fast unzugängliches Vorgebirge mit tafelförmigem Gipfel. Das 1 Sm breite Vorgebirge hängt mit dem Festlande durch eine niedrige sandige Landenge zusammen, auf der einige Hütten stehen. $1^1/_2$ Sm nordöstlich von den Hütten befindet sich ein Salzwasserkriek, der dem 50 Sm langen *Kair*-Flusse als Mündung dient. Das Dorf *Kair* und der Kair-Bezirk liegen am rechten Flußufer, 4 bis 5 Sm landwärts. Das Land ist viel bebaut.

Das Westende des Raschidi-Vorgebirges ist etwas höher als das Ostende und besteht ebenfalls aus einem senkrechten Küstenabhang. An der Nordseite befindet sich eine Bucht. Westlich von Ras Raschidi bildet die aus niedrigen Sanddünen bestehende Küste bis nach Ras Tank hin eine schwach gekrümmte Bucht.

Ankerplatz in der Pasim-Bucht findet man auf 7,3 m Wasser, Grund Schlick, dicht bei Ras Raschidi, von wo man dessen Ostende rw. 203° (mw. SSW) peilt.

Ras Tank ist eine kleine felsige $^3/_4$ Sm lange Halbinsel mit 9 m hohen Sanddünen. Mit dem Festlande ist die Halbinsel durch einen 45 m breiten Sandstreifen verbunden. Das Dorf *Tank* liegt 3 Sm flußaufwärts an einem großen Kriek oder Flusse, der ein Seitenarm des *Kair* ist und dicht östlich von Ras Tank mündet. Die Flußbarre ist seicht, sie erhält aber durch die Halbinsel Schutz. Innerhalb der Barre ist tiefes Wasser, der Fluß ist dort $^1/_4$ Sm breit. Das Flußbett zieht sich nahe an der Mündung nordostwärts dicht innerhalb der Sandhügel an der Küste hin. Fischerboote aus Maskat vermitteln den Küstenhandel.

An die Südseite von Ras Tank kann man auf $^1/_2$ Sm hinanlaufen, wo man etwa 13 m Wassertiefe hat. Ein kleiner Steert, auf dem man 1 Sm vom Ende der Halbinsel 7,3 m Wassertiefe hat, liegt vor dem Ostende der Halbinsel. Die kleine Bucht an der Westseite ist seicht. Seichter Grund erstreckt sich 2 Sm weit westlich von Ras Tank.

Eine kleine Gruppe brauner Hügel 4 Sm nordöstlich von Ras Tank mit einigen Dattelpalmen und wenigen großen Bäumen westlich davon dient als gute Landmarke.

Wassertiefen. Die Lotgründe haben vor Ras Tank nur 6 Sm Breite. Bei Nacht sollte man daher nicht innerhalb der 50 m-Grenze laufen. Man muß überhaupt von Ras Tank weit abbleiben, weil das Lot keinen Anhalt bieten kann.

Siehe Brit. Adm-Krt. Nr. 38 (Tit. IX, Nr. 196)

Von Ras Tank nach Ras Maidani.
Etwa 6 Sm von der Küste läuft westlich von Ras Tank das große Gebirge *Kuh Kalat*, das weiße steile Tonabhänge mit auffallenden Umrissen zeigt, parallel zur Küste. Den höchsten Teil des Gebirges bilden die 512 m hohen *Bir*-Hügel (Seite 86), die 40 Sm weit sichtbar sind. Das Inlandgebirge wird niedriger und ist deshalb nicht mehr so weit sichtbar.

Von Ras Tank läuft die Küste 3 Sm weit nordwestwärts. Nahe am Wasser finden sich steile Abhänge. Dann läuft die Küste westwärts nach der 30 m hohen *Maki*-Huk, 17 Sm von Ras Tank, und bildet eine schwach gekrümmte Bucht mit niedriger Küste. 3½ Sm östlich von der Maki-Huk liegt an einem Kriek das Dörfchen *Hamadan*.

Chor Rabi *(Rabij)*.
Zwischen der Maki-Huk und Ras Maidani zieht sich eine lange Strecke niedriger sandiger Küsten hin. Innerhalb derselben befinden sich Krieke und Lagunen, die als Mündungen für einen großen 100 Sm langen Fluß dienen. *Chor Galag* ist die eine Mündung, die nur bei Hochwasser von Booten besucht werden kann. Nahe bei der Mündung liegt ein kleines Dorf. *Chor Rabi*, 7 Sm östlich von Ras Maidani, ist die andere Mündung. Chor Rabi ist wegen des großen Binnenwassers bedeutend größer. Beide Krieke haben seichte Barren, doch ist innerhalb der Barre die Wassertiefe groß. Chor Rabi könnte, wenn das Fahrwasser betonnt wäre, für kleine Fahrzeuge in Betracht kommen. Da das Land in der Nähe unbebaut ist, wird der Kriek nur von Fischerbooten aufgesucht. Landwärts vom Kriek dehnt sich der Karwan-Bezirk aus mit einigen Dörfchen und Dattelwäldchen.

Vor der Einfahrt zu Chor Rabi erstreckt sich je ein Steert auf beiden Seiten des Fahrwassers reichlich 1 Sm seewärts, auf dem schwere Brandung steht.

Ankerplatz vor Chor Rabi findet man auf 8,2 m Wassertiefe, wenn man Ras Maidani rw. 268° (mw. W^1/$_4$S) 9 Sm und den Nadelpik des *Kuh Kalat* rw. 77° (mw. ONO^3/$_4$O) peilt. (Abbild. 31.)

Ras Maidani
(Abbild. 32 u. 33) ist ein an der Seeseite etwa 5 Sm breites Kap. Die Osthälfte des Kaps hat nahe am Wasser 47 m hohe steile weiße Abhänge, während der westliche Teil eine niedrige sandige mit Buschwerk bewachsene Huk bildet. Die in die steilen Abhänge auslaufenden 60 m hohen Hügel sind bräunlich und haben tafelförmige Gipfel. Die Hügel erstrecken sich 3 bis 4 Sm landwärts, das Land auf beiden Seiten der Hügel ist viele Sm weit niedrig. Ein großer Dattelwald befindet sich eine kleine Strecke von der Küste westlich von den steilen Abhängen.

Wassertiefen. Zwischen Ras Tank und Ras Maidani verlaufen die Wassertiefen regelmäßig. Die Kante der Küstenbank liegt 10 bis

Siehe Brit. Adm-Krt. Nr. 38, 145 (Tit. IX, Nr. 196, 197)

15 Sm vom Innern der Bucht zwischen den beiden Kaps. Vor den steilen Abhängen am Ostende von Ras Maidani ist die Küste rein, man hat in $^1/_2$ Sm Abstand 5,5 m Wassertiefe. Von der niedrigen Westhuk erstreckt sich aber eine seichte Bank 3 Sm weit südwärts, auf der die Wassertiefe nur 3,7 m beträgt. Da man 5 Sm seewärts von der Bank schon 400 m Wassertiefe hat, ist in jener Gegend, namentlich nachts, große Vorsicht geboten. Das Lot kann dort nur wenig nützen.

Von Ras Maidani nach Ras Djagin bildet die sehr niedrige Küste eine schwach gekrümmte Bucht. Etwa 2 Sm von der Küste liegen nur die 60 m hohen Hügel *Kuh Gukardi* mit ihren tafelförmigen Gipfeln, 17 Sm nordwestlich von Ras Maidani. Westlich davon mündet der *Sadaisch*-Fluß durch einen Kriek mit seichter Barre. Nahe an der Mündung befindet sich Sumpfland. An den Ufern liegt einige Sm landwärts der Sadaisch-Bezirk mit einem Dorfe, Dattelwäldern und etwas Ackerland. Boote aus Maskat holen Matten, gesalzene Fische, Reis. Das Gebirge liegt 12 bis 14 Sm von der Küste. An seiner Westseite befindet sich 28 Sm nordnordwestlich von Ras Maidani ein keilförmiger Berg an der Ostseite eines großen Tales. Etwa 12 Sm nordwestlich von Ras Djagin tritt das Gebirge an die Küste. Landwärts von diesem Gebirge erhebt sich der 1950 m hohe *Djebel Schaḥu*, der 80 Sm weit sichtbar ist. Dieser Berg liegt 30 Sm von der Küste, fast frei von den anderen Bergen. (Abbild. 88.) Von Südosten aus sieht man einen großen breiten Absturz an seiner Ostseite, während er nach Westen hin allmählich abfällt. Von Westen aus sieht der Berg rund aus.

Suraf ist ein etwa 30 m hoher Höhenzug aus weißen kahlen Sanddünen, der sich vom Sadaisch-Flusse 6 Sm westwärts längs der Küste erstreckt. Wasser findet man, wenn man zwischen den Dünen ein Loch gräbt. Westlich von diesem Höhenzug ist die Küste niedrig bis zur Ostbucht von Djaschk und weist Sümpfe mit Mangrovengebüsch und zahlreiche Krieke auf. Boote besuchen die Krieke, um Fische und Brennholz zu holen. Einige Flüsse münden an der Küste, die wichtigsten sind *Gabrig* und *Djagin*.

Ras Djagin *(Jagin)* ist eine sehr niedrige rundliche Huk an der Mündung des Flusses Djagin. Bei Niedrigwasser trockenfallende Sände erstrecken sich von der Huk 1 Sm weit südwestwärts. Landwärts von Ras Djagin befindet sich ein Sumpf mit Mangrovengebüsch. Bis zum Fuße der Hügel zieht sich eine Ebene hin. Die nur 3 bis 4 Sm weit sichtbare Huk ist schwer auszumachen. Man hüte sich vor Überschätzungen seines Abstands von der Küste, was leicht möglich ist, da die Hügel weit von der Küste abliegen. Die Kante der Lotgründe liegt nur 4 Sm von der

Siehe Brit. Adm-Krt. Nr. 38 (Tit. IX, Nr. 196)

Huk. Man sollte deshalb weit davon abbleiben. Vom Ende des Sandsteerts peilt Djebel Schahu rw. 29° (mw. NNO$^1/_2$O).

Wassertiefen verlaufen zwischen Ras Maidani und Ras Djagin regelmäßig. In der Mitte der Bucht liegt die Kante der Lotgründe 18 Sm vom Lande. Die 40 m-Grenze liegt etwa 5 Sm, die 6 m-Grenze 2 Sm vom Lande. Näher nach Ras Djagin hin wird die Wassertiefe größer. Vor Ras Djagin beträgt sie in 1 Sm Abstand 32 bis 35 m. Der Sandsteert fällt steil ab. Beim Passieren von Ras Djagin ist große Vorsicht geboten, da das Lot nur geringen Anhalt geben kann.

Djaschk (Jashk).

Landmarken. Mehrere hohe Gebirge und Hügel liegen in der Umgebung von Djaschk. *Djebel Dangija,* ein 497 m hoher allein liegender keilförmiger Berg, 12$^1/_2$ Sm nordnordwestlich vom Kap Djaschk, ist eine gute Landmarke. (Abbild. 34.) Der Berg zeigt an seiner Westseite einen großen breiten Abhang und hebt sich gut vom Hinterlande ab, wenn er auch nach Westen hin weniger gut sichtbar ist. Der Berg ist 40 Sm weit sichtbar. Ein großes Tal befindet sich zwischen Djebel Dangija und Kuh Uschadan, hinter dem die entfernteren Gebirge liegen. Von Djebel Dangija ist der 945 m hohe *Djebel Bahmadi* durch eine Senkung mit steilen Seitenwänden getrennt. Der Gipfel dieses Berges liegt 7 Sm nordwestlich vom Djebel Dangija. Der Berg hat an der Westseite einen langen Abhang. Am Südabhang befindet sich ein einzelner Fels, 3$^2/_3$ Sm nordwestlich vom Djebel Dangija. Das Gebirge läuft nordwestwärts und wird von den Höhenzügen an der Küste bei Ras el-Kuh durch eine Ebene getrennt.

Ostbucht von Djaschk *(Jashk East Bay).* Von Ras Djagin nach dem Kap Djaschk bildet die Küste die große Ostbucht von Djaschk, die große Wassertiefen hat. 2 Sm vom Lande hat man 40 m Wassertiefe, 3 Sm vom Kap 200 m. Die Ostseite der Bucht ist niedrig, der Strand fällt reichlich $^1/_2$ Sm weit vor den Mündungen der Krieke trocken. *Chor Lasch* ist ein großer Kriek 8 Sm nordwestlich von Ras Djagin. Im Innern der Bucht treten die Hügel bis auf 1 Sm an die Küste hinan. Das Küstengebirge endet dort im *Kuh Uschadan,* einem 524 m hohen Höhenzuge aus weißen Küstenabhängen, der, von Westen gesehen, keilförmige Gestalt hat. Ein Dörfchen mit einigen Dattelpalmen liegt zwischen Kuh Uschadan und der Küste. Die Küste an der Westseite der Bucht ist felsig, eben und etwa 5 m hoch. Vor dem Sandstrand liegen Riffe. Stellenweise kommen niedrige steile Abhänge vor.

Siehe Brit. Adm-Krt. Nr. 2837a (Tit. IX, Nr. 187)

Ankerplatz in der Ostbucht von Djaschk. Guten Ankerplatz und Schutz bei Westwinden findet man dicht unter Land vor der Westküste auf 11 bis 15 m Wassertiefe. Die 40 m - Grenze liegt $1^1/_2$ Sm vor der Küste. Die Bucht ist gegen Ostwinde ungeschützt. Auf dem Strande steht meist leichte Brandung. Während des Monsuns wird die Brandung heftig, wenn auch nur geringe Grundsee wahrnehmbar ist. Vergleiche auch Seite 92.

Kap Djaschk *(Jashk, Maksa)* ist das Südwestende einer niedrigen vorspringenden Landzunge, die die Ostbucht von Djaschk von der eigentlichen Djaschk-Bucht trennt. Auf dem äußersten Ende der Huk befindet sich 5 m über Hochwasser ein kleines roh hergestelltes Grabmal. Etwa $^1/_2$ Sm nördlich von dem Grabmal befindet sich eine kleine felsige Huk. Nördlich davon bildet die Küste eine kleine Bucht, in der man $^1/_4$ Sm nördlich vom Telegraphenamte auf dem Kap landen kann. Zwischen dem Kap und dem Landungsplatze erstreckt sich eine seichte Bank westnordwestwärts $1^3/_4$ Sm von der Küste, an deren Südwestkante man 5,5 m Wassertiefe hat, während man an der Nordostseite nur 4,5 m Wassertiefe hat.

Wassertiefen betragen 2 Sm südlich vom Kap Djaschk 90 m, Grund Schlick; nahebei ist die Kante der Lotgründe. Weniger als 1 Sm vom Ende des Kaps befinden sich felsige Unebenheiten, die aber ungefährlich sind. Südwestlich vom Kap nimmt außerhalb der 6 m-Grenze die Wassertiefe allmählich auf 13 m in $2^1/_4$ Sm Abstand vom Kap zu. Weiter westlich nach der Mason-Bank hin nehmen die Wassertiefen wieder schnell ab.

Mason-Bank, westsüdwestlich vom Kap Djaschk, ist eine kleine etwa 1 Sm lange Bank mit 5,0 bis 5,5 m Wassertiefe, Grund grober Sand und Muscheln. Die Bank fällt an der Südseite steil ab.

Gezeiten. Hafenzeit ist $9^h\ 30^{min}$; Springhochwasserhöhe beträgt 2,7 m. Der Gezeitenstrom ist schwach; der Flutstrom setzt westwärts. Der Strom kentert etwa 3^h nach Hoch- und Niedrigwasser. Je näher er Ras el-Kuh kommt, um so stärker wird der Strom. Um das Kap setzt der Strom stark herum; längs der Küste nördlich davon mit etwa 2 Sm Geschwindigkeit bei Springtide. Beim Südwestmonsun hat man nordnordwestlichen Strom mit 1 Sm Geschwindigkeit zwischen Ras el-Hadd und Kap Djaschk wahrgenommen.

Telegraphenamt befindet sich $^1/_4$ Sm nordöstlich von dem Grabmal auf dem Kap Djaschk. Je ein auffälliger Turm erhebt sich auf dem nördlichen und auf dem südlichen Gebäude mit flachem Dach. Vom südlichen Turm wird ein Licht gezeigt, wenn man das Tele-

Siehe Brit. Adm-Krt. Nr. 2862 (Tit. IX, Nr. 186a)

graphenamt vorher telegraphisch darum ersucht hat. An einem hohen Flaggenmaste nahe beim Amte wird eine Flagge gehißt. Flackerfeuer werden beantwortet. Man kann nach allen Weltgegenden Telegramme aufgeben. Die Telegraphenkabel landen beim Kabelhause an der Ostseite des Kaps Djaschk.

Ankerplätze beim Kap Djaschk. Ankerplatz an der Ostseite des Kaps Djaschk bietet beim Schamal guten Schutz; im Winter jedoch ist er gegen Oststürme ganz ungeschützt. Bei einem Schamal ist der Wind auf dem Ankerplatze etwa westlich. Dann setzt starker Seegang um das Kap herum, bei dem die Schiffe sehr unruhig liegen. Um von den Telegraphenkabeln frei zu bleiben, darf man nicht südwestlich von der Verbindungslinie der Steinbake nahe beim Kabelhause mit dem Flaggenstock auf dem Telegraphenamte ankern. Man landet am besten auf dem Sandstrande, der sich vom Kabelhause 1 Sm weit nach den steilen Abhängen hinzieht.

Bake auf dem Kap Djaschk ist eine 9 m hohe, schwarz und weiß gestreifte Steinbake nahe beim Kabelhause an der Ostseite des Kaps.

Ankerplatz an der Westseite des Kaps Djaschk finden Schiffe mit weniger als 4,9 m Tiefgang nördlich vom Kap Djaschk auf 6,4 m Wasser, $^3/_4$ Sm vom Lande. Um den Ankerplatz von Süden her anzulaufen, bringe man auf etwa 22 m Wassertiefe das Südende des Kaps in nördliche Peilung, steuere dann rw. 313° (mw. NW$^1/_4$W) 2$^3/_4$ Sm, bis das Nordende des Kaps rw. 105° (mw. OSO$^5/_4$O) peilt, dann steuere man auf nördlichen und später östlichen Kursen um den vom Kap nordwestwärts laufenden Steert, wobei man sich auf 6,4 bis 7,8 m Wassertiefe halte, bis der südliche Turm des Telegraphenamts gerade frei vom nördlichen Turm in rw. 149° (mw. SSO$^7/_8$O) peilt. Dann nehme man diese Peilung als Kurs auf und ankere auf passender Wassertiefe.

Bake. Am Strande hat man als Leitmarke für den Ankerplatz eine Bake aus drei Pfählen und großem viereckigem schwarzem Toppzeichen mit weißem Ball. Wenn man die Bake in rw. 116° (mw. SOzO$^3/_4$O) - Peilung hält, bleibt man frei vom Nordende des Steertes.

Westbucht von Djaschk *(Jashk West - Bay).* Vom Landungsplatz nördlich vom Kap Djaschk läuft die Küste aus niedrigen Sanddünen 3$^1/_2$ Sm nordwärts nach der Einfahrt zum Djaschk-Kriek; dann wendet sie sich nordwestwärts und westwärts. Auf der ersten 3 Sm langen Strecke sieht man Sanddünen. Dann folgt bis nach Ras el-Kuh niedrige sandige Küste, an deren Landseite Sümpfe mit Mangrovengebüsch liegen. Einige Krieke befinden sich an der Küste. Der größte davon, *Chor Hamad*, 8 Sm östlich

Siehe Brit. Adm-Krt. Nr. 2862 (Tit. LX, Nr. 186a)

von Ras el-Kuh, wird von Booten besucht. Weit landwärts sieht man viele Dattelwälder. Die Barre des Djaschk-Krieks liegt bei Niedrigwasser fast trocken. Trockne Sände erstrecken sich etwa $^1/_2$ Sm von der Mündung seewärts. Innerhalb der Barre ist tieferes Wasser. Der Kriek wird von den Booten der Eingeborenen benutzt. Das Land in der Nähe des etwa 4 Sm langen gewundenen Krieks besteht aus Sümpfen mit Mangroven.

Djaschk *(Jashk)* ist ein großes Dorf an der Küste nordöstlich vom Telegraphenamte.

Das *Djaschk-Fort*, $6^1/_4$ Sm nördlich von dem alten Grabmal auf dem Kap Djaschk, liegt jetzt ganz in Trümmern. In der Nähe stehen einige Häuser und Dattelpalmen. Südöstlich davon befindet sich eine Reihe Sanddünen. Das Fort liegt 1 Sm von der Küste und ist daher von See aus kaum sichtbar. Dort leben etwa 200 Menschen, Ackerbauer und Hirten. Der Handel mit Maskat ist gering. Ein persischer Beamter verwaltet den Bezirk. Ihm stehen etwa 40 Soldaten zur Verfügung. Ein befestigtes Regierungsgebäude ist nahe beim Landungsplatze erbaut.

Schiffsausrüstung. Schafe, Geflügel, Gemüse und andere Lebensmittel für Europäer sind zu haben, aber nicht in großer Menge. Fisch ist reichlich zu haben. Das beste Trinkwasser liefern Brunnen, 1 Sm nordöstlich vom Telegraphenamte nahe bei einigen Dattelwäldchen. Die Brunnen erkennt man an einem großen Wasserbehälter auf Pfählen nahe bei den Brunnen. Gutes Regenwasser liefern die Wassersammler bei dem Telegraphenamte.

Dampferlinien. Postdampfer laufen alle 14 Tage auf der Reise vom Persischen Golf nach Indien den Ort an.

Vom Kap Djaschk nach Ras el-Kuh.

Djebel Chor Hamad ist eine schmale in östlicher Richtung 2 Sm lange Kette etwa 90 m hoher Hügel mit steilen Abhängen an der Südseite. Die Hügelkette liegt 4 Sm von der Küste und etwa 9 Sm westlich vom Djebel Dangija und dient als Leitmarke für die Gahha-Untiefe.

Gahha-Untiefe. Eine kleine 2,7 m-Stelle mit felsigem oder weichem Grund liegt 3 Sm von der Küste, $16^1/_2$ Sm vom Kap Djaschk und 10 Sm von Ras el-Kuh. Rund um die kaum eine Schifflänge große Untiefe hat man 24 m Wassertiefe. Man sollte in jener Gegend außerhalb der 50 m-Grenze bleiben, die etwa $1^1/_2$ Sm von der Untiefe freiführt. Nachts und bei unsichtigem Wetter muß man noch viel weiter von der Untiefe freisteuern. Von der Untiefe peilt der Hügel Kuh i Mubarak rw. 316° (mw. NW) und Djebel Chor Hamad rw. 23° (mw. NNO). Das Westende von Djebel Chor Hamad peilt von der Untiefe in Eins mit der Kante des auffälligen Tales zwischen den Hügeln westlich vom Bahmadi-Gebirge.

Siehe Brit. Adm.-Krt. Nr. 753 (Tit. IX, Nr. 186)

Da die Küste niedrig ist, muß man sich vor Abstandsüberschätzungen hüten.

Wassertiefen. Zwischen dem Kap Djaschk und Ras el-Kuh sind die Lotgründe bis zu 14 Sm breit. Bei Ras el-Kuh werden sie wieder schmaler. 6 Sm von diesem Kap hat man 200 m Wassertiefe. Seichtes Wasser erstreckt sich längs der Küste. Die 6 m-Grenze liegt etwa $1^1/_2$ Sm vom Lande. Bei Ras el-Kuh hat man in $1^1/_2$ Sm Abstand 35 bis 55 m Wassertiefe.

Ras el-Kuh ist ein sehr niedriges Kap. Die Küste biegt beim Kap scharf nach Nordnordwesten. Das Land innerhalb des Kaps ist mehrere Sm weit sumpfig, mit Ausnahme des niedrigen mit spärlichem Gras bewachsenen Sandstreifens, der die Küste bildet. Ein kleiner Kriek, der von Booten besucht wird, mündet an der Nordseite des Kaps. Trockne Sände erstrecken sich von der Mündung 3 Kblg weit seewärts. Ein kleines Dorf mit einem Dattelwäldchen liegt etwa 3 Sm nordöstlich vom Kap.

Ankerplatz bei Ras el-Kuh findet man auf 11 bis 20 m Wasser 1 Sm südöstlich vom Kap und $^1/_2$ Sm von der Küste. Auf dem Ankerplatz hat man wenig oder gar keinen Schutz gegen den Schamal, der dort etwa aus WzN kommt.

Siehe Brit. Adm-Krt. Nr. 753 (Tit. IX, Nr. 186)

Abschnitt V.

Nordküste von Oman von Ras Scharita nach Abu Sabi.

Mißweisung für 1907,0:

Ras el-Chaima .... 0° 50′ O | Sir Abu Nuair ... 0° 35′ O
Abu Sabi .... 0° 25′ O

(jährliche Zunahme etwa 2′)

Von Ras Scharita nach Ras el-Chaima.

Landmarken. An der Nord- und der Westseite von Ruus el-Djebel erstreckt sich das Gebirge bis an die Küste. Beim Dorfe Schuam, 15 Sm nordnordöstlich von Ras el-Chaima tritt das Gebirge von der Küste zurück. Von Schuam an ist die ganze arabische Küste am Persischen Golf niedrig. Das Wasser des Golfs ist überall sehr klar. In südlichen Peilungen, falls man nicht zu nahe unter Land sich befindet, ist der 2060 m hohe *Djebel el-Harim* oder *Schuam-Gipfel* über die vorliegenden Hügel hinweg sichtbar und zeigt einen kleinen tafelförmigen Gipfel. Rechts (westlich) davon sieht man den 1362 m hohen *Kegelspitz (Fine Peak)*, der gut sichtbar ist, wenn er nicht in Peilungen zwischen rw. 170° (mw. SzO) bis rw. 136° (mw. SO) gegen die höheren Berge im Hintergrunde verschwindet. Vergleiche auch Seite 52 bis 61.

Djesiret el-Ghanam ist eine in nördlicher Richtung $2^{1}/_{4}$ Sm lange, $^{3}/_{4}$ Sm breite Insel mit steilen Abhängen ringsum. Von der niedrigen Nordhuk, die etwa $1^{1}/_{2}$ Sm südwestlich von Ras Scharita liegt, steigt die Insel nach dem Südende hin allmählich an. Am Südende befindet sich ein etwa 170 m hoher spitzer Hügel über den etwa 60 m hohen Küstenabhängen. $^{1}/_{2}$ Sm seewärts von der Insel hat man 80 bis 70 m Wassertiefe. Die kahle wasserlose Insel ist unbewohnt. Die Ziegen auf der Insel gehören den Leuten in Kumsar.

Chor Kawi, die Durchfahrt zwischen Djesiret el-Ghanam und der Halbinsel Musandam, ist an beiden Enden 3 Kblg breit, verbreitert sich aber weiter innen auf 5 Kblg und hat 27 bis 34 m Wassertiefe, Grund Sand und Steine. Am Nordende springt nach

Siehe Brit. Adm-Krt. Nr. 753, 3452 (Tit. IX, Nr. 186, 187a)

Osten hin eine niedrige ebene Felshuk wie ein Wellenbrecher vor. In der Bucht an der Südseite der Huk erstreckt sich ein großes Riff etwa $1^1/_2$ Kblg vom Lande.

Gezeiten in Chor Kawi. Hafenzeit bei Springtide ist $10^h\ 15^{min}$; Springhochwasserhöhe beträgt 2,4 m. Der Flutstrom setzt südwärts mit $^3/_4$ Sm, der Ebbstrom nordwärts mit $1^1/_2$ bis 2 Sm Geschwindigkeit. Der Strom kentert 3^h nach Hoch- und Niedrigwasser am Lande.

Ankerplatz in Chor Kawi ist geräumig und bietet guten Schutz. Wegen des starken Stromes und der auftretenden Nehrströme ist es nicht ratsam, südlich von der Verbindungslinie der *Westlichen Mittel-Huk (West Middle Point)* mit der *Östlichen Mittel-Huk (East Middle Point)* zu ankern. Der Grund besteht aus Sand, Kies, weichen Korallen und Korallenbruch.

Kumsar mit 500 Einwohnern ist das größte Dorf in jener Gegend (s. Seite 60). In *Gharum* im Innern der kleinen $^1/_4$ Sm tiefen Südostbucht *(Southeast Cove)*, die sich östlich vom Südende der Insel Ghanam befindet, an der Mündung eines Tales mit Dattelpflanzungen, wohnen nur einige Fischerfamilien. Nach *Kabba* an der *Südbucht (South Cove)* kommen im Frühjahr einige Fischerfamilien. Im übrigen ist die Gegend bei Chor Kawi unbewohnt.

Chor Ghubbet Ali ist eine in südöstlicher Richtung $3^1/_2$ Sm lange Bucht mit durchschnittlich $^3/_4$ Sm Breite. Das kleine Dorf *Ghubbet Ali* liegt auf dem Sandstrand im Innern der Bucht, wo man einige Dattelpalmen und andere Bäume sieht. Gutes Trinkwasser ist vorhanden. Die Landenge zwischen der Halbinsel Musandam und Ruus el-Djebel ist beim Dorfe nur etwa $^1/_4$ Sm breit. Der steile Abhang auf der nördlichen Einfahrthuk ist etwa 90 m hoch und 1 Sm breit; dahinter liegt ein 240 m hoher spitzer Hügel. Die Küstenabhänge auf der südlichen Einfahrthuk sind ebenfalls 90 m hoch. Die Wassertiefen betragen in der Einfahrt etwa 50 m und nehmen bis auf $^1/_2$ Sm vom Innern der Bucht auf 25 m ab.

Von Chor Ghubbet Ali nach Chor esch-Schem. Von der südlichen Einfahrthuk zu Chor Ghubbet Ali läuft die Küste 4 Sm südwärts und bildet die Westseite einer auffällig dreieckigen Halbinsel. In die steilen Küstenabhänge schneiden einige Buchten ein. Auf dem Sandstrande an der größten dieser Buchten befindet sich das Dörfchen *Hassa*.

Chor esch-Schem ist eine 8 Sm lange gewundene Bucht, die stellenweise weniger als $^1/_2$ Sm breit ist. Die Küste ist vielfach eingebuchtet; in der Bucht liegen mehrere Inseln. *Ras Schahath*, die westliche Einfahrthuk, ist ein 45 m hoher steiler Abhang und

Siehe Brit. Adm-Krt. Nr. 3452, 753 (Tit. IX, Nr. 187a, 186)

liegt 4 Sm ostsüdöstlich von Ras Schech Masud. Etwa $1/3$ Sm nördlich davon liegt eine Stelle mit 8,2 m Wassertiefe. $1/2$ Sm südsüdöstlich von Ras Schahath befindet sich ein kleines Vorgebirge; dicht davor liegt die kleine 30 m hohe *el-Djibba*-Insel *(al Jibba)*. Zwischen diesen Huken liegt eine 1 Sm tiefe Bucht mit 16 bis 7,3 m Wassertiefe. In dem kleinen Dorfe *Fanacha* im Innern der Bucht kann man gutes Trinkwasser erhalten.

Bei der Insel el-Djibba ist die Bucht Chor esch-Schem nur $1/2$ Sm breit und hat 27 m Wassertiefe. In kurzer Entfernung davon ist die Einfahrt zur Bucht kaum auszumachen. Innerhalb der Südwestspitze der bereits erwähnten dreieckigen Halbinsel läuft die Bucht nordostwärts. Der 910 m hohe auffällige Gipfel *Djebel Schem* hat an der Südseite nahe bei dem Südende der Halbinsel einen großen Abhang.

Das kleine Dorf *Schem* mit Brunnen, die brackiges Wasser enthalten, liegt an der Nordseite der Bucht, 4 Sm innerhalb der Einfahrt, gerade unter dem Djebel Schem. 2 Sm nordöstlich von Schem springt die schmale Huk *Ras el-Hatam* $3/4$ Sm weit vor. Östlich von der 15 m hohen Huk liegt das Dörfchen *Mada*, wo sich die besten Brunnen in der Bucht befinden sollen.

Sibi-Insel, 1 Sm östlich von Ras el-Hatam, ist $1/2$ Sm lang. An der Nordseite der Insel befindet sich keine Durchfahrt. Das Dorf *Sibi* liegt auf dem Sandstrande im Innern eines tiefen Krieks an der Ostseite von Chor esch-Schem. Die Wassertiefen im Kriek sind groß. Sibi ist das größte Dorf an der Bucht. Der tiefe Brunnen im Dorfe soll nach Dürren brackiges Wasser enthalten. Das Dorf liegt dicht an der Südwestseite von *Djebel Sibi*, der allenthalben in der Bucht sichtbar ist. Auch ist der Berg von See aus sichtbar; er scheint im Innern von Chor Ghubbet Ali zu liegen, wenn diese Bucht offen liegt, und zeigt dann einen zuckerhutförmigen Gipfel. Zwischen Sibi und Mada befinden sich zwei unregelmäßige Buchten.

An der Südseite der Bucht zwischen Sibi und der kleinen Insel *Schem*, die dicht unter Land liegt, ist die Küste 60 bis 150 m hoch und bildet viele kleine Buchten und Huken. Etwa 3 Kblg südlich von der Insel befindet sich ein kleines 15 m hohes Eiland mit den Trümmern der der großen Hitze wegen aufgegebenen Telegraphenstelle. 1 Kblg nordwestlich von diesem Telegraphen-Eiland befindet sich eine spitze Klippe mit 2,3 m Wasser bei Springniedrigwasser.

Südlich vom Telegraphen-Eiland liegt die 1 Sm lange und $1/2$ Sm breite Bucht *Maklab*, die an der Südwestseite von hohen steilen Hügeln begrenzt wird. Die hohe felsige Huk an der Westseite dieser Bucht trennt die Maklab-Bucht von der sandigen Bucht, an der das Dorf *Kana* liegt. Etwa in der Mitte zwischen diesem Dorfe und der Insel el-Djibba liegt die Einfahrt zu einem kleinen ganz vom Lande eingeschlossenen Schlupfhafen. An der Westseite der Ein-

Siehe Brit. Adm.-Krt. Nr. 753 (Tit. IX, Nr. 186)

fahrt liegt das kleine Dorf *Nasifi*. Die Wassertiefen im Hafen nehmen von 18 m in der Einfahrt nach dem Innern hin ab.

Außer der erwähnten Klippe mit 2,3 m Wasser nahe beim Telegraphen-Eilande ist Chor esch-Schem frei von Untiefen. Segelschiffe würden beim Ein- und Auslaufen auf große Schwierigkeiten stoßen. Dampfer können leicht in die Bucht einsteuern, indem sie die Insel Schem an B-B. und die Insel Sibi an St-B. lassen.

Gezeiten. Hafenzeit in Chor esch-Schem ist $10^h\,40^{min}$; Springhochwasserhöhe beträgt 2,6 m. Die Gezeitenströme treten in der Einfahrt bei Springtide stark auf.

Ankerplatz findet man am besten südlich von dem Telegraphen-Eiland.

Chasab-Bucht.

Auf dem etwa 1 Sm langen Sandstrande im Innern der Chasab- *(Khasab)*-Bucht, $3^1/_2$ Sm südsüdöstlich von Ras Schech Masud, liegt in einem Dattelwalde die Stadt *Chasab*. Im Hintergrunde des Waldes ist das Tal gut mit Getreide, Gemüse usw. bebaut. Die kahlen steilen Hügel auf beiden Seiten des Tales gewähren einen malerischen Anblick. Von See aus sieht man wenig außer einem Fort in der Mitte des Waldes, das auch als Wohnung des Schechs dient, und zwei Türmen am Strande. Der Schech ist ein Wali des Sultans von Maskat. Im Tale leben etwa 600 Menschen. Ein kleiner viereckiger Turm auf der westlichen felsigen Huk überragt die Chasab-Bucht, die von der *Kada*-Bucht durch einen steilen Hügelrücken geschieden wird. An der Ostseite der Stadt springt eine hohe felsige Huk vor. Zwischen der Huk und *Ras Schahath* befinden sich mehrere Buchten. An der größten Bucht liegt ein kleines Dorf mit guten Brunnen.

Wassertiefen betragen auf dem Breitenparallel von Ras Schech Masud 37 bis 32 m, Grund Sand und Stein, nehmen nach der Küste hin allmählich ab, aber schnell innerhalb der 20 m-Grenze. In der Einfahrt zur Chasab-Bucht beträgt die Wassertiefe 15 m, 3 Kblg vom Strande beträgt sie 3,7 m. Der Strand fällt bei Niedrigwasser etwa 3 Kblg weit trocken, so daß die Landung unbequem wird. Man landet am besten auf dem Westende des Strandes. Boote sollten sich dicht unter dem Lande an der Westseite halten.

Ankerplatz in der Chasab-Bucht bietet guten Schutz gegen die vorherrschenden Winde; der Ankergrund aus feinem Sand hält gut. Nördliche Winde treten nur im Winter stark auf, kommen aber nur sehr selten vor und halten nur kurze Zeit an. Im Sommer kann man auf 13 m Wasser ankern, im Winter aber auf mindestens 18 m. Die Bucht bietet guten Schutz gegen den Schamal, der dort aus

Siehe Brit. Adm-Krt. Nr. 753 (Tit. IX, Nr. 186)

westsüdwestlicher bis südwestlicher Richtung weht. Segler tun dann gut, die Bucht aufzusuchen und auf etwa 32 m Wasser rw. 124° (mw. SOzO) von Ras Schech Masud zu ankern, ohne ganz auf den Ankerplatz vor der Stadt zu laufen.

Kada-Bucht. Vom Ostende von Ras Schech Masud läuft die Küste $3^1/_2$ Sm südwärts nach dem Innern einer engen Bucht, an der das kleine Dorf *Kada* mit einem Dattelwalde liegt. Die Bucht ist in der Einfahrt $1/_2$ Sm breit und $1^1/_4$ Sm tief; die Wassertiefen nehmen von 20 m an allmählich ab. An der Westseite nahe an der Einfahrt liegt das große Fischerdorf *Machi* mit ziemlich guten Brunnen.

Hana-Bucht ist eine tiefe Bucht an der Ostseite von Ras Schech Masud, etwa $1^1/_4$ Sm vom Nordende des Kaps. Dort befinden sich einige Hütten und ein schöner Dattelwald. Ein guter Brunnen befindet sich etwa $1^1/_2$ Kblg vom Strande, der weder versiegen noch brackiges Wasser liefern soll. Landwärts von der Hana-Bucht, auf den Bergen, liegt das Dorf *Haraf* mit 100 Einwohnern, meist Fischern, die ihre Boote in der *Aida*-Bucht auf den Strand holen. Bei dieser Bucht, die 1 Sm südwestlich vom Nordende von Ras Schech Masud liegt, befindet sich ein Brunnen mit vorzüglichem Wasser.

Ras Schech Masud, oft auch *Ras esch-Schech* genannt (Abbild. 35), ist ein hohes Kap an der Westseite der Chasab-Bucht. Von den 15 m hohen steilen Abhängen auf seinem Nordende steigt das Land nach dem 1362 m hohen Kegelspitz *(Fine Peak)* allmählich an. Diesen langen regelmäßigen Abhang kann man, von Westen kommend, nicht verwechseln. Zwei kleine Buchten mit weißem Sandstrand befinden sich am Nordende des Kaps. Auf dem Strande in der östlichen Bucht liegt das Grab des Schechs, woher das Kap seinen Namen führt.

Segelschiffe auf der Fahrt nach der Chasab-Bucht sollten bei Westwind das Kap nicht zu nahe umsteuern, um nicht in Stille zu geraten. Die Wassertiefen betragen $3/_4$ Sm westlich vom Kap 70 m und 1 Sm nördlich vom Kap 55 m.

Gezeitenströme setzen zwischen Ras Schech Masud und der Lochklippe mit $1^1/_2$ bis 2 Sm Geschwindigkeit nordost- und südwestwärts. Innerhalb des Kaps sind die Gezeitenströme schwach.

Von Ras Schech Masud nach Ras el-Chaima.
Von Ras Schech Masud nach Ras esch-Schuam.

Südlich von Ras Schech Masud wird die Steilküste höher und läuft $3^1/_2$ Sm weit südwestwärts nach *Ras el-Djadi*, einem 300 m hohen

Siehe Brit. Adm-Krt. Nr. 753 (Tit. IX, Nr. 186)

steilen Abhang, der von See aus gut auszumachen ist. 11 Sm südsüdwestlich davon liegt der 760 m hohe Berg *Ras esch-Schuam*, der nach der Küste hin regelmäßig abfällt und von Norden und Süden aus gut sichtbar ist. Auf dem höchsten Teile des Berges hinter Ras esch-Schuam befindet sich ein Einschnitt. Südlich von Ras esch-Schuam treten die Berge von der Küste zurück. Die Küste biegt allmählich aus südsüdwestlicher Richtung in südwestlicher Richtung ab und wird niedrig und sandig an der ganzen Südseite des Persischen Golfs. In geringem Abstande von der Küste kann man den Kegelspitz (vgl. Seite 95) gut wahrnehmen. Dieser Küstenstrich ist ziemlich ungeschützt gegen den Schamal. Ankernde Segelschiffe müssen bei aufkommendem Schamal den Ankerplatz aufgeben und über B-B.-Halsen von der Küste abliegen.

Die Küstenbank südlich von Ras el-Djadi ist nicht so steil als nördlich davon. Die 70 m-Grenze liegt vor Ras el-Djadi $^3/_4$ Sm vom Lande, während sie bei der *Schuam*-Huk etwa 8 Sm vom Lande bleibt. 2 Sm vom Lande hat man dort 45 m Wassertiefe. Nördlich von Ras esch-Schuam besteht die Küstenbank aus Sand und Steinen.

El-Djiri *(al Jiri)* ist ein kleines Stranddorf, $1^1/_2$ Sm südlich von Ras el-Djadi. Es liegt am Fuße des Hügels auf dem Strande, der sich bis nach Bacha erstreckt. Das Fischerdorf *el-Djadi* liegt 3 Sm südlich vom gleichnamigen Kap. Einige Brunnen mit gutem Trinkwasser befinden sich nahe am Strande.

Bacha ist ein Dorf 5 Sm südlich von Ras el-Djadi an einer ziemlich seichten Bucht, die durch eine schwach vorspringende Huk gebildet wird und nach Norden offen ist. 1 Sm seewärts von der Bucht hat man 13 m Wassertiefe, die bald auf 45 m anwächst. Die 70 m-Grenze liegt 4 Sm vom Lande. Drei Forts, davon eins in Trümmern, liegen in der Nähe des Dorfes; ein viereckiges Fort auf einem kleinen Hügel $^1/_2$ Sm östlich vom Dorfe, das zweite auf der westlichen Huk an der kleinen Bucht mit einem hohen Turm auf einer Ecke, das 9 Sm weit sichtbar ist. Die Ebene im Inlande ist bebaut und weist Dattelwälder auf. Zwischen Bacha und Djadi befinden sich Dattelbäume. Die Bewohner sind meist Fischer.

Zwischen Bacha und der Schuam-Huk befinden sich drei kleine sandige Buchten mit tiefem Wasser dicht unter Land, an denen die Fischerdörfchen *Fudar*, *Ghamtha* und *Tibba* liegen. Einige Dattelpalmen stehen in der Nähe.

Schuam, 2 Sm südlich von der Schuam-Huk, ist die erste Stadt nebst Fort an der niedrigen sandigen Küste. Vor den Bergen zieht sich eine $1^1/_2$ Sm breite teilweise bebaute Ebene mit Dattelwäldern hin. Brunnen liefern gutes Wasser. Die Bewohner sind Landleute und Fischer. 1 Sm südlich von der Stadt befindet sich auf einem 15 m hohen Hügel ein kleiner Turm, der 12 Sm weit sichtbar ist. Von

Siehe Brit. Adm-Krt. Nr. 753 (Tit. IX, Nr. 186)

Süden aus gleicht er einem kleinen spitzen Hügel. 4 Sm südlich von der Stadt ist ein Kriek, den Boote bei Hochwasser benutzen können.

Von Ras esch-Schuam nach Ras el-Chaima ist die Küste niedrig und läuft fast geradlinig in südsüdwestlicher Richtung 16½ Sm weit; im Hintergrunde befindet sich hohes Land. Die Wassertiefen vor diesem Küstenstriche sind geringer als nördlich davon. Bei der Stadt Schuam beträgt die Wassertiefe etwa ½ Sm vom Lande 20 m, während die 40 m-Grenze etwa 3 Sm vom Lande liegt. Weiter südwestlich entfernt sich die 40 m-Grenze noch weiter von der Küste. Der Grund besteht im allgemeinen aus Sand.

Rams ist ein Fort und eine kleine Stadt in einem Dattelhaine, 10½ Sm südsüdwestlich von Ras esch-Schuam. Ein Turm, der die Bäume überragt, ist die beste Landmarke in jener Gegend. Die Einfahrt zu dem Kriek, an dem Rams liegt, fällt bei Niedrigwasser trocken. Das kleine Fort *Sai (Zai)* auf einem Hügel, etwa 2 Sm landwärts, hebt sich in östlichen Peilungen nicht gut von den Hügeln dahinter ab. Das dunkle Fort hat auf jedem Ende einen viereckigen Turm.

1½ Sm südlich von Rams befindet sich ein kleiner Kriek, der mit dem Chor bei Ras el-Chaima verbunden ist. Die Dattelwälder befinden sich in einiger Entfernung von der sumpfigen Küste.

Ras el-Chaima *(Ras al Khaima)* (Abbild. 36) ist eine große Stadt mit 4000 bis 5000 Einwohnern auf einer langen sandigen Halbinsel. Dort ist der Sitz des Djowasim-Schechs, der über alle Orte zwischen Ras Schech Masud und Djeziret el-Hamra, über Schardja und die kleinen Städte in der Nähe und über die esch-Schumeilija-Küste herrscht. Die Stadt enthält hauptsächlich steinerne Häuser. Die viereckigen Gebäude der Wohnung des Schechs sind höher als die übrigen. Auf einer Ecke des höchsten Hauses befindet sich eine 18 m hohe Kuppel, die 12 Sm weit sichtbar ist. Die Djowasim-Flagge, rot mit schmalem weißen Rand, weht auf einem hohen Gebäude zur Linken. Am Nordende befindet sich ein weißer runder Turm. Zwei viereckige Türme sind auf der Mauer, die südlich von der Stadt quer über die Halbinsel läuft, angebracht. Dort sieht man einen auffälligen großen Baum. Ein einzelner Turm befindet sich ¾ Sm südwestlich von der Stadt, nahe am Ende einiger roter Sandhügel. Die Bewohner von Ras el-Chaima sind gegen Europäer ziemlich höflich.

Landmarken. Die Ebene ist in dieser Gegend 6 Sm breit, nimmt aber weiter südlich sehr rasch an Breite zu. Die Küste wendet sich nach Südwesten, so daß die Stadt in südlichen Peilungen am Ende der Berge zu liegen scheint. Beim Näherkommen sieht man eine Kette hoher rötlicher Sandhügel, die 1 Sm südwestlich

Siehe Brit. Adm.-Krt. Nr. 753 (Tit. IX, Nr. 186).

vom Orte beginnt und sich noch über Djesiret el-Hamra hinaus erstreckt. Von Westen kommend hat man als gute Landmarke für Ras el-Chaima das Ende dieser roten Sandhügel.

Ankerplatz auf der Reede. Guten Ankerplatz findet man auf 10 m Wasser, $2^1/_2$ bis 3 Sm nordwestlich von der Stadt. Der Ankergrund hält gut. Nach den Angaben der Eingeborenen soll bei Nordweststurm dort weniger Seegang stehen als an anderen Küstenplätzen. Die 5,5 m-Grenze liegt auf der Reede 2 Sm von der Küste; $2^1/_2$ Sm westnordwestlich von der Stadt findet man nur 3,7 m Wassertiefe. Die Bank soll sich sogar noch weiter südwestwärts erstrecken. Bei der Ansteuerung des Ankerplatzes ist deshalb Vorsicht geboten. Segler können beim Kreuzen des Golfs, wenn sie von der Tanb-Insel abgefahren sind, durch den Gezeitenstrom, der stark längs der Küste setzt, aus dem Kurse gebracht werden. Abliegende Untiefen sind nicht vorhanden. 23 m Wassertiefe hat man 9 Sm vom Lande.

Chor Ras el-Chaima. Die niedrige sandige Huk, auf der die Stadt erbaut ist, begrenzt dieses Hafenbecken im Westen. Die Einfahrt führt um das Nordende der Huk herum und liegt $1^1/_4$ Sm nordöstlich von der Stadt. Große Boote ohne Ladung können bei Hochwasser einlaufen. Das Hafenbecken erstreckt sich bis an das Südende der Stadt, wo die Boote der Eingeborenen liegen. In der Einfahrt beträgt die Wassertiefe bei Niedrigwasser nur 0,6 m, innerhalb der Einfahrt bis zur Stadt beträgt sie 2,7 m. Zwei kleine Inseln liegen im Hafenbecken querab von der Stadt. Auf der einen Insel befindet sich ein kleines Fischerdorf. Etwa 20 Boote befassen sich mit der Perlenfischerei. Die Stadt besitzt zahlreiche Boote und Baghalas. Vom Ostende des Hafenbeckens erstreckt sich dichter Dattelwald weit landwärts und zieht sich längs der Küste nach Rams hin.

Gezeiten. Hafenzeit in Ras el-Chaima beträgt 11^h 45^{min}; Springhochwasserhöhe beträgt 2,1 m.

Schiffsausrüstung. Rindvieh, Gemüse und Früchte sind zu haben, Trinkwasser nicht immer.

Von Ras el-Chaima nach Abu Sabi.

Die Küste von Ras el-Chaima nach Abu Sabi ist niedrig und sandig. Sie läuft fast in gerader Linie 120 Sm südwestwärts. Früher hielten sich die Seeräuber besonders an dieser Küste auf. Die Berge von Ruus el-Djebel kann man bei klarem Wetter noch bis Dabai sehen. Starke Strahlenbrechung verzerrt besonders morgens die Küstenformen sehr. Die Städte an der Küste liegen nahe an der Einfahrt zu den zahlreichen Krieken (Chors), die oft miteinander in Verbindung stehen. Die Städte scheinen im Niedergang zu sein.

Siehe Brit. Adm-Krt. Nr. 753 (Tit. IX, Nr. 186)

Äußerlich sehen sie einander sehr ähnlich, so daß Fremde schlecht ausmachen können, welche Stadt sie vor sich haben. Deshalb sollen die einzelnen Plätze genauer beschrieben werden.

Schiffsausrüstung. Rindvieh, Gemüse u. dgl. kann man überall kaufen. Rindfleisch ist oft sehr gut und weit besser als Hammelfleisch. Fische sind reichlich vorhanden. Trinkwasser ist spärlich und wenig gut, besonders südlich von Dabai, kann auch vielleicht nicht an Schiffe abgegeben werden. Man gräbt flache Brunnen in den Sand.

Wassertiefen. Der Küste zwischen Ras el-Chaima und Umm el-Kawen darf man nicht zu nahe kommen, weil sie nur ungenügend vermessen ist. Seichter Grund und Riffe erstrecken sich stellenweise 2 Sm vom Lande. Von Umm el-Kawen bis nach Ras Hanjira ist die Küste reiner. Von Ras Hanjira bis nach Abu Sabi erstrecken sich Riffe $5^{1}/_{2}$ Sm weit vom Lande.

Gezeiten. Der Gezeitenstrom setzt recht längs der Küste nordostwärts und südwestwärts. Segelschiffe kommen daher gelegentlich vor einem falschen Orte an, wenn sie den Golf kreuzen. Der Strom hat 1 bis 2 Sm Geschwindigkeit. Er beginnt 2^h und mehr nach Hoch- und Niedrigwasser. Hafenzeit in Abu Sabi ist etwa 12^h, Fluthub beträgt 1,8 bis 2,4 m.

Ankerplätze vor dieser Küste sind gegen die vorherrschenden Winde ziemlich ungeschützt. Der Grund ist oft hart und hält schlecht. Kein Schiff sollte im Winter dort einen Nordweststurm abreiten, sondern über St-B.-Bug bei drohendem Sturm von der Küste abliegen, wenn der Wind aus WNW bis W weht. Im Winter sollte man weiter seewärts ankern als im Sommer und die Segel gereft halten.

Große Perlenbank *(Great Pearl Bank)* nennt man die ganze Gegend an der arabischen Küste innerhalb der 40 m-Grenze. Sie beginnt etwa auf dem Breitenparallel von Schardja.

Djesiret el-Hamra ist eine Stadt mit einem Fort auf einer Insel, 10 Sm südwestlich von Ras el-Chaima. Das Fort hat mehrere Türme. Im Fort befinden sich einige runde Bäume; einer davon ist groß und auffällig. Dicht dabei befindet sich ein hoher viereckiger Turm mit zwei Fensterreihen. Ein hoher schlanker Turm steht am Westende der Stadt. Dattelpalmen sind nicht vorhanden, nur nahe bei einem Turme am Ostende der Stadt befindet sich eine auffällige Palme. Die roten Sandhügel enden 2 bis 3 Sm südwestlich vom Orte. Die Bewohner von Djesiret el-Hamra gehören zum Saab-Stamme. Die Stadt wird vom Schech in Ras el-Chaima beherrscht.

Wassertiefen betragen 4 Sm seewärts von der Stadt 20 m, $1/_2$ Sm von der Stadt 7,3 m. Der Grund besteht meist aus Sand.

Siehe Brit. Adm-Krt. Nr. 753 (Tit. IX, Nr. 186)

Chor el-Hamra. Die Küste zwischen Ras el-Chaima und el-Hamra bildet eine seichte Bucht von geringer Tiefe. An der Westseite der Einfahrt zum Chor, $^3/_4$ Sm nordöstlich von der Stadt, liegt die niedrige sandige Huk *Ras Abu Ahmad*. Der Chor läuft in südwestlicher Richtung zwischen der Stadt und dem schmalen Sandstrande hin. Bei den Häusern ist er seicht. In der Einfahrt beträgt die Wassertiefe 0,6 bis 0,9 m bei Niedrigwasser, während sie innerhalb der Einfahrt 2,1 bis 2,4 m beträgt.

Riff, das stellenweise trocken liegt und an Größe zunehmen soll, erstreckt sich längs der Küste an der schwach gekrümmten Bucht zwischen Djesiret el-Hamra und Umm el-Kawen. 5 Sm nordöstlich von Umm el-Kawen liegt die Außenkante des Riffs $1^1/_2$ Sm vom Lande. Das Riff ist bei Tage gut sichtbar. Die 20 m-Grenze bleibt 3 Sm von der Außenkante des Riffs; innerhalb der 20 m-Grenze nehmen die Wassertiefen allmählich bis auf 7,3 m nahe beim Riffe ab.

Chor el-Baisa. Die Einfahrt zu diesem Kriek, der nur für kleine Boote fahrbar ist und mit Chor Umm el-Kawen in Verbindung steht, liegt etwa in der Mitte zwischen Djesiret el-Hamra und Umm el-Kawen. An der Seeseite der durch den Kriek vom Festlande getrennten Insel befindet sich, $3^1/_4$ Sm ostnordöstlich von der Umm el-Kawen-Huk, ein kleines Fort mit einem Dattelwäldchen westlich davon.

Umm el-Kawen ist eine unabhängige aufblühende Stadt mit etwa 800 Einwohnern, die dem Ali-Stamme angehören. Die Stadt ist gut gebaut und reinlich. Eine große Zahl Boote wird in der Perlenfischerei beschäftigt. Einige Inder wohnen dort und haben fast den ganzen Handel in Händen. Wenn man etwa 10 Sm von der Stadt ab ist, sieht man sechs oder acht einzelne Türme, die im Wasser zu stehen scheinen; einer davon ist viel größer und höher als die anderen und trägt einen Flaggenstock. Wenn die anderen noch nicht sichtbar sind, erblickt man diesen, der einem Boote ähnlich sieht. Dieser und noch zwei andere Türme auf der Huk gehören zu einer Mauer, die quer über die schmale Halbinsel führt. Die *Umm el-Kawen*-Huk ist niedrig und sandig und hat eine felsige Kante. Etwa 1 Sm südlich davon befindet sich ein Dattelwäldchen. Von der Huk läuft die Küste nach dem Kriek etwa 1 Sm ostwärts, biegt dann nach Süden und Westen und bildet die Halbinsel, auf der die Stadt steht. Von der Westseite der Einfahrt zum Kriek erstreckt sich ein Riff aus Sand und Stein nordwärts.

Ankerplatz auf der Reede findet man im Sommer auf 9 bis 11 m Wasser, von wo man den hohen Turm mit dem Flaggenstock auf der Huk etwa rw. 163° (mw. SzO$^1/_2$O) peilt. Im Winter ankere man weiter draußen auf etwa 15 m Wasser.

Siehe Brit. Adm-Krt. Nr. 753 (Tit. IX, Nr. 186)

Wassertiefen betragen 4 Sm nordwestlich von der Huk Umm el-Kawen 20 m und nehmen bis auf 9 m in 1 Sm Abstand vom Lande regelmäßig ab. Nördlich und östlich von der Huk dehnt sich das erwähnte Küstenriff aus. Die 10 m-Grenze liegt etwa $2^1/_2$ Sm vom Lande.

Chor Umm el-Kawen. Die Einfahrt zu diesem Kriek liegt 2 Sm nordnordöstlich von der Huk und hat nur 0,6 m Wasser bei Niedrigwasser. An seiner Ostseite befindet sich das Küstenriff. An der Westseite steht etwa $1/_4$ Sm östlich von der Stadt ein Turm. Die Einfahrt zum inneren Becken wird durch die Ruine einer Moschee bezeichnet. Nahe bei der Ruine steht ein runder ofenähnlicher Turm. Bei der Stadt ist der Kriek 3 Kblg breit und hat 11 bis 15 m Wassertiefe; er teilt sich dort in mehrere Arme, der Hauptarm davon läuft südwärts. Hinter der Stadt, wo die Boote liegen, ist 5,5 m Wassertiefe. In dem inneren großen Becken liegen mehrere niedrige Inselchen.

El-Hamrija. Von Umm el-Kawen läuft die Küste 7 Sm südsüdwestwärts nach el-Hamrija. Die Wassertiefen vor der Küste verlaufen regelmäßig, der Grund ist felsig. 11 m Wassertiefe findet man etwa 1 Sm vom Lande. Man darf nicht zu nahe am Lande ankern, um nicht Gefahr zu laufen, den Anker zu verlieren.

El-Hamrija ist ein kleiner Ort mit 400 sehr armen Einwohnern, die zum Naim-Stamme gehören und vom Djowasim-Schech unabhängig sind. Ein viereckiges Fort steht am Strande; fünf Türme bilden eine Gruppe, die 11 Sm weit sichtbar ist. Zwei einzelne Türme befinden sich südlich von dem kleinen Kriek. Ein großer Dattelwald befindet sich nahe am Nordostende des Ortes. Etwa 50 Boote sind in der Perlenfischerei beschäftigt.

El-Aiman ist ein Fort, 12 Sm südsüdwestlich von der Huk Umm el-Kawen. Der Turm des kleinen hohen Forts, auf der die Flagge weht, ist viel höher als die anderen und etwa 12 Sm weit sichtbar. Etwa 60 Boote beteiligen sich an der Perlenfischerei. Das Trinkwasser aus den Brunnen, 1 Sm südwestlich vom Orte, ist schlecht.

Chor el-Aiman ist für große Boote zugänglich. Die Einfahrt liegt dicht am Nordende der Stadt zwischen zwei Sandsteerten, die sich 1 Sm weit vom Lande erstrecken. Die Barre besteht aus Sand, während sie in anderen Krieken meist felsig ist, und hat bei Niedrigwasser 1,5 m Wassertiefe. Im Chor beträgt gegenüber der Stadt die Wassertiefe 3,7 m. Dann wendet sich der Kriek ostwärts und bildet ein seichtes Becken. Das Fahrwasser befindet sich nahe an der Stadtseite. Eine Bank erstreckt sich von der niedrigen sandigen Huk an der Nordostseite der Einfahrt bis etwa in die Mitte des Krieks.

Siehe Brit. Adm-Krt. Nr. 753 (Tit. IX, Nr. 186)

Wassertiefen vor el-Aiman verlaufen etwas unregelmäßig, der Grund ist felsig. ³/₄ Sm vom Lande, der Stadt gegenüber, befindet sich ein Riff mit 3,7 m Wasser. Innerhalb des Riffs hat man 7,3 m Wasser. Die 20 m-Grenze liegt etwa 5 Sm von der Küste, so daß man bis dahin nachts sicher an die Küste hinanlaufen kann.

El-Haira und **Fascht** sind zwei kleine Küstendörfer, ¹/₄ Sm voneinander, 3 Sm südsüdwestlich von el-Aiman. Das nördliche Dorf el-Haira zeigt zwei einzelne Türme, in dem südlichen Dorf Fascht befindet sich ein kleines viereckiges Fort. Einen großen runden Turm, ¹/₂ Sm vom Strande, sieht man von See aus über die Dattelpalmen hinter diesen Dörfern hinweg. Dieser Turm ist nach dem hohen Turm in el-Aiman die letzte Landmarke, die man von der Küste wegsteuernd aus 12 Sm Abstand sieht. Der Kriek ist sehr klein. Etwa 30 Boote werden in der Perlenfischerei beschäftigt. Diese Dörfer sind dem Schech von Schardja unterstellt.

Schardja, auf 25° 22′ N-Br. und 55° 24′ O-Lg., ist die wichtigste Stadt an dieser Küste und hat 8000 bis 10 000 Einwohner, die meist dem Djowasim-Stamme angehören. Die Stadt nimmt eine 1¹/₄ Sm lange Küstenstrecke an der Ostseite des Krieks ein. Auf dem höchsten der einzelnen Türme, der etwas östlich von der Mitte der Stadt steht, weht die Flagge. Ein großer Teil der Häuser ist aus Stein aufgeführt. Ein hoher Turm steht am Südende des Dorfes *Lijah (Liyah)*, das, von See aus gesehen, ein Stadtteil von Schardja zu sein scheint. Am Südende der Stadt befindet sich eine 9 bis 12 m hohe weiße felsige Anhöhe, die am Südende einen breiten Abhang bildet. Diese Anhöhe ist gut sichtbar, wenn man Schardja von Norden oder Nordwesten ansteuert. Dattelwälder befinden sich südlich von Schardja.

Etwa 350 Boote werden in der Perlenfischerei beschäftigt. Einige Baghalas sind vorhanden. Sehr schöne Boote (Bakaras und Batils) werden gebaut. Viele Inder (Banyans) wohnen in Schardja. Ein Araber ist britischer Agent.

Wassertiefen. Von der 20 m-Grenze, die 4 Sm von der Stadt liegt, nimmt die Wassertiefe bis zur 10 m-Grenze, die etwa 1 Sm von der *Schardja (Lijah)*-Huk liegt, ziemlich regelmäßig ab. Die 40 m-Grenze bleibt 25 Sm vom Lande.

Ankerplatz auf der Reede findet man im Sommer auf 9 m, im Winter auf etwa 12 m Wassertiefe; der Ankergrund hält schlecht und besteht aus Stein mit etwas Sand. Vom Ankerplatze peilt die Schardja-Huk zwischen Süd und Südsüdost, so daß Boote mit der Seebrise nach und von der Huk kommen können.

Landungsplatz. Boote landen am besten auf der Schardja-Huk, nicht im Kriek, da dort meistens Brandung steht. Um die

Siehe Brit. Adm-Krt. Nr. 753 (Tit. IX, Nr. 186)

kleine vorspringende felsige Lijah-Huk der Stadt gegenüber rudere man herum und bringe sie in nordnordwestliche Peilung. Dort ist der einzige Landungsplatz auch bei nur mäßigem Schamal. Eine Anzahl Fähren führen über die Lagune zwischen dem Landungsplatze und der Stadt.

Chor Schardja ist sehr schmal und seicht; die Einfahrt liegt 1 Sm nordöstlich vom Turme mit dem Flaggenstock. Der Kriek läuft zwischen der Stadt und der See südwestwärts und hat an seiner Außenseite nur einen schmalen Sandstreifen. Dann dreht er um den erwähnten Abhang südlich von der Stadt und verbreitert sich zu einem kleinen Becken, das mit dem Chor des Dorfes Chan in Verbindung steht. Obgleich auf der Barre nur etwa 0,3 m Wasser bei Niedrigwasser ist, können doch große unbeladene Baghalas einlaufen.

Lijah, ein großes Dorf mit Mattenhütten, ist ein Vorort von Schardja und befindet sich auf der Schardja (Lijah)-Huk. Der große Turm am Südende des Dorfes liegt $1/4$ Sm von der Huk.

Von Schardja nach Dabai. Von der Schardja-Huk läuft die Küste $7 1/4$ Sm südwestwärts nach der Südhuk am Dabai-Kriek und bildet eine schwach gekrümmte Bucht. $2 1/4$ Sm südwestlich von der Schardja-Huk befindet sich ein kleiner Kriek, an dem die beiden kleinen Städte Chan und Abu Hail liegen, die gute Landmarken für die Ansteuerung von Schardja bilden.

Chan, die nördliche Stadt mit etwa 1000 Einwohnern, besteht fast ganz aus Mattenhütten. Fünf einzelne Türme befinden sich in verschiedenen Stadtteilen. Der Kriek spaltet sich in zwei Arme; der eine davon läuft nordostwärts und vereinigt sich mit dem Schardja-Becken; der andere läuft südwärts an der Landseite von Abu Hail entlang. Das Hinterland ist einige Sm weit niedrig und sumpfig. 25 Boote werden in der Perlenfischerei beschäftigt.

Abu Hail mit 2000 Einwohnern besteht fast ganz aus Mattenhütten. Vier Türme am Südende auf der Mauer, die von der Küste nach dem inneren Becken führt, stehen fast in einer Linie, nordwestlich voneinander. Diese Türme und die in Chan überragen die Mattenhütten weit und sind leicht auszumachen. Der Ankergrund hält schlecht. 1 Sm vom Lande liegt die 10 m-Grenze. Dattelpalmen finden sich auf der Strecke bis nach Dabai nicht vor. Der Strand besteht aus reinem weißen Sand. 40 Boote werden zur Perlenfischerei ausgesandt.

Dabai ist eine große Stadt mit 5000 bis 6000 Einwohnern unter einem eigenen Schech und wird von den Abu Felasa-Leuten bewohnt, die einen Seitenzweig der Beni Jas bilden. Wenige Hindus

Siehe Brit. Adm-Krt. Nr. 753 (Tit. IX, Nr. 186)

wohnen dort. Nördlich von der Stadt liegt der Vorort *Deira*. Etwa 150 Boote werden in der Perlenfischerei beschäftigt; im Winter werden die Boote auch zum Fischfang benutzt.

Die Stadt (Abbild. 37) liegt in einiger Entfernung von der Küste. Der Dattelwald hinter der Stadt erstreckt sich 1 Sm südwärts und endet in einer einzelnen Gruppe. Nördlich von der Stadt befindet sich ein baumloser Raum mit einem großen viereckigen Gebäude und mehreren kleineren. Das große Gebäude ist in südöstlichen Peilungen gut sichtbar. Das höchste Gebäude ist das hohe viereckige Schloß (Kosr) des Schechs mit einem hohen runden Turme in seiner Südwestecke, auf dem die Flagge weht. Etwa 8 kleinere Türme befinden sich in der Stadt und dem Vorort. Die Straßen der Stadt sind sauber. Der Markt ist bedeutend. Man findet dort viel deutsches emailliertes Eisengeschirr. Ein kleiner Kai ist vorhanden.

Riff. Ein flaches Riff mit nur 1,8 m Wasser auf seiner Außenkante erstreckt sich eine Strecke weit nach Abu Hail hin. Von der *Dabai*-Huk liegt die Außenkante etwa 3 Kblg ab, während sie von der Küste bei Deira $1/2$ Sm abbleibt.

Ankerplatz vor Dabai liegt vor der niedrigen sandigen Huk, die sich weiter ausgedehnt hat, an der Westseite des Krieks. Vom Ankerplatz peilt der Flaggenstock auf dem Turme rw. 147° (mw. SOzS). Vom Ankerplatz ist der Djebel Ali sichtbar. (Abbild 38.) Die Wassertiefe beträgt 6 Kblg vom Lande etwa 9 m. Man sollte beim Ankern außerhalb dieser Grenze bleiben. Etwa 1 Sm vom Lande auf 11 m Wassertiefe findet man guten Liegeplatz. Der Ankerplatz bietet keinen Schutz gegen den Schamal.

Chor Dabai. Die niedrige sandige Huk an der Einfahrt zum Chor liegt etwa $1/2$ Sm nordwestlich von der Stadt und springt etwas aus der Küstenlinie vor. Die Einfahrt hat stellenweise nur 0,6 m Wasser bei Niedrigwasser, felsiger Grund. Sie wird vielfach durch ein Riff gesperrt. Das Fahrwasser wendet sich innerhalb der äußeren Einfahrthuk südwärts. Ein Steert erstreckt sich von der *Deira*-Huk in den Kriek hinein. Von ihm peilt die Einfahrthuk an der Westseite $1/3$ Sm nordwestlich. Der Kriek dreht dann allmählich ostwärts, zwischen der Stadt und der Deira-Huk, wo er nur $3/4$ Kblg breit ist und 7,3 bis 9 m Wassertiefe hat. Der innere, mehrere Sm lange Teil des Krieks wird nur von Fischern benutzt.

Deira, ein großer Vorort von Dabai, liegt auf der langen, schmalen östlichen Huk an der Einfahrt zum Kriek, gegenüber von Dabai, und besteht aus Mattenhütten. Einige Türme stehen an der Nordseite des Ortes.

Küste von Dabai nach Abu Sabi läuft etwa 70 Sm
südwestwärts. 4 Sm südwestlich von Dabai liegt ein kleines Dorf

Siehe Brit. Adm-Krt. Nr. 2837a (Tit. IX, Nr. 187)

mit Dattelpalmen. Im übrigen ist die Küste ziemlich kahl und unbewohnt. Das Land ist durchweg sehr niedrig und eintönig. Einzelne Grasflächen sieht man auf den Sanddünen, die von Krieken durchschnitten werden. Stellenweise finden sich große Sümpfe. Größere Bäume als Mangroven findet man dort nicht. Ständige Bewohner gibt es an der Küste nicht. Landung an der Küste zwischen den beiden Städten würde gefährlich sein, wenn man nicht eine bewaffnete Truppe zur Verfügung hat, da die Küste oft von den Beduinen-Stämmen aus dem Innern heimgesucht wird.

Djebel Ali, ein 67 m hoher Hügel mit flachem Gipfel, der nach beiden Enden hin allmählich abfällt, ist die einzige Landmarke an diesem Küstenstrich und 17 Sm weit sichtbar. Der Hügel liegt 3 Sm von der Küste. (Abbild. 38.)

Ras Hasa ist eine kleine felsige, schwach vorspringende Huk, die wie ein kleiner schwarzer Fleck auf dem weißen Sande erscheint, wenn man nahe unter der Küste ist. Die Huk liegt 30 Sm südwestlich von Dabai. Die Wassertiefen vor diesem Küstenstrich verlaufen regelmäßig, Grund Sand. Die 5 m-Grenze bleibt $^3/_4$ Sm vom Lande. Nach See zu nimmt die Wassertiefe allmählich zu. *Ras Kantut*, 5 Sm südwestlich von Ras Hasa, ist eine ähnliche Huk.

Chor Ghanasa und Chor Ghurabi sind zwei Krieke, wo man Mangrovenbüsche zu Brennholz holen kann. Chor Ghanasa kann man an den Mangrovenbüschen an der Einfahrt ausmachen, die dort von den Arabern als Landmarken gelassen werden. In den Ghanasa-Kriek, der größer als der Ghurabi-Kriek ist, sollen große Boote einlaufen können.

Von Chor Ghurabi nach Abu Sabi befinden sich viele Krieke an der Küste, die miteinander in Verbindung stehen und teilweise große tiefe Sümpfe und Binnenseen bilden, die nur durch einen schmalen Sandstreifen vom Meere getrennt werden. Die Einfahrten zu den Krieks sind sehr seicht. Die Araber suchen die Krieks auf, um Brennholz zu holen oder zu fischen.

Ras Hanjura ist eine sehr niedrige sandige Huk an der Nordseite einer seichten, 3 Sm breiten Bucht. An der Südseite liegt die niedrige sandige Huk *Maraifdjein*. Die beiden Huken sind etwa 5 Sm weit sichtbar. Die Araber benutzen als Landmarke einen kleinen, 6 bis 9 m hohen steilen Abhang am Südende eines kleinen Tafellandes, dessen Gipfel schwach überhängt. Der Abhang befindet sich am Ufer im Innern der *Hanjura*-Bucht und ist 7 bis 8 Sm weit sichtbar. (Abbild. 39.)

Hadd es-Salei (Hadd at Thalei)-Riff.
Ein großes Riff beginnt etwas nördlich von Ras Hanjura und erstreckt sich 21 Sm weit bis Abu Sabi. Bei Ras Hanjura erstreckt sich das Riff

Siehe Brit. Adm-Krt. Nr. 2837a (Tit. IX, Nr. 187)

1½ Sm weit vom Strande. Die Außenkante läuft dann 7 Sm weit westsüdwestwärts, wo sie vielleicht 5 Sm vom Lande bleibt, dreht dann südsüdwestwärts und vereinigt sich mit dem Riff vor der Stadt Abu Sabi. Dicht beim Riff beträgt die Wassertiefe 11 m. Das Lot kann man bei der Annäherung an das Riff schlecht verwenden, da die Wassertiefen nördlich und nordwestlich davon unregelmäßig sind. An der Innenseite des Riffs soll sich ein Bootfahrwasser befinden, das beim Schamal gebraucht wird.

Ras el-Ghurab ist eine felsige Huk mit niedrigen Sanddünen etwa 11 Sm nordöstlich von Abu Sabi. Das Riff erstreckt sich dort 3 Sm vom Lande. Der Kriek bei dieser Huk soll sehr groß sein und in der Einfahrt größere Wassertiefen haben als irgend ein Kriek an dieser Küste. Innerhalb der Einfahrt ist tiefes Wasser.

Ras Laffan ist eine niedrige Huk, 3 Sm nordöstlich von Abu Sabi, an der Nordseite eines Krieks, der südwärts läuft und sich mit dem großen Binnengewässer hinter Abu Sabi vereinigt. Die Baghalas der Eingeborenen liegen in dem Kriek.

Abu Sabi (Abu Thabi).

Die Stadt Abu Sabi auf 24° 29′ N-Br. und 54° 21′ O-Lg. hat die meisten Einwohner von den Orten an dieser Küste und ist die wichtigste Stadt des großen Stammes Beni Jas. Die Stadt steht unter einem Schech, der für sich auch die Herrschaft über die Küste bis nach Chor el-Udeid beansprucht. Die Beni Jas bilden einen schönen Menschenschlag, ihr Schech ist England freundlich gesinnt. Das kleine Fort (Abbild. 40) hat sechs Türme dicht beieinander; auf dem einen weht die Flagge. Ein kleiner Turm steht am Strande. Einige auffällige steinerne Gebäude sind vorhanden. Die übrige Stadt erstreckt sich 2 Sm weit längs des Strandes und besteht aus Mattenhütten. Einige Zwergdattelpalmen, etwa 1 Sm landwärts von der Stadt, bilden den einzigen von der Stadt aus sichtbaren Pflanzenwuchs. In der Stadt leben etwa 20 000 Menschen, darunter einige indische Kaufleute. Etwa 600 Boote werden in der Perlenfischerei beschäftigt. Außer zur Zeit der Perlenfischerei findet man die Fischerboote von Abu Sabi allenthalben an der Küste zwischen Abu Sabi und Chor el-Udeid.

Ansteuerung von Abu Sabi. Die Küste ist sehr niedrig und besteht allenthalben aus weißem Sand. Die einzigen Landmarken sind das Fort und der niedrige Hügel *Djebel Fataisa*, 6 Sm südwestlich davon. Dieser Hügel befindet sich auf einer Insel in dem Binnengewässer und erscheint, wenn man ihn zuerst von See aus sieht, dunkel; beim Näherkommen sieht man den niedrigeren weißen Sandteil.

Siehe Brit. Adm-Krt. Nr. 2837a (Tit. IX, Nr. 187)

Nach Abu Sabi bestimmte Schiffe sollten als Abfahrtsort die Insel Sir Abu Nuair (Seite 112) wählen und den Gipfel der Insel in rw. 358° (mw. $N^1/_4W$)-Peilung halten, solange er in Sicht ist. Auf den Lotgründen wird man starke Stromkabbelungen treffen. Man muß auf die Gezeitenströme Rücksicht nehmen, die das Schiff nördlich und südlich von Abu Sabi versetzen können. Vom Topp muß man guten Ausguck halten, denn das Fort ist von Deck aus nur 8 Sm weit sichtbar, also etwa bei der 15 m-Grenze. 15 m Wassertiefe findet man aber auch dicht bei den Riffen. Am gefährlichsten sind die Riffe nordöstlich von der Stadt.

Wenn man südwärts längs der Küste steuert, muß man, vor allem bei Nacht, beim Passieren des Hadd es-Salei-Riffes sehr vorsichtig sein.

Bei der Annäherung an die Südküste des Persischen Golfs muß man sehr fleißig loten. Die Gezeitenströme sind stark und unregelmäßig, das Land ist sehr niedrig und bietet nur wenige oder gar keine Landmarken. Die Vermessung ist ungenau.

Lotsen. Die besten Lotsen für die Südküste des Golfs zwischen Dabai und el-Bida erhält man in Abu Sabi.

Ankerplatz auf der Reede von Abu Sabi (Abbild. 40a). Große Fahrzeuge ankern auf 7,8 bis 9 m Wasser, 2 bis $2^1/_2$ Sm rw. 304° (mw. NWzW) vom Fort. Man ist dort gegen die vorherrschenden Winde ziemlich ungeschützt. Fahrzeuge mit weniger als 3,7 m Tiefgang können den inneren Ankerplatz benutzen.

Innerer Ankerplatz. Um auf den inneren Ankerplatz zu laufen, bringe man das Fort in rw. 118° (mw. $SOzO^1/_2O$)-Peilung und steuere darauf zu. Man achte gut auf das Westende des Riffs, auf dem nur wenige Dezimeter Wasser sind, das aber gut sichtbar ist. Das Riff erstreckt sich nur 4 Kblg weit vom Sandstrande. Man muß es ziemlich nahe umsteuern. Das Fahrwasser zwischen dem Riff und der nordwestlichen sandigen Huk vor der Stadt ist nur $1^1/_2$ Kblg breit und hat 3,7 m Wassertiefe. Wenn man das Südwestende des Riffs nahebei umsteuert und dann nach Norden dreht, kann man auf 4,5 bis 5,5 m Wasser $^1/_4$ Sm vom Lande ankern, von wo man das Fort zwischen rw. 180° (mw. S) und rw. 169° (mw. SzO) peilt. Nachmittags kann man am besten einlaufen. Der Ankerplatz wird durch das Riff ziemlich geschützt.

Das Fahrwasser an der Ostseite des Riffs wird von den Fahrzeugen der Eingeborenen benutzt. Bei westlichen Winden kann auch ein Segelfahrzeug durch dies Fahrwasser auslaufen. Man muß aber scharfen Ausguck halten.

Chor Abu Sabi. Etwa 3 Sm westlich vom Fort mündet ein Fahrwasser, das in eine große Bucht oder Binnensee führt, in der Einfahrt $3^1/_2$ Sm breit ist und sich vielleicht 20 Sm weit ins Land

Siehe Brit. Adm.-Krt. Nr. 2837a (Tit. IX, Nr. 187)

erstreckt. Der größte Teil des Sees ist seicht. Viele tiefe Rinnen führen den See entlang, in dem mehrere Inseln liegen. Der See ist nicht vermessen. Der See steht mit dem Chor Laffan in Verbindung; infolgedessen liegt die Stadt auf einer Insel. An einer Stelle befindet sich bei Niedrigwasser eine Furt.

Schiffsausrüstung. Rindvieh ist zu haben. Das Wasser in der Nähe ist brackig. Gutes Trinkwasser wird von Dabai geliefert, ein Keran für zwei bis drei Ziegenfelle.

Insel Sir Abu Nuair.

Die Insel Sir Abu Nuair (Abbild. 41) auf 25° 13′ N-Br. und 54° 14′ O-Lg. wird von den Fischern *Sir* genannt. Sie ist etwa $2^3/_4$ Sm lang und 2 Sm breit. Sie findet sich an der Nordkante der Großen Perlen-Bank, etwa 45 Sm nordwestlich von Abu Sabi. Außer auf der sehr niedrigen sandigen Huk im Südosten ist die Insel hügelig. Die Küste ist unregelmäßig. Die auffälligste Landmarke ist der 73 m hohe Hügel mit flachem Gipfel nahe am Südende der Hügel. Von Norden aus ist der Hügel nicht so gut sichtbar. Die Sichtweite beträgt 17 Sm.

Die Insel, über die der Djowasim-Schech die Herrschaft beansprucht, ist nicht ständig bewohnt. Die kahle Insel bringt nur Buschwerk hervor. Das Wasser in den Brunnen nahe an der Ostseite ist brackig. Etwas Schwefel soll vorkommen. Während der Perlenfischerei wird die Insel viel von Booten besucht. Im Winter halten sich dort nur wenige Fischerboote aus Schardja und Dabai auf, deren Mannschaften für ihre Familien auf der Insel zeitweilig Hütten aufschlagen.

Wassertiefen. Der Insel kann man sich sicher nähern. Das Strandriff ist nur etwa $1/_4$ Sm breit. Von der Südostecke der Insel sollte man nachts weit abbleiben, da die Lotungen zur Bestimmung des Schiffsortes nicht genügen. Man hat dicht beim Strandriff 18 bis 27 m Wassertiefe, die gleiche Tiefe findet man auch mehrere Sm seewärts. Nordwestlich von der Insel trifft man nahe an der Kante der Großen Perlen-Bank starke Stromkabbelung.

Ankerplatz vor Sir Abu Nuair findet man vor der Ostseite der niedrigen Südosthuk auf 22 m Wasser, $1/_8$ Sm vom Land. Man hat dort Schutz gegen den Schamal, ist aber gegen den Naschi ungeschützt.

Siehe Brit. Adm-Krt. Nr. 2837a (Tit. IX, Nr. 187)

Abschnitt VI.

Nordküste von Oman von Abu Sabi nach Ras Rekkan.

Mißweisung für 1905,0:

Sir Beni Jas . . . . . 0° 15′ O | Ras Rekkan . . . . . . 0° 25′ O
(jährliche Zunahme etwa 2′).

Allgemeines.

Die ganze Südküste des Persischen Golfs ist niedrig und sandig oder steinig. Hier und dort befinden sich mäßig hohe felsige oder sandige Hügel. Das Land ist ziemlich kahl und trostlos. Trinkwasser kann man an wenigen Stellen erhalten, es ist aber sehr schlecht. Die 250 Sm lange Küstenstrecke von Abu Sabi bis nach el-Wakrah (60 Sm südlich von Ras Rekkan) wird nicht ständig bewohnt und weist weder Dörfer noch Häuser auf. Gelegentlich hausen dort Beduinen der Stämme Beni Jas, Beni Hadjir und el-Manasir, vor denen unbewaffnete Landungsmannschaften nicht sicher sind.

Riffe. Große Riffe erstrecken sich meilenweit vom Lande. Stellenweise finden sich zwischen den Riffen und der Küste Durchfahrten. Die Riffe sind meist flach und steinig, stellenweise findet man Korallenbruch. Die Wassertiefe beträgt 0,9 bis 5,5 m. Man sieht die Riffe deutlich, wenn das Wetter nicht wolkig ist oder die Sonne gerade darüber steht. Die Wassertiefen sind verhältnismäßig gering; stellenweise steht Stromkabbelung. Das Wasser ist überall sehr klar. Vom Topp aus muß man sehr guten Ausguck halten. Wenn man nahe an den Riffen ist oder innerhalb der Riffe, so sollte man nach Dunkelwerden nicht in Fahrt bleiben, sondern stets vor Anker liegen, da man sich vollständig auf den Ausguck verlassen muß.

Perlen-Bänke. Die 40 m-Grenze macht nördlich von Sir Abu Nuair einen tiefen Bogen und bleibt von dem Nordende der Insel nur 4 Sm ab. Von da läuft sie mit mehreren tiefen Einbuchtungen westwärts auf die Insel Halul zu, wendet sich dann nordwestwärts und läuft in 30 bis 20 Sm Abstand um Ras Rekkan herum. Inner-

Siehe Brit. Adm-Krt. Nr. 2837a u. b (Tit. IX, Nr. 187, 188).

halb der 40 m-Grenze liegen fast alle Stellen mit Stromkabbelung. Die 40 m-Grenze kann man als die Kante der Perlenbank bezeichnen. Innerhalb dieser Grenze beträgt die Wassertiefe durchschnittlich 18 bis 27 m; gelegentlich finden sich Stellen mit mehr als 40 m Wassertiefe. Viele seichte Stellen, die die eigentlichen Perlenbänke bilden, haben 5,5 bis 16,5 m Wassertiefe.

Inseln. Vor der Küste liegen zahlreiche Inseln, einige davon sind hoch. Die meisten haben an der Südostseite eine niedrige, sandige, vorspringende Huk, wie Sir Abu Nuair. Auf den kahlen Inseln ist kein Trinkwasser zu finden, nur auf ein paar Inseln findet sich etwas stark brackiges Wasser. Mit Ausnahme von Dalma werden die Inseln nicht ständig bewohnt. Im Sommer halten sich dort die Fahrzeuge der Perlenfischer auf, im Winter lassen sich die Fischer aus Abu Sabi mit ihren Familien etwa zwei Monate lang dort nieder.

Lotsen. Schiffe, die an dieser Küste oder zwischen den Riffen fahren wollen, müssen in Abu Sabi einen Lotsen nehmen. Europäer besuchen die Küste nicht, die auch von den Arabern gemieden wird.

Von Abu Sabi nach Djesiret Sir Beni Jas.

Die Küste von Abu Sabi bis nach der Insel Sir Beni Jas ist wenig bekannt. Riffe liegen 10 bis 30 Sm vor der Küste; dazwischen finden sich viele, teilweise große, niedrige Inseln, die mit Mangroven bewachsen sind. Viele Krieke und Binnengewässer liegen im östlichen Teile, doch sind die Fahrwasser in dem Riffgebiet nur teilweise vermessen.

Gezeiten scheinen regelmäßig zu verlaufen. Dem seichten Grunde entsprechend, treten die Gezeiten bei Chor el-Udeid später ein als bei Abu Sabi, doch liegen Beobachtungen über die Hafenzeiten nicht vor. Der Tidenhub beträgt bei Sir Beni Jas etwa 2,4 m. Der Strom ist stellenweise sehr stark, namentlich an den Huken der Inseln, in schmalen Fahrwassern und zwischen Riffen.

Von Abu Sabi nach Chor Kantur läuft die Küste 30 Sm weit südwestwärts. Ein Riff erstreckt sich längs der Küste. Bei Djesiret el-Bahrani ist es 3 Sm breit. Nach Westen hin nimmt es an Breite zu, und seine Außenkante liegt bei Chor Kantur 8 Sm vom Lande. Die eigentliche Festlandküste liegt weit von den kleinen, durch Krieke voneinander getrennten Inseln und ist nicht bekannt. Araber besuchen diese Inselchen und das Hinterland, um Mangrovenbüsche als Brennholz zu holen. Die Krieke werden von Fischerfahrzeugen besucht. Sie sollen zwar seichte Einfahrten haben, aber innerhalb der Einfahrt soll die Wassertiefe groß sein.

Siehe Brit. Adm-Krt. Nr. 2837a (Tit. IX, Nr. 187).

Djesiret el-Bahrani ist eine niedrige, sandige, etwa 5 Sm lange Insel, die den Binnensee von Abu Sabi im Südwesten begrenzt. Auf der Insel stehen einige Mangroven.

Djebel Abu Kaschascha ist ein kleiner Hügel auf der der Südwestseite von el-Bahrani nächsten Insel, der von den Arabern als Landmarke verwendet wird.

Chor Kantur ist ein in der Einfahrt 1 Sm breites Riffahrwasser, 22 Sm von Abu Sabi, das 8 Sm weit südwärts läuft und sich dann in zwei Arme spaltet. In der Einfahrt beträgt die Wassertiefe bei Niedrigwasser 3,7 m, weiter innen beträgt sie 7,3 bis 9 m. Auf der Ostseite des Südendes liegt die Insel *Kantur*, die von der Westseite der kleinen Insel *Umm el-Madjarib* durch einen kleinen Kriek getrennt wird. Die beiden niedrigen, mehrere Sm langen Inseln sind mit Mangroven bewachsen.

Ras el-Kahaf ist eine felsige Huk mit flachem Gipfel, die verhältnismäßig hoch ist und vielleicht zum Festlande gehört.

Djesiret Salali ist eine 7 Sm lange niedrige Insel an der Westseite von Chor Kantur mit einem kleinen Hügel an ihrem Nordostende. Durch den Priel an der Westseite der Insel können Boote bei Hochwasser in den Chor el-Basim gelangen.

Basim-Riff.

Das große Riff an der Westseite von Chor Kantur erstreckt sich von der Einfahrt zum Chor 53 Sm weit westwärts. Eine Inselkette liegt an der Südkante, die von den Arabern Basim genannt wird, wenngleich jede Insel einen eigenen Namen hat. An der Südseite des Riffs, zwischen diesem und dem Festlande, dehnt sich der Chor el-Basim aus.

Halat el-Mubarras ist ein $1/2$ Sm langes, schmales, niedriges, sandiges, kahles Inselchen, das nur 0,9 bis 1,2 m über Hochwasser emporragt und höchstens 5 Sm weit sichtbar ist. Das Inselchen liegt etwa 53 Sm westlich von Abu Sabi an der Südostkante des großen einzelnen Riffes Rak el-Hadjdji.

Rak el-Hadjdji *(Hajji)* ist ein etwa 9 Sm langes und breites Riff mit einigen Sandbänken, das bei Niedrigwasser trocken liegt. Das Riff ist nicht vermessen. Das Fahrwasser *Chor Baschubar* an der Südseite des Riffs, zwischen ihm und dem Basim-Riff, ist etwa $1^{1}/_{2}$ Sm breit und hat 13 bis 15 m Wassertiefe. Bei Springtide treten in diesem Fahrwasser heftige Gezeitenströme auf.

Halat Hail ist ein Inselchen wie el-Mubarras, aber größer als dieses, und liegt etwa $3^{1}/_{2}$ Sm davon ab an der Südseite von Chor Baschubar auf dem Basim-Riffe, fast an dessen Nordkante. Die ganze Nordkante des Riffs ist nur ungenau vermessen. Das Lot

Siehe Brit. Adm.-Krt. Nr. 2837a (Tit. IX, Nr. 187)

gibt bei der Ansteuerung keinen Anhalt, da dicht dabei und bis auf 15 Sm Abstand die Wassertiefe 11 bis 18 m beträgt.

Rak es-Sekum *(Rak az Zakum)* ist eine große Perlenbank, deren seichtester Teil mit 5,5 m Wasser etwa 38 Sm nordwestlich von Abu Sabi liegt. Die Größe der Bank ist nicht genau bekannt. Lotungen geben bei der Annäherung an die Bank keinen Anhalt. Ein reines, 18 Sm breites Fahrwasser befindet sich zwischen dieser Bank und Rak el-Hadjdji.

Fascht Bu Tini ist ein großes Riff mit etwa sechs trockenfallenden Sandbänken. Die Mitte liegt etwa 18 Sm westnordwestlich von Halat el-Mubarras und südlich von der Insel Zirkuh (Seite 119). Das Riff ist etwa 9 Sm lang und breit und liegt stellenweise meilenweit trocken. Die Perlenfischer waten auf diesem und auf anderen Riffen bis an die Knie im Wasser fern von ihren Booten, was einen eigentümlichen Anblick gewährt.

Chor Chalidj *(Halj)* ist ein reiner Paß mit etwa 10 m Wasser zwischen Fascht Bu Tini und dem Hadjdji-Riffe und zwischen Fascht Bu Tini und *Redem (Reideim)*, dem nordwestlichen Teile des Basim-Riffes.

Durchsteuerung von Chor Chalidj und Chor Baschubar. Bei Tage und klarem Wetter kann man die Pässe südlich von Fascht Bu Tini benutzen. Die trockenen Stellen des Riffs kann man aus dem Topp in einiger Entfernung von der Riffkante sehen. Die Insel *Basim el-Gharbi*, auf dem Westende des Basim-Riffs, wird man auch aus den Toppen sehen können, wenn man in der Mitte des Fahrwassers ist.

Bei der Durchsteuerung des Chalidj-Passes halte man sich an der Seite des Fascht Bu Tini-Riffs und halte die Sandbänke des Riffs in Sicht, bis man das Riff hinter sich hat. Man halte guten Ausguck nach dem mattgrünen Wasser des Hadjdji-Riffs (Seite 115).

Bei der Durchsteuerung des Baschubar-Passes sollte man, wenn man das Riff Bu Tini hinter sich hat, vorsichtig auf das Hadjdji-Riff zusteuern und sich an dessen Kante halten, bis das Inselchen Mubarras in Sicht kommt, von dem man $1/4$ bis $1/2$ Sm abbleibt.

Diese Pässe darf man nur bei günstigem Winde benutzen, wenn man zugleich die Sonne achteraus hat. Die Gegend zwischen Mubarras und Abu Sabi südlich von Rak es-Sekum (siehe oben) ist ungenau vermessen. Man findet dort starke Stromkabbelung.

Chor el-Basim ist der große, 50 Sm lange Kriek zwischen dem Basim-Riffe und dem Festlande, der in der Einfahrt 6 Sm, im Innern aber nur 1 Sm breit ist. Der Kriek ist zwar vermessen,

Siehe Brit. Adm.-Krt. Nr. 2837b (Tit. IX, Nr. 188)

aber nicht seine Einfahrt. Für große Fahrzeuge ist es gewagt, in den Kriek einzulaufen oder Sir Beni Jas von Osten anzusteuern. Fahrzeuge mit geringem Tiefgang können bei gutem Ausguck in den Kriek einsteuern. Die Einfahrt befindet sich 19 Sm östlich von Sir Beni Jas. Sie ist etwa 6 Sm breit zwischen dem Westende des Basim-Riffs und dem Riff an der Ostseite des Inselchens el-Ischa, doch liegen darin mehrere flache Stellen. Die Wassertiefen im Kriek nehmen von 18 m in der Einfahrt nach dem Innern hin ab und verlaufen unregelmäßig.

Basim el-Gharbi ist eine niedrige, 2 Sm lange, teilweise mit Mangroven bestandene Insel, die etwa 3 Sm von der Westkante des Basim-Riffs liegt. Die Nordwestecke dieses Riffs bildet das vielleicht alleinliegende *Redem (Reideim)*-Riff, 7 Sm nordwestlich von der Insel. Die Insel ist von Deck aus etwa 6 Sm weit sichtbar.

Trinkwasser ist auf den Inseln nicht zu haben. Mangroven kann man zu Brennholz abhauen lassen.

El-Ischa, ein niedriges sandiges Inselchen, liegt 10 Sm westlich von Basim el-Gharbi, an der Westseite der Einfahrt zum Basim-Kriek, auf einem Riffe, das sich vom Inselchen 8 Sm weit nordwärts erstreckt. Auf dem Riffe liegen mehrere trockene Sandbänke. Die Nordostkante des Riffs wird *Ras Barud* bezeichnet.

Ansteuerung von Chor el-Basim. Von Norden kommend, halte man den 165 m hohen Gipfel der Insel Zirkuh in rw. 22° (mw. NNO)-Peilung, laufe in Sicht der Sandbänke des Riffs Bu Tini und steuere auf südlichem Kurse, wenn man das Riff hinter sich hat, auf die Einfahrt zu, wobei man auf die Gezeitenströme und die flachen Stellen gut acht geben muß. El-Ischa und Basim el-Gharbi sollte man in Sicht bekommen. Wenn Basim el-Gharbi ostnordöstlich peilt, drehe man darauf zu, halte aber dabei guten Ausguck nach der Südwestecke des Basim-Riffs. Wenn man die Insel Basim el-Gharbi anlaufen will, drehe man auf ihre Südosthuk zu und ankere 1 Sm vor der Südseite der Insel auf 9 m Wasser, gut haltender Grund aus Ton, wo man durch das Riff gegen alle Winde geschützt liegt. Von diesem Ankerplatze sieht man zwei Huken auf dem Festlande: *Ras es-Sawami*, einen etwa 15 m hohen, hellfarbigen, steilen Abhang, und einen ähnlichen Abhang, der wegen seiner Ähnlichkeit mit einem Fort *Ras Djalija (Ialiya)* genannt wird. Von Ras es-Sawami erstreckt sich das Küstenriff westwärts nach Ras Djalija bis 6 Sm vom Lande.

Einsteuerung in den Chor el-Basim. Wenn man Basim el-Gharbi hinter sich hat, verlaufen die Wassertiefen regelmäßiger. Eine Anzahl Inseln taucht auf, von denen man 1 bis 2 Sm abbleibt. Durch guten Ausguck muß man die Annäherung an das Riff feststellen. *El-Fiha*, die dritte Insel an der Nordseite, ist 6 Sm lang. Die

Siehe Brit. Adm-Krt. Nr. 2837b (Tit. IX, Nr. 188)

vierte, felsige Insel kann man nahebei passieren. Die felsige Insel *el-Djunēna (al Junaina)*, mit mehreren einzelnen Klippen nahe dabei, liegt $1^1/_2$ Sm nördlich vom Chor. *Djesiret Abil Abjas*, die größte und östlichste Insel, ist 16 Sm lang und hat am Westende niedrige Sanddünen. Man beachte, daß diese Angaben einem britischen Vermessungsbericht aus dem Jahre 1824 entnommen sind.

Djesiret Sir Beni Jas ist eine 4 Sm breite und in nördlicher Richtung 6 Sm lange Insel. Nahe bei ihrer Mitte liegen vulkanische Hügel. Die beiden höchsten Gipfel davon, die dicht beieinander liegen, sind 130 m hoch und 21 Sm weit sichtbar. Die Küste der Insel ist niedrig, mit Ausnahme einer Stelle nahe bei einem 18 bis 25 m hohen kleinen Hügel an der Ostseite. Schlechtes Trinkwasser kann man aus Brunnen erhalten, die man an der Nordostseite der Insel, nahe bei den Trümmern eines Stranddorfes, gräbt.

Meriton-Bucht, am Südostende von Sir Beni Jas, ist eine $1/_2$ Sm lange und breite natürliche Hafenbucht, die fast ganz im Lande liegt. In der nur 2 Kblg breiten Einfahrt beträgt die Wassertiefe 7,3 m, im Innern 11 m, Grund Schlick. Die sandige Südosthuk der Insel Sir Beni Jas befindet sich auf 24° 16′ N-Br. und 52° 37′ O-Lg.

Raschid ist ein niedriges, flaches, felsiges Inselchen, 4 Sm nordnordöstlich von Sir Beni Jas. Zwischen diesen Inseln führt ein $1^1/_2$ Sm breiter Paß hindurch. Die $^3/_4$ Sm lange Insel ist nur 5 bis 6 Sm weit sichtbar. Über die Bänke zwischen el-Ischa und Raschid führt kein Paß. Nördlich und nordwestlich von Raschid findet man starke Stromkabbelung.

Riffahrwasser. Beim Ansteuern der Meriton-Bucht an der Südostseite von Sir Beni Jas steuere man, von Norden kommend, wenn man Sir Beni Jas sieht, darauf zu auf südlichem Kurse, bis das Inselchen Raschid in Sicht kommt, von dem man weniger als 1 Sm abbleibt, um von dem Riffe vor dem Nordende von Sir Beni Jas freizubleiben. Die Riffe auf beiden Seiten des Passes zwischen diesen beiden Inseln sind gut auszumachen. Eine einzelne flache Stelle liegt 1 Sm von der Ostküste von Sir Beni Jas, östlich vom Gipfel der Insel. Ein niedriges, weißes, sandiges Inselchen, das nur einige dm über Hochwasser hinausragt, liegt $3^3/_4$ Sm östlich von der Insel, fast auf der Deckpeilung des höchsten Gipfels mit dem kleinen Hügel nahe an der Ostküste. Die erwähnte einzelne flache Stelle läßt man an St-B. Wenn dann der Gipfel rw. 292° (mw. WNW) peilt, dreht man auf die Südosthuk der Insel zu, wenn man die Meriton-Bucht über die niedrige Landzunge hinweg sieht. Man ankert auf 13 m Wasser, Grund Ton, $1/_4$ Sm vom Lande, von wo man den kleinen Hügel auf der Osthuk der Insel gerade an der Kante der Südosthuk der Meriton-Bucht hält. Der Ankerplatz bietet

Siehe Brit. Adm-Krt. Nr. 2837b (Tit. IX, Nr. 188)

Schutz gegen alle Winde. Man darf nicht zu weit nach der Westseite der Einfahrt zur Meriton-Bucht hinübersteuern, da sich vom Südende der Insel ein Riff $3/4$ Sm weit ostwärts und südwärts erstreckt.

Das tiefe Fahrwasser zum Einlaufen in die Bucht befindet sich dicht bei der Sandzunge vor der Osthuk. Innerhalb der Einfahrt ist tiefes Wasser. Segelschiffen kann das Einlaufen, der starken Gezeitenströme wegen, nicht empfohlen werden.

Der Paß zwischen Sir Beni Jas und Raschid ist zum Ansteuern der Meriton-Bucht am geeignetsten. Der Paß zwischen dem Riffe vor dem Südende der Insel und dem 2 Sm breiten Riffe vor der nördlichsten niedrigen Huk an der Festlandsküste ist nicht ganz 1 Sm breit und hat nur 5,5 bis 7,3 m Wassertiefen. Die Gezeitenströme setzen mit großer Geschwindigkeit hindurch und bilden Neerströme. 2 Sm südwestlich von der eben erwähnten Huk liegt die 107 m hohe Hügelreihe *Djebel Thanni,* die man beim ersten Anblick für eine Insel hält.

$3^1/_2$ Sm südöstlich von der Meriton-Bucht befindet sich ein kleines sandiges Inselchen, das bei Hochwasser nur 0,9 m über den Wasserspiegel hervorragt, mit tiefem Wasser ringsherum. 6 Sm weiter südöstlich liegen die beiden kleinen Inselchen *Djesiret el-Hamar,* die dürftigen Graswuchs zeigen. Die Inselchen liegen etwa 2 Sm vom Festlande, auf dem man niedrige Steinhügel sieht, auf dem Küstenriff an der Innenseite einer tiefen Ausbuchtung desselben. Von Djesiret el-Hamar erstreckt sich das Küstenriff 5 Sm nordwestwärts. Es hat steile Kanten, nahe dabei hat man etwa 30 m Wassertiefe. Der Westseite des Riffs darf man sich auf $1/_2$ Sm nähern.

Ein Paß läuft von Sir Beni Jas, an el-Ischa vorbei, in den Basim-Kriek. Große Fahrzeuge können den Paß nicht benutzen. Zum Befahren sind günstiger Wind und große Vorsicht erforderlich.

Inseln nördlich von Djesiret Sir Beni Jas.

Zirkuh ist eine $1^1/_2$ Sm breite und $2^1/_2$ Sm in nördlicher Richtung lange Insel, 12 Sm nördlich von Fascht Bu Tini. Auf der wasserarmen Insel, die nur dürftiges Gras und Buschwerk hervorbringt, befindet sich ein 165 m hoher auffälliger Gipfel, der 24 Sm weit sichtbar ist. Ein flaches Riff von geringer Breite umgibt fast die ganze Insel, erstreckt sich aber an der Ostseite $3/_4$ Sm seewärts. (Abbild. 42.)

Ankerplatz auf 7,3 bis 9 m Wasser findet man $1/_2$ bis $3/_4$ Sm von der Insel, wenn man die Südhuk in westlicher bis westsüdwest-

Siehe Brit. Adm-Krt. Nr. 2837b (Tit. IX, Nr. 188)

licher Peilung hält. Segler finden dort zwar Schutz gegen den Schamal, doch läuft starke Dünung um die Insel herum.

Lotungen geben bei der Ansteuerung dieser Insel und anderer Inseln und Riffe im Golf wenig oder gar keinen Anhalt. Eine Untiefe mit 6 m Wasser soll rw. 121° (mw. SOzO$^1/_4$O) von der Insel liegen, doch ist ihre Entfernung von der Insel nicht bekannt.

Untiefen. Eine Untiefe mit 5,5 m Wasser liegt 1 Sm nördlich von Zirkuh. 1$^1/_2$ Sm südlich von der Insel soll sich ein seichter Rücken mit 4,5 m geringster Tiefe befinden. Gezeitenströme treten zwischen dieser Untiefe und der Insel bei Springtide stark auf und erzeugen brandungähnliche Stromkabbelung, die man nördlich und südlich vom Südende der Insel findet.

Das ist eine 1$^1/_4$ Sm lange und $^3/_4$ Sm breite Insel mit 44 m hohen Hügeln ohne besondere Gipfel im nördlichen Teile, während das Südende niedrig ist. Trinkwasser hat die Insel nicht. Das Küstenriff am Südende mit 3,7 m Wasser erstreckt sich etwa 1$^1/_2$ Sm südwärts; 2 Sm südöstlich und südwestlich davon liegen flache Stellen mit 7,3 m und weniger Wassertiefe.

Ankerplatz auf 9 bis 15 m Wasser findet man $^1/_2$ Sm vor der niedrigen sandigen Südosthuk. Beim Schamal macht sich auf dem Ankerplatze, der durch die Insel nur wenig geschützt wird, starke Dünung bemerkbar. Man landet am besten an der Westseite der Südosthuk.

Djesiret Karnēn, 12 Sm südlich von der Insel Das, ist eine $^1/_2$ Sm breite und in nordwestlicher Richtung 1$^1/_2$ Sm lange Insel mit drei auffälligen, einzelnen, dunklen Gipfeln an ihrem Nordende, wovon der höchste 58 m Höhe erreicht, während der südliche Teil der Insel ganz niedrig ist. In einigen Peilungen sehen die drei Gipfel, wenn sie in Sicht kommen, einem Schiffe unter Segel ähnlich. Der 17 Sm weit sichtbaren Insel kann man sich sicher nähern; man muß aber von der Südosthuk mindestens 1 Sm abbleiben, da innerhalb dieser Grenze 7,3 m Wasser ist. Trinkwasser ist nicht zu haben. (Abbild. 43.)

Arsana *(Arzana)*, 25 Sm nördlich von Sir Beni Jas, ist eine 1$^2/_3$ Sm lange und 1 Sm breite Insel. Der nördliche Teil ist hüglig, am Südende befindet sich eine Ebene. Der höchste Hügel ist 60 m hoch und 18 Sm weit sichtbar. Trinkwasser ist nicht vorhanden. Das Riff um die Insel herum ist reichlich 3 Kblg breit.

Ankerplatz bei Arsana findet man auf 7,3 bis 9 m Wasser östlich von der Südhuk, 5 Kblg vom Lande.

Perlenbänke befinden sich in der Nähe der Insel. Eine große Bank mit 5,5 bis 7,3 m Wassertiefe liegt 8 Sm nordnordwestlich

Siehe Brit. Adm-Krt. Nr. 2837b (Tit. IX, Nr. 188)

davon; eine Bank mit 5,5 m Wassertiefe befindet sich 2 Sm nordöstlich von der Insel; diese Bank ist etwa 10 Sm lang und hat auf dem Nordende 9 m, auf dem Südende, das nur $1^1/_2$ Sm vom Südostende der Insel Arsana abliegt, nur 1,8 m Wassertiefe. Eine Bank mit 9 m oder noch weniger Wassertiefe liegt 11 Sm südöstlich von Arsana.

In der Nähe dieser Inseln, überhaupt in der ganzen Gegend südlich von der Insel Das, ist die größte Vorsicht geboten. Man kann sich dort nur auf den Ausguck verlassen. Schiffe mit größerem Tiefgang als 3,0 bis 3,7 m müssen nach Einbruch der Dunkelheit die Fahrt aufgeben.

Dijina ist eine niedrige flache Sandinsel mit kümmerlichem Graswuchs, 12 Sm nordwestlich von Arsana. Der höchste Punkt der Insel ist ein 2,7 m hoher Felsen am Nordende. Die $^2/_3$ Sm breite und in nordnordwestlicher Richtung $1^1/_2$ Sm lange Insel ist etwa 6 Sm weit sichtbar. Das Riff um die Insel herum ist $^1/_8$ Sm breit, außer am Südende, das in etwa $^2/_3$ Sm Abstand 37 m Wassertiefe aufzeigt. Bei Nacht sollte man die Gegend meiden. Perlenbänke mit 7,3 bis 9 m Wasser befinden sich 4 bis 12 Sm nördlich und östlich von der Insel.

Ankerplatz vor Dijina findet man auf 15 m Wasser, etwa 5 Kblg vom Südende der Insel. Man findet dort besseren Schutz gegen den Schamal, als man bei der geringen Größe der Insel vermuten könnte.

Schirau, 9 Sm westnordwestlich von Dijina, ist eine Insel mit etwa sechs kleinen 9 bis 12 m hohen Hügeln, die nahezu in Eins peilen, wenn man die Insel in westlicher Peilung hat. Die sehr kleine, 8 Sm weit sichtbare Insel ist fast frei von Küstenriffen. 1 Sm nördlich davon liegt eine einzelne kleine, 1,8 bis 2,4 m hohe spitze Klippe. Zwischen der Klippe und der Insel hat man 15 m Wassertiefe. $5^1/_2$ Sm nordwestlich von Schirau befindet sich auf einer großen Perlenbank eine 1,8 m-Stelle. Wenn man von Norden aus auf die Insel zusteuert, so sollte man sie in westlicherer Peilung als rw. 180° (mw. Süd) halten.

Dalma, 19 Sm nordwestlich von Sir Beni Jas, ist eine $2^1/_2$ Sm breite und 5 Sm in nördlicher Richtung lange, meist hüglige Insel, die aber nach dem Südende hin in eine sehr niedrige schmale, $1^1/_2$ Sm lange Ebene abfällt und in einer Huk endet. Die Hügel gleichen von weitem einem langen tafelförmigen Hügel mit einem kleinen scheunenartigen Gipfel nahe am Nordende, der 74 m hoch und 18 Sm weit sichtbar ist. Das Küstenriff ist, außer am Südende, $^1/_4$ bis $^1/_2$ Sm breit. Ein kleines Dorf mit einem Turm, das etwa

Siehe Brit. Adm-Krt. Nr. 2837b (Tit. IX, Nr. 188)

15 Familien beherbergt, befindet sich an der Westküste in der Ebene. Die zahlreichen Brunnen liefern brackiges Wasser. Viele Ziegen weiden auf der Insel. Die Fahrzeuge der Perlenfischer suchen die Insel zur Ergänzung ihres Wasservorrats häufig auf. Während der Fangzeit halten sich dort viele Menschen auf, die einen Basar errichten und Bedarfsgegenstände feilhalten. Die Wassertiefen in der Umgegend von Dalma sind unregelmäßig.

Ankerplatz auf 18 m Wasser vor der Südostseite der Insel Dalma, etwa 1 Sm von der niedrigen Sandebene, bietet guten Schutz gegen den Schamal. Die Boote der Eingeborenen liegen vor dem Dorfe ganz nahe am Küstenriff, wo sie durch die Südwesthuk der Insel Schutz gegen den Schamal finden und auch sicher liegen, wenn ein Naschi im Anzuge ist.

Halat Masuma ist ein kleines sandiges Inselchen, etwa 0,8 m über Hochwasser, $2^1/_8$ Sm südsüdwestlich von der Südhuk der Insel Dalma. Das Inselchen befindet sich auf einem in südsüdwestlicher Richtung $2^1/_2$ Sm langen und in der Mitte reichlich 1 Sm breiten Riffe. Dicht beim Riffe hat man 15 m Wasser. Ein schmales Bootfahrwasser mit 5,5 m Wassertiefe führt zwischen dem Riffe und der Insel Dalma hindurch. Die Gezeitenströme sind darin heftig. 6 Sm südwestlich von Halat Masuma befindet sich eine felsige 5,5 m-Stelle.

Von der Insel Sir Beni Jas nach el-Wakrah.

Die Ansteuerung des Küstenstrichs zwischen Sir Beni Jas und el-Wakrah ist sehr schwierig und gefährlich, da davor viele kleine niedrige Inseln und eine Unmenge Bänke liegen. Diese Bänke und die einzelnen großen Riffe sind nur ungenau vermessen, auch sind ihre Umrisse in den Karten nur angedeutet. Ebenso ist die Gegend außerhalb der Riffe westlich von der Verbindungslinie der Inseln Dalma und Schirau, wo man vielfach Brandung sieht, ungenügend vermessen.

Man sollte die ganze Gegend meiden. Sogar die Araber kommen dorthin höchstens in den kleinen Booten für die Perlenfischerei.

Sabut *(Zabut)*, 12 Sm südwestlich von der Südhuk der Insel Sir Beni Jas, ist eine Insel mit weißen steilen Abhängen, die beim ersten Anblick einem Segel gleicht. Die etwa 13 Sm weit sichtbare Insel liegt dicht vor der Festlandküste. Ein Riff erstreckt sich etwa 8 Sm weit nord- und nordostwärts von der Insel. Eine Stelle mit weniger als 2 m Wasser liegt etwa 2 Sm westlich von der Insel; eine Stelle mit 3,7 m befindet sich 7 Sm nordwestlich von Sabut. Da auch ein großer Raum westlich von der Insel nicht vermessen ist, so sollte man mindestens 8 Sm davon abbleiben.

Siehe Brit. Adm-Krt. Nr. 2837b (Tit. IX, Nr. 188)

Küste von Sabut nach Ras es-Silla.
Djebel Baraka ist ein 60 bis 90 m hoher Hügel nahe hinter einem niedrigen steilen Küstenabhang. 7 Sm südwestlich davon und 2 Sm von der Küste befindet sich der kleine Hügel *Djebel el-Wataid*. Die niedrigen dunklen Hügelketten längs der Küste am Chor el-Basim enden dort. Dann folgt die sehr niedrige Küste *Subacha* (Salzgrund), die sich 25 Sm weit westwärts erstreckt. Die Küste ist äußerst armselig und teilweise sumpfig; sie bildet den südlichsten Teil des Persischen Golfs. Die Ansteuerung dieser Küste ist schwierig, selbst wenn sie in Sicht ist. Unreiner Grund erstreckt sich 4 bis 6 Sm weit seewärts davon. Eine kleine Huk nahe an der südlichsten Bucht heißt *Ras Assak*. Dort soll es am heißesten sein im Persischen Golf.

Ras es-Silla ist eine schwach vorspringende Huk am Westende der niedrigen Subacha-Küste, wo die Küste aus westlicher Richtung scharf in nördliche übergeht. Das Land wird höher und steigt von der Küste allmählich stufenförmig zu dem etwa 30 m hohen ebenen Gipfel an. Die helle Huk glitzert in der Sonne infolge der auf dem Erdboden liegenden Kristalle. In geringer Entfernung nördlich von der Huk befinden sich nahe am Strande Brunnen mit brackigem Wasser. Unreiner Grund erstreckt sich von der Huk $2^1/_2$ Sm weit ostwärts und nordostwärts.

Inseln und Riffe nordöstlich von Ras es-Silla.
Jasat *(Yasat)* ist eine Gruppe von zwei großen und drei kleinen flachen Inseln mit 5 m hohen Küstenabhängen auf allen Seiten, die 7 m weit sichtbar sind. Die Inselgruppe erstreckt sich über einen in nördlicher Richtung 6 Sm langen Raum. Ein kleiner Steert läuft von der Südostseite des südlichen Inselchens aus. Eine kleine seichte Stelle befindet sich etwa 1 Sm nordwestlich davon.

Ein Riff erstreckt sich von der Inselgruppe 6 Sm weit nordostwärts. Daran schließt sich 60 Sm weit nordwärts eine Riffkette an, in der kein für Schiffe brauchbarer Paß bekannt ist.

Ein reines $2^1/_4$ Sm breites Fahrwasser mit unregelmäßigen Wassertiefen zwischen 7 bis 35 m führt an der Südseite des südlichen Inselchens der Jasat-Gruppe entlang. Das Küstenriff vor der 8 Sm entfernten niedrigen sumpfigen Subacha-Küste ist 4 Sm breit. Nördlich davon liegt noch eine 5,5 m-Stelle. Man kann also die Küste erst sehen, wenn man nahe an der Riffkante ist.

Westlich von der Jasat-Gruppe bis nach el-Udeid hin und innerhalb der großen abliegenden Riffe ist der Raum besser vermessen. Immerhin liegen wahrscheinlich dort noch viele Klippen und flache Stellen, die noch nicht gefunden worden sind.

Ankerplatz findet man, wenn man das südliche Inselchen der Jasat-Gruppe in $1/_2$ Sm Abstand etwa rw. 90° (mw. Ost) bis 68° (mw. ONO) peilt.

Siehe Brit. Adm-Krt. Nr. 2837b (Tit. IX, Nr. 188)

Mahamalija ist ein kleines, etwa 5 m hohes hellfarbiges Inselchen, das 7 Sm weit sichtbar ist. Sein flacher Gipfel zeigt eine Einsenkung. Steile Abhänge befinden sich auf allen Seiten. Eine kleine 1,8 m-Stelle liegt 1 Sm südöstlich davon. Mahamalija befindet sich $5^3/_4$ Sm westsüdwestlich vom südlichen Inselchen der Jasat-Gruppe.

Umm el-Hatab, 8 Sm westnordwestlich vom südlichen Inselchen der Jasat-Gruppe, ist eine niedrige, etwa $1/_2$ Sm lange, sandige Insel mit Grasstellen, die etwa 4 Sm weit sichtbar ist. Die Insel liegt auf einem felsigen Riff, vor dessen Nordende mehrere sichtbare Klippen liegen. Die Südseite der Insel ist rein, während sich an der Ost- und Westseite ein Riff $1/_2$ Sm weit seewärts erstreckt.

Kasr el-Baja ist eine sichtbare Klippe dicht unter Land auf dem $1/_2$ bis $3/_4$ Sm breiten Küstenriff vor der 13 Sm langen Küstenstrecke nördlich von Ras es-Silla und liegt etwa 6 Sm nördlich von Ras es-Silla.

Von Ras es-Silla nach Ras Mascherib

läuft die Küste 13 Sm nordwärts und biegt dann $2^1/_2$ Sm nordwestwärts nach Ras Mascherib. An dem Wendepunkte befindet sich ein auffälliger, kleiner, tafelförmiger, 23 m hoher Hügel. Auf der Strecke südlich davon bis nach Ras es-Silla bildet die Küste zahlreiche kleine Huken aus niedrigen Abhängen und Buchten. Von dem Wendepunkte läuft eine Kette aus niedrigen weißen Küstenabhängen 1 Sm weit nordwestwärts. Weiterhin nach der sehr niedrigen, felsigen, sanft abfallenden Huk *Ras Mascherib* hin wird die Küste niedriger.

Die Wassertiefen in der Bucht südlich von Naita und Jasat sind unregelmäßig, so daß schon auf 5,5 bis 7,3 m Wassertiefe Stromkabbelungen vorkommen. An den tieferen Stellen besteht der Grund aus Schlick, an den seichteren aus Stein oder Sand.

Naita ist ein niedriges sandiges Inselchen mit mehreren einzelnen Klippen vor seinem Nordende. Auf dem Inselchen finden sich Stellen mit niedrigem Gras und einige Gräber. Das sehr schmale, weniger als $1/_2$ Sm lange Inselchen liegt an der Südwestecke eines großen Riffs, das sich wahrscheinlich ganz nach dem von der Jasat-Gruppe ausgehenden Riffe hin erstreckt. Ein Steert erstreckt sich 1 Sm südostwärts von Naita. Zwischen dem Steert und dem Küstenriffe liegt die südliche Einfahrt zum Naita-Passe.

Naita-Paß ist $3^1/_2$ Sm lang und 6 Kblg breit und ist der einzige bekannte Weg, auf dem ein Fahrzeug nordwärts gelangen kann. Die geringste Wassertiefe im Passe ist 7,3 m; die Fahrzeuge müssen sich an der Westseite von Naita halten. Wenn man an Naita entlang steuert, halte man Ausguck nach dem Steert, der sich vom Festlande bis in die Mitte des Passes erstreckt. Wenn man das Inselchen

Siehe Brit. Adm-Krt. Nr. 2837b (Tit. IX, Nr. 188)

hinter sich hat, verbreitert sich der Paß. Unreiner Grund erstreckt sich 1 Sm nordwestwärts von Ras Maschērib. Man darf deshalb nicht zu nahe nach dem Festlande hinüber steuern. Unreiner Grund befindet sich auch 3 Sm nordwestlich von Naita. Die Gezeitenströme im Passe sind stark, der Flutstrom setzt nordwestwärts.

El-Fasaja ist eine hellfarbige, 15 m hohe, $2^1/_2$ Sm in nördlicher Richtung lange Insel mit niedrigen steilen Abhängen auf allen Seiten und flachem Gipfel. Die Insel liegt vor einer langen Huk, die die tiefen Krieken Duhat en-Nachla und Duhat el-Kuwaisat voneinander scheidet. Eine Durchfahrt zwischen der Insel und der Huk ist nicht vorhanden. Die Nordhuk der Insel liegt 5 Sm westnordwestlich von Ras Maschērib.

Von Ras Maschērib nach Ras el-Hasra bildet die
Küste die beiden tiefen, durch eine lange Huk voneinander getrennten Krieke: Duhat en-Nachla und Duhat el-Kuwaisat.

Duhat en-Nachla, der 5 Sm tiefe Kriek, ist der östlichere der beiden Krieke. Er hat 5,5 bis 9 m Wassertiefe. Von beiden Seiten erstreckt sich ein Riff $1/_2$ Sm weit in den Kriek hinein. Etwa drei flache Stellen in der Einfahrt machen den Kriek für Fahrzeuge unbrauchbar.

Duhat el-Kuwaisat *(Kawaisat)* an der Westseite der Insel el-Fasaja ist ein in nördlicher Richtung 7 Sm langer und im Innern $1^1/_2$ Sm breiter Kriek mit 11 m Wassertiefe im Innern, während in der Einfahrt, wo der Kriek zwischen den schmalen Riffen auf beiden Seiten nur 36 m breit sein soll, die Wassertiefe nur 5,5 m beträgt.

Ras el-Hasra *(al Hazra)* ist eine Huk 10 Sm westnordwestlich von Ras Maschērib, welcher Huk sie ähnlich sieht. Auf dem Küstenriff an ihrer Ostseite liegen mehrere Klippeninseln. Das Riff ist bis zur Einfahrt in den Kuwaisat-Kriek $1/_2$ Sm breit. Bei dieser Huk biegt die Küste 15 Sm weit westsüdwestwärts und bildet die tiefe Bucht zwischen Ras el-Hasra und Ras Bu Kamheis. In der Bucht liegen viele flache Stellen; die Wassertiefe ist geringer als 18 m, der Grund ist meist schlickig. Seit der Vermessung im Jahre 1823 ist über die Bucht nichts bekannt geworden. Die Küste besteht aus niedrigen weißen Hügeln, ausgenommen im Innern bei *Chor ed-Duan.*

Ghara ist eine 3 Sm lange Gruppe von Felseninseln, 2 Sm nordwestlich von Ras el-Hasra, die aus einer 1 Sm breiten und zahlreichen kleineren Inseln besteht. Die Inseln sind niedrig und flach. 3 Sm nördlich von der Gruppe liegt eine Bank mit seichtem Wasser.

Faredjat sind zwei kleine, 6 bis 8 m hohe Inselchen, 2 Sm voneinander, und liegen etwa 6 Sm ostnordöstlich von Ras el-Hasra. Siehe Brit. Adm.-Krt. Nr. 2837b (Tit. IX, Nr. 188)

Die hellfarbigen Inseln mit tafelförmigem Gipfel hat man in nord-nordwestlicher oder südsüdöstlicher Peilung in Eins. Ein Riff erstreckt sich $1^1/_2$ Sm westwärts von dem südlichen Inselchen. 4 Sm südöstlich von dem südlichen Inselchen befindet sich eine einzelne Stelle, die nahezu trocken fällt.

Ras Bu Kamheis ist die niedrige Osthuk des Vorgebirges an der Südseite von Chor el-Udeid. Von der Huk erstreckt sich das 2 Sm breite Riff *Fascht Umm Djanna* fast 3 Sm weit ostwärts. Zwischen dem Riff und der Huk führt nahe an der Huk ein kleiner Paß hindurch.

Etwa 4 Sm nordwestlich von Ras Bu Kamheis befindet sich eben außerhalb der Einfahrt zum Chor el-Udeid eine Huk, die aus einem niedrigen steilen Abhang besteht. Hinter der Huk liegen die beiden Hügel *Djebel el-Udeid*. Der nordöstliche 58m hohe Hügel erhebt sich über der Huk, ist hellfarbig und hat einen tafelförmigen Gipfel mit mehreren Zacken. Der andere, 90 m hohe Hügel, $1^1/_2$ Sm südwestlich davon, ist 17 Sm weit sichtbar. Ein Riff erstreckt sich $^1/_2$ Sm nordwärts und 1 Sm ostwärts von der Huk. Die südliche, niedrige, felsige Einfahrthuk am Chor el-Udeid liegt etwa $2^1/_2$ Sm westlich von dieser Huk. Zwischen den beiden Huken befindet sich Sandstrand mit den Resten eines Dorfes und drei Brunnen, die erträgliches Wasser liefern. Drei Klippen liegen an der Südseite des Fahrwassers, $^1/_2$ Sm östlich von der äußeren Huk.

Drei kleine Klippen liegen an der Kante des Riffs, $^1/_2$ Sm nordwestlich von der äußeren Huk. Dicht nördlich davon führt ein schmaler Paß mit nur 1,8 m Wasser bei Niedrigwasser in den Chor el-Udeid. An der Nordseite dieses Passes befindet sich eine etwa 2 Sm lange Bank mit tiefem Wasser zwischen sich und der gegenüberliegenden Küste. Doch führt kein Paß nördlich davon in den Chor.

Chor el-Udeid *(al Odaid)* ist ein 5 Sm langer gewundener Kriek, der in eine etwa 5 Sm lange und 3 Sm breite Lagune führt. Das Land an der Südostseite ist felsig, während die Küste an der Nordwestseite und an der Lagune aus weißen, 15 bis 25 m hohen, rundlichen Sanddünen ohne Pflanzenwuchs besteht. Der Kriek ist durchschnittlich $^1/_2$ Sm breit. Die Fahrrinne mit 3,7 bis 7,3 m Wassertiefe wird aber durch Bänke und Klippeninseln auf etwa $^1/_4$ Sm Breite eingeengt. Die Lagune ist in der Einfahrt und am Südende seicht, am Nordende beträgt die Wassertiefe 11 bis 13 m. Das Wasser im Kriek und in der Lagune ist sehr klar und hat schöne blaue Farbe. Im Winter wird der Kriek von den Fischern aus Abu Sabi besucht, die dort mehrere Monate dem Fischfange obliegen.

Ansteuerung des Chor el-Udeid. Von Süden kommend, steuere man von Ras el-Hasra aus nördlichen Kurs, damit man östlich frei

Siehe Brit. Adm-Krt. Nr. 2837b (Tit. IX, Nr. 188)

von dem unreinen Grunde, nördlich von den Ghara-Inseln und von der noch östlich von dem Grunde liegenden 5,5 m-Stelle und westlich frei von der Westkante der Bank mit 1,8 m Wasser bleibt. Da man auf der Fahrt seichte Stellen treffen kann, die nicht in der Karte angegeben sind, muß man scharfen Ausguck halten. Den Djebel el-Udeid wird man in Sicht bekommen, wenn man Ras el-Hasra hinter sich hat. Wenn der äußere Hügel rw. 259° (mw. WzS) peilt, befindet man sich nördlich vom Umm Djanna-Riffe, das gut sichtbar ist und steile Kanten hat. Um auf den Ankerplatz zu laufen, halte man weiter nach dem Lande im Norden hinüber, um das Außenende des Mittelgrundes zu meiden.

In der Gegend zwischen Chor el-Udeid und Fascht el-Arif (Seite 128) muß man große Vorsicht anwenden, da die Gegend voll von seichten Stellen ist. Die Küste scheint kein Küstenriff zu haben.

Eine gefährliche Stelle mit weniger als 1,8 m Wasser liegt im Fahrwasser 5 Sm nordnordöstlich von Djebel el-Udeid. 2 Sm nordöstlich von dieser Stelle befindet sich eine kleine 5,5 m Stelle. Dort werden sich sehr wahrscheinlich noch unbekannte flache Stellen befinden, man muß deshalb stets scharfen Ausguck halten und sollte dort nie fahren, solange man die Sonne voraus hat.

Ankerplatz vor der Einfahrt zum Chor el-Udeid auf 11 bis 18 m Wasser, Grund Sand und Muscheln, liegt dicht unter der Küste an der Nordseite der Einfahrt, eben innerhalb einer leicht vorspringenden sandigen Huk, 2 Kblg vom Lande. Die Huk ist rifffrei. Vom Ankerplatze peilt der äußere Hügel von Djebel el-Udeid rw. 169° (mw. SzO); den alleinliegenden Mittelgrund hat man südlich vom Schiffe. Den Abstand von den weißen Sanddünen zu schätzen, ist schwierig, da sie weiter ab zu liegen scheinen, als in Wirklichkeit. Der Ankerplatz bietet Schutz gegen den Schamal und den Naschi, da die vorgelagerten großen Riffe den Seegang abhalten.

Nadjan-Küste *(Najhan)*. Von der nördlichen Einfahrthuk am Chor el-Udeid läuft die Küste fast geradlinig 18 Sm nordnordostwärts. Sie besteht aus hohen weißen Sanddünen, wie an der Nordwestseite des Chors. Die Türkei beansprucht die Oberhoheit über das Land bis el-Udeid, erhebt aber dort keine Zölle.

Inseln und Riffe vor der Nadjan-Küste.

Kafai, 12 Sm östlich von Ras Bu Kamheis ist eine etwa 2 Sm breite niedrige Insel mit Grasstellen, die etwa 4 Sm weit sichtbar ist. Ein Riff von mehr als 1 Sm Breite umgibt die Insel und erstreckt sich 2 bis 3 Sm weit südlich von ihr. Ein zweites Riff, das noch nicht vermessen ist, liegt $4^1/_4$ Sm nordnordwestlich von der Insel, mit der es vielleicht zusammenhängt.

Majamat entin *(Miyamat entin)*, 3 Sm südlich von Kafai, sind drei kleine, sehr niedrige Inseln auf einem in nördlicher Richtung

Siehe Brit. Adm-Krt. Nr. 2837b (Tit. IX, Nr. 188)

etwa 3 Sm langen Raume. Die Inseln liegen auf einem in nordnordöstlicher Richtung 9 Sm langen Riffe, das im Süden bis an die Faredjat-Inseln hinanreicht.

Riffgebiet soll sich 15 Sm weit ostwärts von den Majamat-Inseln erstrecken. Pässe führen nicht hindurch. Diese Gegend ist nicht vermessen.

Matschasib *(Machasib)* ist ein kleines, flaches, 1,8 bis 2,4 m hohes felsiges Inselchen, etwa 18 Sm ostnordöstlich von Ras Bu Kamheis. Ein $1^1/_2$ Sm breites Riff umgibt die Insel, die 5 Sm weit sichtbar ist. Ein 3 Sm breites Fahrwasser, in dem Stromkabbelungen auftreten, befindet sich zwischen Matschasib und Fascht el-Udeid.

Halat Dalma ist eine kleine Sandbank, die bei Hochwasser fast, wenn nicht ganz, vom Wasser überspült wird, und liegt $11^1/_2$ Sm nordöstlich von Matschasib. Die etwa 3 Sm weit sichtbare Bank liegt an der Westseite eines großen Riffs, dessen Grenzen nicht bekannt sind. Brauchbare Pässe gibt es in dieser Gegend nicht.

Fascht el-Udeid *(al Odaid)* ist ein großes, stellenweise fast trockenes, 10 Sm in nördlicher Richtung langes und 6 Sm breites Riff, dessen Mitte etwa 20 Sm nordöstlich von Ras Bu Kamheis liegt.

Djesiret Las Hat ist eine Gruppe aus zwei kleinen felsigen Inseln mit flachem Gipfel und etwa 5 m hohen, hellen steinigen Abhängen und einigen einzelnen Klippen. Die 6 Sm weit sichtbaren Inseln liegen 1 Sm voneinander; die westliche Insel befindet sich etwa 12 Sm nordöstlich von Djebel el-Udeid.

Ein seichter Rücken, stellenweise mit 1,8 m Wasser, erstreckt sich 2 Sm südwärts und liegt etwa $2^1/_2$ Sm südsüdwestlich von den Las Hat-Inseln. Eine Bank aus weißem Sand, die bei Hochwasser kaum überflutet wird, befindet sich 2 bis 4 Sm nordöstlich von der Inselgruppe. 2 Sm nordwestlich von der Bank liegt eine fast trockene Untiefe.

Fascht el-Arif ist ein sehr gefährliches Riff, das sich vom Festlande 7 Sm weit südostwärts erstreckt und in einem langen schmalen Steerte endet. Die Küste kann man seewärts von der Südostspitze des Riffs kaum sehen. Das Riff, das steile Kanten hat, ist bei Tage meist gut sichtbar. Die Gezeitenströme setzen mit großer Geschwindigkeit quer über das Riff. Beim Umsteuern ist daher große Vorsicht geboten. Das Fahrwasser zwischen dem Riffe und Fascht el-Udeid ist $3^1/_2$ Sm breit und zur Ansteuerung des Chor el-Udeid am geeignetsten. Von der äußersten Ecke des Riffs peilt Las Hat rw. 208° (mw. SSW$^1/_2$W) 10 Sm und Djebel Wakrah rw. 343° (mw. NzW$^1/_2$W) 16 Sm.

Djesiret Mischirjat ist ein kleines niedriges Inselchen auf dem el-Arif-Riffe, 5 Sm westnordwestlich vom Südostende des Riffs und

Siehe Brit. Adm-Krt. Nr. 2837b (Tit. IX, Nr. 188)

östlich vom Nordende der Sanddünen auf der Nadjan-Küste. Ein 1½ Sm breiter Paß führt zwischen den Hügeln und dem Inselchen hindurch in eine große Lagune, die nicht vermessen ist. *Ras el-Allatsch*, 3 Sm nördlich vom Inselchen, bildet die nördliche Einfahrthuk zur Lagune. Bei der Huk trifft das el-Arif-Riff die Küste.

Von Ras el-Allatsch nach el-Wakrah ist die Küste
überall niedrig, sandig oder steinig. Das Küstenriff ist 1½ bis 2 Sm breit.

Umm el-Hul ist eine kleine niedrige Huk, 3½ Sm südlich von Djebel Wakrah, die nur wenig aus der Küste vorspringt. Das reine Fahrwasser zwischen diesem Küstenstrich und den vorgelagerten Riffen ist nicht vollständig bekannt, kann aber 6 bis 7 Sm breit sein. Die Wassertiefen sind ziemlich regelmäßig und betragen 11 bis 18 m.

Rak Karenēn, ein Riffgebiet ohne Pässe, erstreckt sich vom el-Udeid-Riffe 20 Sm weit nordwärts, fast bis zum Breitenparallel von el-Bida. Die Riffe bestehen aus seichten Stellen mit tiefem Wasser dazwischen. Das Riffgebiet ist 10 bis 15 Sm breit, stellenweise fällt es bei Niedrigwasser trocken. Außerhalb des Riffs, etwa 12 Sm östlich von el-Bida, soll eine 2,7 m-Stelle liegen, deren Lage nicht genauer bestimmt worden ist. Das indische Vermessungsschiff »Marie« ist zweimal über die bezeichnete Stelle gefahren, ohne das Riff zu finden. Diese seichte Stelle würde die nördlichste Untiefe fern vom Lande in dieser Gegend sein. Diese Stelle ist wohl dieselbe, die das britische Kriegsschiff »Beacon« im Jahre 1880 meldete.

Von el-Wakrah nach Ras Rekkan.

Die Küste ist überall niedrig, nur bei el-Bida und an einigen anderen Stellen befinden sich felsige Hügel von geringer Höhe. Das Land bildet eine Steinwüste, der nördliche Teil ist sehr niedrig. Das Riffgebiet vor der Küste endet bei el-Bida; die Gegend nördlich davon ist frei von abliegenden Untiefen. Das Küstenriff ist jedoch stellenweise 9 bis 10 Sm breit. Man kann daher gelegentlich den Grund sehen, bevor man Land sieht. Der Grund besteht zwischen el-Bida und Ras Rekkan nahe an der Küste aus weißem Sand oder Felsen und ist bei klarem Wetter gut sichtbar. Die Halbinsel *Barr el-Katr (el-Gittr)* wird von verschiedenen Beduinenstämmen bewohnt. Die Manasirleute sind ihrer schlechten Eigenschaften wegen berüchtigt. Die Hauptstädte sind Wakrah und el-Bida. Etwa 200 Boote werden in der Perlenfischerei beschäftigt.

Gezeitenströme setzen längs der Küste nord- und südwärts, treten aber nicht stark auf. Der Flutstrom setzt südwärts.

Siehe Brit. Adm.-Krt. Nr. 2837b (Tit. IX, Nr. 188)

El-Wakrah ist eine aufblühende Stadt dicht am Strande mit 1000 Einwohnern. Die Stadt hat 12 Türme. 1 Sm südlich davon, dicht am Strande, liegt der braune, felsige, 26 m hohe Hügel *Djebel Wakrah*, mit ebenem Gipfel, der 12 Sm weit sichtbar ist. Die Boote der Eingeborenen laufen bei Hochwasser bis dicht an die Stadt, indem sie zwischen den Riffen, die deutlich sichtbar sind, oder darüber hinweg steuern.

Seichte Stelle seewärts von el-Wakrah mit nur 3,2 m Wassertiefe liegt etwa 3 Sm vom Lande, ungefähr querab von der Stadt. Bei der Ansteuerung von Nordosten ist große Vorsicht nötig.

Ankerplatz auf 7,3 m Wasser findet man 2½ Sm vom Lande. Kleine Fahrzeuge ankern östlich von der Stadt auf 5,5 m Wasser, etwa 2 Sm vom Lande.

El-Bida, ed-Doha und es-Solata

sind drei größere Städte (zusammen auch *Gutteh* genannt) dicht beieinander an einer tiefen Bucht, deren Riffe einen natürlichen Hafen bilden. Das Land an der Westseite der Bucht ist eine etwa 15 m hohe Steinwüste mit ebenem Gipfel. Die Südosthuk an der Bucht ist ganz niedrig.

Landmarken. Die hohen Türme in el-Bida, namentlich einen davon, sieht man früher als das Land. Dicht am Strande, ¾ Sm nordnordwestlich vom Fort el-Bida, befindet sich ein großes weißes Kastell, das man zuerst sichtet (Abbild. 44). Etwa in der Mitte der Stadt sieht man eine niedrige lange Moschee mit mehreren Kuppeln und einem Minaret. Wenn man zu weit südlich steht, sieht man den Djebel Wakrah zuerst; dann würde das Schiff aber in der Nähe von Rak Karenēn sein. Die Türme von el-Bida sind etwa 8 Sm weit sichtbar; man sieht sie also, wenn man auf 7,3 bis 6,4 m Wassertiefe ist. Der etwa 6 Sm weit sichtbare Gipfel von Djesiret el-Ali ist eine gute Landmarke für die Ansteuerung von el-Bida.

Ras Abu'l Muschut ist die niedrige sandige Huk an der Südostseite der el-Bida-Bucht, 6 Sm nördlich von el-Wakrah. Von der Huk läuft die Küste 5 Sm in westlicher Richtung nach dem Innern der Bucht. An der Ostseite der Huk ist das Küstenriff 1 Sm breit.

Ras Bu Abut ist eine niedrige Huk, 2⅛ Sm westnordwestlich von Ras Abu'l Muschut. Von der Küstenstrecke zwischen diesen beiden Huken erstreckt sich ein großes Riff 2 Sm weit nordwärts und begrenzt die Einfahrt an der Südseite. Das größtenteils felsige Riff hat bei Niedrigwasser nur einige Dezimeter Wassertiefe.

Djesiret es-Sufla ist ein niedriges, schmales, sandiges, 1 Sm in östlicher Richtung langes Inselchen, etwa 3 Sm nördlich von Ras Bu Abut. Von dem Inselchen erstreckt sich ein sandiges und felsiges Riff mit 0,6 bis 1,8 m Wasser 1½ Sm weit südostwärts nach

Siehe Brit. Adm-Krt. Nr. 2837b (Tit. IX, Nr. 188)

der Einfahrt zum el-Bida-Becken hin. Außerhalb der Einfahrt läuft das Riff nordwärts und nordostwärts mehrere Sm weit.

Djesiret el-Ali ist eine kleine braune Insel mit einem kleinen Gipfel am Ostende, $3^1/_2$ Sm nördlich von es-Sufla.

Seichte Stelle seewärts von el-Bida. Nach den Berichten des britischen Kriegsschiffs »Sphinx« befindet sich eine seichte Stelle etwa $1^1/_2$ Sm nördlich von der 2,7 m-Stelle, die das Kriegsschiff »Beacon« 1880 gefunden hat.

Ras Nessa ist eine niedrige, vorspringende, felsige Huk mit einem Fort, etwa $1^1/_2$ Sm westlich von Ras Bu Abut. Zwischen diesen beiden Huken bildet die Küste eine kleine schwach gekrümmte Bucht. Ein Steert, dessen Ende bei Niedrigwasser fast trocken liegt, läuft von der Huk 3 Kblg nordwärts. Etwa 3 Kblg westlich von der Huk liegt der bequemste Ankerplatz von ed-Doha. In der kleinen Bucht vor dieser Stadt liegen mehrere seichte Stellen, die gut sichtbar sind.

Ansteuerung von el-Bida. Von Norden kommend, kann man die Küste der el-Katr-Halbinsel nicht eher sehen, als bis man sich südlich von Ras Laffan befindet (Seite 134). Dann steuert man auf 9 bis 13 m Wassertiefe längs der Küste, bis der Djebel Wakrah südwestlich peilt. Nun steuert man auf diesen Berggipfel zu. Man muß dabei scharfen Ausguck nach der 2,7 m-Stelle (Seite 129), die vom britischen Kriegsschiff »Beacon« gefunden wurde und etwa 9 Sm rw. 85° (mw. $O^1/_2N$) von el-Bida liegt, nach der vom britischen Kriegsschiff »Sphinx« gemeldeten seichten Stelle und einigen anderen Untiefen halten, bis man sich auf 5,5 bis 7,3 m Wassertiefe befindet. Außerhalb dieser Grenze ist die Stadt el-Bida nicht sichtbar.

Von Nordosten oder Südosten kommend, halte man die Insel Halul (Seite 135) in rw. 65° (mw. $NzO^3/_4O$)-Peilung achteraus, bis man sie nicht mehr sieht, dann steuere man auf el-Bida zu. Wenn el-Bida in Sicht kommt, bringe man die Stadt in rw. 282° (mw. WzN)-Peilung, bevor man auf die Einfahrt zusteuert, um das tiefste Fahrwasser zu gewinnen. Das große Flach aus weißem Sand außerhalb der Einfahrt nach el-Bida erstreckt sich 5 Sm weit von den Riffen und hat 5,5 bis 4 m Wassertiefe. An seiner Südostseite liegt die vom britischen Kriegsschiff »Beacon« gemeldete 2,7 m-Stelle. Dicht an der Außenkante des Flachs hat man 11 m Wassertiefe.

Einfahrt nach el-Bida ist zwischen den Riffen vor den Einfahrthuken etwa $^1/_2$ Sm breit und hat 7,3 m Wassertiefe. Eben vor der Einfahrt schwanken die Tiefen zwischen 3,7 m an der Nordseite und 4,9 m an der Südseite. Im Jahre 1898 fand das britische Kriegsschiff »Sphinx« eben außerhalb der Enge eine Stelle mit 3,4 m Wassertiefe. Innerhalb der Einfahrt erweitert sich die Hafenbucht zu einem 3 Sm breiten Becken mit regelmäßigen Wassertiefen von 5,5 bis 9 m, Grund weißer Schlick und Ton.

Siehe Brit. Adm.-Krt. Nr. 2837b (Tit. IX, Nr. 188)

Gezeiten. Hafenzeit bei el-Bida ist etwa $8^h\ 30^{min}$. Die Gezeiten sind nicht scharf ausgeprägt. Springhochwasserhöhe etwa 1,8 m.

Einsteuerung nach el-Bida. In den Hafen können bei Hochwasser Fahrzeuge mit höchstens 4,6 m Tiefgang, bei Niedrigwasser mit höchstens 3,0 m Tiefgang einlaufen. Einlaufen sollte man vormittags, auslaufen aber nachmittags, da dann die Riffe am besten sichtbar sind. Zu anderen Tageszeiten sind die Riffe schwer auszumachen. Ein kleines Fahrzeug kann bei Niedrigwasser einlaufen, wenn es scharfen Ausguck hält und fleißig lotet. Die Riffe sind dann deutlicher zu sehen. Große Fahrzeuge sollten auf die Flut warten und etwa $2^1/_2$ Sm nordöstlich von Ras Abu'l Maschut ankern. Man lasse die Einfahrt durch Boote betonnen.

Wenn man den Hafen ansteuert und dabei den hohen Turm in el-Bida in rw. 270° (mw. West)-Peilung hält, mit einem großen Fahrzeuge in rw. 282° (mw. WzN), so umsteuere man das Riff an der Südseite der Einfahrt mit großer Vorsicht, dann wird die Einfahrt vom Topp aus gut sichtbar sein. Das Riff an der Nordseite sieht grün aus, während das Riff an der Südseite dunkle Stellen hat. Im schmalen Teile der Einfahrt hat man 7,3 m Wassertiefe; das tiefere Fahrwasser befindet sich an ihrer Südseite. Segelschiffe sollten sich näher an dem Riffe halten, das an ihrer Luvseite liegt. Es ist kaum möglich, durch den schmalen Teil der Einfahrt einzukreuzen. Früh am Morgen weht oft Landbrise, doch reicht sie nicht weit seewärts. Wenn der Gipfel der Insel Djesiret el-Ali hinter der Insel Djesiret es-Sufla verschwindet, hat man die Riffe hinter sich und kann nun auf rw. 251° (mw. WSW$^1/_4$W) bis rw. 248° (mw. WSW)-Kursen auf das Fort el-Bida zusteuern. Auf diesen Kursen bleibt man $1^1/_2$ Kblg frei von dem Steerte vor Ras Nessa. Diese Huk darf man nicht früher in rw. 180° (mw. Süd)-Peilung bringen, als bis der große runde Turm am Strande in ed-Doha rw. 214° (mw. SWzS) peilt.

Ankerplatz vor ed-Doha. Wenn man die Nessa-Huk hinter sich hat, dreht man auf ed-Doha zu und ankert auf 5,5 m Wasser außerhalb der Küstenfahrzeuge etwa $^1/_2$ Sm vom Lande, von wo der Turm mit dem Flaggenstock in ed-Doha rw. 208° (mw. SSW$^1/_2$W) peilt. Den unreinen Grund an der Westseite des Hafens meidet man, wenn man den Turm mit dem Flaggenstock in ed-Doha westlicher als rw. 194° (mw. SzW$^1/_4$W) peilt.

Ed-Doha ist eine teilweise mit Mauern umgebene Stadt mit mehreren Türmen, $^1/_2$ Sm südwestlich von der Nessa-Huk. Das Gebäude des Schechs gehört zu einem großen runden Turme mit Flaggenstange am Strande, etwa in der Mitte der Stadt. In der kleinen Bucht an der Westseite des Turmes holt man Boote zu Ausbesserungen auf den Strand. Das Riff fällt $^1/_4$ Sm weit trocken vor dem Hause des Schechs. Nordwestlich von ed-Doha und damit verbunden liegt die Stadt es-Solata (*Doha es-Seghira*, Klein-Doha) mit einem viereckigen Fort auf der Anhöhe in ihrer Süd-

Siehe Brit. Adm.-Krt. Nr. 2837b (Tit. IX, Nr. 188)

westecke. In ed-Doha liegt eine türkische Garnison mit 250 Mann. Zwei alte Kanonen sind dort. Soldaten, Offiziere und Beamte wohnen in elenden Lehmhäusern. Der Gesundheitszustand ist nicht gut, besonders treten Augenkrankheiten auf. Steuern erhebt die Pforte nicht.

El-Bida bildet, wie schon gesagt, mit es-Solata und ed-Doha zusammen eine Stadt, die sich etwa 1 Sm längs des Strandes erstreckt. Die Stadt liegt am Hügelabhang. Ein Fort in der Stadt zeigt die Flagge des Schechs. $1^1/_2$ Sm südöstlich von der Stadt ist ein Turm nahe bei den Brunnen, wo sich etwas bebautes Land befindet. Im übrigen ist alles Wüste. Die drei Städte haben zusammen 5000 Einwohner verschiedener Stämme. Mit den Beduinen stehen sie auf Kriegsfuß. Es ist daher nicht sicher, nachts außerhalb der Mauern zu sein. Sogar die Garnison scheint unsicher zu sein, da sie nachts mit einer starken Postenkette umgeben wird. Perlenfischerei wird hauptsächlich betrieben.

Schiffsausrüstung ist nur wenig zu haben. Trinkwasser ist teuer und nicht gut; das beste Trinkwasser wird in Häuten aus der Wüste, etwa eine Stunde von der Stadt, hergebracht. Brennholz wird aus dem Innern geholt.

Von el-Bida nach Ras Laffan.

Von el-Bida läuft die Küste nordwärts. Ein großes, $1^3/_4$ Sm breites Riff, das bei Niedrigwasser trocken liegt, erstreckt sich längs der Küste an der Westseite der el-Bida-Bucht. Zwischen diesem Riff und Djesiret es-Sufla führt ein schmales Fahrwasser in ein Becken mit 5,5 m Wassertiefe. 11 Sm nördlich von el-Bida befindet sich die sehr wenig vorspringende Huk *Ras el-Katifan*, die 8 Sm weit sichtbar und etwas höher ist als das Land in der Umgebung. Vor der 17 Sm langen Küstenstrecke nördlich von dieser Huk ist das Küstenriff 5 bis 7 Sm breit, einige abliegende Stellen mit 4,5 m Wassertiefe liegen 9 Sm vom Lande. Eben nördlich von Ras el-Katifan macht das Riff eine starke Ausbuchtung nach Osten. Einige Sandbänke an der Kante des Riffs liegen bei Niedrigwasser trocken. Der Grund nahe vor der Küste besteht zwischen el-Bida und Ras Rekkan meist aus weißem Sand oder Fels und ist bei klarem Wetter gut zu erkennen.

Ras en-Nuf ist eine niedrige felsige Huk. Zwischen dieser Huk und Ras el-Katifan bildet die Küste die schwach gekrümmte, 10 Sm breite Bucht *Duhat Lusail*, die sehr seicht ist. Die Bucht wird von den Booten der Perlenfischer häufig aufgesucht, die über das Riff hinweg laufen und dann Schutz gegen den Schamal finden.

Ras Matbach ist eine Huk 3 Sm nordnordöstlich von Ras en-Nuf. Zwischen diesen Huken befindet sich die Einfahrt zu *Chor Schadjidj (Shajij)*, einem Kriek mit einer Lagune an der Innenseite. In der Einfahrt beträgt die Wassertiefe nur 1,8 m bei Niedrigwasser.

Siehe Brit. Adm.-Krt. Nr. 2837b (Tit. IX, Nr. 188)

Ein kleines Dorf mit mehreren Türmen befindet sich in der Nähe. Innerhalb der 5 m-Grenze, die etwa 4 Sm von Ras Matbach abbleibt, befindet sich unreiner Grund. Eine trockene Sandbank liegt etwa 3 Sm östlich von der Huk. *Chor Zakira (Dhakira)* ist ein seichter kleiner Kriek, $3^1/_2$ Sm nördlich von der Huk.

Untiefen. Zwischen 25° 41' N-Br. und 25° 47' N-Br. hat das britische Kriegsschiff »Beacon« 6 Sm vom Lande in der Nähe von Ras Matbach eine Reihe seichter Stellen mit anscheinend 1,2 bis 1,5 m Wassertiefe gefunden, die bei Tage leicht sichtbar sind. An der Landseite dieser Stellen beträgt die Wassertiefe 5 bis 6 m. Durch fleißiges Loten kann man die Nähe dieser Stellen feststellen. Der Abstand dieser Stellen vom Lande ist der niedrigen Küste wegen vielleicht überschätzt worden.

Ras Laffan ist eine sehr niedrige sandige Huk, 11 Sm nördlich von Ras Matbach und 24 Sm südöstlich von Ras Rekkan. Das Küstenriff ist dort $^1/_2$ Sm breit. Bei der Huk dreht die Küste nordwestwärts.

El-Howeila, ein kleiner Ort mit einem viereckigen Fort, liegt 6 Sm westnordwestlich von Ras Laffan und ist 8 Sm weit sichtbar. Westlich vom Orte bildet die Küste eine kleine Bucht, deren Küste von einem $1^1/_2$ Sm breiten Riffe eingefaßt wird. Im Jahre 1887 fand man den Ort verlassen vor.

Ras el-Maruna ist die Huk an der Nordwestseite der Bucht. Dicht südlich davon finden die Boote der Perlenfischer Schutz gegen den Schamal.

Fuairit ist eine kleine Stadt innerhalb einer Mauer mit mehreren Türmen, 12 Sm nordwestlich von Ras Laffan, an einer kleinen Bucht. Einige weiße Sanddünen liegen dicht nördlich davon. Eben nördlich von den Dünen, etwa 2 Sm nördlich von Fuairit, befindet sich das kleine Dorf *er-Rijat* mit mehreren Türmen. 2 Sm weiter nördlich haben die Bewohner von el-Wakrah das kleine Dorf *el-Ghareja* angelegt, das mehrere Türme zeigt.

Ras Umm el-Hasa, 8 Sm südöstlich von Ras Rakkin, ist eine Huk mit einem kleinen Felsenhügel, der 5 Sm weit sichtbar ist. Das Küstenriff ist dort etwa 1 Sm breit. Dicht unter der Huk finden Boote Schutz gegen den Schamal. Seewärts von der Huk soll sich flaches Wasser befinden.

Ras Rekkan *(Ras Rakkin)*, auf etwa 26° 11' N-Br. und 51° 13' O-Lg, ist die Nordwesthuk einer sehr niedrigen, T-förmigen Insel mit Grasstellen. Die Insel ist in östlicher Richtung etwa 2 Sm lang; ihr größerer Teil ist weniger als 1 Kblg breit, während das Westende des T 1 Sm lang ist. Die Insel liegt etwa 1 Sm innerhalb des Nordendes des Küstenriffs, das die Halbinsel Barr el-Katr einfaßt. Von der Küste kann man bei Niedrigwasser nach der etwa $1^1/_2$ Sm entfernten Insel waten. Die Boote der Landesbewohner

Siehe Brit. Adm-Krt. Nr. 2837 b (Tit. IX, Nr. 188)

suchen hinter der Insel Schutz. Ein kleiner, auffälliger, felsiger Gipfel auf dem Festlande liegt etwa $2^1/_2$ Sm südöstlich von der Insel. Die 10 m-Grenze liegt etwa $3^1/_2$ Sm, die 5 m-Grenze etwa 2 Sm nördlich von Ras Rekkan; man kann die Huk daher in 5 bis 3 Sm Abstand umsteuern. Eine größere Stelle mit 5 m Wasser liegt etwa 3 Sm nördlich von der Huk.

Er-Ruweis, $2^1/_2$ Sm südlich von Ras Rekkan, ist eine kleine Stadt auf dem Festlande. Bei der Ansteuerung der Halbinsel Barr el-Katr kommt die Stadt zuerst in Sicht.

Bu Saluf *(Bu Thaluf)*, 2 Sm südwestlich von er-Ruweis, ist eine kleine Stadt mit vier Türmen auf dem Fort, die man sicher ausmachen kann.

Insel Halul auf 25° 40′ N-Br. und 52° 25′ O-Lg. liegt 71 Sm ostsüdöstlich von Ras Rekkan. Die Insel ist kaum 1 Sm breit und hügelig. Der höchste Gipfel ist 55 m hoch und etwa 14 Sm weit sichtbar. Das Küstenriff ist nur $1^1/_2$ bis 2 Kblg breit. Die Insel ist ganz kahl und wasserarm. Sie wird von den Booten der Perlenfischerflotte aufgesucht. Das Lot gibt bei der Ansteuerung der Insel keinen guten Anhalt. Starke Stromkabbelung findet sich rings um die Insel. Etwa 1 Sm von der Insel hat man 25 m Wassertiefe. Die Kante der Perlenbank liegt eben außerhalb der Insel.

Ankerplatz vor Halul findet man am besten auf 15 m Wasser, $^1/_2$ Sm von der Südostseite der Insel. Der Ankerplatz wird aber im Schamal von starkem Seegang getroffen. Guten Landungsplatz findet man in einem Einschnitt in dem niedrigen Küstenabhang südlich von dem kleinen Sandstrand an der Südostseite der Insel.

Flach mit 13 m Wasser fand das britische Kriegsschiff »Sphinx« im Jahre 1889 auf 25° 23′ N-Br. und 52° 35′ O-Lg. Von der Stelle peilt die Insel Halul etwa 20 Sm nordnordwestlich und die Insel Das etwa 21 Sm südöstlich. 11 m-Stellen liegen auf etwa 25° 30′ N-Br. und 52° 50′ O-Lg., sowie auf etwa 25° 48′ N-Br. und 52° 10′ O-Lg.

Shah Allum ist ein sehr gefährliches Riff mit 4,6 m Wassertiefe, 45 Sm rw. 6° (mw. N$^1/_2$O) von der Insel Halul, auf 26° 25,5′ N-Br. und 52° 30,5′ O-Lg. etwa in der Mitte zwischen den Inseln Halul und Schech Schuaib. Das Riff liegt recht im Fahrwasser des Persischen Golfs. Die seichteste Stelle des Riffs mit 4,6 m Wasser ist etwa 3 Kblg breit und befindet sich am Nordende des Riffs. Vom Riff erstreckt sich ein Steert mit weniger als 35 m Wassertiefe 2 Sm südwärts. Das Riff fällt überall steil ab, 1 Sm vom Riffe hat man 60 m Wassertiefe. Das Wasser auf dem Riff ist nicht entfärbt. Von der Takelung aus kann man daher das Riff nicht erkennen. Einige weiße Vögel umkreisen gewöhnlich das Riff. Vom Riff peilt Djebel Siri Jafal (Aslu-Einschnitt) etwa rw. 6° (mw. N$^1/_2$O).

Siehe Brit. Adm-Krt. Nr. 2837b (Tit. IX, Nr. 188)

Abschnitt VII.

Von Ras Rekkan nach Koweit.

Mißweisung für 1905,0:

Bahrein . . . . 0° 20′ O | Koweit . . . . 0° 25′ O
(jährliche Zunahme 3′).

Allgemeines.

Die ganze Westküste des Persischen Golfs von Ras Rekkan bis nach Koweit ist eine niedrige, sandige oder steinige Wüste mit nur wenigen einzelnen niedrigen Hügeln. Nur nahe bei el-Katif und vielleicht zwei anderen Städten stehen Dattelpalmen. Sonst sieht man nur an den Hügeln etwas Gras und stellenweise Gebüsch. Große Riffe erstrecken sich längs der Küste bis 70 Sm südlich von Koweit. Viele kleine und niedrige Inseln liegen vor der Küste, einige weit vom Lande. Die größte und wichtigste Insel ist Bahrein. Große Küstenstrecken sind unbewohnt. Man kann nur in Begleitung einer bewaffneten Truppe außerhalb der wenigen Orte landen.

Gezeiten und Gezeitenströme. Die Hafenzeit an diesem Küstenstriche schwankt zwischen $6^h\ 5^{min}$ in Bahrein und $0^h\ 15^{min}$ in Koweit; der Hub beträgt 1,8 bis 2,1 m. Die Gezeitenströme sind überall auf der Perlenbank fühlbar, namentlich bei den Riffen, Inseln u. dgl.

Küste von Ras Rekkan nach Ras Tannura.

Die Küste bildet zwischen den Huken Rekkan und Tannura eine 60 Sm breite und 80 Sm tiefe Bucht, in der die Insel Bahrein liegt. Von dieser Insel erstreckt sich ein Riff bis auf 5 Sm Abstand von Ras Aschiradj. Zwischen diesem Riff und dem Küstenriff der Halbinsel Barr el-Katr befindet sich ein Raum mit 3,7 bis 5,2 m Wassertiefe. Südlich davon ist die Bucht nicht vermessen, ein gewundenes Fahrwasser für kleine Fahrzeuge mit 2,5 bis 3 m Tiefgang führt vielleicht nach dem Innern der Bucht. Das britisch-indische Ver-

Siehe Brit. Adm-Krt. Nr. 2837b (Tit. IX, Nr. 188)

messungsschiff »Investigator« mit 4,4 m Tiefgang fand bei der Umsteuerung der Insel Bahrein von Westen aus ein so dichtes Riffgebiet, daß es die Fahrt aufgeben mußte.

Gezeitenströme. Der Flutstrom setzt von Ras Rekkan längs der Küste südwärts in die Bucht Duhat Salwa hinein und auch von Ras Rekkan auf die Insel Bahrein zu. Vor dem Hafen von Bahrein und auf den vorgelagerten Riffen haben die Gezeitenströme stark verschiedene Richtungen und werden sehr vom Winde beeinflußt; doch folgen sie im allgemeinen den Riffen und erreichen bei Springtide 1 bis 2 Sm Geschwindigkeit. Sie sollen bis zu 3 Sm Geschwindigkeit in Ausnahmefällen erreichen können.

Zwischen der Insel Bahrein und der Westküste der Halbinsel Barr el-Katr sind Hub und Geschwindigkeit gering. Starke Stromkabbelungen finden sich jedoch in Duhat Salwa südlich von Bahrein infolge der starken Unebenheiten des Bodens.

Bei der Insel Umm Nahsan beträgt die Hafenzeit $6^h 40^{min}$, die Springhochwasserhöhe 0,6 bis 0,9 m, die Nipphochwasserhöhe 0,45 m. Nach den Beobachtungen des britisch-indischen Vermessungsschiffs »Investigator« auf seinem Ankerplatz zwischen Bahrein und der Insel el-Hawar beträgt dort die Springhochwasserhöhe nie mehr als 0,9 bis 1,2 m. Bei Ras Rekkan trat Hochwasser etwa 1^h früher ein als im Hafen von Bahrein, der Fluthub war etwas geringer. Zwischen Ras Rekkan und Koweit beträgt die Springhochwasserhöhe etwa 1,8 m, die Nipphochwasserhöhe etwa 1,4 m. Im Sommer wird durch den Südwestmonsun das Wasser in den Persischen Golf getrieben; infolgedessen liegt der Wasserspiegel etwa 0,3 m höher als sonst. Im allgemeinen gilt die Regel, daß südöstliche Winde den Wasserstand erhöhen, nordwestliche Winde ihn erniedrigen. Gezeitenströme bei Ras Tannura s. Seite 143.

Von Ras Rekkan nach Ras Aschiradj ist die Küste niedrig und hellfarbig. Sie ist schwer auszumachen, namentlich in dem oft darauf lagernden Dunste. Immerhin sind die später genannten Landmarken kenntlich und bilden das einzige Mittel zur Ortsbestimmung. Man muß dabei beachten, daß die aus weichem Korallengestein aufgeführten Städte der Araber oft verlassen werden und dann verfallen; daher werden solche Orte, die augenblicklich gute Landmarken bilden, vielleicht in wenigen Jahren dazu nicht mehr brauchbar sein.

Ras Bu Amran ist eine niedrige Huk etwa $2^1/_2$ Sm südwestlich von Ras Rekkan. Sie wird von einem kleinen Hügel überragt, der zwar kleiner ist als der auf Seite 135 genannte Hügel $2^1/_2$ Sm südöstlich von Ras Rekkan, ihm aber ähnlich sieht. Landmarken sind die Huk er-Ruweis, $1^1/_2$ Sm östlich von Ras Bu Amran, und die vier auffälligen Türme von *Bu Saluf*, südsüdwestlich von der Huk.

Siehe Brit. Adm-Krt. Nr. 2837b (Tit. IX, Nr. 188)

Chor Hasan, eine kleine mit Mauern umgebene arabische Stadt, liegt etwa 7¹/₄ Sm südwestlich von Ras Bu Amran. ¹/₂ Sm nördlich davon befindet sich ein Inselchen mit einem niedrigen runden Turm. Zwischen Bu Saluf und Chor Hasan liegen die Reste von Dörfern.

Ras Aschiradj, 7 Sm südwestlich von Chor Hasan, ist eine hohe Huk mit einem verfallenen Ausgucksturm. Östlich davon befindet sich ein seichter 1¹/₂ Sm tiefer und breiter Kriek. An der Ostseite dieser Bucht liegen die Reste der einst blühenden Stadt *Zubara*. Im Jahre 1902 war das alte Fort noch eine gute Landmarke; es verwittert jedoch rasch.

Küstenriff von Ras Rekkan bis 4 Sm von Ras Aschiradj ist 1 bis 2¹/₂ Sm breit. Es hat, außer bei Ras Rekkan, steile Kanten und ist bei günstiger Beleuchtung leicht auszumachen. Es fällt fast ganz trocken; daher ist eine Landung, außer bei Hochwasser, schwierig. Vor Ras Aschiradj ist das Riff nur 1 Kblg breit. In der Bucht östlich von der Huk und vor der Küste an ihrer Nordseite fällt der Sand trocken; seichtes Wasser findet man dort weit ab von der Küste.

Ansteuerung von Ras Aschiradj. Man mache etwa bei Ras Bu Amran oder bei Ras Rekkan Land, steuere dann südwestwärts längs des Küstenriffs und halte scharfen Ausguck nach seichten Stellen, da diese Gegend ungenau vermessen ist.

Ankerplatz bei Ras Aschiradj finden Fahrzeuge mit 2,5 bis 3 m Tiefgang ¹/₂ Sm nordwestlich von der Huk auf 5 m Wasser, während Fahrzeuge mit 4,5 m Tiefgang 5 Sm nordnordwestlich von der Huk auf 6 m Wassertiefe ankern. Man beachte, daß 2 Sm nordwestlich von Ras Aschiradj eine Stelle mit weniger als 1,8 m Wassertiefe liegt, die *Ketat Echtschedjera* heißt. Die See brandet darauf bei Niedrigwasser. Bei Hochwasser sieht das Wasser ölig und schwach entfärbt aus.

Fascht ed-Dibal

ist ein 4³/₄ Sm langes und 3³/₄ Sm breites Riff, das bei Springniedrigwasser stellenweise trocken fällt. Von seiner ziemlich steilen Nordkante peilt Ras Rekkan rw. 118° (mw. SOzO¹/₂O). Bei günstiger Beleuchtung ist das Riff stets sichtbar. Das Lot zeigt die Annäherung an das Riff nicht an. Der Flutstrom setzt in der Nähe des Riffs südwärts. Fremde sollten deshalb weit nördlich davon bleiben.

Bank mit 7 m Wassertiefe liegt 13 Sm rw. 328° (mw. NNW⁷/₈W) von Ras Rekkan. Die Bank ist nicht sorgfältig vermessen; man sollte sie deshalb meiden. Fahrzeuge geringen Tiefgangs können zwischen der Bank und Fascht ed-Dibal hindurchsteuern, große Fahrzeuge müssen aber nördlich von der Bank auf mindestens 11 m Wassertiefe bleiben.

Siehe Brit. Adm-Krt. Nr. 2837b (Tit. IX, Nr. 188)

Kat'at Djaradeh *(Kata ad Jaradeh)* ist ein bei Niedrigwasser fast trockenes Riff. An seiner Südostseite erstreckt sich eine schmale Sandbank 1 Sm weit nordostwärts, die bei Hochwasser gerade überflutet wird. Diese Sandbank verändert ihre Lage und Größe. Zwischen Fascht ed-Dibal und Kat'at Djaradeh führt eine $2^1/_2$ Sm breite Rinne mit 4,3 bis 5,5 m Wassertiefe hindurch.
$4^1/_2$ Sm südlich von Kat'at Djaradeh befindet sich das Ostende des großen Küstenriffs der Insel Bahrein. Die Wassertiefe zwischen den Riffen beträgt 1,8 bis 5 m. Westlich von Kat'at Djaradeh und nördlich vom Küstenriff der Insel Bahrein bis zum Riff der Insel Muharrek liegen keine Untiefen.

Von Ras Aschiradj nach Duhat Salwa. Von Ras Aschiradj läuft die Küste 28 Sm südwärts nach dem Innern des 9 Sm langen großen seichten Krieks *Duhat el-Adwan*, in dem die größte Wassertiefe 3,7 m beträgt. 2 Sm südlich von Ras Aschiradj liegen die Trümmer von *Rubeidja*. Die ganze Gegend scheint unbewohnt zu sein. Am Duhat el-Adwan befinden sich Forts und Hütten, die regelmäßigen Bootsverkehr mit Bahrein unterhalten. Über diesen Küstenstrich herrscht der Schech von Bahrein. An der Westseite der Einfahrt zum Kriek befindet sich eine Inselgruppe, die wenig bekannt ist. *El-Hawar*, die größte Insel der Gruppe, ist etwa 10 Sm lang. Die Umgegend ist seicht und nicht vermessen. *Ras es-Sawad* ist eine Festlandshuk nahe am Südende von el-Hawar. Von da läuft die Küste 30 Sm weit südsüdwestwärts nach dem Innern von Duhat Salwa. Nach Angabe der Eingeborenen ist die Küste nördlich von der Huk eine Strecke weit mäßig hoch und felsig.

Duhat Salwa. Die Südgrenze dieser Bucht ist nicht bekannt. Nach den wenigen Lotwürfen muß der Grund stark uneben sein. Die Küste an der Westseite der Bucht läuft etwa 26 Sm nordwärts und nordwestwärts nach einer Huk an der Südseite einer Bucht, in der die kleine etwa 4 Sm lange Insel *Suchnunija (Zakhnuniya)* liegt, auf der sich ein Dorf mit einem Fort befindet. Zwischen der Insel und dem Festlande führt eine seichte Rinne hindurch. Die Küste besteht aus Sanddünen (Nefuds), die in steter Bewegung sind; eine davon ist *Djebel Mowa*.

El-Adjer *(Ojar, al Ojair)* (Abbild. 45) ist ein einsames, von der Wüste umgebenes Zollamt. Einige Beamte und eine Kompagnie türkische Besatzung sind die einzigen Bewohner. Das Zollamt besteht aus einem großen länglichen Quadrathofe, um den herum einige Räume für die Zollbeamten liegen. Die Soldaten liegen teils in dem alten arabischen Fort nahe am Strande, teils im Zollamt. Der Schmutz liegt selbst im Zollhof fußhoch, so daß trotz des nicht schlechten Klimas Fieber häufig vorkommt. Bei Ausflügen nach dem Innern

Siehe Brit. Adm-Krt. Nr. 2837b (Tit. IX, Nr. 188)

ist es ratsam, eine bewaffnete Bedeckung mitzunehmen. Im Jahre 1901 wurden 80 türkische Soldaten von den Beduinen niedergemacht; auch das Zollamt wurde lange von ihnen belagert. Das Fort mit seinen vier Türmen ist von Norden aus 9 Sm weit sichtbar.

El-Adjer ist der Seehafen der türkischen Stadt *el-Hofuf* und liegt an der Westseite eines 4 Sm langen Krieks, 21 Sm westsüdwestlich von Ras el-Bar, der Südspitze der Insel Bahrein. Auf *Ras Sēha*, dem Südende der langen schmalen Landzunge an der Ostseite des Krieks, fand das britische Kriegsschiff »Lapwing« im Jahre 1903 eine Stangenbake vor. In der Einfahrt liegt eine $3/4$ Sm lange Untiefe mit 1,2 bis 1,8 m Wasser; an ihrer Innenseite bis nahe ans Fort fand man 11 bis 13 m Wassertiefe. Vom Fort läuft eine $3/4$ Kblg lange starke Landungsbrücke mit 0,9 m Wassertiefe an ihrem Außenende in den Kriek hinein. Der Fluthub beträgt etwa 0,6 m. Zwischen Ras Sēha und der Insel Bahrein schwankt die Wassertiefe zwischen 5,5 und 25 m. El-Adjer gehört zur Provinz el-Hasa. El-Hasa bedeutet im Arabischen ein Land, wo man nahe unter der Erdoberfläche Wasser findet. Lebensmittel werden auf Baghalas von der Insel Bahrein gebracht. Trinkwasser liefert ein Brunnen beim Fort.

Fahrt vom Hafen von Bahrein nach el-Adjer s. Seite 155.

Von el-Adjer nach Damman.

Von Ras Sēha läuft die Küste 22 Sm nordnordwestwärts nach der Einfahrt zu der großen, seichten, 7 Sm langen Bucht *Duhat Salum,* deren Küsten unbewohnt sind. An der Südseite der Bucht befindet sich der 37 m hohe, 1 Sm in westlicher Richtung lange Hügel *Hamadija*. Nahe am Strande, $2^{1}/_{2}$ Sm westnordwestlich von Hamadija, befindet sich der kleine, runde, 30 m hohe *Nordhügel (North Hill)*. Diese beiden Hügel, die einzigen verhältnismäßig hohen Punkte an der Küste, bilden ausgezeichnete Landmarken. *Kureja*-Huk an der Nordseite der Einfahrt zur Salum-Bucht ist niedrig und sandig. An der West- und der Nordseite der Bucht erstrecken sich zahlreiche Sanddünen eine Strecke weit landwärts; aber nur eine davon an der Nordseite der Bucht ist auffällig.

Von der Kureja-Huk läuft die Küste etwa 7 Sm nordwärts nach der Bucht *Duhat Ain es-Sih,* deren Einfahrt etwas weniger als 1 Sm breit ist und 1,8 m Wassertiefe hat. 1 Sm östlich davon läuft eine lange schmale Sandbank mit der Küste gleich und fällt stellenweise bei Niedrigwasser trocken. $1^{3}/_{4}$ Sm nördlich von der Einfahrt befindet sich ein einzelner 17 m hoher Sandhügel. $3^{3}/_{4}$ Sm nordnordöstlich von der Einfahrt befindet sich eine Gruppe von vier Hügeln, von denen einer auffällig ist. Dieser und der einzelne Sandhügel sind gute Landmarken, wenn man sie in westlichen oder nordwestlichen Peilungen hat. Von dem nördlichsten Sandhügel *Sabanat,* der da liegt, wo

Siehe Brit. Adm.-Krt. Nr. 2837 b (Tit. IX, Nr. 188)

das Festland von der Insel Bahrein den kleinsten Abstand hat, peilt el-Bidia etwa rw. 90° (mw. Ost), 13 Sm ab. Die zwischenliegende See wird durch viele Riffe gesperrt, durch die schmale Rinnen führen; nur die östlichste davon, die am tiefsten und am besten zu befahren sein soll, ist vermessen. Die Beschreibung der Rinne findet man auf Seite 156.

Djilat el-Husain (Jilat al-Husain) ist ein kleines Küstenfort, 11 Sm nördlich von der Einfahrt zur Bucht Ain es-Sih, das von einigen Fischern bewohnt wird. Dicht dabei befindet sich etwa $17^1/_2$ Sm südlich von Ras Tannura die Huk *Ras Kuwakib* an der Südseite der *el-Katif*-Bucht. Der Lailija-Bezirk nahe an der Küste südlich von el-Husain soll fruchtbar und wasserreich sein.

Ein großes Riff erstreckt sich von Ras Kuwakib 8 Sm weit ostwärts und nordostwärts. Nahe an seiner Außenkante liegt das trockene Riff *Tschatschus (Chaschus)*. Einige Sm landwärts von der Huk befindet sich eine Hügelreihe mit zwei Hauptgipfeln. *Masra*, der nördliche Gipfel davon, ist ein 127 m hoher spitzer Hügel, etwa 17 Sm südsüdwestlich von Ras Tannura. *Djebel Sahran (Thahran)*, 18 Sm südlich von Ras Tannura und $18^1/_2$ Sm westnordwestlich von el-Bidia, ist ein 150 m hoher, langer, allmählich abfallender Hügel mit einem auffälligen, etwas flachen Gipfel, der sich steil von der Mitte des Hügels erhebt und eine gute Landmarke bildet.

Tschatschus-Riff mit mehreren Sandbänken, die bei starken Winden und Gezeiten sich verschieben, liegt an der Außenkante des Küstenriffs, das sich von Ras Kuwakib 8 Sm weit ost- und nordostwärts erstreckt. Die Nordostspitze des Riffs befindet sich 7 Sm nordwestlich von Chor Fascht (Seite 146). Ein seichter Steert mit 2,7 bis 3,7 m Wassertiefe liegt etwa 3 Sm östlich vom Tschatschus-Riffe an der Westseite des Chor el-Bab. Etwa in der Mitte zwischen diesem Steerte und Ras es-Sala, einer vorspringenden Ecke von Fascht el-Jarim etwa $2^1/_3$ Sm westlich von der Kalija-Klippe, liegt eine etwa 1 Sm lange Bank mit 4,5 bis 5,5 m Wassertiefe. Ihre Ostkante liegt $1^1/_2$ Sm westnordwestlich von Ras es-Sala.

Dammam, eine wichtige Stadt mit einem Fort, befindet sich in den Händen der Türken. Das Hauptfort, das 10 Sm weit sichtbar ist, befindet sich auf einer Insel auf dem Küstenriff, die fast mit dem Festlande verbunden ist. Ein schlanker Turm mit einer Flaggenstange befindet sich in der Mitte des Forts. Die übrige Stadt und ein kleineres Fort liegen auf dem Festlande nahebei. Die Rinnen, durch die die Fahrzeuge der Eingeborenen über das Riff nach der Stadt gelangen, sind seicht und vielleicht nur bei Hochwasser fahrbar. Die Insel, die Fahrrinnen und die Küste dahinter sind nicht vermessen und nur roh in die Karte eingetragen. Eine schmale Rinne, die bei Niedrigwasser trocken liegt, soll sich an der Landseite befinden.

Siehe Brit. Adm-Krt. Nr. 2837b (Tit. IX, Nr. 188)

Saihat ist eine Stadt mit einem großen Fort an der Küste 5 Sm südsüdöstlich von el-Katif. Von dort ziehen sich dichte Dattelwälder bis etwa 3 Sm nördlich von el-Katif hin. Eine große Sanddüne landwärts von Saihat ist 12 Sm weit sichtbar. Etwa in der Mitte zwischen Saihat und el-Katif liegt der Ort *Anitsch* mit einem Fort.

Eine Rinne, *Chor Saihat*, führt von einer Einbuchtung des Riffs nördlich von *Ras Chali* auf den Ort zu. Vor dem Orte spaltet sich die Rinne in zwei Arme. Der eine davon führt nordwärts nach el-Katif und bildet das beste Fahrwasser für große Boote, der andere Arm führt südwärts und wird von Booten benutzt, die nach Dammam wollen.

El-Katif ist eine wichtige Küstenstadt, $9\frac{1}{2}$ Sm westsüdwestlich von Ras Tannura. Der einzige von See aus sichtbare Teil ist ein großes Fort, das jedoch wenig mehr als die Wohnungen des Schechs und seines Gefolges enthält. Die Stadt liegt in den Dattelwäldern um das Fort herum. Ein etwa 30 m hohes Minaret befindet sich im südlichen Teile des Forts. Die Zitadelle in der Nordwestecke des Forts soll portugiesischen Ursprungs sein. Ein hoher brauner Sandhügel, der 12 Sm weit sichtbar ist, befindet sich 3 Sm westnordwestlich von der Stadt. Quellen in der Nähe der Stadt liefern gutes Trinkwasser in Menge. Das Land ist sehr fruchtbar und bringt Dattelpalmen und andere Fruchtbäume hervor. Gemüse, Melonen und dgl. wird in den Gärten bei der Stadt gezogen, auch wird etwas Reis gebaut. Die Dattelwälder reichen einige Sm nördlich von der Stadt, dann beginnt wieder die Wüste. Ein guter Basar ist in el-Katif. Das Land ist den Türken tributpflichtig, die dort eine Garnison unterhalten.

Tarut ist eine $3\frac{1}{2}$ Sm lange und breite fruchtbare Insel auf dem Küstenriff östlich von el-Katif. Die Osthälfte der Insel ist mit hohen Dattelpalmen bewachsen. Etwa in der Mitte der Palmen steht das Fort *Tarut* mit seinen über die Bäume hinwegragenden Türmen, die 10 Sm weit sichtbar sind. An der Ostseite, nordöstlich vom Fort, befindet sich das Fischerdorf *Sanabis*. Am Südende der Insel liegt der Ort *Darin* mit seinem viereckigen Fort.

Einfahrt nach el-Katif. Nach der Stadt können nur Boote mit 1,8 bis 2,1 m Tiefgang gelangen. Die größten Boote benutzen den Chor Saihat (siehe oben). Eine andere kleinere Rinne, deren Einfahrt etwa 3 Sm östlich von Darin liegt, führt dicht an Darin vorbei und trifft den Chor Saihat nahe bei dem kleinen Fort *Burj Abul Lif* auf dem Riff, $1\frac{3}{4}$ Sm westlich von Darin. Weiter können große Boote nicht kommen. Die Hauptrinne führt $\frac{1}{4}$ Sm östlich davon entlang. Durch einen kleinen Seitenarm gelangen die Boote bei Hochwasser bis dicht an die Mauern des Forts. Die Rinne um das

Siehe Brit. Adm.-Krt. Nr. 2837b (Tit. IX, Nr. 188)

Nordende der Insel Tarut ist ebenfalls nur bei Hochwasser brauchbar. Fahrzeuge, die vor dem Chor ankern wollen, müssen 4 bis 5 Sm östlich von Darin bleiben.

Ras Tannura, auf 26° 38′ N-Br. und 50° 10′ O-Lg., ist das Südende einer langen schmalen, stellenweise nur $1/2$ Kblg breiten Sandzunge mit Sanddünen an ihrer Außenkante und begrenzt die el-Katif-Bucht an der Nordseite. Das Kap ist 8 bis 9 Sm weit sichtbar und bei guter Beleuchtung gut auszumachen. Auf dem sehr niedrigen Südende befinden sich die Reste eines kleinen Hauses. Die Riffe innerhalb des Kaps sind gut sichtbar, vor allem das große Riff vor der Insel Tarut. 3 Sm nördlich vom Südende des Kaps ist das Küstenriff an seiner Ostseite $1 1/4$ Sm breit, während nahe am Südende sich kein Riff vorfindet. Ein reines Fahrwasser führt zwischen Ras Tannura und dem Nadjwa-Riffe (siehe unten) hindurch. Das Riff um die Insel Tarut erstreckt sich bis 1 Sm innerhalb Ras Tannura; von da läuft es in südsüdwestlicher Richtung nach der Einfahrt zu Chor Saihat.

Chaura-Bank *(Khaura)*. Die seichteste Stelle der Chaura-Bank, mit 5,8 m Wassertiefe, liegt etwa $7 1/2$ Sm östlich von Ras Tannura. An der Westkante der Bank nehmen die Wassertiefen plötzlich von 9 m auf 23 m zu.

Nadjwa ist ein $2 1/2$ Sm in nördlicher Richtung langes und $1 1/4$ Sm breites Riff mit zwei Sandbänken. Die eine Sandbank, in der Mitte des Riffs, liegt fast immer trocken, die andere, am Südende des Riffs, wird nur bei Niedrigwasser sichtbar. Die große Sandbank auf dem Nadjwa-Riffe ist in nordwestlichen Peilungen meist bei halber Tide gut sichtbar.

Ankerplatz vor Ras Tannura, mit Schutz gegen alle Winde, findet man $1 1/2$ Kblg vom Lande, wenn das Kap rw. 135° (mw. SO) peilt. Da der Grund hart ist, muß man vor langer Kette liegen. Bei der Ansteuerung des Ankerplatzes sollte man Ras Tannura nicht in nördlichere Peilung bringen als rw. 270° (mw. West). Die Riffe, die man an der Südseite hat, sind die hauptsächlichsten von den Gefahren, die man zu meiden hat. Das Kap umsteuert man in etwa $1/2$ Kblg Abstand und hält dann auf den Ankerplatz zu. Die innere Fahrrinne, mit 7,3 bis 9 m Wassertiefe, ist nur $1/4$ Sm breit, da sich eine 1,8 m-Bank in $1/4$ Sm Abstand vom Kap nordwestwärts erstreckt. Der Flutstrom setzt quer über das Fahrwasser, so daß man nicht Gefahr läuft, das Kap zu nahe zu umsteuern. Das Fahrwasser läuft 4 Sm nordwestwärts dicht südlich an einem Inselchen entlang und hat stellenweise 9 m Wassertiefe; es ist jedoch schmal und gewunden.

Gezeiten bei Ras Tannura. Tannura ist das arabische Wort für Stromwirbel. Die Gezeitenströme sind seewärts vom Kap stark.

Siehe Brit. Adm-Krt. Nr. 2837b (Tit. IX, Nr. 188)

Nahe beim Kap scheint sich der Strom zu spalten, und zwar setzt der Flutstrom südlich vom Kap südwärts, während er an der Außenseite des Kaps nach Nordwesten setzt. Ebenso setzt der Flutstrom mit großer Geschwindigkeit um das Kap herum nordwestwärts an der Innenseite des Kaps entlang. Der Ebbstrom scheint von Ras Tannura nordostwärts zu setzen, zwischen Fascht Bu Sa'afa und el-Aschira hindurch. Überhaupt sind die Gezeitenverhältnisse sehr verwickelt. Beim Kap scheinen sich die Ströme zu treffen.

Inseln und Riffe nördlich von der Insel Bahrein.

Rennie-Riff ist ein kleines, $1^1/_4$ Sm langes und $3/_4$ Sm breites Riff auf 27° 4′ N-Br. und 50° 42′ O-Lg. Der Grund besteht aus Sand mit felsigen Stellen, die geringste Wassertiefe beträgt weniger als 4,7 m. Nahe beim Riff betragen die Wassertiefen mehr als 50 m 1 Sm nördlich und östlich davon, und südlich und westlich davon 35 bis 45 m. Das Riff liegt daher außerhalb der Perlenbank und bildet eine große Gefahr für Schiffe auf der Fahrt von Bahrein nach Buschehr und anderen Plätzen im Norden des Persischen Golfs. Das Riff war in keiner Weise kenntlich, als man auf 8 m Wassertiefe darüber hinwegfuhr.

Eine Bank mit weniger als 4,7 m Wassertiefe liegt $2^3/_4$ Sm rw. 186° (mw.S$^1/_2$W) vom Rennie-Riffe. Nach neuesten Berichten aus dem Jahre 1906 kam der Dampfer »Waroonga« mit 4,7 m Tiefgang auf der Fahrt von Bahrein nach Koweit darauf fest.

Bu Asama *(Bu Athama)*, auf 26° 52′ N-Br. und 50° 56′ O-Lg., ist eine Bank 42 Sm nordöstlich vom Bahrein-Hafen. In dieser Gegend lotete man im Jahre 1890 auf der Fahrt von Bahrein nach Buschehr 5,5 und 9 m Wasser. Die Bank, deren Grund deutlich sichtbar war, schien, nach der Stromkabbelung zu urteilen, in östlicher Richtung $1/_4$ Sm lang zu sein.

Fascht Bu Sa'afa ist ein gefährliches Riff, $22^3/_4$ Sm nord-nordöstlich von Ras Tannura. Es besteht aus großen Klippen, auf denen die See heftig brandet. Stellenweise steht darauf nur 0,9 m Wasser. Das Riff ist weniger als 2 Sm lang. Man sollte annehmen, daß das Riff stets deutlich sichtbar wäre, allein das Vermessungsschiff »Marie« fuhr zweimal dicht daran vorbei, ohne eine Spur davon wahrzunehmen. Der Grund in der Umgebung ist sandig. Etwa 30 m Wassertiefe findet man dicht bei dem Riffe. Eine felsige Stelle mit 16,5 m Wasser liegt 2 Sm östlich vom Riffe. Zwischen ihr und der Küste steht starke Stromkabbelung, da die Wassertiefen zwischen 13 bis 35 m schwanken. Zwischen dem Riff und der el-Aschira-Bank hat man etwa 9 m Wassertiefe gefunden; die neuen Karten

Siehe Brit. Adm-Krt. Nr. 2837b (Tit. IX, Nr. 188)

zeigen so seichte Stellen dort nicht. Auf dem Bu Sa'afa-Riffe fischen die Fischer von der Tarut-Insel.

El-Aschira ist eine große, 7 bis 8 Sm lange Perlenbank mit 5,5 bis 18 m Wassertiefe und liegt etwa 13 Sm nördlich vom el-Jarim-Riffe. Zwischen el-Aschira und dem Bu Sa'afa-Riffe führt eine 8 Sm breite Durchfahrt hindurch, die stellenweise nur 9 m Wassertiefe hat. Die Nordostecke der Bank stößt fast an die *Bu Amama*-Bank (mit 14,5 m Wasser). Südwestlich von der Bu Amama-Bank soll nach Meldungen vom Jahre 1880 die Wassertiefe größer sein, als die Karten anzeigen.

Schech Gata-Bank, mit 6,9 bis 9 m Wassertiefe, liegt etwa in der Mitte zwischen der Aschira-Bank und dem Riffe Fascht el-Jarim Die seichteste Stelle der Bank, mit 6,9 m Wasser, liegt 7 Sm nördlich von Ras esch-Schabb (siehe unten). Zwischen dieser Bank und der Chaura-Bank (Seite 143) befindet sich ein Paß mit 22 m Wassertiefe.

Fascht el-Jarim *(al Yarim)* ist ein großes birnenförmiges, 13 Sm in nördlicher Richtung langes und am Nordende 8 Sm breites Riff, durch das der Hafen von Bahrein gegen Nordwestwinde (Schamal) geschützt wird. Die Mitte und das Südende des Riffs bestehen aus Klippen und Sand, während das Nordende aus Korallen besteht, von denen große Stücke abgebröckelt sind, die bei starkem Seegang aufgewühlt werden. An der Kante steht Brandung. Bei Springniedrigwasser ist das ganze Riff gut sichtbar. Auf dem Nordende sieht man schwarze Stücke Korallenbruch, während das Südende wie eine große Sandbank aussieht.

Ras esch-Schabb, die Nordspitze des el-Jarim-Riffs, auf 26° 33' N-Br., liegt etwa 16 Sm nordnordwestlich von den Rija-Dattelpalmen am Nordende von Muharrek. Etwa in $1/4$ Sm Abstand von Ras esch-Schabb findet man 5,5 m Wassertiefe, aber man hat nur 4,5 m Wassertiefe 3 Sm nordwestlich davon. Bei Ras esch-Schabb ist die Küste nicht sichtbar. Das Riff ist daher die gefährlichste Stelle bei der Ansteuerung von Bahrein. Etwa 4 Sm östlich davon hat man 9 m Wassertiefe.

In der *Haraka*-Bucht, an der Ostseite des Riffs, die nur 1,8 bis 3,7 m Wassertiefe hat, suchen die Perlenfischer bei einem Schamal Schutz. Südlich von Haraka und seewärts von *Ras el-Ain,* 5 Sm nordnordöstlich von *Ras Djadum (Jadum),* der Südspitze des Riffs, nimmt die Wassertiefe in ostsüdöstlicher Richtung 4 Sm weit nach der 5 m-Grenze hin sehr gleichmäßig zu. Östlich von Ras Djadum hat man 1 Sm vom Riff 5,5 m Wassertiefe, nach dem Riffe hin nimmt die Wassertiefe rasch auf 3,7 m ab.

Ankerplatz vor Ras Djadum ist gut und ganz gegen Nordwestwind geschützt.

Kalija ist eine etwa 6 m lange und breite Klippe auf dem Riff el-Jarim, die bei Hochwasser eben überflutet wird. Außer bei Hoch-

Siehe Brit. Adm-Krt. Nr. 20 (Tit. IX, Nr. 189)

wasser kann man die Klippe im allgemeinen leicht ausmachen, wenn man nahe am Riff sich befindet.

Chor Fascht ist ein 3 Sm breites Korallenriff $2\frac{1}{2}$ Sm westlich von Ras Djadum, das bei Springniedrigwasser stellenweise trockenfällt. Das Riff hat steile Kanten, außer an der Südostseite, wo ein Steert eine kleine Strecke weit vom Riffe ausläuft. Ein Paß mit 4,5 bis 7,3 m Wassertiefe führt zwischen Chor Fascht und Fascht el-Jarim hindurch. Auf dem Riffe befinden sich etwa drei Sandbänke; die größte davon liegt in der Südostecke des Riffs und fällt 0,9 m trocken. Die Perlenfischer benutzen viel eine Quelle mit Frischwasser, die auf dem Riffe nahe bei der großen Sandbank und etwa 1 m unter dem Niedrigwasserspiegel liegt. Die Quelle ist schwer aufzufinden, außer bei Niedrigwasser, wenn die See schlicht ist.

Marwadi-Riff vor der Südostseite von Chor Fascht fällt bei Niedrigwasser trocken; es besteht aus Korallen.

Gezeitenströme bei Chor Fascht kentern etwa 2^h nach Hoch- und Niedrigwasser im Hafen von Bahrein. Chor Fascht und das Marwadi-Riff sollen bei Hochwasser nicht sichtbar sein.

Ras el-Jadda ist eine große Sandbank südwestlich von Chor Fascht, deren Ausdehnung noch unbekannt ist. Seichter Grund erstreckt sich von der Bank bis auf $\frac{3}{4}$ Sm von der Südspitze von Chor Fascht. Ein $\frac{1}{2}$ Sm breiter Paß mit 7 bis 8 m Wassertiefe führt zwischen der Bank und Chor Fascht hindurch. Hart an der Ostseite des Passes befindet sich eine Stelle mit 2,1 m Wassertiefe.

Rak es-Surra ist eine 3 Sm in ostsüdöstlicher Richtung lange und 1 Sm breite Perlenbank mitten zwischen den Riffen Nadjwa und Fascht el-Jarim und hat 3,7 bis 5,0 m Wassertiefe. Am seichtesten ist eine felsige Stelle mit 3,7 m Wassertiefe auf 26° 32′ N-Br. und 50° 23′ O-Lg. Auf den felsigen Stellen ist das Wasser meist entfärbt. Östlich von der Bank nimmt die Wassertiefe zu auf 7,3 m bis nach der *Adala*-Bank hin, die sich nordwärts von Fascht el-Jarim erstreckt. Zwischen Rak es-Surra und dem Nadjwa-Riffe hat das Fahrwasser 11 bis 16 m Wassertiefe. Nördlich von Rak es-Surra befindet sich ein Paß mit 27 m Wassertiefe.

Untiefen nordöstlich vom Hafen von Bahrein.

Nach Meldungen vom Jahre 1898 hat man auf der Bank $22\frac{1}{2}$ Sm nordnordöstlich von der Nordhuk der Insel Muharrek 8,2 bis 8,6 m Wassertiefe gelotet. Eine andere große Bank mit 10 bis 11 m Wassertiefe soll sich etwa 20 Sm rw. 79° (mw. OzN) von der Einfahrt zum Hafen von Bahrein befinden.

Insel Muharrek, nordöstlich von der Insel Bahrein, wird von dieser Insel durch einen seichten, etwa $1\frac{1}{3}$ Sm breiten Paß

Siehe Brit. Adm-Krt. Nr. 20 (Tit. IX, Nr. 189)

getrennt. Die $2^2/_3$ Sm in östlicher Richtung lange und $2^1/_2$ Sm in nördlicher Richtung breite Insel Muharrek ist niedrig und sandig. Einige auffällige Gruppen von 12 m hohen Dattelpalmen sind die ersten sichtbaren Landmarken, wenn das Wetter nicht überhaupt neblig ist. Bei sehr klarem Wetter sieht man allerdings Djebel Duchan in der Mitte der Insel Bahrein noch eher. Zwei kleine Türme befinden sich im Dorfe *Kalali* am Nordostende von Muharrek; der östliche Turm ist der größere und auffälligere von den beiden.

Die große Stadt *Muharrek* liegt in der Südwestecke der gleichnamigen Insel. Die Stadt hat mehr Einwohner als el-Menama auf dem Nordostende der Insel Bahrein. In der Stadt wohnt der Schech von Bahrein. Vor dem Südende der Stadt, auf einem einzelnen Landstriche, der bei hohem Wasserstande eine Insel bildet, steht ein viereckiges Fort (Abbild. 47) mit einem großen und drei kleinen Türmen, die vom Ankerplatze aus gut sichtbar sind. Etwa $2^1/_2$ Kblg östlich vom Fort befindet sich die Quelle *Bu Mahir,* die die Stadt mit Wasser versorgt. Auf einer langen Landzunge, die sich von der Südosthuk der Insel südwärts erstreckt, liegt die Stadt *el-Hadd,* die in westlichen Peilungen gut sichtbar ist. Zwischen den Städten el-Hadd und Muharrek erstreckt sich die $^1/_2$ Sm breite *Arad*-Halbinsel 1 Sm weit in südwestlicher Richtung. Am Südwestende der Halbinsel befinden sich ein Dattelwäldchen und die Trümmer eines großen Forts.

Chasēfa *(Khaseifa)* ist ein $2^1/_2$ m hohes Felseninselchen $^1/_3$ Sm vom Lande auf dem Riff vor der Nordküste der Insel Muharrek. Dies helle Inselchen ist, wenn die Sonne darauf scheint, bei Hochwasser leicht auszumachen; es liegt dann ganz frei vom Lande. Bei Niedrigwasser liegen die Frischwasserquellen zwischen Chasēfa und Muharrek frei.

Saja *(Saya)* ist ein kleines, 0,6 m hohes Inselchen mit einer Quelle Frischwasser. Saja liegt $^3/_4$ Sm vom Lande auf dem bei Niedrigwasser trockenen Riffe vor der Westseite der Insel Muharrek. Das Inselchen ist schwer auszumachen und daher als Landmarke nicht verwendbar.

Insel Bahrein.

Die $26^1/_2$ Sm in nördlicher Richtung lange und am Nordende 10 Sm breite Insel Bahrein wird nach dem Südende hin allmählich schmaler und endet in einer 4 Sm langen Landzunge. 12 Sm von der Nordküste und etwa in der Mitte zwischen Ost- und Westküste befindet sich der 125 m hohe *Djebel Duchan (Dukhan),* eine kleine viereckige Gruppe dunkler Hügel. Der Kamm des Djebel ist eben und an den Rändern gezackt. Auf beiden Seiten befindet sich ein breiter steiler Abhang. Bei klarem Wetter ist Djebel Duchan die erste Landmarke, die man sichtet. 4 Sm von der Nordküste beginnt

Siehe Brit. Adm-Krt. Nr. 20 (Tit. IX, Nr. 189)

30 bis 45 m hohes felsiges Tafelland, das sich viele Sm weit südwärts erstreckt und fast die ganze Breite der Insel ausfüllt. Es endet an allen Seiten in kleinen steilen Abhängen. 7 Sm südlich von el-Manama befinden sich das Dorf und das Fort *er-Rufa*. Das Fort mit seinen Türmen sieht man einlaufend über die Dattelpalmen hinweg. Es ist zeitweise schwer auszumachen, wenn man nicht aus dem Topp danach ausguckt, der hohen Palmen wegen. Die Küste der Insel ist niedrig. Ein 2 bis 3 Sm breiter Landstreifen mit Dattelwäldern, der sehr gut bewässert und fruchtbar ist, zieht sich längs der Nordküste hin. Im übrigen ist die Insel unbewohnt und kahl.

Die Bevölkerung der Insel Bahrein und der Insel Muharrek beträgt zusammen etwa 50 000 Köpfe. Die Inseln werden von einem Schech verwaltet, der in Muharrek wohnt. Der Schech beansprucht die Herrschaft über den westlichen Teil der Barr el-Katr-Halbinsel. Die Inseln stehen unter britischer Schutzherrschaft. Die Einwohner treiben meist Perlenfischerei, einige auch Ackerbau.

Küste der Insel Bahrein. Ostküste. Über Chor Kalija s. Seite 155.

Von *Ras er-Rumman*, der Nordostspitze der Insel, läuft die Küste ³/₄ Sm weit südostwärts nach einer niedrigen sandigen Huk, auf der das kleine Fischerdorf *Halat en-Nannas* liegt. Südlich davon bildet die Küste eine Bucht, die im Süden durch die Huk *Ras el-Djisra (al Jasra)* begrenzt wird. Auf dieser Huk befinden sich ein Dorf und ein einzelnes Dattelwäldchen. Eine Quelle am Strande unter dem Spiegel des Hochwassers liefert Frischwasser.

Bei Ras el-Djisra dreht die Küste südwestwärts und westwärts und begrenzt eine große seichte Bucht, die 4 Sm tief ins Land einschneidet, an der Nordseite. An der Südseite der 1¹/₂ Sm breiten Einfahrt zur Bucht befindet sich die 4 Sm lange und 1¹/₂ Sm breite Insel *Sitra*, die an der Südwestseite durch einen schmalen seichten Kriek von der Insel Bahrein getrennt wird. Die Nordhälfte von Sitra ist mit hohen Dattelpalmen bewachsen. Das Ostende dieses Teils fällt steil ab. In dem Dattelwalde liegt das Dorf *Sitra* mit einem Fort; am Südende der Insel liegt das kleine Fischerdorf *Mahana es-Seghira (as Saghira)*. *Nabi Salih*, 2 Sm südwestlich von der el-Djisra-Huk, ist eine kleine, etwa ¹/₂ Sm breite Insel, die mit Dattelpalmen bewachsen ist. Vom Südende der Insel Sitra läuft die Küste süd- und südwestwärts 21 Sm nach *Ras el-Barr*, der Südspitze der Insel Bahrein.

Nordküste. Zwischen Ras er-Rumman und dem portugiesischen Fort bildet die Küste eine schwach gekrümmte Bucht. 1 Sm landwärts, fast gleichweit von den beiden Punkten, befindet sich die Ruine einer großen Moschee mit zwei 22 m hohen Türmen, deren Spitzen über die Dattelpalmen hinweg sichtbar werden, wenn man nahe am inneren Hafen von Bahrein ist; doch sind sie nicht leicht auszumachen (Abbild. 49). Die 0,₆ m hohe *Leuchtturm-Klippe (Light House Rock)* auf der Kante des Küstenriffs, 1 Sm nordnordwestlich

Siehe Brit. Adm-Krt. Nr. 20 (Tit. IX, Nr. 189)

vom portugiesischen Fort, ist nicht auffällig. Vom Fort läuft die Küste 2½ Sm westwärts nach dem Dorfe *Scherēba*, das nahe am Strande einen Turm zeigt, der höher ist als die übrigen Häuser. Von Scherēba läuft die Küste 1¾ Sm südwestwärts nach dem Dorfe *el-Bidia*, das auf der Nordwestspitze der Insel Bahrein liegt.

Westküste. Bei el-Bidia biegt die Küste plötzlich südwärts. 10 Sm südlich von el-Bidia liegt das kleine Dorf *Sellag (Zellag)*. Dem Schech des Dorfes, der reich sein soll, gehören verschiedene große Baghalas. Südlich von Sellag dehnt sich eine steinige Wüste aus, die nur kleine Stellen mit spärlichem Graswuchs aufzeigt. Zwischen el-Manama und el-Bidia ziehen sich Dattelwälder ganz längs der Küste; südlich von el-Bidia finden sich nur einzelne Gruppen von Dattelpalmen. Von Sellag läuft die Küste 4 Sm süd-südwestwärts, biegt dann 13 Sm südostwärts und endet in der langen, niedrigen, sandigen Huk Ras el-Barr.

Landung ist beim Dorfe Sellag gut auszuführen. Nördlich und südlich davon kann man schlecht landen, da sich ein breiter Streifen seichten Wassers längs der Küste erstreckt und Fahrzeuge, außer den ganz kleinen, deshalb nicht nahe an die Küste hinanlaufen können, namentlich bei Ras el-Barr, von welcher Huk man 5 Sm weit abbleiben muß. Infolge des großen breiten Riffs an der Ostseite der Insel Bahrein können nur ganz flachgehende Boote ans Land gelangen.

El-Manama *(Menama)*, mit etwa 20 000 Einwohnern, ist der Hauptort auf der Insel Bahrein und liegt auf Ras er-Rumman, der Nordostspitze der Insel. Die Stadt ist schmutzig, die Häuser sind armselig. In el-Manama befindet sich die britische Residentschaft mit dem Postamt und die Amerikanisch-Arabische Mission mit Arzt und großem, gut ausgerüstetem Krankenhause. Die britische Residentschaft mit Flaggenmast ist das ansehnlichste Gebäude und befindet sich etwa 1 Kblg südwestlich von Ras er-Rumman. ⅓ Sm südlich von dieser Huk sieht man von See aus eine auffällige Dattelpalmengruppe auf einer Anhöhe. Nahe dabei befindet sich der christliche Kirchhof, der mit einer hohen Mauer umgeben ist. Der Handel ist ziemlich bedeutend. Das Zollamt ist an einen Inder verpachtet. Englische Handelshäuser sind nicht vorhanden; die Hamburger Firma R. Wönkhaus unterhält dort eine Filiale. Die Hauptausfuhr bilden Perlmutterschalen; die Haupteinfuhr bilden Kaffee und Baumwollwaren. Als Münzen werden Rupien, Krans, türkische Pfunde und auch Maria Theresientaler gebraucht. Umgangssprache ist arabisch, doch wird auch vielfach persisch als Geschäftssprache gebraucht. Die Umgegend ist fruchtbar und gut bebaut, da sie überall gut bewässert ist. Die Datteln von Bahrein gelten als sehr minderwertig.

Das portugiesische Fort (Abbild. 48) liegt in Trümmern. Es befindet sich in einer Öffnung in dem Dattelpalmenwalde, etwa ¾ Kblg vom Strande und 3½ Sm westlich von Ras er-Rumman. Von

Siehe Brit. Adm-Krt. Nr. 20, 3380 (Tit. IX, Nr. 189, 189a)

See aus sieht man eine regellose helle Masse. Im Jahre 1902 lag der höchste Punkt des Forts 18 m über Wasser an der Kante des Grabens an der Südseite des Forts etwa in dessen Mitte auf 26° 13,9′ N-Br. und 53° 31,3′ O-Lg.

Hafenanlagen. Eine steinerne Landungsbrücke, die bei halber Tide trocken fällt, erstreckt sich von der britischen Residentschaft etwa $^3/_4$ Kblg nordwestwärts. Ladung wird in Segelleichtern von 20 bis 70 t Größe gelöscht.

Schiffsausrüstung. Lebensmittel (Geflügel, Ziegen, Hammelfleisch, wenig Früchte) sind in geringer Menge zu haben, aber sehr teuer, mit Ausnahme von Reis, von dem man in el-Manama bessere Sorten kaufen kann als sonstwo im Persischen Golf. Sehr wenig Holz zu außergewöhnlichem Preise wird geliefert. Kohlen sind nicht vorhanden. Trinkwasser ist reichlich vorhanden, doch ist es von schlechter Beschaffenheit. Vorkehrungen zum Anbordschaffen von Wasser sind nicht getroffen.

Dampferlinien. Dampfer der Hamburg—Amerika-Linie laufen den Hafen von Bahrein einmal monatlich an. Die British Steam Navigation Co. und die Bombay and Persian Steam Navigation Co. lassen Dampfer regelmäßig dorthin laufen.

Ansteuerung des Hafens von Bahrein.

Haupterfordernis, wie überall im Persischen Golfe, ist, den Abfahrtsort so genau als möglich in der Karte festzulegen. Von Norden (von Buschehr und anderen Plätzen der persischen Küste) kommend hat man das Rennie-Riff, die Bank mit 5,8 m Wasser $2^3/_4$ Sm rw. 186° (mw. S$^1/_2$W) davon und die 5,5 m-Stelle auf der Bu Asama-Bank (Seite 144) zu meiden. Diese Untiefen liegen am weitesten von der Einfahrt entfernt. Wenn Djebel Direng auf 28° 6′ N-Br. und 51° 38′ O-Lg rw. 62° (mw. NOzO$^1/_2$O) peilt und man 14 Sm von der Küste absteht, befindet man sich an der 40 m-Grenze und kann von da, mit Berücksichtigung des Gezeitenstromes, auf etwa rw. 197° (mw. SzW$^1/_2$W)-Kurse mitten zwischen dem Rennie-Riffe und der Bu Asama-Bank hindurch die Ostkante der Bu Amama-Bank ansteuern. Wenn man bald von 65 m Wassertiefe auf 22 m Wassertiefe gerät oder gar auf 11 m und dann die Wassertiefen schnell wieder auf 35 bis 40 m zunehmen, so ist man über die Bu Asama-Bank hinweggelaufen. Wenn aber die Wassertiefen allmählich auf 35 m, dann schnell auf etwa 15 m abnehmen und wieder auf nur 22 bis 25 m zunehmen, so ist man über die Bu Amama-Bank hinweggelaufen und muß nun südlichen Kurs steuern, doch so, daß man die Insel Muharrek beim Insichtkommen nicht südlicher als rw. 203° (mw. SSW) peilt. Südöstlich von der Bu Asama-Bank und zugleich östlich vom Meridian 51° O-Lg. befindet sich ein in östlicher Richtung 30 bis 40 Sm langer Raum an der Kante der Perlenbank, wo

Siehe Brit. Adm-Krt. Nr. 3380, 2837b (Tit. IX, Nr. 189a, 188)

die Wassertiefen bald von 35 m auf 16 m abnehmen und Stromkabbelungen sichtbar sind. Diese Gegend wird *Abu Charab (Abu Kharab)* genannt.

Wenn man die Bänke Bu Asama und Bu Amama hinter sich hat, oder wenn man das Fahrwasser mit etwa 30 m Wassertiefe zwischen diesen Bänken benutzt, nehmen die Wassertiefen allmählich auf 15 bis 13 m ab. Doch kann man auch auf die kleine Bank mit 8 m Wassertiefe kommen, die 22 Sm nordnordöstlich von der Insel Muharrek liegt. Diese Bank bietet guten Anhalt zur Ortsbestimmung. Von den Toppen aus muß man guten Ausguck halten. Die Kante des Riffs Fascht el-Jarim ist möglicherweise, namentlich morgens, an blaßgrünem Wasser kenntlich.

Oft hat man jene Gegenden vor der Morgendämmerung zu befahren. Da die Gezeitenströme das Schiff ostwärts oder westwärts versetzen können, so werden obige Angaben über die Wassertiefen von Wert sein können. Hat man westliche Stromversetzung, so kommt man der Nordostkante von Fascht el-Jarim zu nahe. Bei östlicher Stromversetzung kann man zu nahe an Fascht ed-Dibal (Seite 138) geraten. Bei fleißigem Loten kann man nach den obigen Angaben kaum über den Schiffsort in Zweifel sein.

Bei klarem Wetter kommt auf 25 Sm Abstand Djebel Duchan auf der Mitte der Insel Bahrein (Abbild. 46) zuerst in Sicht. Kurz darauf erscheinen die Dattelpalmen von *Rija (Riya)*, die nördlichste Palmengruppe auf der Insel Muharrek. Man bringe dann den Djebel Duchan in rw. 200° (mw. $SzW^3/_4W$)-Peilung oder die höchste Dattelpalmengruppe auf der Insel Muharrek in rw. 203° (mw. SSW)-Peilung und steuere darauf zu. Die Außentonne (Seite 154) in der Einfahrt zum Hafen muß man recht voraus in Sicht bekommen. Schiffe mit 4,6 m Tiefgang können auf beiden Seiten der Tonne entlang laufen; Schiffe mit größerem Tiefgang müssen aber mindestens $1^1/_2$ Sm östlich davon bleiben auf etwa 7 m Wassertiefe. Beim Umsteuern der Tonne hat man die 5,5 m-Stelle, $^3/_4$ Sm südöstlich von der Tonne, zu meiden.

Muß man annehmen, daß die Tonne vertrieben ist, so steuere man auf rw. 207° (mw. $SSW^3/_8W$)-Kurs auf Djebel Duchan zu oder auf rw. 230° (mw. $SW^1/_2W$)-Kurse auf die Palmengruppe von Rija zu. Auf diesen Kursen bleibt man auf 9 m Wassertiefe, bis der Kalali-Turm (Seite 147) und die übrigen Palmengruppen auf der Insel Muharrek in Sicht kommen, nach denen man den Schiffsort genauer festlegen kann.

Auf die richtige Lage der Tonnen kann man sich nicht verlassen. Da die Ansteuerung von Bahrein schon bei klarem Wetter sehr schwierig ist, muß man bei Nebel, Sandstürmen oder ungünstig blendender Beleuchtung sehr vorsichtig sein, häufig loten und, wenn nötig, ankern, bevor die Außentonne gefunden ist. Vom Osten kommend, lote man sich mit etwa rw. 262° (mw. $W^3/_4S$)-Kurs von einem genau bekannten Abfahrtsort an der persischen Küste sehr

Siehe Brit. Adm-Krt. Nr. 2837b, 20 (Tit. IX, Nr. 188, 189)

vorsichtig an die Außentonne hinan, wobei man vorher eine Reihe von 16 m-Lotungen erhalten wird.

Chor el-Bab ist die Straße, die von Bahrein nach el-Katif führt. Schiffe mit mehr als 4,6 m Tiefgang dürfen die Straße nicht benutzen. Man sollte stets einen Eingeborenen als Lotsen aus Bahrein mitnehmen. Die südliche Einfahrt zum Chor el-Bab führt vom Nordwesten des Hafens von Bahrein um Djadum, die Südspitze des el-Jarim-Riffs, herum. Die Straße läuft nordwestwärts, ist durchschnittlich 1 Sm breit und hat 6,4 bis 9 m Wassertiefe, doch liegen darin auch seichtere Stellen. Ein Seitenzweig führt von der Straße westwärts zwischen Chor Fascht und dem Marwadi-Riffe, auf dem sich immer Schwärme von Vögeln aufhalten, hindurch.

Aussteuerung durch Chor el-Bab. Wenn man von der Bank an der Westseite des Außenhafens von Bahrein (West Spit) frei ist und die Dattelpalmen von Rija rw. 102° (mw. OzS) peilen, steuere man rw. 293° (mw. WNW), bis das portugiesische Fort (Abbild. 48) mit Djebel Duchan in Eins peilt. Nun steuert man auf rw. 326° (mw. NWzN)-Kurse durch die Straße, wobei man scharf auf Stromversetzung achten muß. Der Flutstrom setzt stark westwärts an der Südseite des Marwadi-Riffs und an der Südseite des Chor Fascht entlang. Die Kante von Chor Fascht ist steil und deutlich sichtbar. Man bleibt östlich davon frei, wenn man Djebel Duchan rw. 167° (mw. SzO^1/$_8$O) peilt. Nach dem el-Jarim-Riffe hin nehmen die Wassertiefen allmählich ab. Durch fleißiges Loten kann man daher die Nähe des Riffs ermitteln. Nur bei Ras es-Sala findet man dicht am Riffe tiefes Wasser. Wenn die Kalija-Klippe rw. 57° (mw. NOzO^1/$_8$O) peilt, ist man nördlich frei von Chor Fascht. Die Kalija-Klippe und das Marwadi-Riff sind brauchbare Landmarken, wenn man in der Straße kreuzen muß.

Nördlich von Chor Fascht verliert man Djebel Duchan aus Sicht. Die einzigen Landmarken sind dann: die Kalija-Klippe, die bei halber Tide gut sichtbar ist, und die Hügel Djebel Sahran und Masra (Seite 141). Beim Näherkommen sieht man die Sände auf den Riffen Tschatschus und Nadjwa deutlich. Wenn man nördlich frei von Chor Fascht ist, peilt der spitze Masra-Hügel rw. 267° (mw. W^1/$_4$S). Man steuert dann auf rw. 327° (mw. NWzN)-Kurse weiter, bis man nördlich frei vom Nadjwa-Riffe ist. Man muß bei Festsetzung des Kurses auf den Strom Rücksicht nehmen. Der Kurs führt aber über die 4,5 m-Stelle westnordwestlich von Ras es-Sala. Wenn man dem Nadjwa-Riff zu nahe kommt, nehmen die Wassertiefen schnell von 13 m auf 5,5 m ab. Bleibt man aber 1^1/$_2$ Sm östlich vom Riffe, so hat man tiefes Fahrwasser bis nach Ras Tannura, welche Huk westnordwestlich vom Nadjwa-Riffe liegt. Auf der Huk befinden sich die Trümmer eines Hauses, die vom Riffe aus eben sichtbar sind und gut als Ansteuerungsmarke zu verwenden sind (Seite 143).

Siehe Brit. Adm.-Krt. Nr. 2837b (Tit. IX, Nr. 188)

Von der 3,7 m-Stelle auf Rak es-Surra peilt der Masra-Hügel rw. 236° (mw. SWzW). Von dort ist der trockene Sand des Nadjwa-Riffs nicht sichtbar. Wenn man daher die trockene Sandbank dieses Riffs gut in Sicht behält, bleibt man westlich frei von Rak es-Surra.

Die Fahrrinne zwischen den Riffen Tschatschus und Nadjwa ist $4^1/_2$ Sm breit und hat 3,7 bis 13 m Wassertiefe. Hält man den Masra-Hügel in rw. 246° (mw. $SWzW^7/_8W$)-Peilung, so bleibt man vom Nordende des Tschatschus-Riffes frei. Man bleibt vom Südsteert des Nadjwa-Riffs frei, wenn man den Masra-Hügel in rw. 228° (mw. $SW^1/_4W$)-Peilung hält.

Ras Chali (Khali) ist eine vorspringende Spitze des Küstenriffs etwa 7 Sm südlich von Ras Tannura. Darauf befindet sich eine unterseeische Quelle mit Frischwasser. Die Fahrrinne zwischen Ras Chali und dem Nadjwa-Riffe ist 2 bis 3 Sm breit und hat etwa 6,4 m Wassertiefe. Die Sandbank des Tschatschus-Riffes liegt etwa 8 Sm von der Küste. Man kann daher in jener Gegend von der Küste nur wenig sehen.

Von Ras Kuwąkib (Seite 141) läuft die Küste nordwestwärts nach el-Katif. 10 Sm südlich davon sieht man eine Anzahl kleiner felsiger Hügel *Marakibat Sadun,* die 9 Sm weit sichtbar sind und ihren Namen von ihrer Ähnlichkeit mit dem Rumpf einer Baghala erhalten haben.

Hafen von Bahrein.

Der Hafen von Bahrein wird durch Riffe gebildet, die von den Inseln Bahrein und Muharrek auslaufen. Gegen Norden wird er durch das große Riff Fascht el-Jarim geschützt; doch steht bei starkem Schamal im Außenhafen beträchtlicher Seegang, der für Boote sehr unangenehm werden kann. Schiffe können immer dort bequem vor Anker liegen. Der Innenhafen liegt besser geschützt, ist aber nur für kleine Fahrzeuge brauchbar und liegt gewöhnlich voll von Baghalas. Schiffe mit mehr als 5,8 m Tiefgang können den Innenhafen nicht aufsuchen. Die Riffe sind flach und bei günstiger Beleuchtung gut sichtbar. Darauf befinden sich zahlreiche Fischwehre, die mit wenigen Ausnahmen weit innerhalb der Außenkante der Riffe liegen. Entfärbtes Wasser erstreckt sich quer über die Einfahrt westlich von der Chasefa-Insel.

Gezeiten. Hafenzeit im Hafen von Bahrein beträgt $6^h 5^{min}$; Springhochwasserhöhe beträgt 1,8 bis 2,1 m, Nipphochwasserhöhe 1,5 m; der Fluthub bei Nipptide beträgt 0,9 m. Auf die Gezeitenströme muß man bei der Einsteuerung gut achtgeben, da sie bei Springtide 2 Sm Geschwindigkeit erreichen können.

Betonnung. Die British India Co. hat in der Einfahrt und im Hafen von Bahrein Tonnen ausgelegt, die aber oft vertreiben. Auf die richtige Lage der Tonnen darf man daher nicht immer rechnen.

Siehe Brit. Adm-Krt. Nr. 2837 b, 20 (Tit. IX, Nr. 188, 189)

Rote Tonnen bezeichnen für einlaufende Schiffe die Steuerbordseite, schwarze Tonnen die Backbordseite des Fahrwassers.

Die rote spitze Außentonne mit schwarzem Balltoppzeichen liegt auf 6 m Wassertiefe östlich von dem seichten Grunde vor dem el-Jarim-Riffe und dient als Ansteuerungstonne. Eine Stelle mit 5,5 m Wasser liegt 6 Kblg südöstlich von der Tonne. Eine rote spitze Tonne mit Korbtoppzeichen liegt auf 7,6 m Wasser östlich von Djadum. Eine schwarze spitze Tonne liegt auf 6,1 m Wasser vor dem seichten Grunde nordwestlich von der Insel Muharrek.

Ras Sarwan-Bake. Auf *Ras Sarwan (Zarwan)*, der Westecke des Riffs westlich von der Stadt Muharrek, steht eine weiße steinerne Bake mit kleinem Stangentoppzeichen.

Einsteuerung in den Hafen von Bahrein. Das portugiesische Fort (Abbild. 48) ist morgens, wenn die Sonne darauf scheint, gut sichtbar. Nachmittags ist es aber von der Einfahrt aus schwer auszumachen. Nach dem Umsteuern der Außentonne bleibe man gut nördlich frei von dem seichten Grunde vor der Nordwestseite der Insel Muharrek, bis die rote Tonne mit Korbtoppzeichen in Sicht kommt. Diese Tonne bringe man in rw. 262° (mw. $W^3/_4S$)-Peilung und steuere darauf zu. Die Peilung Djebel Sahran in rw. 265° (mw. $W^5/_8S$) führt nördlich frei von Ras Chasefa. Wenn man die schwarze Tonne nicht sieht oder wenn sie nicht an ihrem Platze liegt, ändere man den Kurs auf rw. 248° (mw. WSW), wenn das portugiesische Fort rw. 205° (mw. $SSW^1/_4W$) peilt. Wenn die Minarette in Eins kommen mit der westlichen Schulter des Djebel Duchan, in rw. 182° (mw. $S^1/_8W$), steuere man darauf zu. Die Minarette (Abbild. 49 u. 49a) sind für Fremde etwas schwer auszumachen, doch wird man mit dem Nachtglas zwei kleine spitze Türme eben über den Dattelpalmen entdecken können.

Schiffe, die den Hafen von Bahrein von Osten aus ansteuern, sehen, wenn sie südlich von der Einfahrt stehen, alle Dattelpalmen-Gruppen, den Kalali-Turm, das Dorf el-Hadd auf dem Südostende der Insel Muharrek, das Chasefa-Inselchen, Djebel Duchan und das Rufa-Fort früh genug, um den Schiffsort festlegen zu können, ehe man in gefährliche Gegenden kommt.

Für Segelschiffe empfiehlt es sich nicht, bei Nordwestwind auf südsüdwestlichem Kurse nach der Insel Muharrek hinüberzusteuern, wenn sie frei vom Ostende des el-Jarim-Riffs sind. Sie sollten vielmehr westlicheren Kurs steuern, um genügend luvwärts von Ras Chasefa zu bleiben.

Ankerplatz im Hafen von Bahrein. Tiefgehende Schiffe ankern etwas westlich von der Leitmarke: die Minarette in Eins mit der westlichen Schulter des Djebel Duchan in rw. 182° (mw. $S^1/_8W$), auf 7,3 bis 9,1 m Wassertiefe, von wo sie die Nordspitze von Muharrek zwischen rw. 90° (mw. Ost) und rw. 84° (mw. $O^1/_2N$) peilen. Schiffe mit 4,6 m Tiefgang laufen auf der Leitmarke weiter und ankern

---

Siehe Brit. Adm-Krt. Nr. 20, 3380 (Tit. IX, Nr. 189, 189a)

etwas östlich davon auf 5,5 bis 5,8 m Wassertiefe, von wo sie das Fort vor der Südwestspitze der Insel Muharrek rw. 102° (mw. OzS) und die Minarette rw. 183° (mw. S$^1/_4$W) peilen. Fahrzeuge mit noch geringerem Tiefgang können südlich von der Ras Sarwan-Bake auf 5,2 m Wassertiefe ankern, wenn sie die Bake in genügendem Abstande umsteuert haben. Je weiter drinnen man ankert, desto weniger Seegang empfindet man beim Schamal (Abbild. 50).

Chor Kalija, zwischen der Südküste der Muharrek-Insel und der Nordostküste der Insel Bahrein, wird viel von den Fahrzeugen der Eingeborenen benutzt. Europäische Fahrzeuge kommen dort überhaupt nicht hin. Ein schmaler Paß, der Muharrek-Sund, führt von dort nach dem Hafen von Bahrein, doch müssen große Landesfahrzeuge die Insel Muharrek umsteuern. Die Einfahrt führt um das Südende des Riffs herum, das sich 4 Sm südostwärts vom Dorfe el-Hadd erstreckt. Auf dem Südende des Riffs liegt die 0,3 m hohe Klippe *Kasr Diwan*. An der Westseite der Einfahrt steht etwas innerhalb der Kante des Riffs eine 2,7 m hohe Bake. Die Gezeitenströme haben in der schmalen Einfahrt $1^1/_4$ bis $^3/_4$ Sm Geschwindigkeit. Von Kasr Diwan erstreckt sich ein schmaler Streifen seichten Grundes südwestwärts nach dem Riff an der Westseite der Einfahrt hin.

Ankerplatz auf 7,6 m Wasser liegt 4 Kblg von der Kante des Riffs und $1^1/_3$ Sm nordwestlich von Kasr Diwan.

Von Bahrein nach Adjer.

Cliff Island, $2^1/_2$ Sm westsüdwestlich vom Dorfe el-Bidia auf der Nordwestspitze der Insel Bahrein, ist eine 2 Kblg breite und in westlicher Richtung etwas mehr als $^1/_2$ Sm lange Insel. Das Westende der Insel endet in einem 16 m hohen steilen Abhange, das Ostende ist niedrig und sandig. Zwischen el-Bidia und Cliff Island liegt 1 Sm vom Lande die sehr niedrige dunkle kleine Insel *Raka*, die in keiner Weise auffällig ist.

Umm Nahsan ist eine in nördlicher Richtung 3 Sm lange und 2 Sm breite, niedrige und sandige Insel, die reichlich 1 Sm südlich von Cliff Island und $1^1/_8$ Sm vom Lande liegt. Die Insel ist sehr auffällig. Zwei felsige Gipfel — der höchste davon ist 20 m hoch — liegen $^1/_2$ Sm innerhalb der Westhuk der Insel. Der zweite 8 m hohe Gipfel liegt $^1/_2$ Sm ostnordöstlich vom anderen. Umm Nahsan, Raka und Cliff Island befinden sich auf einer großen seichten Bank mit zahlreichen Riffen und Korallenklippen, die sich etwa $^3/_4$ Sm westlich und südlich von Umm Nahsan erstreckt.

Fahrt vom Hafen von Bahrein nach Adjer. Das britische Kriegsschiff »Lapwing« fuhr vom Hafen von Bahrein nach Adjer

Siehe Brit. Adm-Krt. Nr. 3540, 20 (Tit. IX, Nr. 189b, 189)

und ankerte dort auf 4,9 m Wasser, von wo das Fort rw. 259° (mw. WzS) 4 Sm peilte. Die Fahrt führte zwischen den Riffen Chor Fascht und Marwadi hindurch, wo die Wassertiefe bei Springniedrigwasser 4,6 m beträgt. Diese Riffe sind gewöhnlich an entfärbtem Wasser kenntlich. »Lapwing« unternahm die Fahrt um Mittag bei Hochwasser, wo die Riffe nicht zu sehen waren. Man bemerkte keinen Strom zwischen den Riffen 1^h nach Hochwasser im Hafen von Bahrein.

Gute Landmarken sind Djebel Sahran, Djebel Duchan, der Gipfel auf der Umm Nahsan-Insel, Cliff Island, das Portugiesische Fort und das Nordende der Bäume auf der Insel Muharrek. Durch Winkelmessen mit dem Sextanten und Auftragen der Winkel in die Karte mit dem Doppeltransporteur machte das Festlegen des jeweiligen Schiffsorts bei der Fahrt durch die Pässe westlich von der Umm Nahsan-Insel keine Schwierigkeit. Auch *Scherēba* bildete eine brauchbare Landmarke, wenn es nördlich von rw. 79° (mw. OzN) peilte. Man steht südlich von den Engen, wenn Djebel Duchan nördlich von rw. 73° (mw. ONO^1/$_2$O) peilt. In dieser Peilung sieht man den Gipfel nahe in der Mitte des Berges und nicht, wie vorher, an der rechten Kante des Berges.

Auf der Fahrt nach Sellag steuere man auf den Ort mit rw. 82° (mw. O^3/$_4$N)-Kurse zu und ankere auf 9 m Wasser, wenn der Gipfel auf der Umm Nahsan-Insel rw. 335° (mw. NNW^1/$_4$W) peilt. Die Wassertiefen nehmen plötzlich von 9 m auf 5,5 m ab.

Auf der Rückfahrt vom Ankerplatz in Adjer steuerte »Lapwing« mit rw. 7° (mw. N^5/$_8$O)-Kurs auf die Einfahrt des Passes zu. Auf der ersten Sm Fahrt fand man 5,5 bis 7,3 m Wassertiefe, auf den nächsten 2 Sm 8,2 bis 9 m Wassertiefe. Während der übrigen Fahrt lotete man nicht weniger als 11 m Wassertiefe, außer einem Wurfe mit 9 m, 9 Sm vom Ankerplatze.

Gezeitenströme. Im Paß westlich von der Umm Nahsan-Insel beginnt der Ebbstrom 3^h nach Hochwasser im Hafen von Bahrein nach Norden zu setzen. Der Flutstrom beginnt 3^h nach Niedrigwasser im Hafen von Bahrein südwärts zu setzen. Die Gezeitenströme haben bei Springtide 2 bis 3 Sm Geschwindigkeit. Es ist nicht zu empfehlen, die Fahrt durch die Enge bei mitlaufendem Strome zu unternehmen. Man ankere lieber, ehe Cliff Island nördlicher als rw. 90° (mw. Ost) peilt, und warte vor Anker das Kentern des Stromes ab.

Von Ras Tannura nach Ras el-Mischab.

Die ganze 180 Sm lange Küstenstrecke von Ras Tannura bis 60 Sm nordwestlich von Ras el-Mischab ist unbewohnt und bildet eine niedrige Sand- oder Steinwüste mit einigen einzelnen Hügeln.

Siehe Brit. Adm-Krt. Nr. 2837b (Tit. IX, Nr. 188)

Barr el-Adan, der Landstrich zwischen el-Katif und Koweit, wird von mehreren Beduinenstämmen durchzogen; den wichtigsten Stamm bilden die el-Adjman. Die Beni Hadjar, ein anderer großer Stamm, bewohnen das Land 20 Sm nördlich und südlich von el-Katif. Sie durchziehen das ganze Land bis nach el-Odeid hin und treiben gelegentlich Seeräuberei. Der Rest des früher mächtigen Stammes Beni Chalid hat sich mit dem el-Adjman-Stamme vereint. El-Morra und Muchatiba sind zwei andere Stämme in der Nähe von el-Katif.

Die Küste hat durchschnittlich nordwestliche Richtung. Große Riffe erstrecken sich fast längs der ganzen Strecke. Stellenweise führen Pässe zwischen den Riffen und der Küste hindurch. Einige niedrige Inseln liegen vor der Küste. Das Wasser ist im allgemeinen nicht so klar als weiter im Süden des Golfs, da der Boden stellenweise aus weißem Ton besteht und infolgedessen die Untiefen sich nicht gut abheben. Viele Stellen von weißlicher schlickiger Farbe tauchen oft auf, die anscheinend von seichtem Wasser herrühren, wo man aber keine Unebenheiten im Boden gefunden hat. Man muß trotzdem auf entfärbtes Wasser stets Rücksicht nehmen. Die große Perlenbank nimmt an Breite ab. Sie endet etwa bei der Insel Abu Ali, doch finden sich auch noch Perlen auf den Bänken nördlich von dieser Insel. Dieser Teil des Persischen Golfes ist **ungenügend vermessen.**

Von Ras Tannura nach Ras Abu Ali.

Ras Abu Ali liegt etwa 43 Sm nordwestlich von Ras Tannura. Die Küste dazwischen ist Wüste. Einige niedrige Hügel dienen als Landmarken.

Ras el-Kalija ist ein hoher Sandhügel 16 Sm nordwestlich von Ras Tannura. Seichtes Wasser erstreckt sich 4 Sm seewärts und nordwestwärts davon. $^2/_3$ Sm landwärts liegt der viereckige, schwarze, felsige, etwas auffällige Hügel *Faneitis.* Die Küste ist steinig oder sandig und ist mit niedrigem Gestrüpp bewachsen.

Djebel Chaweir ist ein hoher Sandhügel auf einer schwach vorspringenden Huk an der Südseite der großen seichten Bucht *Duhat Abu Ali.* Landwärts von der Huk befinden sich einige sehr hohe Sandhügel. An der Küste, 1 Sm nördlich von der Huk, befindet sich ein kleiner steiniger Hügel. 7 Sm östlich von der Huk liegt eine fast trockene seichte Stelle *Daka* recht im Fahrwasser.

Ras Abu Ali ist die niedrige felsige Osthuk der 12 Sm in östlicher Richtung langen Insel *Abu Ali,* welche die Bucht Duhat Abu Ali im Norden begrenzt. Zwischen der Insel und der Huk *Ras Barabach* am Festlande führt ein schmaler seichter Paß hindurch. Ein verfallenes Grab befindet sich in kurzem Abstande von der Osthuk der Insel, von der sich ein Steert reichlich 2 Sm weit ost-

Siehe Brit. Adm-Krt. Nr. 2837b (Tit. IX, Nr. 188)

wärts erstreckt. Die Bucht Duhat Abu Ali bietet beim Schamal guten Ankerplatz. Das Küstenriff an der West- und Südseite der Bucht ist fast 4 Sm breit, während das Riff an der Südseite von Ras Abu Ali nur geringe Breite hat. Der Grund besteht aus hartem Sand auf Wassertiefen geringer als 15 bis 18 m; auf größeren Wassertiefen besteht der Grund aus Schlick. Die Wassertiefen verlaufen ziemlich regelmäßig und nehmen von der Mitte des Fahrwassers, wo man 32 m Wassertiefe hat, bis dicht beim Riffe auf 11 bis 7,3 m ab. 13 m Wassertiefe findet man bis $^1/_2$ Sm vom Steert von Ras Abu Ali. Nach den Angaben der Araber sollen sich an der Südwestseite der Bucht einige Stellen mit Dattelpalmen und Quellen befinden.

El-Djireida *(al Jiraida)* ist ein kleines, etwa 4 m hohes sandiges Inselchen etwa 10 Sm nordnordöstlich von Djebel Chaweir. Das etwa $^1/_4$ Sm lange und 9 Sm weit sichtbare Inselchen liegt auf einem kleinen Riffe, das sich von der Nordseite der Insel $^1/_2$ Sm weit nordwärts erstreckt. An der Kante des Riffs findet man 35 m Wassertiefe.

El-Djinna *(al Jinna)*, 8 Sm ostnordöstlich von Ras Abu Ali, ist ein kleines Sandinselchen, das etwa 3 m hoch, $^1/_2$ Sm lang, sehr schmal und 9 Sm weit sichtbar ist. Ein kleines Riff mit steilen Kanten umgibt el-Djinna und ist an dessen Nordseite $^3/_4$ Sm breit. Der Raum zwischen dieser Insel und Fascht Bu Sa'afa ist nur teilweise vermessen. Dort liegen zahlreiche Untiefen, zwischen denen man Stellen mit 35 bis 55 m Wassertiefe hat. 10 Sm westnordwestlich von Fascht Bu Sa'afa (Seite 144) liegt die Bank *Umm el-Hamail*, die 4 m Wassertiefe haben soll.

Paß zwischen dem Küstenriff von Ras Tannura bis Ras Abu Ali und dem Riffgebiet, auf dem die Inseln el-Djireida und el-Djinna liegen, ist 3 bis 4 Sm breit. Die Wassertiefe darin schwankt zwischen 11 bis 35 m.

Ras Biddija auf 27° 25' N-Br. und 49° 20' O-Lg. ist eine niedrige Sandhuk mit spärlichen Grasstellen an der Nordseite der Einfahrt zur Bucht *Duhat Muselamije*. Die nur 2 Kblg breite Einfahrt zur Bucht führt dicht um die Huk herum. Die Bank an der Südseite der Einfahrt sendet einen langen Steert nordostwärts 1 Sm und mehr über die Huk hinaus. Fahrzeuge, die in die Bucht einlaufen wollen, müssen daher von Norden aus längs der steilen Kante des $^1/_4$ bis $^1/_2$ Sm breiten Küstenriffs bei Ras Biddija einsteuern. Die Bucht ist größtenteils seicht; doch führt der tiefe Paß *Chor Muselamije* nach der $^1/_3$ Sm langen Insel *Muselamije*, die etwa 4 Sm westlich von Ras Biddija liegt.

Djanna *(Janna)* ist eine $1^1/_2$ Sm in östlicher Richtung lange hellfarbige Insel mit ebenem Gipfel und 11 m hohen steilen Ab-

Siehe Brit. Adm-Krt. Nr. 2837b (Tit. IX, Nr. 188).

hängen an der Nordostseite und liegt etwa $2^1/_2$ Sm südlich von Ras Biddija und $^3/_4$ Sm vom Festlande. Der westliche Teil der Insel ist niedrig. Ein kleines Fort und ein Dorf mit etwa 200 Fischern liegen an der Nordseite. Brunnen liefern Trinkwasser. Über den Platz herrscht der Schech von el-Katif.

Eben innerhalb Ras Biddija führt ein Seitenzweig des Passes mit 5,5 bis 7,3 m Wassertiefe südwärts zwischen Djanna und dem Festlande hindurch. Durch eine kleine Rinne gelangen Boote bei Hochwasser bis dicht ans Dorf. Dicht an der Nordseite der Insel befindet sich ein kleines Becken mit 5,5 m Wassertiefe für große Boote, doch fällt die Einfahrt dazu, die an der Ostseite des Beckens liegt, bei Niedrigwasser fast trocken.

Trockene Sände erstrecken sich 2 Sm nordwärts und 1 Sm ostwärts von der Insel. Südlich von der Insel erstreckt sich eine große seichte Bucht 15 Sm südwärts und endet in einem Sumpfe. Die Einfahrt dazu zwischen dieser Insel und dem Westende von Abu Ali ist 7 Sm breit.

Ankerplatz bei der Insel Djanna findet man am bequemsten auf 5,5 m Wasser, wenn man das Djanna-Fort zwischen rw. 203° (mw. SSW) bis rw. 236° (mw. SWzW) 5 Sm ab peilt.

Muselamije ist ein großes Dorf an der Ostseite der gleichnamigen Insel und wird von etwa 400 Fischern, die zum Omair-Stamme gehören, bewohnt. Boote liegen an der Nordseite der Insel. Die Lagune zieht sich westlich von der Insel noch eine Strecke weit ins Land hinein. Das Festland an der Nordseite der Bucht ist überall niedrig. Der Südseite der Insel gegenüber befindet sich ein niedriger breiter Abhang. Südlich davon ist das Land mehrere Sm 15 bis 25 m hoch und mit Gestrüpp bewachsen.

Ras el-Ghar liegt 9 Sm nordwestlich von Ras Biddija. Die zwischenliegende Küste ist braun und zeigt felsige Hügel, die mit Zweiggestrüpp bewachsen sind. Das Strandriff zwischen den beiden Huken ist nicht breit. Dagegen ist das Küstenriff von Ras el-Ghar bis nach Ras el-Mischab sehr breit. Bei Ras el-Ghar erstreckt sich der seichte Grund 5 Sm nordwärts.

Fascht el-Kasch ist ein großes einzelnes Riff $11^1/_2$ Sm ostnordöstlich von Ras Biddija. Die Gegend zwischen dem Riff und der Insel el-Djinna ist wenig bekannt. Die ganze Gegend zwischen dem Riffe und dem Festland ist nicht vermessen; doch findet sich an der Innenseite des Riffs eine etwa 5 Sm breite Durchfahrt, die nach el-Katif führt. Der dem Riffe nahe Teil der Durchfahrt ist gar nicht bekannt. Das Riff wird vom Wasser überflutet.

Fahrt von Ras el-Ghar nach Ras Tannura

sollte nur bei Tage unternommen werden, bei Sonnenuntergang

Siehe Brit. Adm-Krt. Nr. 2837b (Tit. IX, Nr. 188)

muß man ankern. Den Abfahrtsort bestimme man nach Peilungen der Inseln Herkus oder el-Krēn (Seite 161). Man steuere dann auf einen Punkt eben südöstlich von Ras el-Ghar zu. Die Huk ist etwa 7 Sm weit sichtbar. Der Boden ist sehr uneben, daher haben Lotungen keinen großen Wert bei der Ansteuerung des Landes. Wenn man etwa 4 Sm von der Küste absteht, steuere man südostwärts auf die Insel Abu Ali (Seite 157) zu, die etwa 5 Sm sichtbar ist. Dann steuert man, um den Steert vor der Osthuk dieser Insel zu meiden, so daß man recht in der Mitte zwischen Abu Ali und der Insel el-Djinna (nicht zu verwechseln mit *Djanna*) bleibt.

Wenn man das el-Djireida-Inselchen hinter sich hat, halte man nach der Küste nahe bei el-Chaweir hinüber, bis man die fast trockene Daka-Untiefe, die etwa 7 Sm östlich von der Huk el-Chaweir liegt, hinter sich hat. Nun steuere man in etwa 3 Sm Abstand längs der Küste. Von Ras el-Kalija, 3 Sm ostsüdöstlich vom Faneitis-Hügel, bleibe man mindestens 4 Sm ab, um von dem Riff vor der Huk frei zu bleiben. An der Ostseite des Fahrwassers liegt eine 5,5 m-Stelle. Wenn man die Huk hinter sich hat, kann man sich der Küste allmählich auf 2 Sm nähern; Ras Tannura kann man in 1 Sm oder noch geringerem Abstande passieren.

Inseln in der Mitte des Persischen Golfs.

Nordöstlich von Ras el-Ghar liegen fünf sehr niedrige Inselchen, die mit tiefem Wasser umgeben sind. In dem beim Schamal auftretenden Dunste sind diese Inselchen, namentlich im Sommer, schwer auszumachen. Nachts hat man ihre Nähe zu meiden. Der Flutstrom setzt über die Inselgruppe hinweg westwärts. Die Inseln sind wasserarm. Ankerplatz findet man südöstlich von der Insel el-Krēn. Die Ankerplätze bei den anderen Inselchen sind schlecht.

Djesiret Farsi auf 27° 59′ N-Br. und 50° 10′ O-Lg. ist ein kleines $1/4$ Sm breites Inselchen, das nur einige Dezimeter aus dem Wasser emporragt. Die Insel ist mit Gras und Buschwerk bewachsen. Eine etwa 3,7 m hohe spitze Bake aus losen Steinen am Nordende der Insel ist 7 Sm weit sichtbar, sie gleicht einem Bootssegel. Der Sandstrand ist ganz weiß. Das Riff um die Insel herum ist etwa $1/4$ Sm breit und deutlich sichtbar. Dicht dabei hat man 45 m Wassertiefe. Die 50 m-Grenze bleibt 1 Sm östlich und nördlich von Farsi und Arabi. Zeitweise halten sich Scharen kleiner Vögel auf der Insel auf. Ihr Geschrei kann man bei ruhiger Nacht etwa 1 Sm von der Insel vernehmen, zeitweise sogar, ehe man die Insel sieht. Fischer aus Charag fischen auf der Insel Schildkröten. Farsi liegt 56 Sm vom nächsten Punkt der persischen Küste und 53 Sm von der arabischen Küste, deren nächster Punkt eben südlich von Ras el-Ghar sich befindet.

Siehe Brit. Adm-Krt. Nr. 2837b (Tit. IX, Nr. 188)

Djesiret Arabi ist eine kleine Sandbank mit felsigem Untergrund. Das Inselchen ist noch niedriger als Farsi und nur 5 Sm weit sichtbar. An der breitesten Stelle ist es 3 Kblg breit. In der Mitte befindet sich ein Steinhaufen, der jedoch als Seezeichen wenig geeignet ist. Das Riff um die Insel ist nicht mehr als $1/_4$ Sm breit und hat steile Kanten. Auf der Insel nisten viele Kormorane; man kann kaum einen Schritt machen, ohne Eier zu zertreten. Eine wenige Dezimeter starke Guanoschicht bedeckt die Insel. Fischer fangen dort Schildkröten.

Djesiret el-Krēn *(al Kran)* auf 27° 43′ N-Br. und 49° 49′ O-Lg. ist ein etwa 1 Sm in nordwestlicher Richtung langes, nur einige Dezimeter hohes ebenes Inselchen, das mit Buschwerk bewachsen ist. El-Krēn liegt 23 Sm südwestlich von Farsi und 30 Sm von der arabischen Küste. Auf dem Inselchen halten sich verhältnismäßig wenig Vögel auf. Ein Riff umgibt die Insel; es erstreckt sich etwa 1 Sm weit nordwestwärts und etwa $1/_2$ Sm südostwärts davon. Die 20 m-Grenze bleibt etwa $1/_2$ Sm vom Riffe. Auf der Insel fischen die Fischer von Muselamije, die ihren Fang in el-Koweit oder in Basra absetzen.

Ankerplatz bei el-Krēn findet man auf 15 m Wasser $1/_2$ Sm vom Lande an der Südostseite der Insel.

Djesiret el-Karējin *(al Karaiyin)* ist ein kleines sandiges Inselchen 4 Sm südlich von el-Krēn, das kaum über Wasser ragt. Das Inselchen liegt auf einem kleinen Riff und wimmelt von Vögeln. Nach alten Vermessungen soll sich etwa 8 Sm östlich vom Inselchen eine Bank mit 9 m Wassertiefe befinden, deren genaue Lage nicht bekannt geworden ist. Das Schiff »Euphrates« lief über die Bank hinweg, ohne etwas davon wahrzunehmen.

Eine reine Durchfahrt mit 22 m Wassertiefe führt zwischen el-Krēn und el-Karējin hindurch. Die Gegend im Süden und Westen nach el-Djinna und Fascht el-Kasch hin scheint frei von Untiefen zu sein, ist aber nicht gründlich vermessen. **Auf der Fahrt in jenen Gegenden muß man sehr aufmerksam Ausguck halten.**

Djesiret Herkus ist eine etwa 1 Kblg lange Sandbank, die kaum aus dem Wasser hervorragt und nicht mehr als 5 Sm weit sichtbar ist. Das Riff um die Insel herum ist klein und hat steile Kanten. 27 m Wassertiefe findet man dicht an seiner Kante. Einige Vögel halten sich auf dem Inselchen auf. Untiefen zwischen Herkus und den anderen Inseln hat man nicht gefunden; die Wassertiefe beträgt 35 bis 55 m, Grund Schlick. Zwischen Herkus und den Bildani-Riffen befindet sich eine reine, 20 Sm breite Durchfahrt.

Ras et-Tanadjib,
23 Sm nordwestlich von Ras el-Ghar, ist eine Huk mit einem flachen hellen Hügel von 20 bis 30 m

Siehe Brit. Adm.-Krt. Nr. 2837b (Tit. IX, Nr. 188)

Höhe, der 8 bis 9 Sm weit sichtbar ist. (Abbild. 51.) Die Küste zwischen den beiden Huken bildet eine schwach gekrümmte seichte Bucht, in der sich Sandbänke 5 bis 9 Sm weit vom Lande erstrecken. Das Land zwischen den Huken ist meist niedrig. Ein kleiner Hügel, *Djebel Munifa*, befindet sich etwa 13 Sm südlich von Ras et-Tanadjib. Nahe bei dem Hügel bietet die kleine Bucht *Duhat Balbul* für Boote Ankerplatz. Von April bis Juni wird dort Jahrmarkt gehalten, zu dem die Beduinen aus fernen Gegenden kommen.

Die 40 m-Grenze liegt 20 bis 25 Sm von der Küste. Zwischen der 30 m- und der 15 m-Grenze besteht der Grund im allgemeinen aus weißem Ton. Man kann sich der Küste bis zur 20 m-Grenze nähern, bis man sich nahe bei den Bildani-Riffen befindet, die steile Kanten haben. Beim Ras et-Tanadjib beginnt eine große Riffkette, die sich bis nach Ras el-Mischab hinzieht und sich 14 bis 17 Sm weit vom Lande erstreckt.

Ras Bildani ist das Südostende der eben erwähnten Riffkette und liegt 17 Sm ostnordöstlich von Ras et-Tanadjib. Einige Stellen des Riffs fallen bei Niedrigwasser trocken. Die 20 m-Grenze bleibt etwa $1/2$ Sm von der Außenkante der Riffe. Bei Nacht kann man sich bis auf 32 m Wassertiefe, bei Tage bis auf 27 m Wassertiefe der Kante der Riffe nähern. Land kann man von der Riffkante aus nicht sehen. Ein Paß für Boote an der Innenseite des Riffs soll nach Angaben der Araber auch für Schiffe brauchbar sein; er ist aber noch nicht vermessen worden.

Ankerplatz bei **Ras et-Tanadjib** ist gegen Südostwind ungeschützt. Man findet Schutz gegen den Schamal, wenn man vom Ankerplatze den Tanadjib-Hügel rw. 259° (mw. WzS) 7 bis 8 Sm ab peilt.

Von Ras el-Mischab nach Koweit.

Die Küste von Ras el-Mischab nach Koweit bietet keinen Schutz gegen den Schamal, der aus NNW oder zeitweise sogar aus Nord weht und starken nördlichen und nordnordöstlichen Seegang hervorruft. Nur sehr kleine Boote finden stellenweise Schutz. Der Küste kann man sich auf 5 Sm nähern. Nördlich von Kat'at Arēfijan kann man sogar auf 2 Sm an die Küste hinanlaufen. Lotungen bieten wenig Anhalt zur Ortsbestimmung. Unebener Grund befindet sich an der Innenseite der abliegenden Inseln. Innerhalb der 15 m-Grenze besteht der Grund aus Sand und Stein, außerhalb derselben besteht er überall aus Schlick. Zwischen Ras el-Mischab und Schueiba haust der etwa 1500 Mann starke Huwadjir-Stamm.

Gezeitenströme setzen mit großer Geschwindigkeit nordnordwestwärts und südsüdostwärts.

Siehe Brit. Adm-Krt. Nr. 2837b (Tit. IX, Nr. 188)

Ras el-Mischab ist eine niedrige sandige Huk mit stellenweise niedrigen Küstenabhängen und liegt westlich vom Nordende der Bildani-Riffe. Südlich davon befindet sich eine meist seichte Bucht, in der die Fahrzeuge der Küstenbewohner Schutz gegen den Schamal suchen.

Djebel Amudi ist ein dunkler, 32 m hoher Hügel von vulkanischem Aussehen und zeigt etwa fünf kleine Gipfel. Der Hügel liegt $2^1/_4$ Sm südwestlich von der Huk, ist 11 Sm weit sichtbar und bildet eine gute Landmarke zur Ansteuerung der Huk. (Abbild. 52.)

Djesiret el-Mukta ist eine etwa 2 Sm in nordöstlicher Richtung lange Insel, dicht südlich von Ras Mischab. An der Ostseite befinden sich 6 bis 9 m hohe steile Abhänge. An der Landseite der mit Gras und Buschwerk bewachsenen Insel befindet sich kein Fahrwasser. Ein Sandsteert erstreckt sich $2^1/_2$ Sm weit ostwärts von der Insel und zeigt mehrere trockene Sandbänke.

Eine einzelne seichte Stelle findet sich $2^1/_2$ Sm südlich von dem Steerte.

Kasr Umm es-Sahal. Das Küstenriff erstreckt sich 4 Sm nordnordostwärts von Djesiret el-Mukta und hat 3,7 bis 4,5 m Wassertiefe. Nahe an seiner Außenkante, $3^1/_2$ Sm nordnordöstlich von der Insel liegt die fast trockene Stelle Kasr Umm es-Sahal. Dicht an ihrer Kante hat man 16 m Wassertiefe.

Bender Mischab ist der Ankerplatz südöstlich von Djesiret el-Mukta. Die $2^1/_2$ Sm breite Einfahrt mit 11 bis 13 m Wassertiefe führt zwischen dem Sandsteert vor der Insel el-Mukta und dem Riff *Kasr el-Mitma* hindurch. Man ankert am besten $1^1/_2$ Sm südöstlich von der Insel. Der Bootpaß an der Innenseite der Riffkette zwischen Ras et-Tanadjib und Ras el-Mischab führt auf diesen Ankerplatz. Von Kasr el-Mitma läuft die Kante der Riffkette $7^1/_2$ Sm nordostwärts und dreht dann südostwärts nach Ras Bildani. Das Nordende der Riffe liegt etwa 13 Sm rw. 79° (mw. OzN) von Djesiret el-Mukta.

Küste südlich von Ras el-Mischab. Etwa 9 Sm südlich von Djesiret el-Mukta liegt der kleine 12 m hohe Hügel *Djebel Saluf (Thaluf)* mit zwei kleinen Erhöhungen und einem breiten steilen Abhang an der Nordseite. Die Küste zwischen el-Mukta und dem Hügel ist niedrig. Etwa 5 Sm südöstlich von dem Hügel befindet sich die niedrige vorspringende Huk *Ras Safanija*. Die niedrige wenig bekannte Küste zwischen dieser Huk und Ras et-Tanadjib bildet eine tiefe Bucht. Ein oder zwei kleine Hügel finden sich an der Küste.

El-Kumra, 18 Sm nordöstlich von el-Mukta, ist eine Perlenbank mit 15 m Wassertiefe. Zwischen der Bank und dem Festlande hat man 16 bis 22 m Wassertiefe.

Siehe Brit. Adm.-Krt. Nr. 2837b (Tit. IX, Nr. 188)

Ras el-Kiafdji ist eine sandige Huk, 14 Sm nordnordwestlich von der Insel el-Mukta. An der Nordseite der Huk befindet sich ein kleiner Kriek. Das Küstenriff erstreckt sich bei der Huk 1 Sm weit seewärts. Die Küste zwischen Ras el-Mischab und Ras el-Kiafdji besteht aus niedrigen Sandhügeln und bildet die schwach gekrümmte seichte Bucht *Duhat el-Asli*. 2 bis 3 Sm vom Lande beträgt die Wassertiefe 5,5 m.

Ras Bardhaldj ist eine niedrige, weiße, sandige Huk, 5 Sm nordnordwestlich von Ras el-Kiafdji. Ein Steert erstreckt sich von der Huk $1/2$ Sm nordostwärts. 2 Sm vom Lande hat man 16 m, 10 Sm vom Lande 27 m Wassertiefe. Die Küste bildet auf beiden Seiten der Huk eine Bucht. In der Bucht an der Nordseite der Huk liegt der kleine Sandsteert *Hadd el-Hamara*, hinter dem Boote Schutz finden.

Ras es-Saur *(az Zaur)* ist eine lange, niedrige, sandige Huk, deren Außenende etwa 15 Sm nordnordwestlich von Ras Bardhaldj liegt. Ein Steert erstreckt sich von der Huk 2 Sm seewärts. Die Bucht zwischen diesen beiden Huken ist wahrscheinlich rein von Untiefen. Die 20 m-Grenze bleibt $1^{1}/_{2}$ Sm von der Huk ab. Der Grund besteht aus weißem Schlick und Sand. *Djebel Banaja*, 7 Sm südlich von Ras es-Saur ist ein kleiner, dunkler, 20 bis 30 m hoher, sattelförmiger Hügel hinter niedrigen weißen Sanddünen und liegt 2 Sm von der Küste (Abbild. 53). 2 Sm nördlich von diesem Hügel befindet sich die Einfahrt zu einem Kriek, der von Fischerbooten benutzt wird.

Umm el-Maradim ist ein niedriges, sandiges, mit Buschwerk bestandenes Inselchen, das weniger als $1/2$ Sm breit und 6 Sm weit sichtbar ist. Ein kleines Riff erstreckt sich etwa $1/2$ Sm weit seewärts davon, außer vor seinem Südende. $1/2$ Sm von dem Inselchen hat man 25 bis 29 m Wassertiefe. Umm el-Maradim liegt auf 28° 41' N-Br. und 48° 40' O-Lg., $14^{1}/_{2}$ Sm nordöstlich von Ras Bardhaldj und 25 Sm südsüdöstlich von dem Inselchen Kubbar. Wasser ist auf der Insel nicht vorhanden.

Riff. Ein kleines Riff mit steilen Kanten, das bei halber Tide trocken fällt, liegt $2^{1}/_{8}$ Sm nordnordwestlich von Umm el-Maradim.

Wassertiefen zwischen Umm el-Maradim und Djesiret Kubbar sind ziemlich regelmäßig und betragen 25 bis 32 m. Nach der 20 m-Grenze hin, die 5 Sm von der Küste liegt, nehmen die Wassertiefen ab. Eine 16 m-Stelle liegt 9 Sm nordwestlich von Umm el-Maradim.

Djesiret el-Karu auf 28° 49' N-Br. und 48° 47' O-Lg. ist ein sandiges, 1 Kblg breites Inselchen mit spärlichen Grasstellen,

Siehe Brit. Adm-Krt. Nr. 2837b (Tit. IX, Nr. 188)

das nur etwa 1 m aus dem Wasser emporragt. Das Inselchen wimmelt von Vögeln; eine einige Dezimeter starke Guanoschicht lagert auf dem Boden. Ein Steert erstreckt sich $^1/_2$ Sm weit nordwärts von dem Inselchen. $^1/_4$ Sm von diesem Steerte und von dem Reste der Insel beträgt die Wassertiefe 27 m. Lotungen bieten für die Annäherung an dies Inselchen keinen oder doch nur geringen Anhalt. Nachts sollte man diese Gegend meiden.

Untiefe, $1^1/_4$ Sm nordnordwestlich von el-Karu, hat steile Kanten. Auf dieser kleinen einzelnen Stelle brandet die See bei Niedrigwasser.

Ras el-Kalija ist eine niedrige Huk 10 Sm nordwestlich von Ras es-Saur. Zwischen diesen beiden Huken befindet sich die tiefe Bucht Duhat es-Saur, in der zahlreiche seichte Stellen liegen, die sich 4 Sm vom Lande erstrecken. Ein Steert erstreckt sich 3 Sm weit von Ras el-Kalija bis etwa 1 Sm innerhalb der 20 m-Grenze. 3 Sm nordwestlich von der niedrigen Huk befindet sich ein kleiner viereckiger Hügel, der einem Fort ähnlich sieht und etwa 8 Sm weit sichtbar ist.

Kat'at Arēfijan *(Kataat Arafiyan)* ist ein kleines einzelnes Riff 7 Sm nordnordwestlich von Ras el-Kalija und liegt etwa 4 Sm vom Lande. Es ist nahezu trocken. 13 m Wassertiefe hat man dicht rings um das Riff. Von diesem Riff nach Ras el-Ars ist die Küste frei von abliegenden Untiefen. Die 20 m-Grenze läuft in etwa 1 Sm Abstand längs der Küste.

Von Ras el-Kalija nach Ras el-Ars zieht sich eine braune Steinwüste hin. Das Land erhebt sich von der Küste allmählich zu 60 bis 90 m Höhe wenige Sm landwärts und ist etwa 18 Sm weit sichtbar. Beim Kaus-Wind setzt sehr schwerer Seegang auf Ras el-Ars zu. Ras el-Ars ist die niedrige sandige Huk an der Südseite der Einfahrt nach Koweit. 5 Sm südwestlich von der Huk befindet sich ein kleines viereckiges Fort auf einer 56 m hohen Anhöhe, das eine gute Landmarke für die Ansteuerung von Koweit bildet. 10 Sm südlich von der Huk befindet sich nahe am Strande das kleine Fort *Fanaitis* mit 40 Mann. 3 Sm weiter südlich liegt das Fort *Abu Halaifa* mit guten Brunnen und einigen Dattelpalmen nahe dabei. Von dort werden Pferde nach Indien verschifft. Halbwegs zwischen diesen beiden Orten befindet sich die kleine Dattelpalmengruppe *el-Fantas*. Diese Örter stehen unter dem Schech von Koweit.

Schueiba *(Shiaiba)* ist ein kleines Küstenfort $5^1/_2$ Sm südlich von Abu Halaifa, das von etwa 40 Familien des Adjman-Stammes bewohnt wird. Der Strand ist sandig; Landung darauf ist bei Niedrigwasser nicht empfehlenswert. Eine Dattelpalmenpflanzung ist in der

Siehe Brit. Adm-Krt. Nr. 2837b (Tit. IX, Nr. 188).

Nähe. Brunnen liefern Trinkwasser. Die Leute betreiben Viehzucht und Ackerbau.

Djesiret Kubbar auf 29° 4′ N-Br. und 48° 30′ O-Lg. ist ein niedriges weißes sandiges Inselchen, das mit Buschwerk bewachsen ist. Die Insel liegt 26 Sm südöstlich von Ras el-Ars und 15$^1/_2$ Sm von Ras el-Kalija, dem nächsten Punkte des Festlands. Ein kleines Riff umgibt das etwa $^1/_4$ Sm breite, 3 m hohe Inselchen, das etwa 6 Sm weit sichtbar ist. Wasser ist auf der Insel im allgemeinen nicht zu finden, nur nach Regengüssen sammelt sich etwas Wasser an.

Ankerplatz bei Djesiret Kubbar bietet beim Schamal keinen Schutz. Man ankert am besten auf 20 m Wasser, $^1/_2$ Sm südsüdöstlich von der Insel.

Untiefen. Vor der West- und Nordwestseite von Djesiret Kubbar liegen einzelne 1,8 m-Stellen mit steilen Kanten, $^1/_2$ bis $^3/_4$ Sm vom Lande. 1 Sm von der Insel hat man 27 bis 34 m Wassertiefe. Von Osten und Nordosten die Insel ansteuernd findet man zunehmende Wassertiefen.

Wassertiefen zwischen el-Kubbar und dem Festlande betragen 31 m. Östlich von der Insel hat man 24 bis 27 m Wassertiefe bis 25 Sm von der Insel. 3 Sm nordöstlich von el-Kubbar befindet sich die Südwestkante der 15 Sm langen Schlickbank *Abu Djessa (Abu Jezza)* mit 11 bis 13 m Wassertiefe. Die Bank ist nicht vermessen. Da darauf Perlen gefischt werden, findet sich dort vermutlich stellenweise harter Grund.

Koweit.

Koweit *(Kueit, Kuweit, Kuët, Quêt, Korein, Koren)* ist eine sehr ausgedehnte, etwa 30 000 Einwohner zählende Stadt mit sauberen Straßen, die täglich gesprengt werden. Die Stadt liegt an der Südseite einer etwa 20 Sm in westlicher Richtung langen und 10 Sm breiten Bucht. Sie beginnt etwa 1 Sm westsüdwestlich von Ras el-Adjusa und erstreckt sich 1$^1/_2$ Sm weit längs des Strandes. Die Häuser der Stadt sind meist aus Stein aufgeführt. Ein einzelner Turm befindet sich nahe bei den Brunnen, 1 Sm südlich von der Stadt. Die Stadt lebt ganz vom Handel, da die ganze Gegend eine weiße Sandwüste bildet. Koweit besitzt mehr Baghalas als irgend ein anderer Hafen des Persischen Golfs. Etwa 40 Boote betreiben Perlenfischerei. Von Basra werden Datteln geholt. Nach Indien verschifft man Pferde und bringt von dort Bauholz, Reis und dgl. zurück. Koweit wird viel von Beduinen besucht, die Pferde, Rindvieh und dgl. für Datteln, Zeug, Waffen usw. eintauschen.

Siehe Brit. Adm-Krt. Nr. 2837b (Tit. IX, Nr. 188)

Beduinenlager sieht man gewöhnlich nahe bei der Stadt. Das Klima ist zwar heiß, aber gesund. Seichter Grund erstreckt sich etwa 8 Kblg weit von der Stadt. Der Strand fällt ziemlich weit trocken; bei Hochwasser aber reicht das Wasser bis an die Häuser. Die Boote der Ortsbewohner werden auf den Strand geholt und an der Innenseite eines Wellenbrechers aus losen Steinen in Sicherheit gebracht. Die kleinen Segelschiffe liegen in der Bucht von Kathama, wo sie vor Winden geschützt sind. Dampfer liegen etwa 5 Sm von Koweit. Die Bagdad-Bahn soll bis nach Koweit geführt werden.

Südseite der Bucht von Koweit.

Ras el-Ars ist die niedrige sandige Huk an der Südseite der Einfahrt zur Bucht von Koweit. Wie schon erwähnt, bildet das kleine viereckige Fort, 5 Sm südwestlich von der Huk, eine gute Landmarke für die Ansteuerung; es liegt 56 m hoch und sieht von weitem wie ein schwarzer Punkt auf hellerem Sande aus. Ein Riff mit 0,9 m Wasser liegt etwa $1^1/_4$ Sm nordnordwestwärts von Ras el-Ars und dehnt sich nordostwärts immer weiter aus.

Bake, schwarz und weiß gestreift, 10 m hoch, mit Kreuz und Balltoppzeichen befindet sich auf Ras el-Ars und ist 5 Sm weit sichtbar.

Riff mit 3,6 m Wasser aus Korallen und Schlick liegt etwa 1 Sm vom Lande in den Peilungen: das Hügelfort in rw. 262° (mw. $W^3/_4S$), die Bake auf Ras el-Ars in rw. 357° (mw. $N^1/_4W$). Eine rote Faßtonne mit roter Flagge bezeichnet das Riff, doch darf man sich nicht auf dieses Seezeichen verlassen.

Ras el-Adjusa *(al Ajuza)* ist eine niedrige Huk mit einigen runden dunklen Bäumen, 6 Sm westnordwestlich von Ras el-Ars. Die zwischenliegende Küste bildet eine seichte Bucht, in die man nicht einlaufen darf. Ein Riff, das bei Niedrigwasser trocken liegt, erstreckt sich 6 Kblg von der Huk nordostwärts. Auf dem Riffe befinden sich Fischwehre. Seichter Grund erstreckt sich von der Huk $1^1/_2$ Sm weit nordwestwärts. Vor dem Nordende des seichten Grundes liegt eine schwarze Tonne. Die Boote der Küstenfahrer ankern 2 Sm südöstlich von der Huk, wo sie Schutz gegen den Schamal finden. Von Ras el-Adjusa läuft die Küste 9 Sm westsüdwestwärts nach dem Innern der sehr seichten Bucht *Duhat Abu Tala*. Eine kleine Strecke südwestlich von Koweit befinden sich einige weiße Sanddünen, *Saleibichat* genannt. Westlich davon ist die Küste niedrig.

Fascht el-Hadeiba ist ein $^3/_4$ Sm in westlicher Richtung langes Riff mit 2,7 m Wassertiefe, $2^1/_4$ Sm nördlich von Koweit. Eine einzelne 3,7 m-Stelle liegt $^1/_4$ Sm südlich vom Ostende des Riffs.

Eine rote spitze Tonne liegt vor dem Nordostende des Riffs, auf deren richtige Lage man sich nicht verlassen kann, weil häufig Fahrzeuge daran festmachen und verholen.

Siehe Brit. Adm-Krt. Nr. 22 (Tit. IX, Nr. 190)

Ras Ascheiridj ist eine niedrige Huk $8^1/_2$ Sm westlich von Ras el-Adjusa. Das blinde Riff *Kutatain Ouscheridj* liegt fast 1 Sm nördlich von Ras Ascheiridj. Von der Huk läuft die Küste 4 Sm südwärts nach dem Innern der Bucht Duhat Abu Tala. Dicht östlich von der Huk liegt die kleine felsige Insel *Djesiret Umm en-Namil*. Die Bucht zwischen dieser Insel und der Insel Kurein ist sehr seicht.

Djesiret Kurein ist ein kahles Inselchen mit einem kleinen, etwa 10 m hohen, braunen auffälligen Gipfel an der Südostseite der Bucht zwischen Ras el-Adjusa und Ras Ascheiridj und liegt etwa $^1/_2$ Sm vom Lande auf dem Riffe *el-Akkas (al-Akkaz)*, das aus Korallen, Sand und Schlick besteht. Östlich von dem Inselchen und näher am Festlande finden etwa 3 Fahrzeuge auf 10 m Wasser in *Bender esch-Schuwaik (Bandar ash Shuwaik)* Ankerplatz; der Grund besteht aus Schlick. Beim Aufsuchen des Ankerplatzes muß man über Stellen mit 2,7 m Wasser, harter Grund, bei Niedrigwasser hinweglaufen.

Duhat Kathama *(Kadine, Kosima, Cosima)*

wird der westliche Teil der Koweit-Bucht genannt. Von Ras Ascheiridj läuft die Südküste der Bucht $7^1/_2$ Sm westwärts nach dem Innern der Bucht. Duhat Kathama bietet für viele Schiffe, die nicht mehr als 7,3 m Tiefgang haben, Ankerplatz. Große Fahrzeuge finden im nördlichen Teil des Golfs nur dort Ankerplatz, der gegen den Schamal geschützt ist. *Ras Kathama* im Innern und an der Nordseite der Bucht, 5 Sm westlich von Ras Ascheiridj, ist nur eben frei vom Wasser und sumpfig. Das Land $^1/_2$ Sm landwärts von Ras Kathama und an der Nordwestseite von Ras Kathama ist sandig und mit Gestrüpp bewachsen. Es steigt allmählich an bis zum Fuße der *el-Aghsi (al Aghthi)*-Hügelkette, die sich in $2^1/_2$ bis 3 Sm Abstand längs der Küste hinzieht und nordwestlich vom Innern der Bucht etwa 125 m Höhe erreicht.

Längs der Küste an der Nordwestseite der Bucht zieht sich eine breite Schlickbank hin, infolgedessen ist die Landung dort bei Niedrigwasser schwierig. Der innere Teil von Duhat Kathama, westlich von Ras Kathama, ist seicht. Der Landungsplatz liegt auf einer Huk $1^3/_4$ Sm westsüdwestlich von Ras Kathama. Zwischen der Huk und dem Landungsplatze dehnt sich das große Riff *Fascht el-Djaser* aus. Auf beiden Seiten des Riffs führt ein Bootpaß zum Landungsplatz. Der Bootpaß an der Südseite des Riffs wird *Chor Rasdan* genannt. Das Dorf *Djehara* liegt $1^1/_2$ Sm südwestlich vom Innern der Bucht. Das Riff *Fascht Kutat Ouschair* mit weniger als 1,8 m Wassertiefe liegt $1^1/_4$ Sm vom Lande und etwa 5 Sm nordöstlich von Ras Kathama. Sonst nehmen die Wassertiefen nach der Schlickbank an der Nordwestseite der Bucht hin allmählich ab. *Kutat abu Taleh*, an der Südostseite der Bucht, ist ein Riff, das bei Niedrigwasser in die Wasserlinie kommt, und liegt $1^1/_2$ Sm westnordwestlich von Ras Ascheiridj.

Siehe Brit. Adm-Krt. Nr. 22 (Tit. IX, Nr. 190)

Nordseite der Bucht von Koweit.
Die Küste an der Nordseite der Bucht von Koweit wird el-Aghsi genannt. Die bräunliche, einige hundert Meter hohe Küste ist eben und endet in steilen Küstenabhängen. Eine breite Schlickbank zieht sich längs der Küste hin. Nach Osten hin nimmt die Breite der Bank zu. Nördlich von Ras el-Ars ist sie etwa 5 Sm breit.

Djesiret Failaka ist eine dreieckige, 7 Sm in nordwestlicher Richtung lange, am Westende 3 Sm breite, sehr niedrige Insel, die nicht weiter als 6 bis 8 Sm sichtbar ist. Die Insel liegt auf der großen Bank aus Schlick und Sand mit felsigen Stellen, die sich von der Einfahrt zum Chor es-Subija südostwärts erstreckt. Den höchsten Punkt der Insel bildet ein 9 m hoher kleiner Gipfel an der Südwestseite, auf dem sich ein Grab befindet. Etwa in der Mitte der Westküste liegt das Dorf *es-Sowar (az Zowar)* mit 250 Einwohnern. Beim Dorfe befindet sich ein Dattelwäldchen. Die Boote der Eingeborenen ankern auf der Bank vor dem kleinen Grab; je nach der Windrichtung liegen sie an der Süd- oder Westseite der Huk, auf der das Grab sich befindet. Die Insel ist ungesund; das Wasser ist nicht gut.

Die Kante der Schlickbank liegt etwa 1 Sm von der Nordostseite der Insel. Vor dem Südostende der Insel ist die Bank felsig. Sie erstreckt sich $3^1/_2$ Sm weit südostwärts. Ihr äußerstes Ende, das steile Kanten hat, liegt trocken. Die 10 m-Grenze bleibt nur 3 Kblg vom Südostende der Bank. Große Vorsicht ist daher bei der Fahrt in jener Gegend geboten. $1^1/_2$ Sm westlich vom Südostende der Bank liegt das kleine sandige 3 m hohe *Uha*-Inselchen. Drei Steinhaufen befinden sich darauf, einer an jedem Ende und einer in der Mitte. An der Südwestseite von Failaka ist die Bank $3^1/_2$ Sm breit; von der Südseite von Failaka liegt die 5 m-Grenze 6 Sm ab. Infolgedessen sieht man oft die Insel nicht bei der Einsteuerung in die Bucht von Koweit. Derjenige Teil der Bank, der sich zwischen Failaka und dem Festlande befindet, wird *Sarub (Tharub)* bezeichnet. Darauf liegt 2 Sm nordwestlich von Failaka das niedrige sandige Inselchen *Maschkan*.

Ansteuerung von Koweit.
Bei Tage kann man in Sicht der Kubbar-Insel (Seite 166) laufen. Bei Nacht ist es aber besser, sich an der Südkante des Abu Djessa-Flachs auf der 20 m-Grenze zu halten, um von der Insel frei zu bleiben. Das größte Schiffahrtshindernis vor dem Hafen von Koweit bildet der Steert, der sich von der Falaika-Insel südostwärts erstreckt. Wenn man die Kubbar-Insel hinter sich hat, kommt das Festland in Sicht, dem man sich bis nach Ras el-Ars nicht auf weniger als $1^1/_2$ Sm nähern darf. Wenn man das Fort auf dem Hügel 5 Sm südwestlich von Ras el-Ars in rw. 273° (mw. $W^1/_4N$) hält, bleibt man noch eben frei von der 5 m-Grenze südlich von Failaka.. Die Insel

Siehe Brit. Adm.-Krt. Nr. 22 (Tit. IX, Nr. 190)

selbst sieht man dort vielleicht nicht. Das Hügelfort (Seite 165) bleibt die beste Landmarke bis zum Ankerplatz. Ras el-Ars umsteuere man mit etwa rw. 315° (mw. NW)-Kurs in mindestens $1^1/_2$ Sm Abstand, um das gefährliche Riff $1^1/_4$ Sm nordnordwestlich von der Huk Ras el-Ars zu meiden. Dann drehe man allmählich westlicher und halte 2 Sm Abstand von Ras el-Adjusa, wobei man beachten muß, daß eine 5,5 m-Stelle 2,7 Sm rw. 59° (mw. NzO$^1/_4$O) von Ras el-Adjusa gemeldet, aber nicht wiedergefunden, daher wahrscheinlich nicht vorhanden ist. Nordwestlich von Ras el-Ars bietet das Lot wenig Anhalt, da die 10 m-Grenze sehr nahe an die 5 m-Grenze hinantritt. In die Bucht zwischen Ras el-Ars und Ras Adjusa darf man, wie schon Seite 167 gesagt, nicht hineinlaufen. Die Klippen auf dem Riffe vor Ras Adjusa fallen bei Niedrigwasser trocken. Bei halber Tide kann man das Riff an den Fischwehren erkennen.

Wassertiefen betragen in der Mitte der Bucht vor Ras el-Ars 25 m, vor Ras el-Adjusa 11 bis 20 m; nach der Einfahrt zu Duhat Kathama nehmen sie allmählich auf 7 m ab.

Gezeiten. Hafenzeit in el-Koweit ist $0^h 15^{min}$; Springhochwasserhöhe beträgt 2,7 m.

Ankerplatz vor Koweit. Die Bucht von Koweit bietet größtenteils Ankerplätze mit passenden Wassertiefen und gut haltendem Grunde. Größere Schiffe müssen östlich vom Riff Fascht el-Hadeiba auf 13 bis 17 m Wasser ankern, wo sie aber bei einem Kaus wenig Schutz finden. Schiffe mit höchstens 3 m Tiefgang benutzen den Ankerplatz etwa $1^1/_4$ Sm nordwestlich von der Stadt auf 5,5 m Wasser südlich von Fascht el-Hadeiba. Auf dem Ankerplatze liegt eine schwarze Faßtonne, in deren Nähe schon Schiffe mit 5,2 m Tiefgang geankert haben. Nach der neuesten Brit. Adm-Krt. Nr. 22 (Tit. IX, Nr. 190) bezeichnet eine rote spitze Tonne die Kante des Riffs el-Hadeiba, eine schwarze spitze Tonne liegt an der 10 m-Grenze $1^3/_4$ Sm nordnordwestlich von Ras el-Adjusa. Man steuert mitten zwischen der roten und schwarzen spitzen Tonne mit etwa rw. 240° (mw. SWzW$^3/_8$W)-Kurs auf dem Ankerplatz nahe nordwestlich von der schwarzen Faßtonne, wobei man beständig loten und sorgfältig meiden muß, der 3,3 m-Stelle $1^1/_2$ Sm rw. 320° (mw. NW$^1/_2$N) von Ras el-Adjusa und der einzelnen 3,7 m-Stelle südlich von Fascht el-Hadeiba sowie einer 2,1 m-Stelle zu nahe zu kommen, die nach Lotungen des Dampfers »Waroonga« ungefähr auf der Verbindungslinie der beiden schwarzen Tonnen und südlich von der roten Tonne liegen soll. Bei gutem Wetter weht morgens gewöhnlich schwache Landbrise, während nachmittags Seebrise aus SO bis O vorherrscht. Während des Schamals kommt im südlichen Teile der Koweit-Bucht starker Seegang auf, der aber für große Schiffe keine Gefahren bringt. Löschen und Laden geschieht mit Segelleichtern von 20 t Tragfähigkeit.

Siehe Brit. Adm-Krt. Nr. 22 (Tit. IX, Nr. 190)

Schiffsausrüstung. Rindvieh, Geflügel und Gemüse ist zu haben; Brennholz ist spärlich und teuer. Das Trinkwasser ist nicht gut.

Djesiret Bubijan ist eine große, 26 Sm in nördlicher Richtung lange und 12 Sm breite, niedrige, ganz kahle Insel, die bei Hochwasser teilweise überflutet wird. *Ras el-Abreischa*, die Südspitze der Insel, liegt 7 Sm nordnordwestlich von der Insel Failaka. Vom Festlande trennt sie der $^1/_2$ Sm breite *Chor Subija*, der 3,7 bis 18 m Wassertiefe hat. Die südliche Einfahrt zum Chor ist nur bei halber Fluttide für Boote zugänglich, da viele Klippen und trockene Stellen davor liegen. Das kleine Dorf *Subija* liegt nahe bei der westlichen Einfahrthuk. Die Schlickbank, die sich von der Insel Failaka nach dem Festlande hinzieht, zieht sich auch in großer Breite um die Süd- und Ostküste der Insel Bubijan herum. Die 5 m-Grenze liegt etwa 10 Sm von der niedrigen sumpfigen Küste der Insel. Auf der Insel befindet sich eine türkische Besatzung.

Chor Abdallah ist der große Kriek zwischen der Insel Bubijan an der Südwestseite und dem niedrigen angeschwemmten Lande am Westufer des Schatt el-Arab. Die Küsten sind stellenweise mit Gras und Schilf bewachsen. Die Einfahrt ist 12 Sm breit. Der Kriek läuft nach Nordwesten und vereinigt sich bei der Insel Warba mit Chor Subija. Die Wassertiefe beträgt 5 bis 7 m. Die Einfahrt ist aber noch nicht vollständig vermessen. Europäische Schiffe suchen den Kriek nicht auf.

Vor dem Südostende von Bubijan liegt in der Einfahrt zum Kriek die einzelne 8 Sm lange Bank *Fascht el-Etsch*, die mit der Insel Bubijan parallel läuft. Die Bank fällt stellenweise bei Niedrigwasser trocken. An ihrer Innenseite befindet sich ein Paß mit 3,7 m Wassertiefe. Die Südspitze der Bank liegt 6 Sm östlich von der Insel Bubijan; dicht dabei hat man 5,5 bis 7,3 m Wassertiefe.

Insel Warba, vor dem Nordende der Insel Bubijan, ist in westsüdwestlicher Richtung 7 Sm lang und $2^1/_2$ Sm breit. Vom Ostende der Insel erstreckt sich eine Sandbank 11 Kblg weit ostwärts, vor deren Ende 11 m Wassertiefe ist. Ein $^3/_4$ Sm breiter Paß mit 6,4 m geringster Wassertiefe führt zwischen der Sandbank und dem Festlande westnordwestwärts nach der Mündung des Flusses *Chor Umm Kasr*.

Umm Kasr ist ein großes Fort auf dem Südwestufer des Chor Umm Kasr und liegt 4 Sm nordwestlich von der Mündung des Flusses in den Chor Abdallah. Ankerplatz findet man auf 18 m Wasser 2 Sm südöstlich vom Fort. In dem Kriek beträgt die Wassertiefe beim Fort nur 0,9 bis 1,2 m bei Hochwasser. Umm Kasr soll nach den Angaben der Türken gesunder sein als Basra. Etwa $2^1/_2$ m unter dem Erdboden findet man schwach brackiges Wasser. Etwa 40 Sm nordnordwestlich von Umm Kasr liegt die Stadt *Sobeir* nahe bei Basra.

Siehe Brit. Adm-Krt. Nr. 2837b, 1235 (Tit. IX, Nr. 188, 188a)

Abschnitt VIII.

Von Ras el-Kuh nach Ras Bistana.

Mißweisung für 1905,0:
Bender Abbas . . . . 1° 5' O
(jährliche Zunahme 2').

Auf der ganzen Küstenstrecke von Ras el-Kuh nach Ras Bistana erstrecken sich hohe Gebirge in mäßiger Entfernung von der See längs der Küste, die gute Landmarken bilden. Die Bevölkerung in den Dörfern und Städten besteht teilweise aus arabischen Fischern und Seefahrern, teilweise aus persischen Ackerbauern. Bei vielen Städten liegen Dattelwälder und etwas Ackerland. Andere Bäume finden sich nur spärlich. An einigen Stellen sieht man indische Feigenbäume, sonst sind die Bäume nur klein. Vgl. Seite 94.

Von Ras el-Kuh nach Bender Abbas.

Von Ras el-Kuh nach Guru ist die Küste sehr niedrig. Eine Ebene trennt die Gebirge von der Küste. Die *Bijaban* genannte Landschaft ist noch wenig bekannt, man muß sich deshalb mit großer Vorsicht der Küste nähern. Tiefes Wasser findet man in geringem Abstande vom Lande. Das Lot kann daher nur geringen Anhalt bieten. Lebensmittel sind nicht zu haben; die armseligen Dörfer liegen in einiger Entfernung von der Küste. Man findet bei einem Schamal nirgends Schutz, die Ankerplätze sind schlecht. Da die Küste niedrig und infolgedessen nur in geringem Abstande sichtbar ist, muß man sich vor Abstandsüberschätzungen hüten, wozu leicht die hohen Gebirge im Hintergrunde Anlaß geben können.

Kuh i Mubarak (Abbild. 54, 55, 56) ist ein sehr auffälliger, 100 m hoher abschüssiger Felsen, der wie ein Hut ausschaut. Er liegt ganz allein $3^{1}/_{4}$ Sm nördlich von Ras el-Kuh und etwa 1 Sm landwärts in der Sumpfebene. Durch ein kleines Loch in der oberen östlichen Ecke des hellen Felsens kann man von Südosten aus hindurchsehen. Der 18 Sm weit sichtbare Felsen ist eine gute Landmarke zur Umsteuerung von Ras el-Kuh. Er ist sehr gut sichtbar, nur gegen die hellen Hügel im Hintergrunde hebt er sich schlecht ab. In nordwestlicher oder südöstlicher Peilung glaubt man, wenn

Siehe Brit. Adm-Krt. Nr. 753 (Tit. IX, Nr. 186)

das niedrige Land noch nicht sichtbar ist, einen Felsen im Meere vor sich zu haben.

Ras esch-Schir *(Ras asch Shir)* ist eine sehr niedrige Huk mit ein paar Hütten, 14 Sm nordnordwestlich von Ras el-Kuh. Bei Niedrigwasser fällt der Strand vor der Huk $1/2$ Sm seewärts trocken. Die Küste bildet zwischen Ras el-Kuh und Ras esch-Schir eine schwach gekrümmte Bucht. $2^1/_2$ Sm nordöstlich von der Huk liegt das kleine Dorf *Tudjak (Tujak)* mit einigen Dattelpalmen. $3^1/_2$ Sm ostsüdöstlich von der Huk liegt der *Keil-Hügel (Quoin Hill)*, der 219 m hohe Gipfel eines hellen mit der Küste gleichlaufenden Höhenzugs, der nach Süden hin an Höhe abnimmt und etwa 3 Sm nordöstlich von Kuh i Mubarak endet.

Bank vor Ras esch-Schir. Eine Bank aus Sand und Schlick mit 3,7 m Wassertiefe erstreckt sich $2^1/_2$ Sm seewärts von der Huk. Die 40 m-Grenze liegt $1^1/_2$ Sm von der Außenkante der Bank. Nach der Bank hin nehmen die Wassertiefen schnell ab. Man sollte von der Huk, namentlich nachts, mindestens 5 Sm abbleiben. Auf der Bank steht entfärbtes Wasser.

Djebel Karja ist ein auffälliger, 582 m hoher, 45 Sm weit sichtbarer heller Gipfel, 11 Sm nordnordöstlich von Ras esch-Schir. Von Westen zeigt er zerrissene Umrisse, von Norden und Süden aus sieht man einen schönen Gipfel mit fast senkrechten Abhängen. (Abbild. 57.)

Djebel Bis ist ein 1400 m hoher großer Gipfel, $14^1/_2$ Sm östlich vom Djebel Karja. Der Gipfel ist 70 Sm weit sichtbar und ist in allen Peilungen auffällig, außer wenn er für Fahrzeuge nahe an der Küste durch die niedrigeren Höhenzüge verdeckt ist. Von Norden oder Süden aus sieht man ihn als Kegel. Zwischen Djebel Bis und Djebel Karja zieht sich ein großes Tal hin.

Ras Kunari. 12 Sm nordnordwestlich von Ras esch-Schir springt die Küste vor und bildet die sehr niedrige Huk *Ras Kunari*, die bei Hochwasser größtenteils überflutet wird. Dort findet man viele Mangroven. 4 Sm nördlich von der Huk liegt die Einfahrt zu dem *Kunari*-Kriek, der mit Booten von etwa 20 t befahren werden kann. Die Stadt Kunari soll etwa 11 Sm von der Mündung entfernt liegen. Die 40 m-Grenze liegt 2 Sm von dieser niedrigen Huk. Bei Nacht oder unsichtigem Wetter sollte man sich der Küste nicht nähern. Von Ras Kunari läuft die Küste 24 Sm weit nordwärts nach dem Dorfe Guru. Sie bleibt noch viele Sm nördlich von der Huk niedrig. Erst wenige Sm südlich von Guru beginnen wieder Sanddünen, die sich bis mehrere Sm nördlich vom Dorfe hinziehen.

Guru ist ein kleines Dorf mit einem Fort etwa $1/2$ Sm von der Küste und einem Dattelwäldchen. Die Bevölkerung scheint

Siehe Brit. Adm-Krt. Nr. 753 (Tit. IX, Nr. 186)

zumeist aus Ackerbauern zu bestehen, die aber auch einige Fischerboote besitzen, die man in einem kleinen Kriek auf den Strand holt. Das weiße Fort ist nachmittags von See aus gut sichtbar. Die Dünen sind 9 bis 12 m hoch. Innerhalb der Hügel scheint das Land gut bebaut zu sein. 3 Sm südlich von Guru liegt das kleine Dorf *Taru* mit vielen Dattelpalmen. Eine Hügelkette mit unregelmäßigen Umrissen ohne auffällige Gipfel liegt 4 Sm von der Küste. Die 6 m-Grenze liegt vor Guru 1 Sm vom Lande, die 10 m-Grenze etwa 3 Sm.

Fahrt für Segelschiffe von Ras el-Kuh nach Guru und der Insel Hormus.

Nördlich von Ras el-Kuh sollte man auf mindestens 65 m Wassertiefe bleiben, bis man die sehr niedrige Kunari-Huk achteraus hat. Nördlich von dieser Huk kann man näher an die Küste hinanlaufen, bei guter Brise am Tage bis auf 20 m, des Nachts bis auf 27 m Wassertiefe. Bei günstigem Winde umsteuert man die Keil-Inseln (Seite 60) in gutem Abstande, wenn man auf etwa 70 m Wassertiefe bleibt. Wenn man auf größere Wassertiefen, etwa bis 90 m, kommt, steht man bei dunkler Nacht zu nahe an den Keil-Inseln.

Es ist für Segler nicht ratsam, sich der Küste in der Nähe von Guru und Hormus zu nähern, wenn man einen Schamal erwarten muß, der dort aus Westsüdwest weht und sehr wilde See hervorbringt. Man läuft dann Gefahr, unter der Küste zwischen Guru und Chor Minau besetzt zu werden. Kein Küstenfahrzeug besucht diese Küste; nur Fahrzeuge, die man auf Strand holen kann oder die in die Krieks einlaufen können, verkehren dort. Nur unter der Insel Hormus findet man Schutz, falls man nicht so weit luvwärts steht, daß man die Kischm-Reede aufsuchen kann.

Von Guru nach Minau.

Die Hügel treten in dieser Gegend von der Küste zurück und machen einer 10 bis 20 Sm breiten Ebene Platz, die stellenweise fruchtbar ist. Außer der Strecke eben nördlich von Guru ist die Küste ganz niedrig, sumpfig und mit Mangrovengebüsch bewachsen. Die 10 m-Grenze liegt stellenweise nur 1 Sm vom Lande. Bei Chagun entfernt sie sich aber bis auf 5 Sm von der Küste. Abliegende Untiefen sind nicht vorhanden. Der ganze Küstenstrich bis nach Hormus hin wird von Europäern selten besucht. Auf den sehr hohen Bergen des Inlandes liegt monatelang Schnee.

Kuhistak ist ein Küstendorf etwa 14 Sm nordnordwestlich von Guru. Als Landmarke dient ein Fort, etwa 25 m über dem Meere, auf einem kleinen einzelnen Hügel dicht östlich vom Dorfe. In der Nähe befinden sich einige Dattelpalmen. Die Bewohner betreiben meist Fischfang. Die nächsten Hügel liegen etwa 2 Sm von

Siehe Brit. Adm-Krt. Nr. 753 (Tit. IX, Nr. 186)

der Küste. Etwa in der Mitte zwischen Guru und Kuhistak kommt bei dem Orte *Kalla* ein niedriger Seitenzweig der Küstenhügel dicht ans Meer.

Chagun ist ein kleines Dorf mit etwa 150 Fischern, etwa 6 Sm nordnordwestlich von Kuhistak, an einem kleinen Kriek für Boote. Die Küste ist auf beiden Seiten des Dorfs niedrig und sandig. Dattelpalmen und ein Turm kommen zuerst in Sicht.

Chor Minau ist ein mit Mangroven bestandener Kriek, dessen Einfahrt etwa 17 Sm östlich vom Fort auf der Insel Hormus liegt. Seine Barre fällt bei Niedrigwasser fast trocken. Der Kriek wird nur von Booten aus Kischm oder Bender Abbas mit etwa 20 t Tragfähigkeit benutzt. Bei einem Schamal können Boote weder ein- noch auslaufen. In jedem Jahre gehen auf der Barre Boote verloren. Auf beiden Seiten von Chor Minau befinden sich ähnliche Krieke. Die Einfahrt zum Chor Minau ist an zwei großen Mangrovenbäumen kenntlich, die nahe beieinander eine kleine Strecke südlich davon stehen.

Der Kriek läuft von der Barre durch Sand- und Schlickbänke etwa $1^1/_2$ Sm weit nordostwärts, schlängelt sich dann zwischen Bänken hin, die mit Mangroven bewachsen sind, dreht ferner 2 Sm südostwärts und dann 4 Sm nordostwärts nach dem Innern, wo die Boote liegen. Bei hohem Wasserstande stehen die Bänke unter Wasser. Je weiter nach innen, je kleiner wird der Kriek, bis er überhaupt nur noch ein Graben ist. Ein Zollhaus, *Schahrbender* auf persisch, befindet sich dort. Das Land wird gelegentlich überflutet.

Chor Minau ist der Hafenplatz für die große Handelsstadt Minau. In gewissen Monaten laufen täglich etwa 20 Boote ein und aus. Die Waren werden auf Kamelen oder Eseln vom Kriek nach der Stadt geschafft.

Minau ist eine Stadt $11^1/_2$ Sm östlich vom Zollhause am Minau-Kriek. Die Landstraße führt auf der ersten 2 Sm langen Strecke über eine Schlickbank um das Zollhaus herum, dann durch Dattelwälder und Gärten an einigen Dörfern vorbei. Das große verfallene Fort von Minau liegt auf einem Ausläufer der Hügel, dicht an einem kleinen Flusse. Die Stadt Minau besteht aus Mattenhütten. An der Südseite befinden sich große Gärten und Pflanzungen. Außerhalb des Forts liegt der Basar. Die Bewohner sind gegen Europäer freundlich gesinnt. Landeserzeugnisse sind Korn, Datteln, Gemüse, Zuckerrohr, Melonen, Zitronen. Eingeführt wird Reis, gesalzene Fische, Stückgüter; ausgeführt Korn, Datteln, Wolle, indische Butter.

Von Chor Minau nach Djesiret Hormus

ist die Küste niedrig und sumpfig. Auf dem östlichen Teile stehen

Siehe Brit. Adm.-Krt. Nr. 753 (Tit. IX, Nr. 186)

Mangroven. Eine Schlickbank läuft längs der ganzen Küste. 2½ Sm vom Strande hat man 7 m Wassertiefe. 9 Sm östlich von Bender Abbas springt die Küste vor und bildet eine niedrige Huk nördlich von der Insel Hormus.

Gebirge. Landwärts von Minau liegen zwei auffällige, 900 m hohe Gipfel an den Enden eines langen Gebirges mit ebenem Kamm. Der nördliche Gipfel, *Zackiger Pik*, hat sehr zerklüftete Umrisse. Der andere Gipfel, *Überhängender Pik*, ist ein Nadelspitz, der in nordöstlichen Peilungen einem Eselsohre gleicht. (Abbild. 58, 59.)

Djesiret Hormus ist eine runde, 4 Sm breite Insel mit einer niedrigen Huk am Nordende. Hügel mit sehr zackigen Umrissen und krassen Farben, wie rot, purpurn usw., von denen die meisten etwa 90 m hoch sind, bedecken die Insel. In der Mitte erheben sich einige weiße Gipfel, die schneebedeckten Hügeln gleichen, über die übrigen Hügel. Der höchste Hügel mit einem langen Abhange im Osten läuft in einen sehr scharfen 210 m hohen Gipfel aus, der 26 Sm weit sichtbar ist. Er liegt etwa in der Mitte der Insel, 2½ Sm südsüdöstlich vom Fort. Die Hügel, ausgenommen sind sonderbarerweise die weißen Gipfel, bestehen meist aus Salz mit einer dünnen farbigen Erdschicht. An der Süd- und an der Südostseite ist nahe am Wasser ein Höhenzug, der nicht aus Salz besteht. Einige einzelne felsige Hügel liegen an der Ostküste der Insel. (Abbild. 60.)

Die alte Stadt stand in der Ebene an der Nordseite der Insel. Die einzigen Überreste, die noch von See aus sichtbar sind, sind das etwa 14 m hohe portugiesische Fort und ein 22 m hohes Minaret, 2 Kblg südlich vom Fort.

Das neue Dorf *Hormus* mit etwa 400 Einwohnern, die in der Fischerei und den Salzlagern beschäftigt sind, besteht fast ganz aus Mattenhütten. Etwa 20 Fischerboote und einige größere Fahrzeuge, die Salz und getrocknete Fische nach Maskat und Bender Abbas bringen, gehören den Einwohnern. Die Wache im Fort ist etwa 12 Mann stark. In der heißen Jahreszeit wandern die Bewohner nach Minau aus, wo sie bei der Datteleernte beschäftigt werden. Schiffsausrüstung ist wenig zu haben. Wasser wird in sehr geringen Mengen in Wassersammlern gehalten. Das von den Hügeln herabfließende Wasser ist vollständig salzig.

An der Ostseite des Forts bildet die Küste eine kleine Bucht, die, ebenso wie die Nordhuk, keine Riffe hat. Von der Nordostseite läuft ein etwa ½ Sm langes Riff aus. An der Ost- und an der Südostseite ist das Strandriff 2 bis 6 Kblg breit. Die Südküste und die Südwestküste bestehen aus steilen Abhängen. Seichter Grund scheint sich etwa 1½ Sm weit von der ganzen Westküste der Insel zu erstrecken.

Siehe Brit. Adm-Krt. Nr. 2837a (Tit. IX, Nr. 187)

Ankerplatz bei der Insel Hormus. Man ankert östlich vom Fort auf 7,3 bis 9 m Wasser, Grund Schlick, $^1/_2$ Sm vom Lande. Kleinere Fahrzeuge ankern näher am Lande. Der Ankerplatz ist gegen alle Winde gut geschützt, außer gegen den Naschi, bei dem die Boote der Eingeborenen nach der Westseite des Forts verholen.

Durchfahrt zwischen der Nordküste der Insel Hormus und dem Festlande. Die Durchfahrt zwischen dem Fort und der Schlickbank vor der Festlandküste ist 8 Kblg breit und hat 6,4 bis 20 m Wassertiefe. Die Bank an der Nordseite der Straße hat steile Kanten, das Fahrwasser befindet sich dort dicht bei der Insel. $2^1/_2$ Sm nordwestlich vom Fort findet man nur 6,4 bis 7,3 m Wassertiefe auf einer großen Schlickbank. Als Leitmarke halte man nach dem Passieren des Forts die Trümmer der Kapelle über der Nordwestecke des Forts. Fast ganz um die Insel herum hat man an der Kante des Riffs 9 bis 13 m Wassertiefe. Vor der Süd- und Ostküste hat man in 2 bis 3 Sm Abstand 22 m Wassertiefe. Man kann daher dort Lotungen gut erhalten, während man dicht bei der Bank vor der Westküste tiefes Wasser hat. Südlich von dieser Bank liegt auf einem schmalen Riff aus Korallen und Sand eine 3,7 m-Stelle, von der das Nordwestende der Insel Hormus rw. 25° (mw. NNO$^1/_4$O), etwa $3^1/_4$ Sm, und das Südostende der Insel rw. 83° (mw. O$^5/_8$N) peilt. Auf dieser 3,7 m-Stelle hat der Dampfer »Euphrates« im Jahre 1905 aufgestoßen. An den Ost-, West- und Südseiten der Stelle hat man in $^1/_2$ Kblg Abstand 9 m Wassertiefe gefunden.

Bender Abbas.

Bender Abbas ist eine große persische Handelsstadt im Innern der Bucht nordwestlich von der Insel Hormus. Sie erstreckt sich etwa $^1/_2$ Sm längs des Strandes. Trümmer von alten europäischen Faktoreien sind gut sichtbar. Der persische Statthalter bewohnt ein Gebäude mit einem Glockentürmchen am Strande. Der Flaggenmast des Statthalters befindet sich am Kopfe der steinernen Mole vor der Wohnung. Das britische Konsulat ist ein weißes Gebäude mit einem Flaggenmast nahebei in einem auffälligen Wäldchen $2^1/_4$ Sm östlich von der Mitte des Forts. Die Bevölkerungsziffer schwankt stark. In der heißen Jahreszeit ist das Klima sehr ungesund und fast unerträglich. Die meisten Bewohner wandern dann nach Minau. In der kalten Jahreszeit hat die Stadt 8000 bis 9000 Einwohner. Eine teilweise verfallene Mauer mit runden Türmen umgibt die Stadt. Bebaute Felder und Dattelpflanzungen gibt es in der Nähe von Bender Abbas nicht.

Landmarken. Nordöstlich von Bender Abbas und 30 Sm von der Küste liegt der 2590 m hohe *Djebel Schimil,* der 100 Sm weit sichtbar ist (Abbild. 61). Er ist von der Einfahrt zum Persischen

Siehe Brit. Adm-Krt. Nr. 2837a (Tit. IX, Nr. 187)

Golfe aus gut sichtbar. Der Gipfel läuft an der Westseite in einen breiten Absturz aus. Östlich davon liegt ein 1500 m hoher auffälliger Kegel.

Der 2340 m hohe *Djebel Ginao* liegt 16 Sm nordnordwestlich von Bender Abbas. Der allein liegende Berg mit seinen unregelmäßigen Umrissen ist 90 Sm weit sichtbar. Zwischen Djebel Ginao und Djebel Schimil befindet sich ein großes Tal, durch das man bei klarem Wetter den großen 3250 m hohen *Djebel Bachun* sieht, der 42 Sm nördlich von Bender Abbas liegt. Im Winter liegt auf diesem Berg Schnee.

Die Küste östlich von der Stadt ist niedrig und sumpfig. 3 Sm östlich von Bender Abbas liegt das kleine Dorf *Naband* mit einem Turm und einigen Bäumen. 2 Sm südwestlich von der Stadt liegt das kleine Dorf *Suru* mit einem Fort und einem Dattelwäldchen. Etwa in der Mitte zwischen Bender Abbas und Suru befindet sich am Strande ein kleines Grabmal mit einer Kuppel.

Ansteuerung von Bender Abbas. Die Durchfahrt zwischen der Nordseite der Insel Hormus und dem Festlande können nur kleine Fahrzeuge benutzen (Seite 177). In der Durchfahrt zwischen den Inseln Larak und Hormus kann man an die Insel Larak bis auf $1/2$ Sm hinanlaufen. Von der Küste von Djesiret et-Tauila in der Nähe der Stadt Kischm muß man 2 Sm abbleiben. Von der Südwestküste der Insel Hormus halte man wegen der vorher (Seite 177) beschriebenen 3,7 m-Stelle mindestens 3 Sm Abstand. Bei Benutzung der Durchfahrt zwischen Kischm und Larak zur Nachtzeit halte man so lange nach der Insel Larak hinüber, bis der hohe Gipfel rw. 159° (mw. SSO) peilt, um von dem seichten Grunde vor der Kischm-Huk freizubleiben und den starken unregelmäßigen Strömen zu entgehen.

Wenn man sich bei Nacht von Südosten her den Inseln Larak und Hormus nähert, kann man die sich sehr ähnlichen Inseln miteinander verwechseln. Die Wassertiefen südöstlich von Larak sind aber in den gleichen Abständen von den Inseln größer als die südöstlich von Hormus.

Betonnung. Eine kleine rote Faßtonne soll etwa auf der 6 m-Grenze südsüdöstlich vom Hause des Statthalters liegen, war aber im September 1906 auf etwa 4,5 m Wasser vertrieben.

Ankerplatz vor Bender Abbas auf 7 bis 10 m Wassertiefe, Grund Schlick, liegt etwa 3 Sm vom Lande, von wo man die Mitte der Stadt rw. 327° (mw. NWzN) peilt. Kleine Fahrzeuge ankern bei gutem Wetter näher am Lande. Der Ankergrund hält gut. Die Reede bietet, außer bei Südostwinden, guten Schutz.

Gezeiten. Der höchste Fluthub beträgt etwa 3,7 m; die Gezeitenströme erreichen 2 bis 3 Sm Geschwindigkeit (vgl. Seite 181).

Landungsplatz. Boote landen bei Hochwasser an der Mole vor dem Hause des Statthalters. Landung ist bei Niedrigwasser schwierig, da der Strand weit trockenfällt.

Siehe Brit. Adm-Krt. Nr. 2837a (Tit. IX, Nr. 187)

Einfuhr: Waffen, Baumwollwaren, Kerzen, Farben, Eisenwaren, Indigo, Jute, Metalle, Zucker, Tee.

Ausfuhr: Baumwolle, Datteln, Drogen, Früchte, Gemüse, Häute, Pferde, Opium, Salze, Seife, Saat, Wolle, Wollwaren.

Dampferlinien. Die Hamburg—Amerika-Linie sendet monatlich einen Dampfer nach Bender Abbas. Wöchentlich läuft ein Dampfer der British India Co. den Hafen an, alle 14 Tage ein Dampfer der Persian Steam Navigation Co. Eine russische Gesellschaft vermittelt gelegentlich den Verkehr mit Odessa und den Häfen des Schwarzen Meeres.

Schiffsausrüstung. Rindvieh, Geflügel, Gemüse und Reis ist zu haben. Der Basar ist ziemlich gut. Bunkerkohlen sind nicht zu haben. Trinkwasser (knapp und schlecht) kann man aus Regensammlern erhalten.

Insel Larak.

Die eirunde $5\frac{1}{2}$ Sm lange und $3\frac{1}{2}$ Sm breite Insel liegt südöstlich von der Stadt Kischm auf der Insel et-Tauila. Zerklüftete Hügel bedecken die kahle Insel. Der höchste Gipfel befindet sich etwa 1 Sm von der Nordküste, ist 155 m hoch, viereckig und 24 Sm weit sichtbar. Ein anderer fast ebenso hoher Gipfel mit schönem Kegel liegt etwa 1 Sm südwestlich vom höchsten Gipfel; er ist in südlichen bis östlichen Peilungen am besten sichtbar (Abbild. 62).

An der Nordküste etwa 2 Sm östlich von der vorspringenden niedrigen sandigen Huk liegt ein kleines Dorf mit etwa 80 äußerst armen Fischern bei einem unfertigen alten niederländischen Fort. Im Innern der Insel halten sich etwa 40 umherziehende Hirten auf. Beim Dorfe sieht man zwei kleine Dattelpalmen.

Wassertiefen. Die Insel Larak fällt überall steil unter Wasser ab. Man hat $\frac{1}{2}$ Sm vom Lande meist 27 m Wassertiefe. An der Südseite liegt die 70 m-Grenze nur wenig mehr als $\frac{1}{2}$ Sm vom Lande. Von der Südwestseite der Insel erstreckt sich viele Sm weit südwestwärts, wahrscheinlich bis zur Insel Schusa vor der Südostküste von et-Tauila, ein Rücken mit etwa 22 m geringster Wassertiefe. Längs der Westseite der Insel erstreckt sich ein 4 Kblg breites Küstenriff mit weniger als 5 m Wasser.

Ankerplatz auf 25 m Wassertiefe findet man vor der Nordküste zwischen der niedrigen Huk und dem Dorfe etwa $\frac{1}{2}$ Sm vom Lande. Man liegt dort etwa 2 bis 3 Kblg von der Kante der Sände, die eine Strecke weit bei Niedrigwasser trocken fallen. Vor dem Dorfe ist der Grund felsig, das Küstenriff erstreckt sich 1 Kblg von der Küste. Der Ankerplatz bietet nur Schutz beim Schamal, kann aber im allgemeinen nicht empfohlen werden.

Siehe Brit. Adm.-Krt. Nr. 753 (Tit. IX, Nr. 186)

Abschnitt VIII: Von Ras el-Kuh nach Ras Bistana.

Djesiret et-Tauila (Insel Kischm).

Die Insel et-Tauila (at Tawila), die größte im Persischen Golf, ist in ostnordöstlicher Richtung 60 Sm lang. An der breitesten Stelle ist sie 19 Sm breit, größtenteils beträgt die Breite jedoch nur 6 Sm. Viele kleine Städte und Dörfer mit insgesamt 40 000 Menschen liegen auf der Insel. Hellfarbige Hügel mit tafelförmigen Gipfeln bedecken fast die ganze Oberfläche. Die Hügel haben steile Seitenwände und sind oft sehr auffällig. Die 1 bis 7 Sm breite Clarence-Straße trennt die Insel vom Festlande (Seite 188). Et-Tauila ist sehr wildreich; wilde Ziegen, Schnepfen und Tauben leben auf den Hügeln, schöne Gazellen bewohnen die Ebenen.

Kischm ist eine große arabische Stadt mit mehreren hohen Türmen, sogenannten Badgir, die man an der persischen Seite des Golfs vorfindet. Die Stadt mit ihren 4000 Einwohnern liegt eben nördlich von der äußersten östlichen Huk der Insel et-Tauila. Nahe am Südende befindet sich ein von See aus gut sichtbares altes portugiesisches Fort. Das höchste Gebäude der Stadt, das 15 bis 18 m über dem Meeresspiegel liegt, kann man etwa 8 Sm weit sehen. Auf jeder Seite der Stadt befindet sich ein kleiner Dattelhain. Eine kleine Strecke südlich von der Stadt befinden sich mehrere Wassersammler mit Kuppeln. Das Land hinter der Stadt und südlich davon steigt von See aus allmählich an und endet nördlich und westlich davon in steilem zerklüftetem Grunde. 3 Sm westlich von der Stadt befindet sich der höchste Punkt, ein 171 m hoher kegelförmiger Hügel. Aus dem Ton der Insel wird viel gewöhnliches Geschirr hergestellt. Die zahlreichen Baghalas von Kischm unterhalten den Verkehr mit Bombay und anderen Häfen. Die Stadt wurde in den letzten Jahren öfters von Erdbeben heimgesucht und halb zerstört.

Riffe vor Kischm. Östlich von der Stadt Kischm liegen mehrere Riffe und Sandbänke mit 4,5 bis 5,5 Wassertiefe; das äußerste Riff liegt $1\frac{1}{4}$ Sm von der Küste. Die Außenkante ist ganz steil. Zwischen dem Riffe und dem Strande hat man 9 bis 13 m Wassertiefe. Außerdem liegt eine felsige 4,5 m-Stelle $\frac{1}{4}$ Sm östlich von der Stadt, dicht dabei hat man 13 m Wassertiefe. 1 Sm südlich von der Stadt erstreckt sich seichtes Wasser $\frac{1}{2}$ Sm weit vom Lande.

Lotsen für die Clarence-Straße erhält man in Kischm.

Ansteuerung von Kischm. Man kann auf beiden Seiten der unter Wasser steil abfallenden Insel Larak entlang steuern. Nur an der Westseite dieser Insel ist das Küstenriff 4 Kblg breit. Auf den Ankerplatz halte man erst zu, wenn die Stadt rw. 226° (mw. SW) bis rw. 203° (mw. SSW) peilt; solange bleibe man etwa 2 Sm vom Lande, damit man von dem unreinen Grunde östlich von der Stadt freisteuert. Bei Tage kann man die Kante der Bank an entfärbtem Wasser erkennen. An die Küste südlich von der Stadt

Siehe Brit. Adm.-Krt. Nr. 2837a (Tit. IX, Nr. 187)

Kischm kann man auf 1 Sm hinanlaufen, bis man in der Nähe der abliegenden Riffe ist; jedoch nehmen die Wassertiefen nach der Kante des Küstenriffs hin schnell ab.

Gezeiten. Hafenzeit in Kischm ist 11^h 0^{min}, Springhochwasserhöhe beträgt etwa 3,7 m. Die Gezeitenströme setzen vor der Stadt mit großer Geschwindigkeit längs der Küste und verursachen auf den Riffen Kabbelsee. Von den Keil-Inseln (Seite 60) setzt der Flutstrom nordwärts auf die Inseln Larak und Kischm zu.

Ankerplatz vor Kischm. Schiffe mäßigen Tiefgangs ankern nördlich vom Portugiesischen Fort, etwa $^3/_4$ Sm vom Lande, auf 7,3 bis 9 m Wassertiefe, Grund Schlick. Bei der Einfahrt auf den Ankerplatz muß man über eine 6,4 m-Stelle hinweglaufen. Nach dem Küstenriffe hin nimmt die Wassertiefe sehr schnell ab. Größere Schiffe ankern etwa $1^1/_4$ Sm vom Lande auf 11 m Wassertiefe. Der Ankerplatz bietet guten Schutz gegen den Schamal. Beim Naschi kommt kein hoher Seegang auf; die Schiffe liegen aber quer zu den Gezeitenströmen, wodurch das Abreiten des Sturmes erschwert wird.

Schiffsausrüstung. Rindvieh, Gemüse und dgl. ist zu haben. Wasser kann man leicht aus den Brunnen nahe am Strande entnehmen. In der trockenen Jahreszeit muß das Wasser zuweilen erst aus dem Innern der Insel herbeigeschafft werden.

Von Kischm nach Ras Chargu.

Die Küste der Insel läuft von der Stadt Kischm 4 Sm westnordwestwärts nach einer Huk mit einem etwa 30 m hohen, tafelförmigen Hügel. Der Sandstrand fällt dort etwa $^1/_4$ Sm weit trocken. Die Huk liegt an der Südseite der Einfahrt in die Clarence-Straße. Dann biegt die Küste westsüdwestwärts.

Südlich von der Stadt Kischm biegt die Küste $1^1/_2$ Sm nach Süden und dann nach Westen. Dann läuft sie 25 Sm weit in südwestlicher Richtung nach Ras Chargu an der Einfahrt zum Hendjam-Sunde. Das Tafelland endet 3 Sm westlich von Kischm. Dann folgt mehrere Sm weit niedrige Ebene, die sich ganz über die Insel hin erstreckt. Westlich von der Ebene beginnen wieder tafelförmige Hügel, die nach Ras Chargu hin an Höhe abnehmen und an der Seeseite steil abfallen. Der einzige erkennbare Hügel ist eine viereckige 150 m hohe Masse, nordwestlich von Schusa. Südwestlich von der Stadt Kischm, gegenüber einer Einsenkung in den Hügeln bildet die Küste eine 8 Sm breite, ziemlich tiefe Bucht mit niedrigem sandigen Strande. Südwestlich davon bis nach Ras Chargu hin finden sich felsige Stellen und kurze Strecken Sandstrand. Diese Küste ist gegen den Schamal ungeschützt, der aus etwa westsüdwestlicher Richtung webt.

Wassertiefen von 27 m findet man etwa 1 Sm von diesem ganzen Küstenstrich, dem man sich daher auf 1 Sm nähern darf.

Siehe Brit. Adm-Krt. Nr. 753 (Tit. IX, Nr. 186)

Weiter seewärts nehmen die Wassertiefen rasch zu. Eine 3,7 m-Stelle ist vor Masan in geringerem als 1 Sm Abstande vom Lande gemeldet worden. 8 Sm rw. 153° (mw. SSO$^1/_2$O) von Schusa liegt umgeben von großer Wassertiefe eine Stelle mit 33 m Wasser.

Gefährliche Bank, auf der Brandung beobachtet ist, liegt etwa 9 Kblg rw. 200° (mw. SzW$^3/_4$W) von Schusa auf etwa 26° 46′ N-Br. und 56° 4$^1/_2$′ O-Lg.

Schusa ist ein großes Dorf mit etwa 400 Einwohnern bei einem Dattelwäldchen, 10 Sm nordöstlich von Ras Chargu. Das Dorf liegt am Fuße des östlichen Teiles des bereits erwähnten tafelförmigen Hügels. $^1/_2$ Sm östlich von der Stadt befindet sich ein verfallenes Grab oder Moschee mit einer Kuppel.

2 Sm nordöstlich von dieser Moschee liegt ein kleines flaches felsiges Inselchen mit steilen Seitenkanten, etwa $^1/_4$ Sm von einer felsigen Huk. Boote finden beim Schamal in der kleinen Bucht mit 2,7 m Wassertiefe hinter dem Inselchen Schutz. Etwa 1 Sm nordöstlich von diesem Inselchen befinden sich etwa drei kleinere Klippen. *Masan* ist ein Küstendorf mit etwa 50 Bewohnern, 6 Sm südwestlich von Schusa. Am Strande stehen Dattelpalmen. Eine alte Moschee mit Trümmern liegt landwärts.

Ras Chargu *(Khargu, Kharug)* ist ein niedriges felsiges Kap. Die Hügel fallen nach dem Kap hin ab. Südöstlich davon ist der Grund felsig und uneben; 6 Kblg vom Lande hat man 7 m Wassertiefe. Etwa 1$^1/_4$ Sm südöstlich vom Kap befindet sich eine 5,5 m-Stelle mit hartem Grund. Den Paß an ihrer Innenseite sollte man nicht benutzen. Bei Ras Chargu wendet sich die Küste nach Norden und bildet die *Deristan*-Bucht, die im Westen durch Ras Salak begrenzt wird. Die etwa $^1/_2$ Sm breite Durchfahrt zwischen Ras Chargu und Djesiret Hendjam, der *Hendjam-Sund*, bietet Ankerplätze. In der Mitte seiner Südosteinfahrt liegt eine 9,1 m-Stelle.

Djesiret Hendjam *(Jezirat Henjam)* ist eine kahle hüglige, 2$^1/_2$ Sm breite und etwa 5 Sm in nordnordöstlicher Richtung lange Insel. Nahe an ihrem Nordende befindet sich ein 107 m hoher, auffälliger, tafelförmiger Hügel, der 20 Sm weit sichtbar ist, aber von Süden aus schlecht gesehen werden kann. Die Farbe der Insel ist gegen et-Tauila dunkel. Die runden oder spitzen Hügel nehmen nach dem verhältnismäßig niedrigen Südende der Insel hin an Höhe ab. Grobes Gras und Buschwerk bedeckt die Insel. Zwei kleine verfallene Moscheen befinden sich nahe an der Nordhuk, die östliche davon ist weiß, die andere rot. Ein großes arabisches Dorf befindet sich nahe an der Südspitze der Insel, die etwa 450 männliche Bewohner hat. Man betreibt Ziegenzucht und Perlenfischerei.

Die Küste besteht aus felsigen Huken mit kleinen steilen Abhängen, dazwischen befinden sich Strecken Sandstrand. Nur die

Siehe Brit. Adm.-Krt. Nr. 2837a (Tit. IX, Nr. 187)

Nordspitze der Insel ist niedrig und besteht aus Sand; 1 Kblg davon hat man 15 m Wassertiefe. Das Küstenriff ist nahe an der Einfahrt zum Sund etwa 4 Kblg breit, während es vor der Nordwestseite der Insel 7 Kblg und im übrigen 2 Kblg breit ist. Das Küstenriff fällt steil ab. Von der Südseite der Insel bleibt die 50 m-Grenze 1 Sm ab. Die Wassertiefe im Hendjam-Sunde beträgt 15 bis 25 m.

Telegraphenkabel laufen von der Nordhuk der Insel nach Buschehr und Djaschk. Man darf in der Nähe der Telegraphenkabel nicht ankern.

Bake, etwa 5 m hoch, weiß, mit dreieckigem weißen Toppzeichen steht auf der Nordhuk.

Gezeiten. Hafenzeit $11^h 30^{min}$, Springhochwasserhöhe 3,4 m; die Gezeitenströme erreichen im Hendjam-Sund bei Springtide 3 Sm Geschwindigkeit und verursachen bei ihrem Laufe um die Nordosthuk Neerströme.

Ansteuerung des Ankerplatzes. Durch die östliche Einfahrt (Abbild. 63) ein- oder auslaufend, muß man vorsichtig die abliegende Untiefe mit 5,5 m Wassertiefe südöstlich von Ras Chargu meiden. Eine gute Leitmarke scheint zu sein die westliche Schulter des *Keil-Hügels (Quoin Hill)* frei von Ras Chargu. Dann steuere man gut frei von dem Steert mit 6,9 m Wasser, der sich von Ras Chargu südwärts erstreckt. Etwa in der Mitte der Südosteinfahrt liegt eine kleine 9,1 m-Stelle. Wenn man die Nordhuk von Hendjam umsteuert, meide man das kleine Riff mit 7,3 und 5 m Wassertiefe, 8 Kblg nordöstlich von der Nordhuk der Insel und 5 Kblg von der Küste der Insel Kischm. Von der Nordwestseite von Hendjam bleibe man des 7 Kblg breiten Küstenriffs wegen mindestens 1 Sm ab. Ganz dicht beim Küstenriffe hat man noch 15 m Wassertiefe. Die Wassertiefen nehmen nach dem Inneren der Deristan-Bucht hin regelmäßig ab. An Ras Salak kann man auf $1/_2$ Sm hinanlaufen. Beim Schamal tut man gut, die Südosteinfahrt zu benutzen. Die Wassertiefen verlaufen nördlich von Hendjam etwas unregelmäßig. Zwischen der Insel und Ras Salak hat man sehr ebenen Grund und 11 bis 13 m Wassertiefe.

Ankerplatz bei der Insel Hendjam mit Schutz gegen die vorherrschenden Winde findet man auf 16 m Wasser, Grund harter Sand, 4 Kblg östlich oder ebensoweit nordwestlich von der niedrigen Nordhuk der Insel Hendjam. Der Grund ist hart und hält nicht gut. Besonders bei starkem Ebbstrom, der dicht unter Land Neerströme hervorruft, gehen die Anker durch. Der Ankerplatz nordwestlich von der Nordhuk, von wo man die rote Moschee rw. 181° (mw. Süd) peilt, ist im allgemeinen besser, da der Grund ebener ist. Dieser Ankerplatz ist teilweise gegen den Schamal geschützt, der dort aus südwestlicher Richtung weht. Im Notfalle kann man von

Siehe Brit. Adm-Krt. Nr. 3599 (Tit. IX, Nr. 192a)

einem Ankerplatz auf den anderen laufen. Fahrzeuge mit weniger als 3 m Tiefgang kann man westlich von der Nordhuk auf den Strand holen.

Schiffsausrüstung. Nach Regengüssen kann man den verfallenen Wassersammlern am Nordende der Insel Wasser entnehmen. Ein Brunnen nahe bei dem Dorfe, etwa $1/4$ Sm von der Südosthuk der Insel, liefert ziemlich gutes Wasser. Austern kann man an den Felsen bei Niedrigwasser sammeln. Etwas Lebensmittel kann man erhalten.

Von Ras Chargu nach Basidu.

Deristan, $1\frac{1}{4}$ Sm von der Küste und $3\frac{1}{2}$ Sm nördlich von Ras Chargu, ist ein Dorf mit etwa 800 Einwohnern, die einige Boote besitzen. In der Nähe stehen einige Dattelpalmen. Ein auffälliger, langer Keilhügel liegt westnordwestlich vom Dorfe. An seinem Westende befindet sich ein breiter Abhang. Zwischen dem Dorf und den Hügeln zieht sich eine große sumpfige Ebene hin.

Ras Salak, an der Westseite der Einfahrt zur Deristan-Bucht, ist eine sandige Huk mit felsigem Strande. Die Küste an der Deristan-Bucht von Ras Salak fast bis nach Ras Chargu ist niedrig und sandig. Die Hügel liegen etwa 2 Sm von der Küste. Von Ras Salak nach Ras Dastakan läuft die Küste im allgemeinen westsüdwestlich. Westlich von Ras Salak bildet sie eine Bucht, an der das Fischerdorf Salak mit etwa 30 Einwohnern liegt. Im Dorfe befinden sich einige Dattelpalmen und einige Brunnen.

Ras Tarkun ist eine kleine felsige Huk, 8 Sm westsüdwestlich von Ras Salak. Auf einer kleinen Huk, $7\frac{1}{4}$ Sm westlich von Ras Tarkun, kommen die Hügel dicht an die Küste. Etwa Mitte Wegs zwischen diesen beiden Huken liegt 2 Sm landwärts der 396 m hohe *Kischkuh* mit seinem kleinen tafelförmigen Gipfel, der 40 Sm weit sichtbar ist und von See aus leicht ausgemacht werden kann. Etwa 3 Sm westlich vom Berge Kischkuh läuft eine Kette dunkler Hügel, die größtenteils aus Salz bestehen, quer über die Insel. Im *Namakdan*-Hügel am Südende der Kette befinden sich große Salzhöhlen, aus denen die Lake in die Ebene an der Seeseite des Berges fließt, wo sie verdunstet. Der Salzniederschlag wird in Booten nach Lingah und nach arabischen Häfen gebracht.

Wassertiefen zwischen der Insel Hendjam und Namakdan verlaufen regelmäßig. Die 40 m-Grenze liegt 6 bis 7 Sm vom Lande. Vor Namakdan beginnt die *Basidu*-Bank (s. Seite 185) aus Sand und Ton mit 3,7 bis 5,5 m Wassertiefe. Die Bank erstreckt sich von Namakdan fast bis 7 Sm westlich von Ras Dastakan. Ihre Außenkante liegt 6 bis 9 Sm von der Küste. Zwischen der Bank und der Küste sind die Wassertiefen größer.

Ras Dastakan ist die niedrige felsige Südwesthuk von Djesiret et-Tauila. Von der Huk läuft die Küste 7 Sm nordwärts nach der

Siehe Brit. Adm.-Krt. Nr. 753 (Tit. IX, Nr. 186)

Basidu-Huk. Zwei seichte Buchten liegen östlich von Ras Dastakan. Der Paß zwischen der großen Basidu-Bank und der Insel hat 6,4 m Wassertiefe. Seine Breite beträgt in der Einfahrt $1^1/_2$ Sm, nimmt aber etwa halbwegs zwischen Namakdan und Ras Dastakan auf $^1/_2$ Sm ab. Der Paß führt dicht unter der Küste entlang. Er kann von Dampfern benutzt werden, Segelschiffe können ihn nur bei günstiger Brise benutzen (s. Seite 187).

Hummocks (Abbild. 64) sind drei auffällige Hügel nordöstlich von Ras Dastakan, die man bei der Ansteuerung der Reede von Basidu als Landmarken gut verwenden kann. Der westliche Hügel, 2 Sm nördlich von der Huk, hat einen tafelförmigen Gipfel, der mittlere hat einen runden Gipfel. Der östlichste und höchste Hügel ist 178 m hoch, hat einen tafelförmigen Gipfel und ist 25 Sm weit sichtbar. An der Südseite fallen alle drei Hügel ganz steil ab. Der östliche Hügel schließt sich fast an ein Tafelland mit steiler Südseite an, das sich 4 Sm ostnordostwärts erstreckt und in einem breiten Abhang endet. 2 Sm östlich von diesem Abhang liegt ein 168 m hoher tafelförmiger Hügel in der Ebene nördlich vom Dorfe *Kawuni*.

Von Ras Dastakan nach Basidu ist die Küste niedrig, mit Ausnahme der Strecke nahe bei den Hummocks, wo einige felsige Hügel bis dicht an die Küste reichen. Eine Bank aus Sand und Schlick erstreckt sich längs der Küste. An ihrer breitesten Stelle erstreckt sie sich 2 Sm vom Strande. Ein Paß führt dicht südlich von Ras Dastakan entlang der Küste und dann auf 6,4 m Wassertiefe nahe am Steert der Baken-Bank (Beacon Shoal, Seite 186) entlang in das Hauptfahrwasser nach Basidu.

Basidu ist ein britisches Dorf mit etwa 90 Einwohnern auf der Nordwesthuk der Insel Kischm. Die *Basidu*-Huk besteht aus niedrigen, 6 m hohen steilen Abhängen. Auf ihrem ebenen Gipfel befinden sich einige zerstreut liegende kleine Häuser und Dattelpalmen. Die Regierung hat drei Wassersammler und eine Landungsbrücke, die bis zur Niedrigwassermarke reicht, angelegt. $^1/_4$ Sm südlich von der Huk steht ein Gebäude, auf dem die britische Flagge (Union Jack) weht, wenn Schiffe auf der Reede sind. Ein kleiner Basar ist vorhanden. Die kleine Kapelle nahe bei der Landungsbrücke und die anderen Häuser gehen ihrem Verfall entgegen. Ein Schießstand befindet sich in Basidu. Schiffsausrüstung vgl. Seite 188.

Basidu-Bank ist eine große Bank mit 3,7 bis 5,5 m Wassertiefe, die von der Insel Kischm durch einen schmalen Paß getrennt wird. Die Außenkante der Bank liegt 9 Sm von der Südküste und 6 Sm von der Westküste der Insel Kischm. Die Bank fällt am Südostende am steilsten ab, man hat in $2^1/_2$ Sm Abstand 35 m Wassertiefe. Mit Hilfe des Lotes kann man sich der Südkante der Bank

Siehe Brit. Adm-Krt. Nr. 35 (Tit. IX, Nr. 192)

nähern. Bei Tage bildet das entfärbte Wasser, das sich noch eine Strecke weit außerhalb der Bank erstreckt, eine gute Marke. Vor der Westkante der Bank sind die Wassertiefen gering und betragen bis in die Nähe von Kung an der persischen Küste weniger als 9 m.

Mariner-Bank s. Seite 199.

Baken-Bank *(Beacon Shoal)*. 6 Kblg westlich von der Basidu-Huk befindet sich eine 12 m hohe, 5 Sm weit sichtbare Bake aus einem Schiffsmast mit einem Faß darauf am Nordende einer schmalen $3\frac{1}{2}$ Sm in nordöstlicher Richtung langen Bank. Die Bank ist sandig, nahe am Nordostende wird sie felsig. Sie fällt bis etwa 3 Sm von der Bake bei Niedrigwasser trocken, bis $\frac{1}{2}$ Sm südwestlich von der Bake liegt sie auch stellenweise bei Hochwasser trocken. Das Südende der Bank läuft in einen Steert aus, der sich südwärts und südsüdostwärts erstreckt. Durch diese Bank wird der Ankerplatz gegen den Schamal geschützt, der dort aus WSW weht. Ein schmaler tiefer Paß führt zwischen der Baken-Bank und der Schlickbank vor der Westküste von Kischm entlang, ist aber nicht schiffbar, weil unbetonnt und nicht vermessen. Die Baken-Bank fällt steil ab, nahe an ihrer Kante hat man 13 bis 18 m Wassertiefe.

Nord-Bank begrenzt *Chor Djafuri* (Seite 192) im Norden. Die Bank besteht aus hartem Sand. Nördlich von Basidu wendet sie sich südwestwärts und endet 6 Sm südwestlich von der Basidu-Huk. Auf dem Ende der Bank hat man 5,5 m Wassertiefe. Nach Nordosten hin wird die Wassertiefe geringer, so daß man nordwestlich von der Basidu-Huk nur 2,7 m Wassertiefe hat. Im Fahrwasser der zwischen dem Ende der Nordbank und dem Nordende der Basidu-Bank 2 Sm breiten Einfahrt beträgt die Wassertiefe nur 5,9 m. Dann führt das Fahrwasser zwischen der Nord-Bank und der Baken-Bank entlang bis zum Ankerplatz auf der Basidu-Reede. In der Mitte der Reede hat man 11 bis 13 m Wassertiefe, während nahe bei der Baken-Bank die Wassertiefe 15 bis 18 m beträgt.

Ansteuerung der Basidu-Reede.

Von Süden oder Osten kommend, steuere man längs der Kante der Basidu-Bank, überschreite aber die 20 m-Grenze nicht eher, als bis die Insel Tanb rw. 157° (mw. SSO$\frac{1}{8}$O) peilt. Bei Tage ist das entfärbte Wasser eine gute Marke. Fischerboote ankern oft nahe an der Außenkante der Bank. Bei Nacht sollte man die Insel Tanb (Seite 198) ansteuern. Fremde tun gut, an der Kante der Basidu-Bank zu ankern und Tagwerden abzuwarten. Die Gezeitenströme setzen mit 2 bis 3 Sm Geschwindigkeit zwischen der Insel Tanb und der Basidu-Bank ost- und westwärts. Wenn das Westende der Tanb-Insel rw. 157° (mw. SSO$\frac{1}{8}$O) peilt und Grubb's Notch (Seite 194) auf dem persischen Festlande rw. 337° (mw. NNW$\frac{1}{8}$W), halte man sie in diesen Peilungen, bis die Hummocks auf der Insel Kischm rw. 84° (mw. O$\frac{5}{8}$N) peilen.

Siehe Brit. Adm-Krt. Nr. 753, 35 (Tit. IX, Nr. 186, 192)

Dann steuere man rw. 44° (mw. NO$^1/_8$N). Die Bake auf der Baken-Bank und den Ort Basidu sieht man bald an St-B. voraus. Die Bake umsteuert man in etwa 1$^3/_4$ Kblg Abstand und ankert, sobald man innerhalb der tiefen Rinne ist. Die Baken-Bank fällt steil ab, man muß sich ihr daher mit Vorsicht nähern. Solange der Winkel zwischen der Bake und dem westlichen Gipfel der Hummocks nicht größer wird als 77°, bleibt man von der Bank frei. Man hüte sich, dem Südwestende der Nord-Bank zu nahe zu kommen. Die Nähe der Ostkante dieser Bank kann man durch das Lot feststellen. Die Gezeitenströme treten bei Springtide heftig auf.

Segelschiffe müssen morgens meist einkreuzen, oft gegen frische Landbrise. Nachmittags weht meist Seebrise aus SW, zeitweise sehr frisch.

Von Südwesten kommend, steuere man so auf die Basidu-Huk zu, daß man sie in ostnordöstlicher bis nordöstlicher Peilung in Sicht bekommt. Beim Kreuzen muß man gut nach der persischen Küste hinüberliegen, bis man die Basidu-Huk sieht; man wende, wenn man in der Nähe des Küstenriffs auf tieferes Wasser kommt. Da die Gezeitenströme quer zum Kurse laufen, muß man, namentlich nachts, sehr vorsichtig sein. Bei nordöstlichem Strom kann man zwischen die Nordbank und die Festlandsküste geraten, bei auslaufendem südlichen Strom auf die Außenkante der Baken-Bank.

Bei Nacht sollten fremde und tiefgehende Schiffe nahe an der Basidu-Bank ankern und Tagwerden abwarten. Man kann, namentlich bei mondheller Nacht, einsteuern, indem man mit Hilfe des Lotes die Kante der Basidu-Bank umsteuert oder, wenn man von Südwesten kommt, indem man auf die Basidu-Huk zusteuert. Auf der Basidu-Huk werden Flackerfeuer, die vom Schiffe gezeigt werden, mit einem Feuer beantwortet. Es empfiehlt sich, mit dem Lote an der Ostkante der Nordbank entlang zu steuern, bis man Basidu dwars hat. Man hüte sich, auf die Westseite der Nordbank zu geraten.

Innerer Paß ist von Seglern mit geringem Tiefgang und auch von einem Dampfer mit 4,3 m Tiefgang benutzt worden. Scheinbar ist im Hauptfahrwasser die Wassertiefe ebenso groß wie nahe am Nordwestende der Basidu-Bank. Ein Dampfer würde durch den Inneren Paß seinen Weg bedeutend abkürzen. Ein Segler würde eine ganze Tide gewinnen bei starkem Nordostwind. So lange das Fahrwasser nicht besser vermessen ist, sollte es nicht benutzt werden. Fahrzeuge, die den Paß benutzen wollen, müssen zwischen Namakdan und Kawuni ziemlich nahe an die Insel hinanlaufen und im Paß das Lot fleißig gebrauchen.

Hält man die äußerste niedrige Spitze von Ras Dastakan in rw. 255° (mw. WSW$^5/_8$W)-Peilung, so bleibt man im schmalsten Teile des Passes etwa 4 Kblg vom Lande. Wenn der östlichste Gipfel der Hummocks rw. 316° (mw. NW) peilt, steuere man etwa rw. 248°

Siehe Brit. Adm.-Krt. Nr. 753, 35 (Tit. IX, Nr. 186, 192)

(mw. WSW). Man umsteuere Ras Dastakan in 3 bis 4 Kblg Abstand. Wenn man an der Huk vorbei ist, steuere man etwa rw. 293° (mw. WNW). Dann halte man sich dicht an dem Steert der Baken-Bank. Sobald man diese erreicht, halte man nach der Nord-Bank hinüber und verfahre wie früher angegeben wurde. Bei Nacht kann man den Inneren Paß nicht benutzen.

Basidu-Reede. Parallel mit der Basidu-Huk läuft in 4 Kblg Abstand vom Lande eine tiefe Rinne mit 22 bis 29 m Wassertiefe, in der Schiffe nicht ankern sollten. Den besten Ankerplatz findet man an der Südseite der tiefen Rinne in dem etwa 2 Kblg breiten Wasserstreifen zwischen der Rinne und der 6 m-Grenze auf 13 bis 9 m Wassertiefe bei Niedrigwasser. Man liegt entweder der Landungsbrücke oder dem Lagerhause gegenüber, $3^1/_2$ Kblg vom Lande. Der Grund besteht aus Ton und hält sehr gut. Man sollte vertäuen, da die Winde stark gegen die Gezeitenströme wehen, infolgedessen man unklare Anker erhält oder wenigstens unbequem liegt. Man vertäut mit dem Kopf nach Süden.

Ein schmaler felsiger Steert, der bei Niedrigwasser fast trocken liegt, läuft von der Landungsbrücke $1^1/_3$ Kblg weit seewärts. Dicht an seiner Außenkante hat man 4,5 m Wassertiefe. Die 6 m-Grenze liegt etwa 2 Kblg vom Strande.

Gezeiten. Hafenzeit ist etwa 0^h 0^{min}; Springhochwasserhöhe beträgt 3 m, Nipphochwasserhöhe 0,6 bis 1,2 m. Der durch die Clarence-Straße westwärts setzende Strom beginnt auf der Basidu-Reede 1 bis $1^1/_2^h$ vor Hochwasser, der östliche Strom ebensoviel vor Niedrigwasser. Der östliche Strom ist immer als Flutstrom bezeichnet. Der Strom zwischen der Basidu-Huk und der Basidu-Bank ist nicht genügend bekannt. Auf der Bank frei von der Insel setzen die Gezeitenströme ostnordostwärts und westsüdwestwärts. Die Ströme kentern 3^h nach Hoch- und Niedrigwasser, scheinbar bei halber Tide. Die Ströme haben 1 bis 2 Sm Geschwindigkeit, an einigen Stellen des Passes treten sie stärker auf.

Schiffsausrüstung. Etwas Proviant ist in Basidu (Seite 185) zu haben, ebenso gutes Trinkwasser, aber nur in beschränkter Menge. Wenn die Wassersammler leer sind, muß das Wasser von Nachlistan herbeigeschafft werden. Man spart Zeit, wenn man dann nach Lingah oder einem anderen Hafen zum Wassereinnehmen läuft.

Clarence-Straße.

Clarence-Straße ist die Durchfahrt zwischen Djesiret et-Tauila und dem persischen Festlande. Die Durchfahrt ist schiffbar, aber sehr gewunden. Solange sie nicht genügend vermessen ist, sollte

Siehe Brit. Adm-Krt. Nr. 35 (Tit. IX, Nr. 192)

man sie nicht ohne Lotsen befahren, zumal die Gezeitenströme darin stark auftreten.

Lotsen erhält man in der Stadt Kischm. Will man von Basidu aus einlaufen, muß man den Lotsen aus Kischm kommen lassen.

Gebirge auf dem Festlande. Die großen Gebirgsketten, an deren Ostseite Djebel Ginao liegt, ziehen sich westwärts ins Innere hinein. 18 Sm westsüdwestlich vom Djebel Ginao befindet sich ein auffälliger 1560 m hoher Berg mit zwei großen Stufen oder Senkungen an seiner Westseite. 55 Sm westlich vom Djebel Ginao liegt ein 2800 m hoher Gipfel auf derselben Gebirgskette, der über die der Küste näheren Berge hinweg sichtbar ist. Dieser Gipfel ist im Winter mit Schnee bedeckt. Von Süden aus sieht man drei kleine Gipfel. Westlich von Bender Abbas zwischen diesem Gebirge und der Küste zieht sich ein etwa 300 m hoher Gebirgszug westwärts, der etwa 20 Sm von Bender Abbas endet.

Ein anderes Gebirge läuft von Chamir westwärts ins Land hinein. Der östlichste Gipfel dieses Gebirges liegt 8 Sm nordöstlich vom Orte Chamir. Zwischen diesem Gebirge und dem Gebirgszuge westlich von Bender Abbas befindet sich ein breites Tal. Der spitze *Chamir-Pik* ist etwa 1130 m hoch. 13 Sm westlich davon befindet sich noch ein höherer aber weniger auffälliger Gipfel auf demselben Gebirge. Ein großer Seitenzweig des Gebirges erstreckt sich südostwärts; an seinem Fuße befinden sich, 4 Sm westlich von der Stadt Chamir, die Schwefel-Hügel.

Ein drittes Gebirge beginnt etwa 10 Sm nordnordöstlich von der Basidu-Huk und erstreckt sich weit westwärts ins Land hinein. Der Basidu gegenüber liegende runde Gipfel ist 896 m hoch. Zwischen diesem und dem vorigen Gebirge zieht sich ein großes Tal hin. Die Küste an der Mündung des Tales ist niedrig und sumpfig und dient vielleicht einem kleinen Flusse als Mündung.

Von Kischm nach der Laft-Huk. Von der Huk mit dem 30 m hohen tafelförmigen Hügel nordwestlich von der Stadt Kischm läuft die Küste 19 Sm westsüdwestwärts, fast parallel mit der Festlandsküste. Eben westlich von der Huk befindet sich das kleine Becken *Chor Tauala (Khor Tawala)*, in dem Boote auf den Strand geholt werden. An der Westseite der Einfahrt liegen die beiden kleinen Inseln *Dukuhak*. 2 Sm westsüdwestlich davon liegt nahe an der Küste ein spitzer abschüssiger 90 m hoher Hügel, vor dem sich eine niedrige Huk befindet. Der 90 bis 120 m hohe *Keil-Hügel (Quoin Hill)* mit einem kleinen Baum auf dem Gipfel hat an der Südseite einen breiten Abhang. Zwischen dem spitzen Hügel und dem Keil-Hügel bildet die Küste die kleine Bucht *Bender Salsul*, in der Boote beim Naschi ankern.

Siehe Brit. Adm-Krt. Nr. 753 (Tit. IX, Nr. 186)

Darguwan ist ein kleines Fischerdorf mit einigen Dattelpalmen $1^1/_2$ Sm südwestlich vom Keil-Hügel. 3 Sm westlich von Darguwan befindet sich das kleine Dorf Kuwai mit einem Dattelhain. Dicht am Strande liegen die Trümmer einer Moschee. 3 Sm südwestlich von Kuwai liegt das Dorf *Sainubi (Zainubi)* mit etwa 200 Einwohnern in einem dichten Dattelwalde 1 Sm von der Küste. $2^1/_2$ Sm westsüdwestlich davon liegt das Dorf *Paipuscht* mit etwa 100 Bewohnern, meist Bootbauern, die in Kischm arbeiten. Das Dorf befindet sich am Abhange eines Hügels $^1/_2$ Sm vom Strande und ist von der Straße aus gut sichtbar. 2 Sm westlich von Paipuscht wendet sich die Küste 8 Sm nordnordwestwärts nach der Laft-Huk. $3^1/_2$ Sm östlich davon befindet sich am Strande das kleine Fort *Ala Mulk* mit einigen Bäumen. Etwa 1 Sm südwestlich vom Fort befindet sich ein 76 m hoher keilförmiger Hügel mit zwei Gräbern. Etwa in der Mitte zwischen Ala Mulk und der Laft-Huk sieht man zwei zerfallene Moscheen, einige Wassersammler und eine Dattelpflanzung. Dieser Ort heißt *Laft Kedim*.

Festlandküste von Bender Abbas nach Pul. Etwa 6 Sm nördlich von Darguwan bildet die Küste eine niedrige Huk. In geringem Abstande von der Küste zieht sich eine Hügelkette längs der Küste bis wenige Sm von Bender Abbas. Die Hügelkette endet 6 Sm westlich von der genannten Huk. Dann beginnt niedrige und sumpfige Küste mit Mangrovengebüsch, die sich bis an die Berge hinter Chamir hinzieht. Die Küste ist nicht genau vermessen, man darf sich ihr nicht nähern. Bei *Pul*, der engsten Stelle der Straße, steht ein auffälliger Baum. Bei Laft Kedim ist die Straße nur 1 Sm breit.

Fahrwasser. Von Chor Tauala erstreckt sich eine steile Bank mit 1,8 bis 3,7 m Wassertiefe westwärts bis nach dem Keil-Hügel. Sie ist stellenweise mehr als $1^1/_2$ Sm breit. Das Fahrwasser führt nördlich an der Bank vorbei; man hat dort 13 bis 22 m Wassertiefe. Bei Darguwan wird das Fahrwasser auf 3 Sm eingeengt durch eine Bank aus hartem Sand in der Mitte der Clarence-Straße. Die Bank beginnt nördlich vom Keil-Hügel. Dicht an der Kante dieser Bank hat man 15 m Wassertiefe gefunden. Die Bank erstreckt sich $5^1/_2$ Sm südwestwärts bis über das Dorf Kuwai hinaus. Sie fällt stellenweise bei Niedrigwasser trocken. Der Teil der Straße an der Nordseite der Bank ist nicht schiffbar. Zwischen Darguwan und Sainubi ist die Inselküste frei von abliegenden Untiefen. Das reine Fahrwasser verengert sich auf 7 bis 8 Kblg vor Sainubi. Nördlich von Sainubi beginnt die zweite Bank in der Mitte der Straße, die sich 8 Sm westwärts bis *Ala Mulk* hinzieht. Dicht bei dieser steilen Sandbank hat man 13 bis 16 m Wassertiefe. Die Bank ist nur durch die Gezeitenströme kenntlich. Man findet dort quer über die Straße entfärbtes Wasser. Der Teil der Straße nördlich von der Bank ist nicht schiffbar.

Siehe Brit. Adm-Krt. Nr. 753 (Tit. IX, Nr. 186)

Von Paipuscht bis hinter Ala Mulk ist die Küste mit einem $^1/_2$ bis 1 Sm breiten Riffe eingefaßt, an dessen Innenseite stellenweise tieferes Wasser ist. Das Küstenriff fällt ganz steil ab, namentlich vor Ala Mulk, wo das brauchbare Fahrwasser nur $^3/_4$ Sm breit ist zwischen diesem Küstenriff und der zweiten Bank in der Mitte der Straße. Die Wassertiefe im Fahrwasser beträgt dort 25 m, in der tiefen Rinne ist der Grund felsig.

Laft ist eine Stadt mit etwa 800 bis 900 Einwohnern 3 Sm südöstlich von der Laft-Huk am Fuße eines 76 m hohen Hügels, der nach dem Strande zu abfällt und an der Landseite in steilen Abhängen endet. Am Südende der Stadt befindet sich ein verfallenes Fort mit drei Türmen. Der Ort betreibt etwas Handel. Man führt Brennholz, das man in den Sümpfen schlägt, aus. Viele Küstenfahrzeuge aus Lingah und anderen Häfen werden dort ausgebessert; auch neue Fahrzeuge baut man. Ein kleiner Kriek für Boote läuft dicht längs der Küste bis zur Stadt. Die Einfahrt dazu liegt am Südende des niedrigen Inselchens *Hindarabi*, etwa 1 Sm südlich von der Laft-Huk. Auf dem Nordende des Inselchens befindet sich ein weißes Grabmal. Der Kriek ist schmal. Zwischen dem Kriek und Chor Guran befinden sich Schlickbänke mit Mangrovengebüsch. Von der Laft-Huk steigt das Land allmählich zu 18 m Höhe an. Von Laft läuft die Kette der Hügel südsüdostwärts über die Insel Kischm hin. 1 Sm ostnordöstlich von der Stadt Laft befindet sich ein 150 bis 180 m hoher auffälliger Hügel, auf dessen Gipfel verfallene Wassersammler sein sollen.

Ankerplatz bei der Laft-Huk mit gutem Schutz gegen alle Winde finden die größten Schiffe auf Sand- und Muschelgrund. Die Wassertiefen sind bis dicht an die Laft-Huk groß. Die Gezeitenströme haben dort im Fahrwasser bei Springtide 2 Sm Geschwindigkeit.

Schiffsausrüstung. Etwas Rindvieh und Geflügel kann man zeitweise erhalten. Gute Fische werden dort und anderwärts in der Clarence-Straße gefangen. Gesalzene Fische werden ausgeführt. Frischwasser kann man nur aus Wassersammlern erhalten.

Chamir ist ein Ort mit 200 Einwohnern $7^1/_2$ Sm westlich von der Laft-Huk. Der Ort befindet sich außerhalb der Mauern des großen Forts, das einen hohen viereckigen Turm hat. Ein Dattelwäldchen liegt östlich von Chamir. Der Ort liegt $^1/_2$ Sm vom Strande, an dem ein Lagerhaus für Schwefel liegt. Ein kleiner Kriek, der nur für Boote von 20 bis 30 t brauchbar ist, führt zum Hafen. Der Schwefel wird nach Bender Abbas gebracht. Die Schwefelminen befinden sich in den kleinen Hügeln nahe am Fuße der Gebirge 3 Sm westlich von Chamir. Die Minen sollen für die jetzige Betriebsart erschöpft sein. Außer Schwefel führt man noch Mühlsteine aus.

Siehe Brit. Adm-Krt. Nr. 753 (Tit. IX, Nr. 186)

Von Chamir läuft die Küste west- und südwestwärts bis nach den Bergen nördlich von Basidu. Vor der nicht vermessenen Küste dehnen sich große Sümpfe mit Mangroven aus, in die zahlreiche Krieke führen. Zwei etwa 45 m hohe pyramidenförmige Hügel liegen in der Ebene 2 und 3 Sm westsüdwestlich von Chamir und in geringer Entfernung von der Kante des Sumpfes.

Von der Laft-Huk nach Basidu.

Von der Laft-Huk läuft die Küste der Insel Kischm 6 Sm weit südostwärts, dann nimmt sie bis zur Basidu-Huk ihre westsüdwestliche Richtung wieder auf. Westlich von der Laft-Huk verbreitert sich die Clarence-Straße stark. Sie ist aber fast ganz durch Schlick- und Sandbänke und Sümpfe mit Mangroven gesperrt. Von der Laft-Huk führen zwei Fahrwasser für Schiffe bis zum Dorfe Guran, wo sie zusammenlaufen.

Chor Guran, das östliche schiffbare Fahrwasser, ist stellenweise nur 2 Kblg breit, wird aber von den Lotsen gewöhnlich bevorzugt, denn es hat mindestens 9 m Wassertiefe. Die Bänke sind an den Mangroven gut kenntlich. Das gewundene Fahrwasser führt etwa 2 Sm westlich von der Stadt Laft vorbei und hat von der Laft-Huk an 9 Sm weit südliche Richtung. Dann wendet es sich $2^1/_2$ Sm weit nordwestwärts, biegt 9 Sm weit in scharfem Bogen südwestwärts und südsüdwestwärts nach dem Dorfe Guran. Von da läuft es 2 Sm weit westsüdwestwärts bis zu seinem Zusammenfluß mit dem Hauptfahrwasser. Dieser letzte Teil ist wegen seiner Enge schwer fahrbar. Die Bänke sind nicht mit Mangroven bewachsen und werden bei Hochwasser überflutet.

Guran ist ein kleines Dorf, das auf vielen Booten Brennholz nach allen Gegenden des Persischen Golfs verschifft. Große Lager am Strande sind zum Verschiffen angelegt.

Chor Masaga ist der Name für das westliche Fahrwasser. Es scheint, als ob auch das Fahrwasser zwischen Kischm und der Laft-Huk mit diesem Namen belegt wird. Das Fahrwasser wird von den Lotsen selten gewählt, wenngleich es breiter ist als Chor Guran. Die Bänke auf beiden Seiten fallen oft steil ab. Wenn sie überflutet sind, kann man sie in dem schlickigen Wasser der Straße nicht herausfinden. Stellenweise ist das Fahrwasser nur 4 Kblg breit, die geringste Wassertiefe ist 9 m. Von der Laft-Huk läuft es 4 Sm westwärts, dann wendet es sich bis zur Einfahrt von Chor Guran 14 Sm weit südsüdwestwärts.

Chor Djafuri heißt das Fahrwasser vom Zusammenfluß der beiden genannten Fahrwasser bis zur Basidu-Huk. Das 16 Sm lange Fahrwasser hat westsüdwestliche und westliche Richtung und läuft fast parallel zur Küste der Insel. Auf einer 10 Sm langen Strecke führt es 7 bis 8 Kblg von der Inselküste entlang.

Siehe Brit. Adm-Krt. Nr. 753 (Tit. IX, Nr. 186)

Eine $^1/_2$ bis 1 Sm breite Schlickbank, die bei Niedrigwasser fast ganz trocken fällt, erstreckt sich ostwärts von Basidu längs der Küste bis nach Guran. $5^1/_2$ Sm östlich von Basidu befindet sich das Ostende des Mittelgrunds, der sich bis 2 Sm östlich von der Basidu-Huk erstreckt. Der Mittelgrund liegt $1^1/_2$ bis 2 Sm von der Küste und hat 2,7 bis 5,5 m Wassertiefe. Das etwa 1 Sm breite Fahrwasser führt nördlich vom Mittelgrunde entlang. Eine große Sandbank mit 0,4 bis 3,7 m Wassertiefe bei Niedrigwasser läuft von Guran aus westwärts an der Nordseite des Fahrwassers entlang. Bei Tschahu bleibt sie $1^1/_4$ Sm, bei Basidu, $2^3/_4$ Sm von der Küste der Insel.

Dörfer zwischen Guran und Basidu. Zwischen Guran und Basidu liegen mehrere Dörfer mit Dattelwäldern in geringem Abstande von der Küste. *Tschahu (Chahu)* liegt etwa 7 Sm westsüdwestlich von Guran. *Dulu* und *Tersai* befinden sich 3 Sm und *Kumar Sija* 4 Sm westsüdwestlich von Tschahu. Diese kleinen Fischerdörfer sind von See aus nicht sichtbar, ausgenommen das weiße Grab nahe bei Tschahu.

Diraku liegt auf einer Anhöhe, 7 Sm östlich von Basidu. Zwischen Diraku und Kunar Sija bildet die Küste eine niedrige Huk. *Guri* ist ein großes Dorf mit großen Dattelwäldern und Ackerland, 5 Sm ostsüdöstlich von Basidu. Diese beiden Dörfer sind von See aus sichtbar. Die Bewohner, meist Landleute, versehen den Markt in Basidu mit Früchten und Gemüse. Ein Paß führt durch die Hügel nach der Südküste der Insel. Die Küste von Diraku nach dem verfallenen Fort *Kal'at Hadji Karitu* auf einer kleinen Felshöhe am Strande, 2 Sm östlich von der Basidu-Huk, ist niedrig und kahl. Südwestlich vom Fort liegt die große Dattelpflanzung *Nachlistan* mit wenigen Häusern, wo sich Brunnen mit gutem Wasser befinden.

Nordküste der Clarence-Straße nördlich von Basidu. Die Festlandküste liegt $7^1/_2$ Sm von Basidu. Die Mangrovensümpfe enden etwa 8 Sm nordöstlich von Basidu. Die zerklüfteten, kahlen, fast unzugänglichen Berge treten dicht an die Küste. Das Ostende des nächsten Höhenzugs liegt nordnordöstlich von der Basidu-Huk. Nördlich von der Huk befindet sich eine malerische Schlucht mit einer stark schwefelhaltigen Quelle. Die Küste läuft dann südwärts und bildet $4^3/_4$ Sm nordnordwestlich von Basidu eine niedrige Huk, auf der sich ein Dattelhain und viele verfallene Wassersammler befinden. 2 Sm nördlich davon befindet sich das Dörfchen *Birkat Sifla* mit einem Dattelwäldchen.

Von Basidu nach Ras Bistana.

Von der niedrigen Huk nördlich von Basidu läuft die Festlandküste 14 Sm weit westsüdwestwärts. Eine 405 m hohe Hügelkette beginnt in geringer westlicher Entfernung von der Huk und

Siehe Brit. Adm.-Krt. Nr. 753, 35 (Tit. IX, Nr. 186, 192)

endet in einer Ebene, 7 Sm westlich davon. Die Hügel treten von der Küste zurück und scheinen mit den Bergen im Hintergrunde zusammenzustoßen. Ihre Umrisse verlaufen sehr unregelmäßig. Die östliche Hälfte ist hellfarben, während die westliche, scheinbar vulkanische Hälfte dunkel erscheint. Der Fuß der Hügel liegt etwa $^1/_2$ Sm vom Strande. Die große Hügelkette nördlich von Basidu läuft westwärts ins Land hinein. $17^1/_2$ Sm nordwestlich von der Basidu-Huk befindet sich auf dem Gipfel der 900 m hohe Sattel *Grubb's Notch*, der für die Umsteuerung der Basidu-Bank eine brauchbare Landmarke abgibt. Er ist nur bei klarem Wetter und in nordöstlichen Peilungen sichtbar. $11^1/_2$ Sm westlich davon befindet sich der von See gut sichtbare, 1190 m hohe *Lingah-Pik* (Abbild. 65).

4 Sm südwestlich von der eben genannten Hügelkette an der Küste beginnt dicht am Wasser eine andere Hügelkette von 4 Sm Breite und 7 Sm Länge in westlicher Richtung, die eine breite Ebene von den hohen Bergen im Hintergrunde trennt. An der Nordostseite befindet sich ein langer Höhenzug aus hellfarbigen, 293 m hohen Hügeln mit sehr zackigen Umrissen, der in westnordwestlicher Peilung auffällig ist. Die übrigen Hügel sind dunkel. Einer davon, 189 m hoch, spitz mit flachem Gipfel, nahe am Strande $4^1/_2$ Sm nordöstlich von *Kung* ist in westlichen Peilungen gut sichtbar. $^3/_4$ Sm östlich davon liegt dicht am Wasser der kleinere, ähnlich geformte *el-Busa*-Hügel. Zwischen Kung und Djebel Bistana steigt das Land von der sandigen Küste allmählich zu 60 bis 90 m Höhe an und endet an der Nordseite in steilen Abhängen. Zwischen diesen und dem Gebirge zieht sich eine breite niedrige Ebene hin, die nach Regenfällen sumpfig ist.

Wassertiefen. Seichter Grund erstreckt sich längs der Küste und ist reichlich 1 Sm breit vor el-Busa. Eine tiefe, $^1/_2$ bis 1 Sm breite Rinne mit 15 bis 23 m Wassertiefe erstreckt sich außerhalb des seichten Grundes parallel zur Küste bis zu der Huk nördlich von Basidu. An der Ostkante der Rinne und zwischen ihr und der Nord-Bank betragen die Wassertiefen 7,8 bis 9 m. Wenn man daher beim Kreuzen auf die Küste zu liegt, gibt das Anwachsen der Wassertiefe ein gutes Merkmal zum Wenden.

Gezeitenströme haben an dieser Küste 1 bis 2 Sm, oder noch mehr Geschwindigkeit. Sie treten am stärksten auf bei den Huken und auf den Bänken. Der Strom kentert 3^h nach Hoch- und Niedrigwasser.

Bender Hameiran. 2 Sm östlich von el-Busa bildet die Küste die niedrige sandige Huk *Ras esch-Schawari*, an der die tiefe Rinne nahe vorbeiführt. 1 Sm nördlich davon liegt das Dorf *Bender Muallim* in einem Dattelwalde. Die Küste bildet nordöstlich von der Huk die Bucht Bender Hameiran. Eine Bank liegt $1^1/_2$ Sm von der Küste. Innerhalb derselben liegen die Fahrzeuge auf 7,3 m Wassertiefe. Die tiefe Rinne führt eben außerhalb der Bank ent-

Siehe Brit. Adm-Krt. Nr. 753, 35 (Tit. IX, Nr. 186, 92)

lang. Ein Dorf ist nicht in der Nähe. Fahrzeuge mit mehr als 5 m Tiefgang sollten zum Einlaufen in die Bucht Hochwasser abwarten. Die Bucht ist für Schiffe mit mehr als 6 m Tiefgang nicht zu empfehlen.

Kung ist ein großes Fischerdorf, $3^{1}/_{2}$ Sm nordöstlich von Lingah. Das hauptsächlich aus Mattenhütten bestehende Dorf mit 2000 bis 3000 Bewohnern erstreckt sich $^{1}/_{2}$ Sm längs des Strandes. Am Westende des Dorfes befindet sich eine große weiße Faktorei. Ihr gegenüber liegt ein rundes Fort, das bei Hochwasser umspült wird. Hinter dem Dorfe liegt ein großer Dattelwald und Ackerland. Zwischen Kung und el-Busa bildet die Küste eine schwach gekrümmte seichte Bucht. Zwei Dattelwälder liegen nahe am Strande. Einfaches irdenes Geschirr wird in Kung in Menge hergestellt.

Ankerplatz vor Kung auf 9 m Wasser, Grund Schlick, liegt $1^{1}/_{4}$ Sm vom Strande. Die Küstenbank ist 1 Sm breit und hat an der Außenkante 4,5 m Wassertiefe. Dicht dabei hat man 8 m Wassertiefe. Der Ankerplatz bietet Schutz gegen alle Winde, ausgenommen den Suhaili. Dicht außerhalb des Ankerplatzes führt die erwähnte tiefe Rinne entlang, die vor Kung 15 m Wassertiefe hat. $2^{1}/_{4}$ Sm vom Strande, an der Südostkante der tiefen Rinne, nimmt die Wassertiefe auf 9 m ab. Östlich davon, nach Djesiret et-Tauila hin, wird die Wassertiefe allmählich geringer, während sie nach Süden hin auf 18 m in 8 Sm Entfernung zunimmt.

Landung ist bei Niedrigwasser schlecht, da der Sandstrand streifenweise $^{1}/_{4}$ Sm weit trocken fällt und innerhalb der Streifen 0,3 bis 0,6 m Wasser ist.

Schiffsausrüstung. Einige Lebensmittel sind zu haben.

Kel Laschtan ist ein Hügel mit schrägem, 180 m hohem Gipfel und abschüssigen Seitenwänden, $4^{1}/_{2}$ Sm nordnordwestlich von Lingah. Der Gipfel ist über die Anhöhe, hinter Lingah hinweg, sichtbar. In westlicher bis westnordwestlicher Peilung sieht er einem Keil ähnlich. Auf dem Gipfel liegen die Trümmer eines Forts.

Lingah mit etwa 12 000 Einwohnern, die meist dem Djowasim-Stamme angehören, liegt in reizender Lage auf einem schmalen, 1 Sm langen Küstenstreifen und ist vormittags gut auszumachen. Hinter der Stadt sieht man Dattelpalmen. Die höchsten Gebäude sind zwei Türme. Der westliche 21 m hohe Turm, ein schlankes Minaret, ist 9 Sm weit sichtbar. Auf dem östlichen, der zum Hause des Schechs gehört, weht die Flagge. Eine unscheinbare Mauer mit Türmen schützt die Stadt an der Landseite. Zwischen Kung und Lingah befindet sich eine einzelne Dattelpflanzung an der Küste. Eine kleine Abteilung persischer Truppen wird in Lingah gehalten. Deutsche Firma R. Wönkhaus hat Vertreter in Lingah. Zollamt liegt am Bootshafen.

Siehe Brit. Adm-Krt. Nr. 35 (Tit. IX, Nr. 192)

Abschnitt VIII: Von Ras el-Kuh nach Ras Bistana.

Lotsen für den Schatt el-Arab und Basra kann man in Lingah erhalten. Die Lotsen, meist frühere Kapitäne von Dauen, verstehen etwas englisch und erwarten, auf der Rückreise des Schiffs in Lingah gelandet zu werden.

Ansteuerung von Lingah. Vom Osten oder Süden kommend, steuert man von Djesiret Tanb (Seite 198) auf den Ankerplatz von Lingah, wobei man die Mariner-Bank (Seite 199) mit 7,3 m meiden muß. Von Norden oder Westen kommend, halte man sich in 2 bis 3 Sm Abstand nördlich von der Insel Farur (Seite 201), aber nicht nördlicher, da das Farur-Riff (Seite 202) ungenau vermessen ist, und halte auf einen Punkt 3 Sm südlich vom Ankerplatze vor Lingah zu, weil mitten zwischen Ras Charju und der Reede von Lingah eine in der Karte nicht angegebene Bank liegt, auf die aber ein Dampfer der British India Co. schon gestoßen hat.

Ankerplatz auf 9 m, guthaltender Grund aus Ton, findet man 6 Kblg vom Lande. Der Ankerplatz bietet Schutz gegen alle Winde außer dem Suhaili, der auf der Reede hohen Seegang hervorruft, aber nur kurze Zeit dauert. Dicht außerhalb des Ankerplatzes befindet sich die schon mehrfach erwähnte tiefe Rinne mit 13 bis 15 m Wassertiefe. Östlich davon nehmen die Wassertiefen wieder auf 10 m ab. Man ankert auf 11 m Wasser in der Kreuzpeilung: Minaret in rw. 308° (mw. NW$^3/_4$W), Ras Charju in rw. 240° (mw. SWzW$^1/_4$W); ein günstiger Ankerplatz für kleine Schiffe liegt auf 8 m Wasser in der Kreuzpeilung: Grubb's Notch in rw. 19° (mw. NzO$^5/_8$O) und Ras Charju in rw. 238° (mw. SWzW).

Hafenfeuer. Von einem schlanken Minaret wird nur Donnerstags nach Sonnenuntergang ein Licht gezeigt. Auf dem Signalmast des Zollamts brennt meist eine Laterne von geringer Sichtweite.

Hafenanlagen. Ein Wellenbrecher schützt einen kleinen Boothafen, der bei Niedrigwasser trocken fällt.

Einfuhr besteht aus Kaffee, Baumwollenwaren, Datteln, Drogen, Metallen, Perlen, Salz, Zucker, Tabak. Das meiste davon wird wieder ausgeführt.

Schiffsausrüstung. Rindvieh, Geflügel, Gemüse, Reis, Mehl usw. kann man kaufen. Brennholz wird geliefert, aber nicht genug zum Kesselheizen. Trinkwasser ist schlecht und wenig zu haben. In Lingah werden Schmiedearbeiten und Ausbesserungen am besten ausgeführt; Baghalas und kleine Fahrzeuge werden gebaut.

Dampferlinien. Die Hamburg—Amerika-Linie sendet monatlich einen Dampfer nach Lingah. Postdampfer der British India Co. laufen Lingah wöchentlich an.

Ras Charju *(Kharyu)* ist eine niedrige sandige Huk mit felsigem Strand 3 Sm südwestlich von Lingah. 1 Sm nördlich von der Huk liegt das kleine Dorf *Djischa (Jisha)*, das an zwei Türmen kenntlich ist. Dattelpalmen befinden sich hinter dem Dorfe, einige

Siehe Brit. Adm-Krt. Nr. 753, 35 (Tit. IX, Nr. 186, 192)

stehen landwärts von der *Djischa*-Huk. Die Bewohner, etwa 100 bis 200 Fischer und Ackerbauer, gehören zum Djowasim-Stamme. Gutes Trinkwasser ist zu haben.

Riff vor Ras Charju mit 2,7 m Wasser erstreckt sich $4^1/_2$ Kblg südostwärts von der Huk; dicht außerhalb der Riffkante hat man 25 m Wassertiefe. Weiter östlich nimmt die Wassertiefe auf 13 m ab, dann nimmt sie in 3 Sm Abstand von der Huk wieder auf 18 m zu. Eine Klippe mit 4,6 m Wassertiefe liegt 1 Sm vom Lande etwa 9 Sm ostsüdöstlich von Djebel Bistana und südsüdwestlich von Grubb's Notch. Nachts ist daher große Vorsicht beim Umsteuern der Huk geboten. Wenn man auf tieferes Wasser gerät, so ist das ein Zeichen, daß man sich dem Lande nähert. **Man umsteuere Ras Charju stets in etwa 3 Sm Abstand** (vgl. Seite 196).

Gezeitenströme treten bei Ras Charju stark auf.

Ankerplatz vor Djischa findet man auf 7,3 m Wassertiefe, Grund Ton, etwa 6 Kblg vom Lande. Seichter Grund erstreckt sich in etwa $^1/_2$ Sm Breite längs der Küste von Djischa nach Lingah.

Ras esch-Schinas, die südlichste Huk an der persischen Küste, liegt 3 Sm westsüdwestlich von Ras Charju. Die Huk ist sehr niedrig und sandig. Zwischen diesen Huken befindet sich die Schinas-Bucht mit 11 m und weniger Wassertiefe, die guten Ankerplatz mit Schutz gegen den Schamal bietet. Beim Naschi kommt schwerer Seegang nicht auf, da er durch die Insel Kischm und die Basidu-Bank gebrochen wird. Ras esch-Schinas soll frei von Untiefen sein. Die Wassertiefen nehmen von 35 m in $4^1/_2$ Sm Abstand auf etwa 18 m in 1 Sm Abstand ab, dann wachsen sie wieder auf 23 m dicht bei der Huk.

Gezeitenströme setzen um Ras esch-Schinas und Ras Charju mit großer Geschwindigkeit und bewirken Entfärben des Wassers.

Schinas ist ein kleines Dorf an der Westseite der Schinas-Bucht, $^3/_4$ Sm vom Strande, das von See aus infolge des südlich davon liegenden dichten Dattelwaldes nicht sichtbar ist. Das Dorf bewohnen 200 bis 300 Fischer und Ackerbauer vom Djowasim-Stamme. Das einzige von See aus sichtbare Gebäude ist ein weißes verfallenes Grab, 2 Sm nördlich von der Huk. Ein großer Banjanbaum befindet sich am Ostende des Dattelwaldes. $4^1/_2$ Sm nördlich von Ras esch-Schinas liegt ein 120 m hoher Hügel mit keilförmigem Gipfel, der von Osten aus gut sichtbar ist.

Von Ras esch-Schinas nach Ras Bistana. Ras Bistana liegt etwa 9 Sm westlich von Ras esch-Schina. Die Küste zwischen beiden Huken bildet eine schwach gekrümmte Bucht. 1 Sm westlich von Ras esch-Schinas liegen dicht am Wasser etwa 9 m hohe weiße Sanddünen. Im übrigen ist das Land niedrig und sandig, der Strand aber felsig. Nach dem Fuß des Djebel Bistana steigt der Boden allmählich an.

Siehe Brit. Adm-Krt. Nr. 753 (Tit. IX, Nr. 186)

Ein weißer Wassersammler mit Kuppel, $1/4$ Sm vom Strande an der Bucht $3^1/_2$ Sm westlich von Ras esch-Schinas, bildet eine gute Landmarke. 1 Sm östlich davon befindet sich ein Dattelhain. Nahe am Strande liefern vier Brunnen gutes Wasser. Auf dem Sandstrande kann man landen. Der Ankerplatz bietet teilweise Schutz bei einem Schamal, bei einem Naschi liegt er ganz geschützt.

Wassertiefen verlaufen zwischen Ras esch-Schinas und Ras Bistana regelmäßig. Die 20 m-Grenze bleibt $1/_2$ Sm von Ras Bistana. Von der Küste östlich von dieser Huk bleibt sie 2 Sm ab. Die Wassertiefen nehmen allmählich nach der 40 m-Grenze, die etwa 5 Sm von der Küste abliegt, zu. Die 50 m-Grenze befindet sich etwa 8 Sm vom Lande. In der Bucht zwischen den Huken hat man in 3 bis 8 Kblg vom Strande 5,5 m Wassertiefe. Bei Ras Bistana liegt die 6 m-Grenze 4 Kblg vom Strande.

Kingfisher-Bank mit 6,9 m Wassertiefe liegt etwa $1^1/_2$ bis 2 Sm südsüdwestlich von Ras Bistana.

Ras Bistana ist eine breite, niedrige, braune Huk, bei der die Küste nordwärts biegt und die Mugu-Bucht bildet. Drei kleine Dattelpalmen stehen $1/_3$ Sm westlich von der Huk. Etwa 2 Sm östlich davon liegt das kleine Dorf *Bistana* mit einem runden Turme und Wassersammler mit Kuppel auf einer Anhöhe hinter dem Dorfe. Ein Dattelhain befindet sich im Dorfe, ein anderer zwischen dem Dorfe und der Huk. Der Ort wird hauptsächlich von Fischern bewohnt, die dem Beni Marasik-Stamme angehören.

Ankerplatz bei Ras Bistana. Ganz dicht am Strande vor dem Dorfe auf 7,3 m Wassertiefe können Boote bei einem Schamal teilweise Schutz finden. Der Schamal weht dort aus Westen. Große Schiffe finden nur geringen Schutz.

Djebel Bistana ist eine $3^1/_2$ Sm lange, auffällige, alleinliegende, dunkle Hügelgruppe mit sehr unregelmäßigen Umrissen. Djebel Bistana ist 45 Sm weit sichtbar (Abbild. 66). Den höchsten Teil der Gruppe bildet ein Höhenzug, nahe an dessen Südende ein kleiner turmähnlicher Gipfel liegt, der namentlich von Osten oder Westen aus gut sichtbar ist. Der 533 m hohe Gipfel liegt $4^3/_4$ Sm nordöstlich von Ras Bistana. Der südwestliche Teil der Hügel, der 3 Sm von der Huk liegt, ist oft mit der Huk verwechselt worden, wenn das niedrige Land nicht sichtbar war. Der Boden steigt langsam bis zum Fuße der Hügel an.

Inseln südlich und südöstlich von Ras Bistana.

Djesiret Tanb, eine 50 m hohe, braune, etwa 2 Sm breite Insel liegt auf 26° 16′ N-Br. und 55° 20′ O-Lg. (Abbild. 67). Ein kleiner spitzer Hügel befindet sich nahe an der Nordostecke und ist in nordwestlichen und südöstlichen Peilungen gut sichtbar. Ein

Siehe Brit. Adm-Krt. Nr. 753 (Tit. IX, Nr. 186)

großer Banjanbaum steht auf dem niedrigen Grunde an der Südseite nahe bei einem Brunnen mit minderwertigem Wasser. Die unbewohnte Insel ist 14 Sm weit sichtbar. Grobes Gras und Gestrüpp bedecken den Erdboden. Einige wilde Antilopen finden sich auf der Insel. Gute Austern sammelt man dort. Die Wassertiefen um die Insel herum sind unregelmäßig. Von der Kante der Basidu-Bank liegt die Nordseite der Insel nur 8 Sm ab.

Klippe, auf die der Regierungsdampfer »Lawrence« 1889 gestoßen haben soll, soll sich an der Nordseite der Insel Tanb befinden. Man darf sich daher der Insel nur mit Vorsicht nähern.

Clive-Klippe. Von der Südwestecke der Insel Tanb erstreckt sich unreiner Grund eine kleine Strecke seewärts. $^1/_2$ Sm von der Insel liegt die einzelne Clive-Klippe mit nur 2,1 m Wasser und etwa 10 m Wasser ringsherum. Beim Umsteuern der Südwestecke der Insel sollte man auf mindestens 27 m Wassertiefe bleiben.

Ankerplatz bei der Insel Tanb findet man am besten auf etwa 12 m Wasser vor ihrer Südseite gegenüber dem Banjanbaume. Die Gezeitenströme setzen an der Südseite der Insel stark ostwärts und westwärts. Man kann auch vor der Ostküste auf 18 m Wasser, etwa $^1/_2$ Sm vom Lande ankern, wo die Gezeitenströme weniger fühlbar sind. Man ist dort gegen den Schamal geschützt, aber gegen den Naschi ungeschützt. Dieser Ankerplatz empfiehlt sich für Dampfer. Die Wassertiefen nehmen nach Land zu bald ab.

Coote-Riff ist nahezu kreisrund. Die seichteste Stelle des Riffs mit 8,2 m Wasser ist ein 2 Kblg langer Rücken, der etwa $4^3/_4$ Sm östlich von dem kleinen Hügel im Nordosten der Insel Tanb liegt. Das etwa 1 Sm breite Riff hat im allgemeinen 13 bis 18 m Wassertiefe, während rund herum die Wassertiefe 55 bis 70 m beträgt. Die Gezeitenströme erzeugen auf dem Riffe starke Stromkabbelung. Bei Springtide haben sie 2 bis 3 Sm Geschwindigkeit.

Riff südlich von Djesiret Tanb. Ein Riff, auf dem Stromkabbelung steht, liegt 5 Sm südlich von der Insel Tanb. Nahe an seiner Südkante, 4 Sm südsüdöstlich von der Südostecke der Insel, liegt eine 13 m-Stelle mit 22 m Wasser ringsherum. Südlich vom Riffe nimmt die Wassertiefe rasch auf 70 m zu. 3 Sm davon liegt die tiefste Stelle des Persischen Golfs mit 150 m Wassertiefe.

Mariner-Bank. Auf 26° 22′ N-Br. und 55° 13′ O-Lg. fand das britische Kriegsschiff »Mariner« eine kleine Bank aus grobem Sand und Muscheln mit 7,3 m Wasser, von der das Nordende der Insel Tanb rw. 132° (mw. SO$^3/_8$O) und das Nordwestende von Djesiret Nabiju Tanb rw. 210° (mw. SSW$^5/_8$W) 8 Sm peilt. Rings um die Bank herum betragen die Wassertiefen 11 bis 18 m. Die Bank ist an entfärbtem Wasser und Stromkabbelung kenntlich.

Djesiret Nabiju Tanb ist eine dreieckige, 1 Sm in nordwestlicher Richtung lange und $^3/_4$ Sm am Südende breite Insel.
Siehe Brit. Adm.-Krt. Nr. 753 (Tit. IX, Nr. 186)

(Abbild. 68.) Auf der Nordwesthuk der Insel befindet sich ein dunkler 35 m hoher Hügel mit zwei kleinen Gipfeln, der 12 Sm weit sichtbar ist. Die kahle unbewohnte Insel ist wasserarm. In der 7 Sm breiten Durchfahrt zwischen dieser Insel und der Insel Tanb hat man 65 m Wassertiefe. Die Insel liegt vom nächsten Punkt der persischen Küste, in der Nähe von Lingah, 23 Sm ab. Der Insel Nabiju Tanb kann man sich sicher nähern; nur von ihrer Nordseite erstreckt sich ein Riff 2 Kblg weit seewärts. Sonst fällt die Insel unter Wasser steil ab. Im Umkreise von 1 Sm hat man 50 bis 100 m Wassertiefe.

Segelschiffe können bei der Einsteuerung in den Persischen Golf die Inseln Tanb und Nabiju Tanb an St-B. lassen. Es empfiehlt sich aber, nördlich davon zu bleiben, damit sie bei abflauendem Winde oder bei ungünstigen Gezeiten auf der Basidu-Bank ankern können. Wenn ein Schamal einsetzt, befindet man sich dann nahe genug an der persischen Küste, um dort Schutz zu suchen.

Djesiret Abu Musa ist eine rechteckige $2^1/_2$ Sm in nord-nordwestlicher Richtung lange und $1^3/_4$ Sm breite Insel. (Abbild. 69.) Auf der größtenteils niedrigen Insel erheben sich einige einzelne dunkle Hügel. Etwas nördlich von der Mitte erhebt sich ein 110 m hoher zuckerhutförmiger Gipfel, der 20 Sm weit sichtbar ist. Die 21 Sm breite Durchfahrt zwischen den Inseln Abu Musa und Nabiju Tanb hat 50 bis 100 m Wassertiefe. 6 Sm nördlich von Abu Musa liegt eine kleine Bank mit 27 m Wassertiefe. Die Insel liegt 32 Sm von der arabischen Küste. Die Wassertiefen betragen nach dieser Küste zu bis 11 Sm von der Insel 45 bis 65 m. In größerem Abstande hat man weniger als 35 m. In jener Gegend beginnt die große Perlenbank.

Der Schech von Schardja hält sich in der heißen Jahreszeit auf der Insel auf. Er hat Dattelpalmen angepflanzt und hält dort Pferde, zu deren Beaufsichtigung etwa 50 Araber dienen. Fischerboote aus Schardja besuchen die Insel. Trinkwasser liefern Brunnen.

Riff mit stellenweise sichtbaren Klippen umgibt die Insel und ist $1/_4$ bis $1/_2$ Sm breit. Nur die niedrige sandige Südostecke ist frei von Riffen. 4 Kblg vom Lande und ostnordöstlich vom Gipfel befindet sich eine einzelne blinde Klippe mit 13 m Wassertiefe nahebei.

Ankerplatz bei Abu Musa ist wegen der großen Wassertiefen nicht gut. Am besten ankert man auf 22 m Wasser dicht vor der Südostecke der Insel.

Djesiret Sirri (Abbild. 70) ist eine dreieckige, $3^1/_3$ Sm lange und am Ostende $2^1/_3$ Sm breite, niedrige Insel mit vielen kleinen, einzelnen, dunklen Hügeln, die 15 m Höhe nicht erreichen. Die Insel liegt etwa 34 Sm südlich von Ras Bistana, dem nächsten Punkt der persischen Küste. Einige sichtbare Klippen liegen an der Nord- und an der Westseite, eine davon liegt $1/_2$ Sm vom Lande vor der

Siehe Brit. Adm-Krt. Nr. 753 (Tit. IX, Nr. 186)

Nordwestecke. Die Ostseite und die niedrige sandige Südosthuk fallen unter Wasser steil ab. Im übrigen ist die Insel mit einem $^1/_2$ Sm breiten Riffe umgeben. 1 Sm von der Insel hat man überall 50 bis 70 m Wassertiefe, so daß man sich auf das Lot nicht verlassen kann.

Ein kleines Dorf nahe am Nordostende der Insel wird von 20 Familien, meist Landleuten, bewohnt, die etwas Viehzucht treiben. An der Ostseite der Insel steht ein Flaggenmast. Etwas Frucht und Gemüse, vielleicht auch einige Rinder kann man kaufen. Trinkwasser liefern Brunnen etwa in der Mitte der Südküste, doch ist eine Landung schlecht ausführbar.

Ankerplatz bei Djesiret Sirri ist sehr minderwertig. Am besten ankert man vor der Südküste zwischen den Brunnen und der Südosthuk, $^1/_2$ Sm vom Lande, auf etwa 14 m Wasser. Man findet dort Schutz gegen den Schamal und den Naschi. Der Anker hält aber auf dem ebenen felsigen Grunde schlecht.

Djesiret Nabiju Farur (Abbild. 71), eine kreisrunde, $^1/_2$ Sm breite Insel mit auffälligem, dunklem, sattelförmigem, 37 m hohem Hügel an der Ostseite, der 14 Sm weit sichtbar ist, liegt 12 Sm nordnordwestlich von der Insel Sirri. In der Nähe der Insel sind die Wassertiefen groß. Auf das Lot kann man sich dort nicht verlassen.

Die Durchfahrt zwischen Nabiju Farur und Sirri hat etwa 90 m Wassertiefe. Zwischen Nabiju Farur und Farur befindet sich eine 8 Sm breite Durchfahrt mit 90 m Wassertiefe.

Riffe. Ein Riff soll sich von der Nordwestseite der Insel etwa 1 Sm weit erstrecken. Auf dem Riffe steht schwere Brandung. Eine Bank aus hartem Grund mit 15 m Wasser liegt $1^1/_4$ Sm südsüdwestlich von der Insel. Die Bank ist nicht vermessen. Die Wassertiefe kann geringer sein. Ein 2 Kblg breites Riff erstreckt sich längs der ganzen Ostküste der Insel. 6 Kblg östlich von dem sattelförmigen Hügel hat man 18 m Wassertiefe gefunden.

Djesiret Farur (Abbild. 72) ist eine 4 Sm in nördlicher Richtung lange und $2^1/_2$ Sm breite Insel mit 9 bis 12 m hohen steilen Küstenabhängen und dunklen vulkanischen Hügeln. Der 142 m hohe Kegelspitz mit tafelförmigem Gipfel, der höchste Hügel auf der Insel, liegt 14 Sm südsüdwestlich von Ras Bistana. Die Insel ist ihrer Höhe und dunklen Farbe halber bei Nacht, im Nebel oder in dem Dunstschleier bei einem Schamal während des Sommers verhältnismäßig leicht auszumachen. Die Gezeitenströme setzen mit großer Geschwindigkeit um die Insel herum. Auf das Lot kann man sich nicht verlassen. In einer Schlucht an der Ostseite der Insel befinden sich bei einigen Dattelpalmen Brunnen mit etwas Wasser. Farur ist nicht bewohnt. Vieh wird von Mugu an der persischen Küste auf die Insel zur Weide geschickt. Brennholz ist zu haben.

Siehe Brit. Adm-Krt. Nr. 2837a (Tit. IX, Nr. 187)

Riff mit einigen einzelnen sichtbaren Klippen erstreckt sich 1 Kblg von der Westküste der Insel. Auf seiner Kante hat man 11 m Wassertiefe. Der Ostküste ist ein 2 Kblg breites Strandriff vorgelagert. Im übrigen fällt die Insel unter Wasser steil ab. Man hat 3 Kblg von den Küstenabhängen 60 bis 70 m Wassertiefe.

Farur-Riff ist eine gefährliche, ungenau vermessene Bank aus Felsen und Sand in der Durchfahrt zwischen der Insel Farur und dem Festlande. Das Riff ist innerhalb der 10 m-Grenze etwa 2 Sm breit. Dicht an seiner Kante hat man 27 m Wassertiefe. Die seichteste Stelle des Riffs hat bei Springniedrigwasser nur 4,6 m Wasser. Von ihr peilt die Mitte des Djebel Turandja in Eins mit der Westkante der Hügel des Djebel Jarid, in rw. 319° (mw. NW^1/$_4$N). Die Gezeitenströme setzen mit großer Geschwindigkeit über das Riff hinweg und erzeugen Stromkabbelung und stark entfärbtes Wasser. Fischer suchen das Riff auf. Um das Riff zu meiden, halte man sich nicht nördlicher als 3 Sm von der Insel Farur.

Nimble-Bank, eine Sandbank mit 14,5 bis 20 m Wassertiefe, liegt auf 26° 22′ N-Br. und 54° 37′ O-Lg., etwa 6 Sm nordöstlich von der Insel Farur.

Durchfahrten beim Farur-Riffe.

Eine reine, 6 m breite Durchfahrt mit 35 bis 80 m Wassertiefe führt zwischen dem Farur-Riffe und der Insel Farur hindurch. Die Durchfahrt zwischen dem Riffe und der Kingfisher-Bank vor Ras Bistana hat 15 bis 40 m Wassertiefe. Der Grund in der Durchfahrt ist felsig. Man sieht dort Stromkabbelung.

Jede dieser Durchfahrten ist für Schiffe brauchbar. Schwierigkeiten findet man bei Tage, wenn es nicht sehr dunstig ist, nicht. Bei Tage können kleine Schiffe mit geringem Tiefgang auf der Reise von Lingah nach nördlicheren Häfen im Persischen Golfe auf der 20 m-Grenze längs der Küste nach Ras Bistana laufen. Man bedenke dabei, daß dicht vor dem Riffe vor Ras Charju und vor Ras esch-Schinas die Wassertiefe 25 m beträgt. Man bleibt auf diesen Kursen nicht immer frei von der Kingfisher-Bank vor Ras Bistana, auf der man 6,9 m Wassertiefe findet. Von Südosten oder von Westen kommend, wähle man die Durchfahrt südlich vom Farur-Riffe. Man halte sich, außer auf der Nimble-Bank, auf mindestens 40 m Wassertiefe. So bleibt man gut frei vom Farur-Riffe. Die Insel Farur ist in der Nacht meist gut sichtbar. Die Durchfahrt zwischen Farur und Nabiju Farur ist breit und rein, außer vor der Nordküste von Nabiju Farur.

Siehe Brit. Adm-Krt. Nr. 2837a (Tit. IX, Nr. 187)

Abschnitt IX.

Von Ras Bistana nach Buschehr.

Mißweisung für 1905,0:
Buschehr . . . . 0° 50′ O
(Jährliche Zunahme etwa 3′).

Die Küste ist steil. Gebirge ziehen sich längs der ganzen Küste hin und treten stellenweise dicht ans Meer. In den zahlreichen Küstenorten kann man geringe Mengen Rindvieh und Geflügel kaufen. Die arabische Bevölkerung betreibt Schiffahrt und Fischfang, während die Perser und die Mischlinge beider Rassen Landwirtschaft betreiben. Das Land und die in der Nähe liegenden Inseln gehören zum persischen Reiche. Die größten Orte haben eigene Verwaltung, die sich auch auf den angrenzenden Bezirk erstreckt.

Mugu-Bucht.

Die große Mugu-Bucht zwischen Ras Bistana und Ras Jarid ist frei von abliegenden Untiefen und bietet bei allen Winden, außer beim Suhaili, gute Ankerplätze auf gut haltendem Schlickgrund und geringeren Wassertiefen als 20 m. Die Küste ist niedrig und sandig mit felsigem Strand nach Ras Bistana hin. Das Land steigt allmählich nach den Bistana- und den Jarid-Hügeln hin an. An der Bucht liegen die Orte Duan und Mugu. Eine große sehr niedrige sumpfige Ebene trennt diese Gegend von den Gebirgen. Nordwestlich von Mugu liegen einzelne 300 bis 600 m hohe dunkle Hügel vor dem hellen Gebirge, dessen Gipfel der Lingah-Pik ist. Der 470 m hohe auffällige *Heuschober*-Hügel liegt 11 Sm nördlich von Mugu und ist von der Mugu-Bucht und von Tscharak aus gut sichtbar.

Ras Bistana und Kingfisher-Bank s. Seite 198.

Von Ras Bistana nach Duan läuft die Küste $5^3/_4$ Sm weit nordnordwestwärts. Man kann sich der Küste auf $1/_2$ Sm, also bis zur 10 m-Grenze, nähern. Nahe bei Ras Bistana nehmen die Wassertiefen von 11 m rasch auf 4,5 m in 4 Kblg Abstand vom Lande ab.

Siehe Brit. Adm-Krt. Nr. 2837a (Tit. IX, Nr. 187)

Vor diesem Küstenstrich findet man guten Schutz gegen den Kaus. Der Ankerplatz wird aber gefährlich, wenn darauf ein Schamal einsetzt. Segler, die gegen Ostwinde Schutz suchen, ankern am besten nahe bei Mugu, wo sie bei einem einsetzenden Schamal Schutz finden. Man kann auch so ankern, daß man Ras Bistana etwa rw. 102° (mw. OzS) peilt. Wenn dann ein Schamal im Anzuge ist, hievt man Anker und läuft um die Huk herum.

Duan ist ein kleines Dorf mit Dattelpalmen ringsherum im Innern der Mugu-Bucht, etwa 3 Sm östlich von Mugu. Das armselige Dorf mit 100 Bewohnern sendet einige Boote aus zur Perlenfischerei. Ein kleines Fort hat zwei weiße Türme. Gutes Trinkwasser ist zu haben.

Mugu ist ein Städtchen mit 200 Einwohnern und mit mehreren runden Türmen, 1 Sm östlich vom Fuße der Jarid-Hügel. Ein Dattelwald zieht sich westlich und nördlich von Mugu hin. Niedrige Sanddünen erstrecken sich von Mugu etwa 2 Sm ostwärts. Etwa 20 Boote werden in der Perlenfischerei beschäftigt. Der Schech von Mugu verwaltet auch das Dorf Hasina (Seite 205).

Ankerplatz von Mugu liegt vor dem Orte nahe unter Land. Etwa 1 Sm vom Lande hat man 7,3 m Wasser, Grund Ton. Da der Schamal in dieser Gegend aus Westen weht, so findet man nur dicht unter Land Schutz. Liegt man auf 7,3 m Wassertiefe, so ist das Schiff zwar nicht der vollen Kraft des Seegangs ausgesetzt, der durch das Riff vor dem Kap Jarid gemildert wird, es liegt aber sehr unruhig. Die Wassertiefen nehmen nach Land zu regelmäßig ab. Nahe am Strande liegen die Küstenfahrzeuge. In einem Suhaili läuft auf dem Ankerplatz viel Seegang, doch hält der Ankergrund gut.

Schiffsausrüstung. Rindvieh, etwas Gemüse u. dgl. kann man kaufen, auch kann man Trinkwasser einnehmen.

Ras Jarid *(Yarid)*, an der Westseite der Mugu-Bucht, ist ein niedriges breites Kap ohne scharfe Spitze. Die Küste biegt ganz allmählich nach Nordnordwesten. *Djebel Jarid*, eine Kette aus dunklen, zerklüfteten, 370 m hohen Hügeln auf dem Kap ist 35 Sm weit sichtbar. Die Hügel erheben sich etwa $1/2$ Sm von der Küste. Ihre Umrisse sind zerklüftet. Auffällige Gipfel sind nicht vorhanden. Der nördliche breite Absturz ist in östlichen Peilungen gut sichtbar.

Riff vor Ras Jarid mit weniger als 5,5 m Wasser erstreckt sich 2 Sm südwestwärts vom Kap. Dicht an seiner Kante hat man 13 m Wassertiefe, während man $1/2$ Sm vom Riffe 22 m Wassertiefe findet. Bei Tage ist das Riff an entfärbtem Wasser kenntlich.

Siehe Brit. Adm-Krt. Nr. 2837a (Tit. IX, Nr. 187)

Tscharak-Bucht.

Von Ras Jarid läuft die Küste 10 Sm weit nordwestwärts nach der Stadt Tscharak, dann wendet sie sich 4 Sm westsüdwestwärts nach der Tauana-Huk und bildet die Tscharak-Bucht. Die Wassertiefen in der Bucht verlaufen regelmäßig und sind geringer als 18 m. Von Djebel Jarid bis zur Stadt kann man nach der Umsteuerung des Riffs vor Ras Jarid sich der niedrigen sandigen Küste auf 1 Sm nähern.

Hasina ist ein Fischerdorf, $6^1/_2$ Sm südöstlich von Tscharak. Hinter dem Dorfe steigt das Land allmählich nach dem Fuße der Jarid-Hügel hin an. Der Ankerplatz vor dem Dorfe ist gegen den Schamal ganz ungeschützt.

Tscharak ist eine kleine Stadt mit etwa 1000 Einwohnern, die dem el-Ali-Stamme angehören. Die Leute sind höflich und gastfreundlich. Die Stadt zeigt mehrere Türme. Im Hintergrunde befindet sich ein Dattelwald. Auf einem 25 bis 30 m hohen Hügel nördlich von der Stadt liegt ein kleines Fort. Das Haus des Schechs steht in der Mitte der Stadt. Etwa 100 Boote werden in der Perlenfischerei beschäftigt. Einige Baghalas vermitteln den Handel mit Indien. Von Tscharak soll ein guter Paß nach dem Innern führen.

Ankerplatz von Tscharak auf 7,3 m Wasser, Grund Schlick, bietet bei Ostwind guten Schutz. Vom Ankerplatz peilt man die Tauana-Huk rw. 265° (mw. $W^1/_2S$) und das Fort auf dem Hügel rw. 12° (mw. NzO). Kleine Fahrzeuge ankern näher unter Land auf etwa 4 m Wasser. Der Schamal weht dort aus Westen und erzeugt auf dem Ankerplatz etwas Seegang. Man muß dann so nahe als möglich unter Land ankern.

Landung ist bei Niedrigwasser · schwierig, da der Sandstrand vor der Stadt streifenweise bis zu 2 Kblg vom Lande trocken fällt.

Kriek mündet 1 Sm östlich von der Stadt. Boote werden in dem Kriek aufs Trockene geholt. Am Westufer befindet sich ein kleines Dorf.

Djebel el-Hamar (Abbild. 73) ist ein 113 m hoher Hügel, $1^1/_4$ Sm westlich vom Fort. Von Südwesten sieht der Hügel wie ein Keil aus.

Schiffsausrüstung. Rindvieh, Schafe, Ziegen, Fische und Früchte sind zu haben. Brennholz ist nur in geringen Mengen und zu hohen Preisen zu haben. Man kann gutes Trinkwasser erhalten.

Tauana *(Tawana)* ist ein Dörfchen mit 50 bis 100 Einwohnern vom el-Ali-Stamme auf der kleinen *Tauana*-Huk am Westende der Tscharak-Bucht. Ein Fort steht auf einem 15 bis 25 m hohen felsigen Hügel auf dem äußersten Ende der Huk. Einige

Siehe Brit. Adm.-Krt. Nr. 2837a (Tit. IX, Nr. 187)

Dattelpalmen befinden sich in der Nähe des Dörfchens, das vier Türme zeigt. Die Küste zwischen Tauana und Tscharak bildet zwei kleine felsige Huken, zwischen denen sandige Buchten liegen. Riffe erstrecken sich von diesen Huken und von der Tauana-Huk $1/3$ Sm seewärts. Dicht an der Kante der Riffe hat man 15 m Wassertiefe.

Die Ebene zwischen der Küste und dem Gebirge ist bei Tauana weniger als 1 Sm breit, nach Westen hin nimmt die Breite noch mehr ab. Von Tauana läuft die Küste 13 Sm weit westwärts nach Djirsa. Das Gebirge tritt dort dicht an die Steilküste. Die größte Wassertiefe zwischen diesem Küstenstrich und der Insel Keis beträgt 48 m.

Ankerplatz vor Tauana findet ein kleines Fahrzeug $1/2$ Sm vom Lande, von wo man das Fort auf der Huk rw. 282° (mw. WzN) peilt. Gegen den Schamal wird man durch das Riff vor der Huk geschützt.

Djesiret Keis.

Die eiförmige, $8^{1}/_{2}$ Sm in westlicher Richtung lange und $4^{1}/_{2}$ Sm breite Insel Keis liegt 9 Sm südlich von Djirsa auf der Festlandskuste. An der Südseite der Insel befindet sich ein 37 m hohes Flachland, das etwa 13 Sm weit sichtbar ist, seiner braunen Farbe halber jedoch bei Nacht schwer zu sehen ist. Von diesem Flachlande fällt das Land nach Norden allmählich ab. Die Küste ist niedrig und besteht aus felsigen Huken mit zwischenliegendem Sandstrand. Am Ost- und Westende befinden sich sehr niedrige, steile Abhänge. Die Osthuk der Insel, ein etwa 2 m hoher steiler Abhang, liegt etwa 3 Sm südsüdöstlich von der niedrigen sandigen *Maschi*-Huk an der Nordostseite der Insel. Von der Osthuk läuft die Küste eine kleine Strecke südwärts, biegt dann allmählich westwärts und nordwestwärts nach der Westhuk. Auf dieser Seite der Insel befinden sich ein oder zwei kleine Gruppen Dattelpalmen. Von der felsigen nur einige dm hohen Westhuk läuft die Küste $3^{1}/_{2}$ Sm weit nordost- und ostnordostwärts nach der Nordhuk der Insel, die aus $4^{1}/_{2}$ m hohen steilen Abhängen besteht. Von da läuft sie in östlicher Richtung 4 Sm weit nach der Maschi-Huk.

Die Insel wird vom Schech in Tscharak verwaltet. Einige Dörfer liegen an ihrer Nordseite. *Maschi* ist ein großes Dorf mit 500 Einwohnern, die meist Perlenfischerei betreiben. Das Dorf liegt südlich von der Maschi-Huk und erstreckt sich etwa 1 Sm weit längs des Strandes. Zwei viereckige Forts und ein runder Turm befinden sich im Dorfe. Einige Dattelpalmen und Banjan-Bäume sind vorhanden. $1^{1}/_{4}$ Sm westlich von der Maschi-Huk liegt das kleine Dorf *Dih* mit Dattelpflanzungen und Gärten. Etwa in der Mitte zwischen Dih und der Nordhuk der Insel befinden sich

Siehe Brit. Adm-Krt. Nr. 2837a (Tit. IX, Nr. 187)

die Trümmer der Stadt *Harira*. $^3/_4$ Sm westsüdwestlich von der Nordhuk liegt das Dörfchen *Safil* mit 200 Einwohnern, die Fischfang und Ackerbau betreiben. Das Innere der Insel ist stellenweise bebaut. Man hält dort Viehherden.

Wassertiefen. Ein Riff, das nirgends mehr als 1 Sm breit ist, umgibt die Insel. Nahe an seiner Kante hat man tiefes Wasser. Von der Maschi-Huk erstreckt sich ein Sandsteert nordostwärts, auf dem man 3 Kblg von der Huk 5,5 m und 6 Kblg von der Huk 7,3 m Wassertiefe hat. Dicht außerhalb des Steertes findet man tiefes Wasser. In der *Maschi*-Bucht beträgt die Wassertiefe 3 Kblg östlich von der Maschi-Huk und vom nördlichen Teile des Dorfs 11 m. Sie nimmt vom Lande aus allmählich zu. Im südlichen Teile der Bucht erstreckt sich seichter Grund 7 Kblg weit nordwärts von der Osthuk der Insel. Längs der Südseite und der Westseite der Insel erstreckt sich unreiner Grund bis $^1/_2$ Sm vom Lande. Dicht an der Kante hat man 11 m Wassertiefe, nach See zu nimmt die Wassertiefe schnell zu. Bei der Nordosthuk der Insel beginnt ein 3 Kblg breites Riff, das längs der Nordküste läuft und an Breite gewinnt. An seiner Kante hat man 3,7 m Wassertiefe. Bei Safil ist es 7 Kblg breit, von dort bis zur Westhuk der Insel etwa 1 Sm. Bei Niedrigwasser kann man bei Safil schlecht landen, da das Riff 2 bis 3 Kblg weit trocken fällt. 2 Sm vom Lande bei Harira und 3 Sm von der Nordwestküste der Insel hat man 35 m Wasser. Nach dem Lande hin nimmt die Wassertiefe rasch auf 23 m ab.

Gezeiten. Hafenzeit in Maschi ist 0^h 30^{min}. Der Fluthub beträgt 2,3 m. In der Durchfahrt zwischen Keis und dem Festlande erreichen die Gezeitenströme große Geschwindigkeit, während sie in dem tiefen Wasser seewärts von der Insel nur schwach auftreten.

Ankerplatz vor der Insel Keis. Man ankert am besten vor der Maschi-Huk. Im Sommer sollten Segler, falls nicht Ostwind weht, auf 11 bis 15 m Wasser, Grund Schlick, in der Maschi-Bucht ankern, von wo sie die viereckigen Forts rw. 259° (mw. WzS) peilen. Sie finden dort Schutz gegen den Schamal. Im Winter sollten Segler auf 18 m Wasser nördlich von den Forts und etwa $^1/_2$ Sm vom Lande ankern, wo sie teilweise gegen den Schamal geschützt liegen. Bei drohendem Oststurm kann man den Ankerplatz aufgeben. Der Schamal weht aus westlicher Richtung. Der Ankerplatz vor Harira auf 15 m Wasser, $1^1/_4$ Sm vom Lande, ist gegen die vorherrschenden Winde ungeschützt.

Schiffsausrüstung. Rindvieh, Gemüse und gutes Trinkwasser kann man in Maschi erhalten.

Durchfahrt zwischen Keis und dem Festlande. Die Insel ist nachts schwer auszumachen. Nachts muß man vorsichtig sein,

Siehe Brit. Adm-Krt. Nr. 2837a (Tit. IX, Nr. 187)

wenn man an der Südseite der Insel entlang steuert, da die 70 m-Grenze nur 3 Sm von der Insel abliegt. Steuert man an der Nordseite der Insel entlang, so kann man das Lot besser verwenden. In der Durchfahrt hat man in der Mitte des Fahrwassers 65 m größte Wassertiefe. Die Festlandküste fällt unter Wasser steil ab. Nachts sollte man die Durchfahrt nur benutzen, wenn die Insel deutlich sichtbar ist.

Von Tscharak nach Tschiru.

Djebel Turandja. Das Gebirge läuft vom Lingah-Pik mit einigen Lücken westnordwestwärts und bleibt etwa 14 Sm ab von Tscharak. 16 Sm nordwestlich von Tscharak liegt der Turandja-Berg, der eine ausgezeichnete Landmarke abgibt und sichtbar ist von Basidu aus bis in östlichen Peilungen. Der kuppelförmige helle Berg hat auf seinem flachen Gipfel einen kleinen Hügel, der 1570 m über dem Meere liegt und 70 bis 80 Sm weit sichtbar ist. Ein niedrigerer Gebirgszug zieht sich näher an der Küste hin und verdeckt das große Gebirge, wenn man etwa 11 Sm von der Küste absteht. Dieser Gebirgszug, der 600 bis 900 m hoch ist, beginnt nördlich von Tscharak und läuft westwärts bis jenseit Tschiru. Zwischen ihm und dem Turandja-Gebirge befindet sich eine breite Ebene.

Djirsa ist ein kleines Dorf mit einem Turm und einem Dattelwald, $13^1/_2$ Sm westlich von Tauana. Die kleine Djirsa-Bucht bietet für Fahrzeuge, die dicht unter Land ankern, Schutz gegen den Schamal. Die Küste auf beiden Seiten von Djirsa fällt unter Wasser steil ab. Die 40 m-Grenze liegt 1 Sm vom Strande.

Kal'at el-Abēd ist ein Küstendorf mit drei Türmen, $4^1/_2$ Sm westsüdwestlich von Djirsa. Unter dem großen Fort befindet sich auf einem 46 m hohen Hügel ein Grab. $^1/_2$ Sm östlich vom Dorfe befinden sich mehrere kuppelförmige Brunnen. Die Bewohner, etwa 150 Mann vom Beni Ahmad-Stamme, betreiben Fischfang. Einige Dattelpalmen sind vorhanden.

Eine kleine Kette von etwa 60 m hohen Hügeln zieht sich von Kal'at el-Abēd hart am Wasser entlang nach Tschiru. Etwa 3 Sm westlich von Kal'at el-Abēd erstreckt sich ein Steert $^1/_2$ Sm vom Lande.

Ankerplatz vor Kal'at el-Abēd liegt auf etwa 8 m Wasser, Grund Sand, dicht unter Land. Er bietet Schutz gegen den Schamal, teilweise auch gegen den Naschi. Die äußerste westliche Huk sollte man in rw. 260° (mw. WzS)-Peilung halten. Auf 15 m Wassertiefe, $^3/_4$ Sm von der Küste, findet man nur geringeren Schutz.

Siehe Brit. Adm-Krt. Nr. 2837a (Tit. IX, Nr. 187)

Tschiru ist ein kleines Städtchen mit einem Fort und einem großen Dattelwald an der Nordwestseite einer durch eine vorspringende niedrige sandige Huk gebildeten Bucht. Das Städtchen wird von etwa 200 Fischern bewohnt. Rindvieh und Trinkwasser in geringen Mengen kann man dort erhalten.

Ankerplatz von Tschiru. *Tschiru-Huk* ist ein niedriger breiter Küstenvorsprung 30 Sm westlich von der Stadt Tscharak. In der *Tschiru*-Bucht findet man gute Ankerplätze. Die Bucht ist rein von Untiefen, die Wassertiefen sind geringer als 20 m. Ein schmaler Streifen seichten Grundes zieht sich längs der Westküste hin. Die Fahrzeuge müssen gegenüber dem Städtchen ankern. Die Bucht ist gegen östliche Winde ungeschützt. Die Tschiru-Huk fällt an der Südseite steil ab. Eine Sandbank mit 3,7 m Wasser zieht sich etwa 1 Sm längs der Westseite der Huk hin (vgl. Seite 210).

Sambarun-Riff mit 11 m Wassertiefe, $7^1/_2$ Sm südlich von der Tschiru-Huk, ist etwa 1 Sm lang. Dicht dabei sind große Wassertiefen.

Von Tschiru nach Ras Nabend.

Die Küste ist durchweg hoch. Dicht an der Küste ist das Wasser tief. Die Insel Hindarabi und Schech Schuaib liegen davor. Die Gebirge haben helle Farbe.

Gezeiten. Die Hafenzeiten sind nur ungenau bekannt, sie scheinen zwischen $1^h 0^{min}$ und $3^h 0^{min}$ zu schwanken. Die Gezeitenströme treten in den Durchfahrten zwischen den Inseln und dem Festlande stark auf. Sie sind aber schwach auf dem tiefen Wasser außerhalb der Inseln und vor Ras Naband.

Djesiret Hindarabi ist eine braune, 4 Sm lange und 2 Sm breite Insel, die 9 Sm weit sichtbar ist. Von der Küste steigt das Land allmählich zu einer etwa 30 m hohen Ebene in der Mitte der Insel an. Nachts kann man die Insel schwer erkennen. Ein großer indischer Feigenbaum befindet sich auf dem Südostende der Insel, $3^1/_8$ Sm westsüdwestlich von der Tschiru-Huk. Die Ost- und auch die Westspitze der Insel bestehen aus niedrigen steilen Abhängen. Ein kleines Dorf mit einer Mauer liegt nahe an der Mitte der Nordseite der Insel. Einige Bäume und bebaute Felder finden sich in jener Gegend. Das Wasser der Brunnen ist im Sommer brackig. Die etwa 150 Mann starke Bevölkerung besteht aus Fischern und Landleuten, die einige Herden halten.

Riff umgibt die Insel Hindarabi. Es ist vor ihrer Nordküste $1/_4$ Sm breit. Daher kann man vor dem Dorfe bei Niedrigwasser schlecht landen. Vor der Nord- und vor der Ostküste ist das Riff noch etwas breiter. Seine Kante ist steil. An der Südseite erstreckt

Siehe Brit. Adm.-Krt. Nr. 2837a (Tit. IX, Nr. 187)

sich das Riff möglicherweise 1 Sm vom Lande. Seine Kante ist ganz steil. Ganz dicht außerhalb hat man 55 m Wassertiefe. Vor der Westspitze der Insel liegen einige einzelne Stellen bis zu etwa $^1/_2$ Sm vom Lande. Außerhalb davon erstreckt sich ein Flach mit 9 bis 16 m Wasser 2 bis 3 Sm weit. Dicht an dessen Kante läuft die 40 m-Grenze entlang.

Ankerplatz bei der Insel Hindarabi findet man vor dem Dorfe auf etwa 12 m Wasser, felsiger Grund. Man ist dort aber dem Schamal ausgesetzt. Bei östlichem Winde soll dort nicht viel Seegang aufkommen. Bei frischer Brise liegen die Schiffe, wenn der Strom gegen den Wind setzt, sehr unruhig.

Von der Tschiru-Huk nach der Nachilu-Huk

läuft die Küste fast geradlinig 14 Sm nordwestwärts. Die Hügelketten erheben sich dicht am Wasser. Nach der Westseite hin nimmt ihre Höhe ab. Auf der zweiten Hügelreihe liegt $7^1/_4$ Sm nordnordwestlich von der Tschiru-Huk und 4 Sm von der Küste ein etwa 230 m hoher Hügel mit flachem Gipfel, der von Süden aus auffällig ist.

Sandbank mit 3,7 m Wasser in 1 Sm Abstand vom Lande erstreckt sich von der Tschiru-Huk westsüdwestwärts. Die Bank hat sehr steile Kanten. Dicht an der Kante hat man etwa 30 m Wassertiefe. Bei Tage ist die Bank gut an entfärbtem Wasser kenntlich. Bei Benutzung der zwischen der Bank und dem Riff vor der Insel Hindarabi nur 1 Sm breiten Durchfahrt muß man sehr vorsichtig sein. Die Gezeitenströme treten in der engen Durchfahrt sehr stark auf und erzeugen auf der Kante der Bank, wenn sie gegen den Wind laufen, Kabbelseen.

Bender Mansuri. Die Fahrzeuge der Eingeborenen ankern auf der Sandbank, 2 bis 3 Sm westlich von der Tschiru-Huk, wo sie aber gegen Ostwinde nur ungenügend geschützt liegen.

Matschahi ist ein kleines Fischerdorf, 12 Sm nordwestlich von der Tschiru-Huk. *Djassa* ist ein Fischerdorf etwa 1 Sm nordwestlich von Matschahi. Beide Dörfer haben Türme und einige Bäume in der Nähe. Ankerplatz vor diesen Dörfern ist gegen die vorherrschenden Winde ungeschützt. $1^1/_2$ Sm vom Lande liegt die 40 m-Grenze. Dicht an der Küste ist tiefes Wasser.

Nachilu-Huk.

Bei der breiten Nachilu-Huk wendet sich die Küste 8 Sm weit nordwärts. Eben nördlich davon liegen hohe Sanddünen. Die Küstenberge enden dort in niedrigen Hügeln in geringer Entfernung vom Meere. Die Küste nördlich von der Huk ist niedrig. Eine breite Ebene läuft nach Osten.

Bank, 5 Sm südlich vom Dorfe Nachilu, erstreckt sich $^3/_4$ Sm vom Lande. Auf einer Stelle, von der die Südkante des Dorfes

Siehe Brit. Adm-Krt. Nr. 2837a (Tit. IX, Nr. 187)

Djassa rw. 94° (mw. O$^1/_4$S) und das Ostende der Insel Schituar rw. 234° (mw. SW$^3/_4$W) peilte, lotete man 5,5 m Wassertiefe.

Nachilu, mit 200 bis 300 Einwohnern, ist ein kleines Dorf 3 Sm nördlich von der Nachilu-Huk. In der Nähe befinden sich viele Dattelpalmen und andere Bäume. Das Dorf gehört zum Bezirk des Schechs von Tscharak.

Ankerplatz vor Nachilu und vor der Küste an der Ostseite der *Nachilu*-Bucht bietet guten Schutz gegen Ostwinde, ist aber gegen den Schamal ungeschützt.

Magam ist ein großes Dorf mit großem viereckigen Fort am Nordwestende der Bäume in der Nachilu-Bucht. Die Küste zwischen Nachilu und Magam ist rein von abliegenden Untiefen.

Bender Basatin ist der Teil der Nachilu-Bucht nordwestlich von Magam. Bei Magam biegt die Küste allmählich nach WNW und bildet 5$^1/_2$ Sm westnordwestlich davon eine kleine niedrige Huk. Die Huk ist ein Ausläufer der felsigen Hügel, die westlich davon bis dicht ans Meer kommen. Einige Wassersammler befinden sich nahe bei der Huk. Ein kleiner Steert erstreckt sich $^1/_2$ Sm davon.

Ankerplatz, $^1/_2$ Sm östlich von der Huk, bietet Schutz gegen den Schamal, der dort etwa westnordwestliche Richtung hat, und gegen die anderen vorherrschenden Winde. Kleine Fahrzeuge ankern dicht unter Land und östlich von der Huk. Man sollte so nahe am Lande liegen, als der Tiefgang es erlaubt. Die 20 m-Grenze bleibt 1 Sm vom Lande.

Schech Schuaib

ist eine 13 Sm lange und durchschnittlich 2$^1/_2$ Sm breite braune Insel mit ebener Küste. Nach der Mitte hin steigt das Land allmählich zu 37 m Höhe an. Am Ost- und am Westende befinden sich 1 bis 2 Sm breite Streifen niedrigen Landes. Auf dem Gipfel der Insel, 5$^1/_2$ Sm von ihrem Westende, steht ein großer, runder, auffälliger Baum, der 18 Sm weit sichtbar ist. Ein anderer Baum steht 2$^1/_2$ Sm südöstlich vom Westende. Zehn kleine Dörfer mit insgesamt 500 Bewohnern, Fischern und Landleuten, befinden sich auf der Insel. Nachts und bei dunstigem Wetter ist die Insel schlecht auszumachen und kann auch von See aus kaum angelotet werden.

Küste von Schech Schuaib. Die Südosthuk der Insel besteht aus einem 6 m hohen steilen Abhang. Von da läuft die Küste 4$^3/_4$ Sm westwärts nach einer sandigen Huk, auf der das Dorf *Korat* mit einem Turm, vielen Dattelpalmen und anderen Bäumen steht. Westlich vom Dorf besteht die Küste fast ganz aus felsigen steilen Abhängen. Die felsige Westhuk ist nur 2 bis 3 m hoch. 1 Sm östlich davon liegt das Dörfchen *Ras* mit einem runden Turm und wenigen Bäumen. 2 Sm östlich von der Huk können Boote in einer kleinen Bucht landen. Die Nordküste besteht aus steilen Ab-

Siehe Brit. Adm-Krt. Nr. 2837b (Tit. IX, Nr. 188)

hängen, die ein paar kleine sandige Buchten bilden. Auf einer kleinen felsigen Huk, etwa 1 Sm vom Ostende, liegt *Las,* das größte Dorf auf der Insel, mit 150 Bewohnern und einem hohen viereckigen Turm. In der Nähe stehen viele große Bäume mit runden Kronen und einige Dattelpalmen. Etwas Ackerland liegt südlich von Las. Etwa 4 Sm westlich von der Osthuk der Insel liegt das kleine Dorf *Lasa* mit einem Turm; 1 Sm westlich von Lasa liegt das Dörfchen *Daku* mit etwa 30 Bewohnern. In der Mitte der Insel ist ein Tal mit vier kleinen Dörfern.

Riff, 1 Kblg breit, zieht sich längs der Südküste. 1 Sm davon hat man 70 m Wassertiefe. Das Riff vor der Nordküste ist 1 bis 2 Kblg breit. 1 Sm von der Nordküste hat man 30 m Wassertiefe. Von der niedrigen sandigen Osthuk läuft ein Steert nordostwärts, auf dem in $1/2$ Sm Abstand vom Lande 3,7 m Wasser ist. Nach See zu nehmen die Wassertiefen allmählich zu. Vom Westende der Insel erstreckt sich eine Bank mit 7,3 bis 11 m Wassertiefe 1 Sm nordwestwärts. 3 Sm von dem Westende beträgt die Wassertiefe 20 m.

Schituar ist ein 1 Sm langes und $1/2$ Sm breites Inselchen, das vom Ostende der Insel Schech Schuaib durch einen $3/4$ Sm breiten Paß mit 5,5 m Wassertiefe getrennt wird. Von den Huken des Inselchens laufen Steerte $1 1/2$ Kblg weit aus. $1 1/2$ Sm östlich von Schituar findet man 35 m Wasser.

Bank mit 16,5 m Wasser aus hartem Sand liegt $3 1/2$ Sm ostsüdöstlich von Schituar auf 26° 45' N-Br. und 53° 29' O-Lg. Die Bank soll etwa 1 Sm lang sein.

Ankerplätze bei der Insel Schech Schuaib. Bei südöstlichen Winden findet man vor dem Dorfe Ras auf 15 m Wasser, Grund Sand, $1/2$ Sm vom Lande Schutz. Bei drohendem Schamal, der dort aus westnordwestlicher Richtung weht, muß man den Ankerplatz verlassen. Vor dem Dorfe Las findet man auf 7,3 m Wasser nahe unter Land teilweise Schutz durch die Huk und den Steert westlich von Las. Auch gegen Südostwinde ist man bis zu einem gewissen Grade durch die Insel Schituar gedeckt. Gegen den Schamal kann man vor der Südküste, irgendwo zwischen Korat und Schituar, auf 15 m Wasser 3 bis 5 Kblg vom Lande ankern.

Fahrzeuge mit weniger als 4 m Tiefgang finden guten Ankerplatz auf 5,5 m Wasser, Grund Sand und Klippen, im Schituar-Passe. Man liegt dort vollständig geschützt gegen den Schamal und auch bis zu einem gewissen Grade gegen östliche Winde. Man steuere von Süden aus in den Paß ein und ankere näher an der Westseite, wenn der Turm von Las über der niedrigen Osthuk der Insel peilt. Die Gezeitenströme setzen mit großer Geschwindigkeit durch den Paß und erzeugen auf dem Steert vor der Osthuk Kabbelseen.

Siehe Brit. Adm-Krt. Nr. 2837b (Tit. IX, Nr. 188)

Schiffsausrüstung. Rindvieh, Gemüse und Früchte sind in geringen Mengen in den größeren Orten zu haben. Ob man Wasser bekommen kann, ist ungewiß.

Durchfahrt zwischen Schech Schuaib und dem Festlande ist 11 Sm breit. Nur zwischen der Nachilu-Huk und dem Ostende der Insel ist sie 4 Sm breit. Die Wassertiefen betragen 30 bis 35 m bis 2 Sm vom Lande auf beiden Seiten. Die Gezeitenströme haben große Geschwindigkeit. Beim Kreuzen in der Durchfahrt bieten Lotungen wenig Anhalt. Man sollte etwa 1 Sm von den Küsten wenden und nicht auf geringere Tiefen als 22 m kommen. Vor der Nachilu-Huk bleibe man auf mindestens 27 m Wassertiefe.

Bänke in der Mitte des Golfs. *Stiffe-Bank* mit 27 m Wassertiefe liegt etwa 25 Sm südlich von der Westhuk der Insel Schech Schuaib. Nahe bei der 4 Sm langen Bank beträgt die Wassertiefe überall 55 bis 75 m.

Kabel-Bank auf 26° 45′ N-Br. und 52° 30′ O-Lg. ist eine $2^1/_2$ Sm lange und breite Bank mit 25 m oder weniger Wassertiefe. Diese beiden Bänke können bei der Bestimmung des Schiffsortes von Wert sein.

Schah Allum-Riff s. Seite 135.

Schiwu. Von Basatin läuft die Küste 33 Sm fast geradlinig westnordwestwärts und dann 17 Sm nordwestwärts nach Ras Nabend. Das große Gebirge mit dem Djebel Turandja kommt bei Magam nahe an die Küste und begrenzt das Tal nördlich von Nachilu an der Nordseite. Es setzt sich dann längs der Küste in niedrigen Höhenzügen fort und endet bei Ras Nabend in niedrigen Hügeln. 7 Sm nordöstlich von Nachilu befindet sich auf seinem Gipfel ein 120 m hoher Sattel, der die einzige Landmarke bildet. Hinter diesem Gebirge sieht man den Kamm eines 1200 bis 1500 m hohen Gebirges, das sich in 12 Sm Abstand vom Meere längs der Küste hinzieht.

14 Sm westnordwestlich von Bender Basatin liegt das Küstendorf Schiwu mit etwa 100 Einwohnern. Ein Turm befindet sich auf einem kleinen etwa 37 m hohen Hügel hinter dem Dorfe. Zwischen den Häusern sieht man drei große indische Feigenbäume. Ein Fort ist vorhanden. $^1/_2$ Sm südöstlich vom Dorfe liegt ein 60 bis 90 m hoher spitzer Hügel. Ein großer, flacher, schwarzer Felsblock vor dem Dorfe bildet einen kleinen Bootshafen und den besten Landungsplatz. Westlich davon bildet die Küste eine seichte, sandige, 1 Sm breite Bucht. $4^1/_2$ Kblg westnordwestlich von dem großen Felsblock liegt eine kleine sichtbare Klippe.

Siehe Brit. Adm-Krt. Nr. 2837b (Tit. IX, Nr. 188)

Ankerplatz vor Schiwu soll leidlichen Schutz gegen den Schamal bieten, wenn man nahe am Lande liegt, doch ist dort starker Seegang. Man ankere auf 9 m Wasser dem schwarzen Felsblock gegenüber, etwa $1/4$ Sm davon, wo man Sandgrund findet. 1 Sm vom Lande hat man 27 m Wassertiefe.

Schiffsausrüstung. Rindvieh kann man kaufen. Gutes Brunnenwasser in mäßiger Menge findet man dicht am Strande.

Bender Kallatu, östlich von der felsigen Huk, $2^1/_8$ Sm westnordwestlich von Schiwu, bietet beim Schamal kleinen Küstenfahrzeugen guten Ankerplatz, der besser ist als der von Schiwu. Man ankert $1/4$ Sm von der Huk, bei der die Hügel nahe an die Küste kommen, und so weit als möglich im Innern der Bucht.

Von Schiwu nach Ras Nabend.

Von Schiwu läuft die Küste 19 Sm westnordwestwärts. Sie besteht meist aus steilen Abhängen und bildet kleine sandige Buchten. Die Hügel erheben sich nahe am Strande. Der Küstenstrich bietet viel Ankerplätze für Boote beim Schamal. Die Ankerplätze liegen dicht unter der Küste, die unter Wasser steil abfällt. Etwa 1 Sm vom Lande hat man 45 m Wassertiefe.

Schahin Kuh (Abbild. 74) ist ein auffälliger Hügel mit ebenem Gipfel und steilen Seitenwänden, der nach Norden hin etwas abfällt. Der südliche breite Abhang liegt 8 Sm westnordwestlich von Schiwu und 1 Sm von der Küste. Er ist 335 m hoch und 30 Sm weit sichtbar.

Bustano ist ein kleines Dorf an einer kleinen Bucht 1 Sm östlich vom Schahin Kuh.

Von Ras Nabend nach Kangun.

Ras Nabend ist ein breites vorspringendes Kap mit einem 3 m hohen felsigen Küstenabhang. Das Land steigt nach Südosten hin allmählich an. An der Nordseite des Kaps befindet sich eine große Bucht. $1/_2$ Sm landwärts liegt ein großer Dattelwald. 3 Sm südöstlich vom äußersten Ende steht auf dem tafelförmigen Hochlande ein einzelner Baum, der von See aus gut sichtbar ist. Die 17 Sm lange Küstenstrecke südöstlich vom Kap ist niedrig und felsig, mit niedrigen steilen Abhängen. Die Wassertiefen vor dem Kap betragen in 3 Sm Abstand 55 m, nach Land zu nehmen sie regelmäßig ab. Die Küste von Ras Nabend bis Schahin Kuh ist in gut 1 Kblg Abstand frei von Untiefen. Beim Kap fischt man Perlen. Dies ist die einzige Gegend an der persischen Küste, wo Perlen gefischt werden. Die Perlen haben nur geringen Wert.

Siehe Brit. Adm.-Krt. Nr. 2837b (Tit. IX, Nr. 188)

Gezeitenströme sind bei Ras Nabend kaum fühlbar. Ebenso sind sie kaum fühlbar auf der ganzen Strecke zwischen Schiwu und Ras el-Mutaf. In der Nabend-Bucht scheint etwas Strom am Lande entlang zu laufen.

Von Ras Nabend nach Kangun ist die Küste, mit Ausnahme des unreinen Grundes an der Nordseite der Nabend-Bucht, rein von abliegenden Untiefen und fällt unter Wasser steil ab. Längs der ganzen Küste zieht sich ein Gebirge nordwestwärts, dessen Südwestseite abschüssig zu sein scheint. An der Nordseite der Nabend-Bucht kommt der Fuß des großen Gebirges bis auf 2 Sm an die Küste heran. Oft sieht man Köhlerfeuer auf den Bergen.

Siri Jafal *(Aslu Notch)* ist eine gute Landmarke auf dem Gipfel des eben erwähnten Gebirges und liegt 5 Sm von der Küste und nordnordöstlich von Ras Nabend. Die 1484 m hohe, 70 Sm sichtbare Kerbe sieht wie eine große Treppenstufe aus. Nur von Westen aus sieht man sie wie einen scharfen Einschnitt (Abbild. 75, 76). 22 Sm südöstlich davon liegt auf demselben Gebirge ein etwa 1100 m hoher breiter Absturz, der nach Nordwesten hin gut sichtbar ist.

Djebel Siri Ajenat *(Scheunen-Gipfel, Barn Hill)*, auf dem langen ebenen Kamm des großen Gebirges, $9^1/_2$ Sm östlich von Kangun, liegt 5 Sm vom nächsten Küstenpunkte. Der 1420 m hohe Gipfel ist 70 Sm weit sichtbar (Abbild. 76) und bildet eine sehr auffällige Landmarke. Das Gebirge endet 17 Sm nordwestlich davon in einem großen Abhang. In östlichen Peilungen sieht man Siri Ajenat wie einen kleinen Gipfel. Der Gipfel wird, wenn man nahe unter der Küste ist, durch den niedrigeren Gebirgszug zwischen ihm und der Küste verdeckt. Dieser Gebirgszug läuft von Barak an der Küste entlang an Kangun vorbei. Sein nördlicher Teil ist höher als der südliche.

Nabend-Bucht, an der Nordseite des Kaps Nabend, ist 3 Sm breit und 5 Sm tief. Die Wassertiefen betragen in der Einfahrt etwa 20 m. Nach dem seichten Innern hin nehmen sie allmählich ab. 2 Sm vom Lande im Innern findet man 5,5 m Wasser. Der Grund besteht aus Schlick. Etwa 2 Sm südlich von der Stadt Aslu liegt eine kleine felsige Stelle mit 5,5 m Wasser, die steil abfällt und schlecht zu sehen ist. Etwa 1 Sm östlich von Ras Nabend liegt das große Dorf *Kassad,* von dem sich eine Dattelpalmenpflanzung längs der Küste bis zum Innern der Bucht hinzieht. Hinter der niedrigen felsigen Küste an der Südseite der Bucht steigt das Land zu etwa 100 m Höhe an. Im Osten wird die Bucht von einer niedrigen sandigen, stellenweise sumpfigen Küste begrenzt. Dort mündet ein großes Tal, das ein Bach durchfließt. Einige Sm östlich vom Innern der Bucht soll ein Paß für Fuhrwerk ins Innere führen.

Einsteuerung in die Nabend-Bucht. In der Nabend-Bucht findet man überall Schutz gegen den Kaus, während man gegen den

Siehe Brit. Adm-Krt. Nr. 2837b (Tit. IX, Nr. 188)

Schamal ungeschützt ist. Der dann in die Bucht setzende schwere Seegang macht den Seglern das Auslaufen fast unmöglich. Die Einfahrt ist zwischen dem Riff vor der Stadt Nabend und der 5,5 m-Stelle südlich von Aslu 2 Sm breit. Den 1 Sm breiten Paß zwischen der 5,5 m-Stelle und dem Küstenriffe vor Aslu sollte man nicht benutzen.

Nabend ist ein Städtchen mit 250 Einwohnern an der Südseite der Bucht, $2^1/_2$ Sm östlich vom Kap Nabend. Der Ort zeigt zwei runde Türme. Das Küstenriff ist vor dem Städtchen $^1/_2$ Sm breit, während es beim Kap $1^1/_2$ Kblg breit ist. Die Ortsboote laufen über das Riff hinweg und ankern dicht am Strande, wo sie tieferes Wasser finden als an der Kante des Riffs.

Ankerplatz von Nabend liegt auf etwa 12 m Wasser, 1 Sm nördlich bis nordwestlich von Nabend.

Schiffsausrüstung. Rindvieh, gute Fische und Gemüse sind zu haben.

Nachl Haschin ist ein kleines Dorf, $1^1/_2$ Sm östlich von Nabend. Von der Huk zwischen den beiden Orten erstreckt sich ein Riff $^1/_2$ Sm weit in die Bucht hinein. Boote finden dicht unter Land Schutz gegen den Schamal.

Bender Beid Chan. Von einer sandigen Huk an der Nordseite der Nabend-Bucht, nordnordöstlich vom Orte Nabend, erstreckt sich ein Riff 1 Kblg weit vom Lande. In der Bucht östlich davon ankern Fahrzeuge beim Schamal. Die Küste zwischen der Huk und dem Innern ist niedrig und sandig und wird von Krieken mit Mangrovengebüsch durchschnitten. Durch Graben eines Lochs im Sande der Huk erhält man minderwertiges Wasser. Die Fischer aus Aslu holen ihre Boote auf der Huk auf den Strand. Etwa 1 Sm landwärts liegt das Dorf *Beid Chan* fast ganz versteckt hinter Dattelpalmen und anderen Bäumen. Ein Bach liefert gutes Wasser. $1^1/_4$ Sm westnordwestlich von der erwähnten Huk befindet sich eine zweite Huk, bei der die Küste sich wieder nordwestwärts wendet. Von dieser Huk erstreckt sich ein Riff $^1/_4$ Sm weit seewärts. Dicht westlich von der Huk beginnen Dattelwälder, die sich bis hinter die Stadt Aslu hinziehen.

Ankerplatz in Bender Beid Chan. Kleine Fahrzeuge, die Schutz gegen den Schamal suchen, der dort aus Westnordwest weht, sollten auf etwa 4,5 m Wasser bei Niedrigwasser ankern, von wo die Kante des kleinen Riffs vor der Huk etwa rw. 276° (mw. W$^1/_2$N) peilt. Auf dem Ankerplatze steht zwar beträchtliche Dünung, doch findet man dort Schutz gegen Wind und Seegang.

Aslu ist eine Küstenstadt mit 1000 Einwohnern, 1 Sm nordwestlich von der Huk an der Nordseite der Einfahrt zur Nabend-

Siehe Brit. Adm-Krt. Nr. 2837b (Tit. IX, Nr. 188)

Bucht. Hinter dem $1/2$ Sm langen Orte zieht sich ein großer Dattelwald hin. Einige kleine Boote werden in der Perlenfischerei verwandt. Vor der Stadt erstreckt sich ein Riff mehr als $1/2$ Sm vom Strande. An der Kante des Riffs hat man 9 bis 11 m Wassertiefe. Man darf nicht auf geringere Tiefen als 13 m kommen. Kleine Boote laufen über das Riff hinweg und suchen dicht vor der Stadt auf tieferem Wasser Schutz. Der Ankerplatz für Schiffe ist gegen den Schamal gänzlich ungeschützt.

Schiffsausrüstung. Rindvieh usw. ist zu haben.

Nachl Takki ist ein kleines Küstendorf mit einem Fort und einem Turm, 2 Sm nordwestlich von Aslu. Nahe dabei stehen einige Dattelpalmen. Zwischen den beiden Orten stehen einige große Bäume mit runden Kronen. Das Küstenriff ist $1/4$ Sm breit. Man sollte die 15 m-Grenze, die sehr nahe am Riff vorbeiführt, nicht überschreiten. Von Nachl Takki bis nach Tahiri liegt die 40 m-Grenze etwa 1 Sm vom Lande. Der Grund besteht aus Schlick.

Barak ist ein kleines Dorf mit einem Fort, das einen viereckigen Turm hat, bei einem Dattelwalde 13 Sm nordwestlich von Nachl Takki. Die Küste zwischen diesen beiden Dörfern fällt unter Wasser steil ab und ist größtenteils frei von Riffen. Die Hügel treten dicht ans Wasser. Boote finden in einem Schamal vor dem Dorfe teilweise Schutz durch die vorspringende Huk westlich von Barak, die die Tahiri-Bucht im Südosten begrenzt. Ein kleines Dorf mit einem viereckigen Turme liegt $2^1/_2$ Sm südöstlich von Barak.

Tahiri, ein kleines Dorf aus Erdhütten mit 200 bis 300 Bewohnern, die Fischfang betreiben, liegt $3^1/_4$ Sm westnordwestlich von Barak. Das Dorf liegt zum Teil am Strande, zum Teil am Abhange eines 210 m hohen Hügels. Die Hügel kommen im Innern der Tahiri-Bucht dicht ans Wasser. Die 2 Sm breite Bucht wird im Südosten und im Nordwesten durch vorspringende Huken begrenzt, auf denen Dattelpalmen stehen. Die Wassertiefe in der Bucht beträgt $1/2$ Sm vom Lande 15 m, nach dem Lande hin nimmt sie allmählich ab. Die nördliche Einfahrthuk fällt unter Wasser steil ab und ist frei von Riffen. Von der südlichen Einfahrthuk erstreckt sich eine Bank mit 3,7 m bis 6,4 m Wasser 1 Sm weit südsüdostwärts. Die Bank hat steile Kanten und muß sorgfältig gemieden werden. Ein Fort liegt am Ostende des Dorfes. $1/2$ Sm östlich vom Dorfe stehen drei auffällige Bäume mit runden Kronen. In der Mitte des Dorfes stehen zwei weiße Moscheen, $1^1/_2$ Kblg voneinander zwischen Lehmhütten.

Ankerplatz auf 11 m liegt dicht unter Land. Man peilt vom Ankerplatze die nördliche Einfahrthuk rw. 282° (mw. WzN). Man

Siehe Brit. Adm-Krt. Nr. 2837b (Tit. IX, Nr. 188)

findet dort Schutz gegen den Schamal, aber nur wenig oder gar keinen Schutz gegen Südostwinde. Der Ankergrund hält gut.

Schiffsausrüstung. Rindvieh und Gemüse kann man in geringer Menge erhalten. Gutes Trinkwasser ist reichlich vorhanden.

Schilu ist ein kleines Dorf mit einem verfallenen Turm, 4 Sm westnordwestlich von Tahiri. Etwa 2 Sm nordwestlich davon liegt die schwach vorspringende Huk *Ras Achtar*. An der Westseite der Huk finden Boote in einer Bucht Ankerplatz, die durch die kleine Huk *Ras Aswat* an ihrer Westseite geschützt wird.

Ajenat, ein Dorf 10 Sm südöstlich von Kangun, hat einen viereckigen Turm. Einige Bäume stehen vereinzelt zwischen den Häusern. Dattelwälder befinden sich an jedem Ende des Dorfs. Am Westende steht ein großes viereckiges Haus. Man findet leidlichen Ankerplatz beim Schamal auf 20 m Wasser. Ein kleines Riff vor dem Dorfe bildet einen kleinen Boothafen. 3 Sm westlich vom Dorfe liegt das kleine Dorf *Majalu* mit einem Fort auf einer Anhöhe.

Kangun. Die Küste zwischen Tahiri und Kangun ist unter Wasser mäßig steil, so daß man bis auf $1/2$ Sm hinanlaufen kann. Kangun, eine Stadt mit 500 Einwohnern, liegt im Innern der Bucht an der Ostseite von Ras el-Mutaf. Das viereckige Fort in der Mitte der Stadt ist 10 Sm weit sichtbar. Der Schech von Kangun ist Persien tributpflichtig und herrscht auch über die Orte zwischen Barak und Schiwu, ausgenommen Aslu. Der Strand bei der Stadt ist sandig. Von *Ras el-Marrar*, der niedrigen Huk an der Südseite der *Kangun*-Bucht, 2 Sm von der Stadt, erstrecken sich Klippen 1 Kblg weit vom Lande.

Ankerplatz von Kangun liegt auf 9 m Wasser, 5 bis 8 Kblg vom Lande. Die Bucht bietet gegen den Schamal Schutz, doch setzt ostnordöstliche Dünung in die Bucht bei nordwestlichen Winden. Gegen den Kaus findet man keinen Schutz. Im Schamal findet man besseren Schutz 10 Sm westlich von Kangun vor dem Dorfe Dajir (Seite 219).

Trinkwasser. Gutes Brunnenwasser in genügender Menge ist zu haben.

Von Kangun nach Ras el-Chan.

Die Küste zwischen Kangun und Ras el-Chan springt weit vor. Vor ihrem äußersten Teile liegt das große Riff Ras el-Mutaf, dessen Außenkante etwa 8 Sm von der Küste abliegt. Das Gebirge, zu dem der Djebel Siri Ajenat gehört, wendet sich bei Kangun von der Küste ab nach Nordwesten. Eine Gebirgskette liegt zwischen

Siehe Brit. Adm-Krt. Nr. 2837b (Tit. IX, Nr. 188)

der Küste und dem genannten Gebirge. Dessen höchster Punkt ist der Djebel Direng. Nahe bei Kangun ist das der Küste nähere Gebirge 600 bis 900 m hoch. Von weitem hält man es für einen Teil des weiter entfernten Gebirges. Nahe unter der Küste kann man das entfernte große Gebirge nicht sehen. Die Berge sind zerklüftet und abschüssig; ihre Umrisse sind sehr unregelmäßig. 8 und 11 Sm nordwestlich von dem steilen Abhang in der Hochebene des Siri Ajenat befinden sich zwei auffällige kastellartige Berge mit steilen Seitenwänden und bastionähnlichen Vorsprüngen. 23 Sm nordwestlich von dem Abhang befindet sich ein 1200 m hoher runder Berg, der infolge seines Salzgehalts im Sonnenlichte weiße glänzende Streifen zeigt. Das Gebirge läuft dann weiter nordwärts zum Kuh Chormudj. Zwischen dem Gebirge und den Gebirgsketten an der Küste zieht sich ein großes Tal hin.

Djebel Direng ist ein 997 m hoher, 60 Sm weit sichtbarer Berg am Nordende der Gebirgskette auf dem vorspringenden Küstenteile. Drei bis fünf kleine Hügel befinden sich auf dem hohen Gipfel des Berges. (Abbild. 77, 78, 79, 80.) Wenn man die Hügel in rw. 34° (mw. NOzN) peilt, hat man sie in Eins und sieht nur einen Gipfel mit einem großen breiten Abhang an der Nordseite. An der Nordseite des Djebel Direng befindet sich eine große niedrige Sumpfebene. Nach Süden hin nimmt das Gebirge an Höhe ab. 14 Sm südlich von Djebel Direng liegt der tafelförmige, etwa 245 m hohe *Schornstein-Hügel (Funnel Hill)* (Abbild. 77) mit einem kleinen pfeilerartigen Felsen, der als Landmarke verwandt werden kann, wenn man nahe an den Bänken sich befindet.

Dajir ist ein Küstenplatz mit 400 Einwohnern, $7^1/_2$ Sm westlich von Kangun. Ein Fort mit einem 10 Sm weit sichtbaren Turme befindet sich im Orte. Das Haus des Schechs, nahe beim Fort, ist ein weißes zweistöckiges Gebäude mit zwei kleinen Flaggenstangen, an denen die Flagge des Schechs weht. Östlich vom Orte befindet sich ein großer Dattelwald. Die meisten Bewohner sind Perser und betreiben Ackerbau. Die Küste zwischen Kangun und Dajir ist niedrig. Dort mündet das große Tal zwischen dem Küstengebirge und dem großen Gebirge weiter landwärts.

Riff. Ein kleines Riff erstreckt sich 2 Kblg seewärts von Dajir und erschwert das Landen, wenn die Boote nicht darüber weglaufen können.

Ankerplatz von Dajir auf 15 bis 20 m Wassertiefe, schlickiger Grund, liegt $1/_2$ bis 1 Sm von der Küste und bietet guten Schutz beim Schamal. Guten Liegeplatz findet man auf 7,3 Wasser, $1/_2$ Sm südlich vom Fort. Die Baghalas suchen dort beim Schamal im Sommer Schutz, doch finden sie dort keinen Schutz gegen den Kaus. Südlich vom Ankerplatze wachsen die Wassertiefen auf 50 m

Siehe Brit. Adm-Krt. Nr. 2837b (Tit. IX, Nr. 188)

in 5 Sm Abstand vom Lande, während sie nach dem Ostende der Bank Ras el-Mutaf hin auf etwa 15 bis 10 m abnehmen.

Gezeitenströme haben an der Küste bei Springtide 1 bis 2 Sm Geschwindigkeit.

Schiffsausrüstung. Einige Rinder und Trinkwasser kann man erhalten. Brennholz muß aus dem Innern herbeigeschafft werden; man muß darauf einige Tage warten. Gutes Geflügel ist reichlich vorhanden, während Gemüse knapp ist.

Bardistan ist ein Städtchen 3 Sm nordöstlich von Dajir und 2 Sm von der Küste. Bardistan liegt nahe an einem Chor, der 3 Sm östlich von Dajir mündet. Nach Regenfällen führt der Chor Wasser. Ein hoher Windturm (Badgir) befindet sich im Städtchen.

Banak ist ein kleines Dorf etwa 3 Sm nordwestlich von Kangun.

Auli war früher ein Dorf, $2^1/_2$ Sm westlich von Dajir, auf einer kleinen felsigen Huk, die aus einem niedrigen Küstenabhang besteht. 1 Kblg seewärts von der Huk liegen blinde Klippen, hinter denen man am besten landen kann. 1903 war vom Dorfe nichts mehr zu sehen.

Ankerplatz findet man auf 11 bis 15 m Wasser in höchstens $1/_2$ Sm Abstand vom Lande.

Batuna, ein kleines Dorf mit 30 Einwohnern, liegt $6^1/_2$ Sm westlich von Dajir. Ein weißes Grab mit einer Kuppel befindet sich auf den Hügeln hinter dem Dorfe; es ist fast verschwunden und sehr schwer auszumachen. Von Batuna bis nach Laur hin, auf einer 45 Sm langen Strecke, liegt kein Dorf. Einige Dattelwälder liegen an der Küste westlich von Batuna. Der Ankerplatz von Batuna bietet gegen Nordwest- und gegen Südoststürme keinen Schutz. Schafe, Geflügel und Gurken sind in geringen Mengen zu haben.

Die Küste westlich von Batuna bis nach Ras el-Chan ist nicht genau bekannt.

Ras el-Mutaf ist eine große Sandbank auf felsiger Grundlage. Das Nordwestende der Bank fällt nahe an der Außenkante viele Sm weit trocken, nach dem Ostende zu wächst die Wassertiefe allmählich. Nach der letzten Vermessung liegt das Nordwestende etwa $1/_3$ Sm von der Insel Mocheila, während das Südende der Bank 11 Sm südöstlich von der Insel und 8 Sm vom Festlande liegt. Nach Lotungen des brit. Kriegsschiffs »Sphinx« scheint sich aber die Bank weiter westwärts und südwärts verschoben zu haben. Das Ostende der Bank liegt etwa 7 Sm südsüdöstlich von Batuna. Die Südwestkante fällt (nach der letzten Vermessung) steil ab. Man hat $1/_2$ Sm davon 18 m Wasser. An der Südseite verlaufen die Wassertiefen regelmäßiger und nehmen von 20 m in 2 bis 3 Sm

Siehe Brit. Adm-Krt. Nr. 2837b (Tit. IX, Nr. 188)

Abstand von der Bank allmählich nach ihr hin ab. Vor dem Ostende, dem sogenannten Steert der Bank, nimmt die Wassertiefe von einer langen Bank mit 7,3 m Wasser nahe bei Ras el-Mutaf zu auf 20 m in 7 Sm Abstand, von da wächst sie rasch auf 35 bis 65 m. Eine kleine Bank mit 14,5 m Wasser liegt $11^1/_4$ Sm südwestlich von der Südwestkante von Ras el-Mutaf. Von ihr peilt der Schornsteinhügel rw. 39° (mw. NO$^5/_8$N) $21^1/_2$ Sm.

Leitmarken für Ras el-Mutaf. Man bleibt östlich frei von Ras el-Mutaf, wenn man den Schornstein-Hügel rw. 327° (mw. NWzN) oder den Abhang des Siri Ajenat rw. 29° (mw. NNO$^1/_2$O) peilt. Man bleibt südlich davon frei, wenn man den Djebel Siri Ajenat rw. 71° (mw. ONO$^1/_4$O) peilt. An der Südseite der Bank bieten auch Lotungen guten Anhalt. Wenn der Schornstein-Hügel rw. 29° (mw. NNO$^1/_2$O) peilt, hat man die am weitesten vorspringende Ecke der Bank hinter sich. Wenn Mocheila in Eins mit Djebel Direng peilt, ist man ganz frei von der Bank. Beim Umsteuern der Bank sollte man bei Tage auf mindestens 20 m Wasser bleiben, bei Nacht auf 22 m Wasser. Bei unsichtigem Wetter und nachts, wenn man seines Schiffsorts nicht gewiß ist, sollte man die 30 m-Grenze nicht überschreiten. Bei Tage bietet das entfärbte Wasser, das man mehrere Sm weit vom Südostende der Bank auf größeren Tiefen findet, guten Anhalt.

Ankerplatz bei Ras el-Mutaf. Vor dem Südostende der Bank finden Segler auf 7,3 bis 9 m Wasser guten Schutz gegen den Schamal. Man peilt vom Ankerplatz den Schornsteinhügel rw. 324° (mw. NW$^3/_4$N) und das Südostende der Direng-Hügel rw. 23° (mw. NNO). (Abbild. 78, 79.) Im Winter sollten Segelschiffe nicht weiter hinter die Bank laufen als nötig ist, da sie bei einem nachfolgenden Kaus nicht auslaufen können. Der Schamal weht dort aus nordwestlicher Richtung. Da man auf der Strecke von Ras el-Mutaf bis Buschehr keinen Platz wieder findet, der Schutz gegen den Schamal bietet, so werden Segler bei Nordweststürmen diesen Ankerplatz mit Vorteil aufsuchen können.

Gezeitenströme setzen stark längs der Außen- und Binnenkante von Ras el-Mutaf.

Chor Ajas. Die Rinne zwischen Ras el-Mutaf und der Küste hat 7,3 bis 16 m Wasser. Sie setzt sich nordwestwärts noch 7 Sm weit über die Insel Mocheila hinaus fort, hat aber keine Ausfahrt. Die Rinne wird von kleinen Küstenfahrzeugen gebraucht, die durch einen Paß mit 3,7 m Wasser bei Hochwasser nördlich von Mocheila auslaufen. An der Innenseite von Chor Ajas erstreckt sich seichter Grund 2 bis 3 Sm weit von der Küste, auf dem die kleine Insel Umm el-Koram liegt.

Umm el-Koram, eine kleine niedrige, weniger als 1 Sm lange Insel, liegt etwa 1 Sm von der gleichnamigen Huk. Ein Priel mit

Siehe Brit. Adm-Krt. Nr. 2837b (Tit. IX, Nr. 188)

11 m Wasser soll zwischen der Insel und der Huk entlang führen. 3 bis 4 Sm nordwestlich davon liegt die niedrige sandige kleine Insel *Umm Sila*.

Mocheila ist eine niedrige, 4 Kblg breite Insel mit einer kleinen Hütte in der Mitte. Die etwa 6 Sm weit sichtbare Insel dient als Marke für die Bank Ras el-Mutaf. Wenn man nahe an der Insel ist, kann man kleine Dattelwälder an der Küste eben sehen.

Djebrin-Insel, ein schmaler niedriger Sandstreifen mit Grasstellen, läuft von *Ras Djebrin* 6 Sm südostwärts. Zwischen Mocheila und Djebrin liegt der Paß mit 3,7 m Wasser bei Hochwasser, den Küstenfahrzeuge benutzen, um von Chor Ajas nach See zu gelangen. An der Innenseite von Djebrin liegt ein großer Sumpf mit tiefen Prielen. Die Festlandküste ist etwa 5 Sm entfernt. Der Sumpf setzt sich nordwärts fast bis nach Laur fort.

Wassertiefen. Zwischen Mocheila und Ras el-Chan liegt die 20 m-Grenze etwa $2^1/_2$ Sm, die 40 m-Grenze etwa 11 Sm von der Küste.

Von Ras el-Chan nach Buschehr.

Gebirge s. Seite 219 u. 225.

Ras el-Chan ist das Südende eines sehr niedrigen sandigen Rückens, der bei Hochwasser fast unter Wasser ist. Die Huk springt weit aus der Küstenlinie vor. In dieser Gegend mündet das Tal, das sich an der Nordseite des Djebel Direng (Abbild. 80) und zwischen den hohen Bergen im Innern und denen an der Küste hinzieht. Große Sümpfe mit vielen Prielen befinden sich innerhalb der Huk. Die Küste scheint das Delta des Flusses gewesen zu sein, der jetzt bei Chor Sijaret, 7 Sm nördlich von der Huk mündet. In dem Tale liegt die Stadt *Burdechun,* in der der Daschti-Schech wohnt. Südlich von Ras el-Chan liegt eine kleine Bucht, die Küstenfahrzeugen auf 3,7 bis 4,5 m Wasser geringen Schutz gegen den Schamal gewährt.

Wassertiefen von Ras el-Chan nach Buschehr nehmen nach der Küste hin regelmäßig ab, so daß das Lot gute Dienste leistet. Nur in der Bucht zwischen Laur und Chor Sijaret nehmen die Wassertiefen schnell von 20 m auf 10 m ab. Die Gezeitenströme sind sehr schwach und oft ganz unmerklich. Von Ras el-Chan nach Chor Sijaret ist die Küste sehr niedrig. Es ist deshalb große Vorsicht geboten. Man sollte die 30 m-Grenze nicht überschreiten. Die Küste weiter nördlich ist sandig und hat kleine felsige Huken. Das Küstenriff erstreckt sich nicht weiter als 1 Kblg vom Lande.

Chor Sijaret ist ein kleiner Kriek mit niedrigen Ufern. Boote können bei Hochwasser in den Kriek einlaufen. Die Einfahrt ist

Siehe Brit. Adm-Krt. Nr. 2837 b (Tit. IX, Nr. 188)

ungeschützt. Der Kriek ist die Mündung eines Flusses, der bei Schiras entspringt und nach Regenfällen viel Wasser führt. Die sumpfige Küste, die sich von Mocheila nordwestwärts erstreckt, endet nördlich vom Kriek, wo die Bu Rijal-Hügel dicht ans Meer treten.

Laur ist ein kleines Küstendorf mit einem Fort, 17 Sm nördlich von Ras el-Chan. 1 Sm nördlich davon liegt das Dorf *Kogan*. Große Dattelwälder und viel Ackerland findet man bei den Dörfern.

Baraki, ein kleines Küstendorf mit einem Turm, liegt westlich vom Bu Rijal. Einige Dattelpalmen stehen in der Nähe. Die schmale Ebene zwischen der Küste und den Bergen hat etwas Ackerland. In Baraki leben etwa 100 Landleute. Die Grenze der Gebiete der Schechs von Daschti und Tangistan liegt etwas südlich von Baraki. 1 Sm nördlich von Baraki befinden sich ein Dorf und ein Fort mit einem Turm. 6 Sm nördlich von Baraki steht auf einem kleinen Küstenabhang ein einzelner Baum, der von See aus gut sichtbar ist.

Baschi ist ein Dorf mit einem großen runden Turm und einem Dattelhain, 11 Sm nördlich von Baraki. Das Bu Rijal-Gebirge tritt von der Küste zurück und endet einige Sm nördlich vom Dorfe. Etwa 3 Sm südlich von Baschi besteht die Küste eine Strecke weit aus niedrigen steilen Abhängen.

Chor Chuweir ist ein kleiner Kriek, etwa 9 Sm nördlich von Baschi. Die Einfahrt fällt bei Niedrigwasser trocken. Nahe am Kriek sieht man ein kleines Fort und einen Dattelhain. Chor Chuweir liegt nahe im Innern der großen seichten Halila-Bucht, die im Norden von der niedrigen sandigen Südküste der Halbinsel Buschehr begrenzt wird. Die Wassertiefen in der Bucht betragen weniger als 5,5 m, zum größten Teile weniger als 3,7 m. Der Grund besteht meist aus Schlick.

2 bis 3 Sm nordwestlich von Chor Chuweir mündet ein großer Kriek, der die große Sumpfebene landwärts von Buschehr bewässert. Trockene Sände erstrecken sich etwa $1/4$ Sm von der Mündung, die bei Niedrigwasser fast ganz trocken liegt.

Von Chor Chuweir nach Buschehr läuft die Festlandküste nordnordwestwärts. Sie ist sehr niedrig und schwer festzustellen. Nach heftigen Regengüssen ist die Gegend eine große Strecke weit sumpfig innerhalb der von den Gezeiten erreichten Stellen. Der große Salzwassersumpf *Maschila* trennt die Buschehr-Halbinsel vom Festlande. Etwa 5 Sm nördlich von Chor Chuweir liegt das Fort *Tangistan* inmitten vieler Dattelpalmen. Dattelwälder erstrecken sich von dort viele Sm nordwärts.

Ras Halila ist die niedrige Südhuk der Halbinsel Buschehr. Von der Huk erstreckt sich ein felsiger Steert 4 Kblg weit südwest-

Siehe Brit. Adm-Krt. Nr. 2837b (Tit. IX, Nr. 188)

wärts. Das kleine Dorf *Halila* mit einem großen viereckigen Turm liegt $2/3$ Sm nordnordwestlich von der Huk. Von Ras Halila läuft eine lange schmale, nur $1^1/_2$ m hohe Sandzunge mit Stellen groben Grases ostwärts. Am äußersten Ende ist sie nur $1/_4$ Kblg breit. Nördlich von Ras Halila läuft die felsige Küste $5^1/_2$ Sm nordwestwärts nach dem Kal'at Reischahr-Fort; längs der Küste erstreckt sich ein etwa 2 Kblg breites Riff. Zwei Gruppen Dattelpalmen befinden sich etwa 1 Sm nördlich vom Dorfe Halila. Der Boden steigt von da bis zur Mitte der Halbinsel an. Auf der höchsten Stelle, etwa 45 m über Wasser, befindet sich die sehr auffällige, leicht auszumachende *Imamsada*-Moschee oder Grabmal, die eine Kuppel trägt. Die Moschee liegt in einem kleinen Dorfe, etwa 1 Sm östlich vom Kal'at Reischahr-Fort. (Abbild. 87.)

Ankerplatz bei Ras Halila. Guten Ankerplatz finden kleine Fahrzeuge beim Schamal auf 5,5 m Wasser $1/_2$ Sm vom Lande, von wo sie Ras Halila rw. 327° (mw. NWzN) oder den Turm über der Huk peilen.

Trinkwasser. Gutes Brunnenwasser erhält man 1 Sm östlich von Ras Halila und 70 m vom Strande. Der Wasserspiegel liegt nur etwa 1 m unter der Oberfläche; das Wasser ist besser als das in Buschehr gelieferte. Dicht westlich von den Brunnen stehen Gruppen von Dattelpalmen, die sich quer über die Halbinsel hinziehen.

Bänke. Das britische Kriegsschiff »Lapwing« fand eine Stelle mit 13 m Wasser etwa rw. 174° (mw. S$5/_8$O) 14 Sm vom Kal'at Reischahr-Fort. Eine Stelle mit 18 m Wasser hat man $11^1/_3$ Sm rw. 197° (mw. SzW$1/_2$W) vom Fort gefunden. Die Wassertiefen auf diesen Bänken können geringer sein.

Siehe Brit. Adm-Krt. Nr. 2837b (Tit. IX, Nr. 188)

Abschnitt X.
Von Buschehr zum Schatt el-Arab.

Mißweisung für 1905,0:
Buschehr . . . . 0° 50′ O
(jährliche Zunahme etwa 3′).

Buschehr.

Buschehr *(Abu-schehr, Buschir, Abu Shahr, Abu shir)*, der wichtigste persische Hafenplatz am Persischen Golf, liegt in der Provinz Farsistan, etwa 120 Sm südöstlich vom Schatt el-Arab, der Mündung des Euphrat und Tigris. Die Stadt ist auf der Nordhuk der Halbinsel *Buschehr*, an der Südseite einer etwa 5 Sm breiten Bucht erbaut, die innerhalb einer flachen Barre eine geschützte Reede bildet. Die Barre kann bei Springtide und günstigem Wind von Schiffen mit 5,9 m Tiefgang gekreuzt werden. Geographische Lage 28° 59′ 7″ N-Br. und 50° 49′ 37″ O-Lg. (Flaggstock der britischen Residentschaft).

Landmarken. Das Bergland in der Nähe von Buschehr zeigt ganz eigenartige Formen: Die beste Landmarke für die Ansteuerung ist der im Südosten der Stadt und etwa 22 Sm landwärts 1980 m hoch ansteigende Bergrücken *Kuh Chormudj,* der aus allen Richtungen schon auf mehr als 80 Sm Abstand gesichtet wird. Von Südwesten aus gesehen erscheint er als langer gekrümmter Kamm, von Westnordwest aus als einzelner Berg mit einem langen runden Abhang an der Nordseite (Abbild. 81 bis 85). Etwa 20 Sm südsüdöstlich von Buschehr erhebt sich aus der großen Ebene, die das Hinterland von Buschehr bildet, allmählich ansteigend, eine 40 Sm längs der Küste ziehende zackige Bergkette mit dem aus zwei dicht beieinander liegenden Spitzen gebildeten, 762 m hohen, auffälligen Gipfel *Bu Rijal (Eselsohren)* (Abbild. 82, 84 und 87). Dieser Gipfel ist zwischen nördlichen und südöstlichen · Peilungen schon aus etwa 50 Sm Abstand anzumachen. Zwei andere Gipfel dieser Bergkette, dicht nördlich von Bu Rijal und höher als dieser, erscheinen von Buschehr aus gesehen wie ein Sattel. Nördlich vom Kuh Chormudj dehnt sich ein etwa 1200 m hoher, tief gefurchter

Siehe Brit. Adm-Krt. Nr. 2837b (Tit. IX, Nr. 188)

Bergrücken aus, der auf jedem Ende und nahezu in der Mitte je einen einzelnen Gipfel trägt. Daran schließt sich nach Norden zu ein anderer Bergrücken mit einem stufenförmigen Absatz in der Mitte, der im Nordnordwesten mit dem 1630 m hohen breiten *Kuh i Gisakan* endigt (Abbild. 83 und 86). Links von diesem sieht man von Buschehr aus den runden Gipfel eines weit entfernten, fast 3000 m hohen Berges, der bisweilen mit Schnee bedeckt erscheint. Landmarken aus geringerer Entfernung sind zwei Gruppen von Dattelpalmen bei der Halila-Bucht, mehrere hohe Windtürme (badgir) in Buschehr, von denen ein 27 m hoher etwa 10 Sm weit sichtbar ist und für von Norden kommende Schiffe als eine der ersten Landmarken in Sicht kommt, die Gebäude des britischen Residenten und des persischen Gouverneurs mit ihren Flaggenmasten sowie die fremden Konsulate. Das russische Konsulat, besonders morgens eine gute, weit sichtbare Landmarke (Abbild. 85), $^3/_4$ Sm südlich vom Haus des britischen Residenten, ist mit einer Mauer umgeben und zeigt zwei Türme sowie einen Mast mit zwei Rahen (Abbild. 85). Das deutsche Konsulat bei Mufka, $1^1/_2$ Sm südsüdwestlich vom russischen, zeigt ebenfalls zwei Türme und einen Flaggenmast. Das besonders auffällige französische Konsulat mit Kuppel, von einem Flaggenmast überragt (Abild. 83 und 88), liegt etwa $1^1/_3$ Sm nördlich von den Telegraphengebäuden bei der Reischahr-Huk. Ferner bilden noch gute Landmarken das Kabelhaus und die Telegraphengebäude von Reischahr, die 45 m über dem Meeresspiegel ragende *Imamsada*-Moschee oder Grabmal (Abbild. 83 und 87), in einem kleinen Dorfe auf dem höchsten Teil der Halbinsel, etwa 1 Sm östlich vom Reischahr-Fort, und die Sommerwohnung des britischen Residenten mit Flaggenmast, $^1/_2$ Sm südlich davon. Als Landmarke für die Einsteuerung auf die Binnenreede ist schließlich noch ein 12 m hoher Leuchtturm, auf dem ein Feuer eingerichtet werden sollte, zu erwähnen; dieser steht eben nördlich von dem 2 Sm südlich von Buschehr gelegenen Fischerdorfe *Mufka*.

Westküste der Halbinsel Buschehr besteht bis auf etwa $^1/_2$ Sm südlich von der Stadt aus 5,5 m hohen steilen Küstenabhängen, daran schließt sich niedriger Sandstrand bis nach Reischahr. Die Küstenlinie bildet etwa 4 Sm südsüdwestlich von der Stadt die breite Huk *Ras esch-Schaghab;* $^1/_2$ Sm südlich davon steht eine Gruppe von Dattelpalmen, bei denen sich gutes Quellwasser findet. Die *Reischahr*-Huk mit einem weißen Kabelhaus, 2 Sm südsüdöstlich von Ras esch-Schaghab, besteht aus niedrigen steilen Küstenabhängen; sie bildet die Nordwesthuk einer von Küstenabhängen eingefaßten kleinen Bucht. Dort liegen die 24 bis 27 m über dem Meere ragenden Wälle des alten *Reischahr*-Forts.

Das Land außerhalb der Mauern von Buschehr ist sumpfig und wird bei sehr hohen Tiden bis über 1 Sm weit nach Süden

Siehe Brit. Adm-Krt. Nr. 27 (Tit. IX, Nr. 191)

zu überflutet, ausgenommen ein schmaler Streifen an der Küste. Das sanft ansteigende Gelände bis zum Dorf *Imamsada* ist zum Teil bebaut und weist mehrere kleine Weiler und Brunnen auf. Südlich von Imamsada ist die Küste zerklüftet bis nach Halila; das hohe Land endigt nach allen Seiten mit niedrigen steilen Abhängen.

Küstenriff erstreckt sich, 1 bis $2^1/_2$ Kblg breit, von Ras Halila bis 1 Sm südlich von Buschehr. Querab von Ras esch-Schaghab ist das Riff am breitesten; die 6 m-Grenze führt dort dicht an der Riffkante entlang, während sie weiter südlich etwa 1 Sm vom Land abliegt. Weiter seewärts nehmen die Tiefen regelmäßig zu; in $2^1/_2$ Sm Abstand vom Lande lotet man 11 m und in 10 Sm Abstand auf der Strecke zwischen Ras Halila und Ras esch-Schatt 36 m Wasser. Längs der Außenkante des Küstenriffs liegen einzelne bei halber Tide trockenfallende Klippenhaufen.

Querab vom Fischerdorf Mufka führt eine Rinne in einen kleinen Bootshafen innerhalb des Riffs.

Ansteuerung von Buschehr macht bei Tage und klarem Wetter keine Schwierigkeiten, da man nach Peilungen der vorher beschriebenen, weit sichtbaren Berggipfel, noch ehe das niedrige Land in Sicht kommt, den Schiffsort bestimmen kann. Wenn man von Westen kommt, wird man zuerst die Imamsada-Moschee und das Haus südlich davon, die besonders nachmittags weiß erscheinen, sichten, sobald man sich auf 36 m Wasser befindet. Die Tiefen nehmen nach der Küste zu allmählich ab. Von Süden kommend wird man, falls man dicht genug unter Land steht, zuerst die Dattelpalmen bei der Halila-Bucht ausmachen können. Dann werden die Kuppel der Moschee von Imamsada, die Flaggenstange der Sommerwohnung des britischen Residenten und die Telegraphengebäude von Reischahr in Sicht kommen. Bald darauf sieht man auch die verschiedenen Konsulate. Von querab von Ras esch-Schaghab sieht man die Stadt Buschehr auf der äußersten Nordspitze des Landes, die mit ihren flachen Dächern wie eine Hochebene erscheint; erst wenn man näherkommt, kann man die einzelnen Häuser ausmachen. Man steuere nach Landpeilungen (s. Landmarken) auf 11 bis 13 m Wasser längs der Westküste der Halbinsel Buschehr, bis zur Außenreede. Wenn man bei der Reischahr-Huk vorbei ist, nehmen die Tiefen ab.

Kleine Schiffe können je nach ihrem Tiefgang auch näher unter Land gehen; zu beachten ist aber, daß westlich von Mufka die 6 m-Grenze $2^1/_3$ Sm von Land abliegt. Von Norden kommend darf man bei Ras esch-Schatt bei Tage nicht unter 10, nachts nicht unter 20 m Wasser loten. Diese Huk, eine schmale, kaum über Wasser ragende Sandzunge, die mit den sie umgebenden Bänken die Binnenreede von Buschehr gegen Nordwestwinde schützt, ist

Siehe Brit. Adm.-Krt. Nr. 2837b (Tit. IX, Nr. 188)

bei Hochwasser fast ganz überflutet und wird daher nur in geringem Abstande auszumachen sein. Innerhalb dieser Huk dehnt sich ein meilenweiter Sumpf aus, durchschnitten von zahlreichen tiefen Krieken, denen flache Barren mit nur 0,6 bis 0,9 m Wasser vorgelagert sind. Wenn man querab von Ras esch-Schatt steht, wird man den großen Windturm (badgir) von Buschehr in Sicht bekommen. Von dort lote man sich längs der Außenkante der Bank Rakat el-Ali bis zur Außenreede (s. Seite 229).

Nachts von Süden kommend sollte man, fleißig lotend, versuchen, die Halbinsel Buschehr auszumachen, damit man nicht in der Richtung auf die niedrige Huk Ras esch-Schatt an der Stadt vorbeiläuft. Die Stadt Buschehr scheint nachts die Grenze des Landes zu sein und von diesem freizuliegen. Falls ein Regierungsfahrzeug im Hafen liegt, wird dieses draußen abgebrannte Blaufeuer oder ähnliche Signale beantworten. Dasselbe geschieht beim Telegraphenamt von Reischahr, falls man dort solche Signale wahrnimmt. Wenn man über seinen Schiffsort im Zweifel ist, sollte man nachts auf passender Tiefe ankern und Tageslicht abwarten.

Lotsen sind vorhanden. Lotsenzwang besteht nicht, doch sollten Schiffe mit mehr als 4 m Tiefgang stets einen Lotsen für die Binnenreede nehmen. Der Lotse kommt, wenn das Wetter es erlaubt, in einem Segelboote mit der Flagge »P« bis auf die Außenreede, sobald ein Schiff in Sicht ist oder anhaltend mit der Dampfpfeife getutet wird. Man erwartet ihn am besten in der Peilung: Haus des britischen Residenten rw. 80° (mw. OzN). Man bekommt in Buschehr auch Lotsen für den Schatt el-Arab, die gemeinsame Mündung des Euphrat und Tigris.

Telegraphenkabel sind drei bei der Reischahr-Huk gelandet. Das weiße Kabelhaus steht auf dieser Huk. Das eine Kabel läuft nach Fao (s. Seite 251) mit Anschluß an den Überlandtelegraphen nach Constantinopel, die beiden anderen über Karachi nach Bombay. Überlandtelegraph von Buschehr nach Teheran. Das Telegraphenamt, etwa $^3/_4$ Sm landwärts, ist gut sichtbar. Beim Telegraphenamt kann man die Mittl. Greenw. Zeit erhalten.

Schleppdampfer der Bombay and Persia Steam Navigation Co. schleppt nur Boote dieser Gesellschaft.

Quarantäne und Zollbehandlung. Die Gesundheitspolizei wird nach den internationalen Bestimmungen ausgeübt. Dem Quarantänearzt, der auf der Binnenreede an Bord kommt, ist die Liste der Mannschaft und Reisenden vorzulegen. Sehr dürftig eingerichtetes Quarantänelazarett, drei Steinhäuser bei Bahr Abbasak auf Djesiret Schech Saad (Abbild. 88). Zollamt verlangt nur Abschrift des Manifestes. Waren, die der zollamtlichen Kontrolle unterliegen, werden ins Zollamt gebracht.

Siehe Brit. Adm-Krt. Nr. 2837b (Tit. IX, Nr. 188)

Außenreede von Buschehr liegt außerhalb der vorgelagerten Bänke und ist vollständig ungeschützt. Alle Schiffe, die einen größeren Tiefgang haben als 5,9 m, müssen dort löschen. Ein passender Ankerplatz ist auf 9 m Wasser etwa 1 Sm außerhalb der 5 m-Grenze, wenn der Flaggenmast beim Hause des britischen Residenten rw. 80° (mw. OzN) peilt. Schiffe größeren Tiefgangs müssen weiter draußen ankern. Grund gut haltender weicher Schlick. Bei schlechtem Wetter soll schwere See aufkommen, so daß Schiffe mitunter gezwungen sind, die Reede zu verlassen. Man rechnet im Jahr auf durchschnittlich 30 Tage, an denen man wegen schlechten Wetters nicht laden oder löschen kann.

Laden und Löschen mittels Leichter (Segelboote). Boots- und Leichterverkehr ist wegen des großen Abstandes vom Lande sehr zeitraubend. Die Leichter benutzen zur Fahrt nach der Innenseite der Stadt entweder eine Rinne, die auf etwa 50 m Abstand vom Strande entlang führt, oder laufen über die Binnenreede durch den Chor Bahrani. Das letztere Fahrwasser muß bei Niedrigwasser stets benutzt werden, von größeren Leichtern oder Dampfbeibooten auch noch bei halber Tide (s. Bootsfahrt nach der Stadt).

Kleine Dampfer ankern bei gutem Wetter, wenn sie sich nur kurze Zeit aufhalten wollen, vorteilhaft etwa 1 Sm südwestlich vom Haus des britischen Residenten auf etwa 4 m Wasser, weicher Grund. Boote können in der Nähe des Flaggenmastes beim Hause des britischen Residenten landen.

Verbotener Ankerplatz ist das Gebiet, wo die Kabel gelandet sind, zwischen den Peilungen: Kabelhaus auf der Reischahr-Huk in Eins mit der Imamsada-Moschee rw. 85° (mw. O$^1/_2$N) und Kabelhaus in rw. 40° (mw. NO$^1/_2$N).

Gezeiten. Hafenzeit für Buschehr etwa 7^h 43^{min}; Springtidenhub 1,5 bis 2,1 m, Nipptidenhub 1,2 bis 1,8 m. Im Sommer sind die Tagestiden, im Winter die Nachttiden höher. In beiden Fällen ist die zweite Tide kaum fühlbar. Höchste Springtide im Juli.

Der Gezeitenstrom setzt auf der Außenreede längs der Küste. Er erreicht immer nur geringe Geschwindigkeit und ist sehr vom Winde abhängig. Der Wind verursacht bisweilen $^1/_2$ bis 1 Sm starken Triftstrom, durch den der Gezeitenstrom ganz aufgehoben wird. Nordwestwinde (Schamal) bewirken späteres Einsetzen des Flutstromes und niedrigeren Wasserstand; bei starken Südostwinden (Scharki) ist der Wasserstand am höchsten. Stürme haben überhaupt im nördlichen Teil des Golfs größeren Einfluß auf den Wasserstand als die Mondphasen; es kann vorkommen, daß bei plötzlich auftretendem Südwinde der Wasserstand bei Niedrigwasser fast eben so hoch ist als mit Nordwestwinden bei Hochwasser. In der Einfahrt zur Binnenreede setzt der Flutstrom nach

Siehe Brit. Adm.-Krt. Nr. 27 (Tit. IX, Nr. 191)

Norden und dann über die Innenbank hinweg nach Osten in den Kriek Chor Sultani hinein. Der Ebbstrom setzt umgekehrt.

Bei Flutstrom muß man also im südlichen Teil der Binnenreede, südwestlich von Ras el-Marg, mit einer Versetzung auf die Bänke an der Ostseite des Fahrwassers rechnen.

Im Kriek Chor Sultani läuft gegenüber von der Stadt sehr starker Gezeitenstrom, und zwar, solange die Innenbank überflutet ist, in östlicher und westlicher Richtung, wenn diese Bank trocken liegt, in der Richtung des Fahrwassers. Auf dem Ankerplatz der Binnenreede setzt der Strom östlich und westlich an der Kante der Lakfa-Sände entlang, bei Springtide etwa mit $1^1/_4$ Sm Geschwindigkeit. Er wird hier vom Winde weniger beeinflußt, wenigstens nie ganz aufgehoben. Auf den flachen Bänken nördlich und östlich vom Ankerplatz herrscht nur schwacher Strom. Im Chor Benderga (s. Seite 234) setzt der Gezeitenstrom mit großer Geschwindigkeit um das Nordende von Djesiret Schech Saad.

Chor Deira oder Binnenreede von Buschehr

liegt innerhalb der großen Bank Rakat el-Ali, durch diese fast gegen alle Winde geschützt; nur bei den selten auftretenden Winden aus SWzS bis WSW kann etwas Seegang aufkommen. Schiffe über 4 m Tiefgang können aber bei Niedrigwasser nicht über die Barre. Grund gut haltender weicher Schlick. Der Ankerplatz ist etwa $^1/_2$ Sm breit, im Süden wird er begrenzt durch die *Lakfa*-Sände, im Norden durch die östlich von Ras esch-Schatt vorspringenden Bänke. An der Nordseite der Reede nehmen die Tiefen regelmäßig, aber schnell ab; die Bänke bestehen aus hartem Sand. Das tiefste Wasser ist bei *Ras el-Marg,* der Westkante der Lakfa-Sände; dort muß man sehr vorsichtig sein, da die Kante der Sände steil abfällt und sich daher nicht anloten läßt.

Man liegt gegen Nordwestwinde am meisten geschützt, wenn man möglichst weit nach Osten ankert; auch ist dort der Bootsverkehr am bequemsten. Größere Schiffe ankern am besten auf 5,5 bis 6,4 m Wasser etwa $2^1/_3$ Sm von der Stadt, wenn der Mast beim Hause des britischen Residenten etwa rw. 161° (mw. SzO$^3/_4$O) peilt; kleinere Schiffe ankern auch wohl noch weiter östlich auf 4,5 m Wasser, wenn der eben erwähnte Flaggenmast rw. 164° (mw. SzO$^1/_2$O) peilt. Man liegt dort eben außerhalb der einheimischen Fahrzeuge (Baghalas). Guter Ankerplatz ist auch in der Kreuzpeilung: Einzelne Palme nördlich von *Bahr Abbasak* rw. 91° (mw. Ost) und der Sattel-Hügel etwas nordöstlich frei von der Stadt rw. 150° (mw. SSO$^3/_4$O).

Rakat el-Ali oder Außenbank ist der schmale südwärts vorspringende Zipfel der großen Bänke, die die Huk Ras esch-Schatt umgeben. Das Südende liegt etwa $2^3/_4$ Sm westnordwestlich vom Hause des britischen Residenten. Die Bank hat an ihrem Südende

Siehe Brit. Adm-Krt. Nr. 27 (Tit. IX, Nr. 191)

3,7 m Wasser, nach Norden zu nehmen die Tiefen allmählich ab. Die Bänke ostsüdöstlich von Ras esch-Schatt fallen trocken. Der Grund besteht aus Schlick. Außerhalb des schmalen Zipfels der Bank nehmen die Tiefen regelmäßig zu. Eine Art Verlängerung der Bank mit 4 bis 5,5 m Wasser dehnt sich noch weiter südwärts aus bis fast querab von Ras esch-Schaghab und bildet die Barre der Binnenreede.

Rakat es-Sufli oder Innenbank besteht aus einer Anzahl von trockenfallenden Bänken, die sich vom Nordende der Stadt nordwestwärts erstrecken. Zwischen den einzelnen Bänken bleiben Fahrrinnen, die bei Hochwasser von Booten benutzt werden. Nördlich von diesen Bänken dehnen sich die *Lakfa*-Sände aus. Ihre steil abfallende Westkante, Ras el-Marg, bildet die Hauptgefahr für die einlaufenden Schiffe, weil das tiefste Fahrwasser dicht daran vorbeiführt und man sie bei einem Schamal in Lee hat. Die Lakfa-Sände sind nur selten an Brandung kenntlich.

Leitmarken s. unter Einsteuerung.

Fahrwasser nach der Binnenreede liegt zwischen der Außenbank und einer Bank, die sich von Ras el-Marg außerhalb der trockenfallenden Innenbank nach Süden zu bis über die Stadt hinaus ausdehnt. Quer über das etwa 1 Sm breite Fahrwasser erstreckt sich eine Barre mit 4 m Wasser bei Niedrigwasser. Innerhalb der Barre nehmen die Tiefen allmählich zu. Schiffe mit 5,9 m Tiefgang können bei Springtide die Barre kreuzen.

Betonnung. Auf das Vorhandensein von Fahrwassertonnen auf der Barre und auf der Binnenreede kann man sich nicht verlassen, da sie sehr oft vertreiben. Während die im Jahre 1906 neu erschienene Brit. Adm. Krt. Nr. 27, Titel IX, Nr. 191 noch eine rote und eine schwarze Spierentonne auf der Barre und zwei schwarze Spierentonnen an der Westseite der Binnenreede aufführt, berichtet ein deutscher Kapitän, daß im Juli 1906 keine einzige Tonne vorhanden war. Es stand nur eine rote (nach der Karte schwarze) eiserne Pfahlbake auf Ras el-Marg.

Einsteuerung auf die Binnenreede von Buschehr.

Man bringe den Flaggenmast beim Hause des britischen Residenten in etwa rw. 68° (mw. ONO) bis rw. 80° (mw. OzN)-Peilung oder das Nordende der Stadt unter dem höchsten Teil des Gisakan-Bergrückens (Abbild. 83) und laufe auf einer dieser Peilungen ein, bis Ras esch-Schaghab rw. 164° (mw. SzO$^1/_2$O) peilt. Zu beachten ist, daß man auf diesem Kurse den Strom etwa querein hat. Dann steuere man etwa rw. 5° (mw. N$^3/_8$O), die Bake auf Ras el-Marg an St-B. haltend, bis der Flaggenmast beim Hause des britischen Residenten rw. 136° (mw. SO) peilt; von dort kann man mit un-

Siehe Brit. Adm.-Krt. Nr. 27 (Tit. IX, Nr. 191)

gefähr nordnordöstlichem Kurse, indem man die Bake in etwa 2 Kblg Abstand läßt, auf den Ankerplatz zuhalten. Von Süden kommende Fahrzeuge können Ras esch-Schaghab etwa auf 1 Sm Abstand passieren und mit nördlichem Kurse auf die Barre zusteuern. Im südlichen Teil der Einfahrt muß man darauf achten, daß Ras esch-Schaghab nicht südlicher als rw. 173° (mw. $S^3/_4O$) peilt, bis man südwestlich von Ras el-Marg steht. Wenn man querab von Ras el-Marg steht, peilt der Flaggenmast beim Hause des britischen Residenten rw. 150° (mw. $SSO^3/_4O$).

Die Peilung: Dorf auf dem Nordende von Djesiret *Schech Saad* rw. 50° (mw. $NO^3/_8O$) führt an der Südkante der Bank Rakat el-Ali vorbei über 4 m Wasser in gerader Richtung auf den Ankerplatz auf der Binnenreede. Wenn Tiefgang und Tide es erlauben, ist diese Einsteuerungslinie vorzuziehen. Die einzelne Dattelpalme nördlich von Bahr Abbasak rw. 91° (mw. Ost) führt frei von der Nordkante der Lakfa-Sände.

Für Segelschiffe ist es bei den vorherrschenden nördlichen Winden vorteilhaft, die Barre möglichst weit nördlich zu kreuzen, um leichter auf den Ankerplatz zu gelangen. Sobald man in die Peilung gelangt: Ras esch-Schaghab rw. 164° (mw. $SzO^1/_2O$), verfahre man, wie vorher angegeben. Einkreuzende Schiffe müssen wenden, sobald ein Lotwurf flacheres Wasser ergibt. Kleine Schiffe können so weit auf die Innenbank zu liegen, bis das Südende der beim Hause des britischen Residenten beginnenden Küstenabhänge eben innerhalb eines Einschnitts erscheint, der sich in der Bu Rijal-Bergkette (s. Seite 225) befindet und fast in Linie ist mit zwei großen runden Bäumen.

Peilungen der auf der Reede ankernden Schiffe werden außerdem bei der Einsteuerung gute Dienste tun, besonders nachts oder bei unsichtigem Wetter.

Hafenanlagen. Laden und Löschen geschieht auf der Außenreede (s. Seite 229) sowie auf der Binnenreede mit den einheimischen Segelbooten (baghalas). Die Arbeiten besorgen Kulis. Landungsplatz an der Innenseite der Stadt im Chor Sultani. Kaianlagen sind nicht vorhanden. Schiffe von 6000 R-T. haben schon nach teilweiser Leichterung auf der Außenreede auf der Binnenreede geankert.

Bootsfahrt von der Binnenreede nach der Stadt. Boote, die durch den *Chor Bahrani* zwischen Ras el-Marg und der nächst inneren Sandbank durchlaufen wollen, halten die einzelne Dattelpalme von Bahr Abbasak in Linie mit einem dachförmigen Gipfel, der sich neben einem anderen, durch einen Spalt sehr auffälligen Gipfel am Ende des Höhenzuges im Hintergrunde befindet. Dabei wird die Sandbank an St-B. auf etwa 50 m Abstand umsteuert. Sobald der Flaggenmast des persischen Regierungsgebäudes die

Siehe Brit. Adm-Krt. Nr. 27 (Tit. IX, Nr. 191)

rechte (westliche) Ecke des Zollhauses berührt, dreht man nach St-B. ab und steuert recht auf die auffällige Bergspitze des Kuh Chormudj zu. Ist der eben erwähnte Flaggenmast bis an die östlichsten Häuser der Stadt ausgewandert, so dreht man wieder nach St-B. und läuft in der letzteren Deckpeilung auf ihn zu. Zwischen Sonnenuntergang und Sonnenaufgang ist kein Bootsverkehr bei der Stadt gestattet.

Chor Sultani ist ein großer Kriek mit flacher Barre, der östlich von der Stadt weit in das Land einschneidet und sich bei Ras Fudar in zwei Arme gabelt. Eben innerhalb der Barre ist das Fahrwasser etwa $1/2$ Sm breit und hat 1,8 m Wasser bei Niedrigwasser, während es bei der Stadt etwa 2 Kblg breit und 7 bis 11 m tief ist; der Grund ist hart. Die Barre passiert man entweder durch den Chor Bahrani (s. Bootsfahrt nach der Stadt) oder östlich von Ras el-Djabri, der Ostecke der Lakfa-Sände. Durch das letztere Fahrwasser laufen einheimische Segelboote bis zu 3 m Tiefgang bei Hochwasser über die Barre; auch flachgehende Kanonenboote laufen oft ein und ankern bei der Stadt. Kleine Fahrzeuge der Eingeborenen ankern auch auf der Barre auf 1,8 m Wasser bei Niedrigwasser, auf dem sogenannten *Bender el-Ghaui*-Ankerplatz, von wo sie Ras el-Djabri in westlicher bis nordwestlicher Peilung haben.

Ostseite des Chor Sultani wird gebildet durch eine Sand- und Schlickbank, die etwa 1 Sm nördlich von der Stadt beginnt und sich $2^{1}/_{3}$ Sm südostwärts bis zur Muharrek-Insel erstreckt. Vom Nordende dieser Bank dehnt sich die Barre mit 1,4 m Wasser, meist hartem Grund, bis zu den Lakfa-Sänden aus. Die *Muharrek*-Insel liegt etwa 4 Kblg nordnordöstlich von Ras Fudar und erstreckt sich $1^{1}/_{2}$ Sm ostnordostwärts. Sie wird bei Hochwasser zum Teil überflutet; auf dem Westende steht ein Grabmal.

Westseite des Chor Sultani. Nach Westen zu wird das Fahrwasser begrenzt durch die Halbinsel Buschehr. Die Küste läuft von der Stadt mit leichter Biegung $1^{1}/_{2}$ Sm südostwärts bis nach *Ras Fudar* und von dort als Kante des Sumpflandes 5 Sm südsüdostwärts bis zu einer niedrigen Huk. An diesem Küstenstreifen zwischen dem Sumpfland, der sich südlich von der Stadt ausdehnt, und dem ansteigenden Gelände bei Imamsada sieht man Gruppen von Dattelpalmen und angebautes Land. Etwas südlich von der niedrigen Huk liegen ein kleines Fort und das Dorf *Tangak*. Östlich von Ras Fudar dehnt sich zwischen der Halbinsel Buschehr und dem Festlande ein meilenweiter Sumpf aus, der etwa 1 Sm nördlich von der eben erwähnten niedrigen Huk von Karawanen gekreuzt werden kann.

Einsteuerung in den Chor Sultani geschieht am besten unter Lotsenführung, da die weiter unten gegebenen Marken für Orts-

Siehe Brit. Adm-Krt. Nr. 27 (Tit. IX, Nr. 191)

unkundige nicht leicht auszumachen sind. Von Ras el-Djabri, der Westkante der Lakfa-Sände, bleibt man frei, wenn man die ganze Reihe der steilen Küstenabhänge südlich vom Hause des britischen Residenten hinter der Stadt verdeckt hält. Sobald die einzelne Dattelpalme nördlich von Bahr Abbasak rw. 77° (mw. ONO$^3/_4$O) peilt, nehme man etwa rw. 260° (mw. WzS)-Kurs auf, bis die Palmengruppe auf Ras Fudar nur noch eben frei zeigt von der Stadt, dann halte man auf die im Kriek ankernden Fahrzeuge ab.

Djesiret Schech Saad ist eine in nördlicher Richtung 4 Sm lange Insel, die den Hafen nach Osten zu begrenzt. Sie besteht aus Sumpfland, ausgenommen ein schmaler Streifen an der Nord- und Westküste. Am Nordende der Insel liegt ein großes, weit sichtbares Fischerdorf, dessen Bewohner lebhaften Handelsverkehr über Schif betreiben. Etwa $2^3/_4$ Sm südlich vom Nordende der Insel steht eine einzelne Dattelpalme, als Landmarke bereits mehrfach erwähnt. Das Südende der Insel ist von der Insel Muharrek durch eine $^1/_2$ Sm breite, bei Niedrigwasser fast trockenfallende Rinne getrennt. Zwischen Muharrek und Djesiret Schech Saad springt eine mit Klippen besäte, bei Niedrigwasser trockenfallende Sand- und Schlickbank etwa 1 Sm gegen den Hafen vor. Die ganze Westküste von Djesiret Schech Saad ist mit flachem Wasser besetzt. Die Insel hat kein Wasser außer dem, das bei Regenwetter gesammelt wird.

Quarantänestelle bei Bahr Abbasak.

Schif ist eine etwa 8 m hohe felsige Huk des Festlandes, etwa $1^1/_2$ Sm östlich von der Nordhuk von Djesiret Schech Saad; auf der Huk steht ein kleines Haus. Die Huk ist der einzige Landungsplatz des Festlandes in der Nähe von Buschehr, und viele der aus dem Landinneren für die Stadt herangeschafften Vorräte werden von dort aus verschifft. Östlich von Schif ist das Land niedrig und wüst und von meilenweiten Sümpfen durchzogen. Nördlich von Schif erstrecken sich ausgedehnte Sümpfe bis nach Rohilla.

Chor Benderga, der große Kriek, der dicht um die Nordspitze von Djesiret Schech Saad herum und in 4 Kblg Abstand bei Schif vorbei nach Südosten führt, ist ebenso wie der Chor Sultani durch eine Barre mit nur 0,9 m bei Niedrigwasser gesperrt. Querab von der Nordspitze von Djesiret Schech Saad ist der Kriek 14 m tief. Dort läuft starker Gezeitenstrom.

Kissar Tehimija, eine kleine sandige Huk mit vorgelagerten Klippen, liegt $1^3/_4$ Sm nordnordwestlich von Djesiret Schech Saad. Bei den Klippen kann man bei gewöhnlichem Hochwasser landen, bei Springtide werden sie überflutet.

Siehe Brit. Adm-Krt. Nr. 2837b (Tit. IX, Nr. 188)

Zwischen dem Chor Benderga und Ras esch-Schatt erstrecken sich große Schlickbänke, durchschnitten von breiten tiefen Prielen, deren Einfahrten flache Barren vorgelagert sind. Auf den Schlickbänken erheben sich einzelne Sandhümpel, die nur bei hohen Springtiden überflutet werden.

Buschehr, einer der Haupthandelsplätze am Persischen Golf, ist auf der Nordhuk der 11 Sm langen Halbinsel Buschehr erbaut. Die Straßen der Stadt sind eng und schmutzig. Straßenpflaster und Beleuchtung kennt man nicht. Die hervorragendsten Gebäude sind das befestigte Haus des britischen Residenten im Südwesten und das persische Regierungsgebäude im Südosten der Stadt. Neben dem Hause des britischen Residenten liegt das türkische Konsulat (Abbild. 83 und 88). Das russische, das deutsche und das französische Konsulat liegen südlich weit außerhalb der Stadt. Nach der Landseite ist die Stadt mit einer Mauer mit mehreren Türmen eingefaßt. Auffällig sind noch mehrere Windtürme (badgir), die auf den Häusern angebracht sind, um Luft in diese zu schaffen. Die Bevölkerung, Araber und Perser, wird auf 20 000 Köpfe geschätzt. Europäer sind außer den Konsuln nur wenige ansässig.

Die Witterung ist sehr heiß. Vom Mai bis Ende September herrschen bei großer Feuchtigkeit Temperaturen von 30 bis 50° C. im Schatten. Hitzschlag ist häufig. Die schlimmsten Monate sind der Juli und August. Die Schiffsmannschaften läßt man gewöhnlich dort nicht an Land gehen. Man hüte sich, einige der Moscheen zu betreten. Für den ungeübten Blick sind diese äußerlich nicht kenntlich. Überhaupt muß sich der Fremde von allen religiösen Veranstaltungen der Eingeborenen freihalten und auch sonst im Verkehr mit ihnen sehr vorsichtig sein.

Einfuhr. Baumwollengewebe, Tee, Zucker, Glaswaren, Öl, Metalle, Kaffee, Stückgut. Einfuhr von Waffen und Munition soll verboten sein.

Ausfuhr. Opium, Teppiche, Gummi, getrocknete Früchte, Felle und Häute, Pferde und Maultiere, Seide, Wachs, Rohtabak.

Dampferlinien. Hamburg—Amerika-Linie monatlich einmal. British India Steam Nav. Co. alle Woche im Anschluß an die Dampfer der P & O-Linie von Bombay. Bombay and Persia Steam Nav. Co. alle 14 Tage. Monatlich direkte Verbindung mit England.

Telegraphenverbindung.

Schiffsausrüstung. Für englische Kriegsschiffe werden etwa 1000 t Bunkerkohlen auf Lager gehalten. Andere Schiffe können nicht mit Sicherheit auf Kohlenversorgung rechnen. Gelegentlich

Siehe Brit. Adm-Krt. Nr. 27 (Tit. IX, Nr. 188)

können englische, selten indische Kohlen von zwei Privatfirmen geliefert werden. Übernahme aus Leichtern (baghalas). Frische Lebensmittel wie Fleisch, Brot, Mehl, Reis, Hühner, Eier sind zu haben. Kein Dauermundvorrat. Einrichtungen für Wasserversorgung sind nicht vorhanden. Schiffe gehen zum Wassernehmen entweder nach Muhammera oder Basra. Im Zisternenwasser soll der gefürchtete Guineawurm gefunden werden.

Auskunft für den Schiffsverkehr. Das deutsche Konsulat liegt 4 km südlich von der Stadt am Meere; Zollamt am Nordende der Stadt. Hafenpolizei übt der persische Gouverneur aus. Eine englische Bank ist am Ort.

Djesiret Charag und Djesiret Chargu.

Djesiret Charag *(Kharag)*, 31 Sm westnordwestlich von Buschehr, ist in nördlicher Richtung 4 Sm lang und 2 Sm breit. Die Insel wird ihrer ganzen Länge nach von einer Kette tafelförmiger Hügel durchzogen, auf denen mehrere einander ähnliche Grabmäler stehen. Das *Dedabuun*-Grabmal *(Muhammeds Watchman)*, fast in der Mitte der Insel, ragt 87 m über dem Meere. Im Süden bildet diese Hügelkette steile Abhänge und eine einzelne tafelförmige Felsmasse; im Norden wird sie niedriger und endigt mit 6 bis 9 m hohen steilen Felsabhängen. Fast in der Mitte des Nordendes der Insel erhebt sich ein etwa 60 m hoher keilförmiger Hügel mit einem kleinen Gebäude auf dem Gipfel, der eine gute Landmarke bildet, ausgenommen von Norden gesehen.

Während an der Westküste der Insel felsige Küstenvorsprünge mit Sandstrand abwechseln und das Bergland schroff zum Meere abstürzt, erstreckt sich längs der Ostküste eine gut bebaute, 1 Sm lange Ebene, die in die niedrige sandige Nordostspitze ausläuft. Auf dieser Huk liegen ein Dorf und ein verfallenes Fort. Einwohnerzahl etwa 500, meistens Fischer. Die Insel ist dem Gouverneur von Buschehr unterstellt.

Inselriff ist durchschnittlich 3 bis 4 Kblg, an der Nordseite 5 Kblg breit und felsig. An der Ostseite, wo die Küstenlinie eine sandige Bucht bildet, dehnt sich das Riff nur 3 Kblg weit aus und fällt steil in 13 m Wasser ab. Von der Huk, auf der das verfallene Fort liegt, springt ein Sandsteert ostwärts vor, mit 6,4 m Wasser dicht bei der Huk und 9 m in 7 Kblg Abstand. Auf beiden Seiten dieses Steertes lotet man 11 bis 13 m Wasser.

Landungsplatz. Man landet bei Niedrigwasser am besten nördlich von der Ostecke des verfallenen Forts oder vom Flaggenmast, bei Hochwasser irgendwo am Strande innerhalb des Riffs.

Siehe Brit. Adm-Krt. Nr. 2837b (Tit. IX, Nr. 188)

Ankerplatz bei Djesiret Charag. Im Sommer liegt man am besten geschützt gegen den Schamal auf 13 bis 14 m Wasser, 4 Kblg von der Küste, wenn der keilförmige Hügel eben südlich frei peilt von dem verfallenen Fort. Im Winter muß man weiter draußen auf 16 bis 18 m Wasser ankern und bei aufkommendem Scharki nach der Nordseite der Insel laufen, wo man nordwestlich vom verfallenen Fort auf 13 m Wasser in der Peilung: Ostecke des Forts oder den Flaggenmast rw. 158° (mw. SSO) etwa $^3/_4$ Sm ab, gegen Südostwind geschützt liegt. Der Ankergrund ist felsig und hält mäßig; man sollte im Winter scharf auf den Wind achten und stets klar sein, bei Zeiten von einem Ankerplatz nach dem anderen zu laufen.

Gezeiten. Hafenzeit bei den Inseln ist etwa $8^h\ 0^{min}$; Tidenhub etwa 1,8 bis 2,1 m.

Schiffsausrüstung. Die Insel hat kein Wasser. Lebendes Vieh in geringen Mengen sowie etwas Gemüse ist zu bekommen. In den Bergen gibt es Antilopen.

Djesiret Chargu *(Khargu)*, eine sehr niedrige Sandinsel, liegt mit ihrem Südende $2^1/_4$ Sm von Charag und erstreckt sich, 4 Kblg breit, 3 Sm nordostwärts. Die Insel ist wüst und unbewohnt. Fast in der Mitte stehen zwei auffällige Palmen. Am Tage sieht man sie etwa auf 6 Sm Abstand, nachts ist sie sehr schwer auszumachen.

Inselriff. Das Nordende der Insel ist von tiefem Wasser umgeben; an der Süd- und Westseite dehnt sich ein flaches felsiges Riff 5 bis 8 Kblg und an der Ostseite unreiner Grund $^1/_2$ Sm weit seewärts aus. Dicht bei der Riffkante, an der Süd- und Westseite, lotet man 13 bis 18 m, 2 Kblg seewärts vom unreinen Grund an der Ostseite 22 bis 27 m Wasser.

Landungsplatz ist der beste bei der Nordosthuk der Insel.

Durchfahrt zwischen Djesiret Charag und Djesiret Chargu ist zwischen den beiderseitigen Inselriffen etwa 1 Sm breit mit unregelmäßigen, bis dicht an die Riffe reichenden Tiefen von 9 bis 16 m über hartem Grund. In der Durchfahrt setzt starker Gezeitenstrom.

Wassertiefen in der Umgebung von Djesiret Charag und Djesiret Chargu. An der West- und Südseite von Charag lotet man tiefes Wasser bis dicht bei der Riffkante; die 40 m-Grenze läuft in etwa $1^1/_2$ Sm Abstand an der Insel vorbei. Ebenso lotet man an der Westseite von Chargu, nicht weit von der Riffkante, noch 22 m und in 5 Sm Abstand von der Insel 30 m Wasser. 6 Sm östlich von Charag findet sich eine Senkung des Meeresbodens mit 38 m Tiefe. Dies ist die tiefste Stelle zwischen Insel und Festland; von dort nehmen die Tiefen allmählich ab bis auf 22 m, etwa 1 Sm von der Insel. Eine andere Senkung des Meeresbodens, mit 46 m Tiefe,

Siehe Brit. Adm-Krt. Nr. 2837b (Tit. IX, Nr. 188)

findet man 2 Sm nordöstlich von Chargu; weiter nach dem Festlande zu nehmen die Tiefen allmählich ab.

Ansteuerung von Djesiret Charag und Djesiret Chargu muß sehr vorsichtig geschehen, weil die Gezeitenströme in der Nähe der Inseln stark sind und mit beträchtlicher Geschwindigkeit zwischen den Inseln hindurchsetzen. Chargu erscheint bisweilen bei Mondschein, wenn man dicht davor steht, wie ein weißer Streifen; sehr oft ist die Insel aber wegen ihrer bräunlichen Färbung nachts überhaupt nicht auszumachen.

Von Buschehr nach Ras el-Bahrdjan.

Die Küste des Persischen Golfs nördlich von Buschehr ist fast überall niedrig mit stellenweise weit nach See zu vorspringenden Bänken; erst ziemlich weit landwärts erheben sich mehr oder weniger hohe Bergketten. Die Küste südlich von der Dilam-Bucht bis nach Buschehr ist frei von weiter abliegenden Untiefen. Die Wassertiefen nehmen nach Norden zu allmählich ab; während man querab von Buschehr noch bis 70 m Wasser lotet, findet man nördlich von Chargu quer über den Golf mit wenigen Ausnahmen nur noch Tiefen unter 35 m, die nach den Flußmündungen zu schnell abnehmen. Die Ortschaften an der Küste nördlich von Buschehr sind alle nur klein; die persische Bevölkerung überwiegt.

Gezeiten sind an der Küste überall fühlbar; nördlich von Chargu erstreckt sich ihr Einfluß quer über den ganzen Golf, nach den Flußmündungen zu stärker werdend. Der Strom setzt längs der Küste, ihrem Verlauf folgend, und von Süden in die Flußmündungen hinein.

Die Hafenzeit nimmt schnell zu von $7^h 30^{min}$ bei Buschehr bis auf etwa $11^h 30^{min}$ auf der Barre des Schatt el-Arab.

Landmarken. Eine gute, etwa 30 Sm weit sichtbare Landmarke ist der 2 Sm von der Küste 300 m hoch ansteigende *Kuh i Bang*, etwa 30 Sm nördlich von Djesiret Charag. Diese Bergkette zieht sich etwa 12 Sm weit längs der Küste; sie fällt nach See steil ab und erscheint daher von Süden gesehen als auffällig breite steile Bergmasse. (Abbild. 89.) Nördlich vom Kuh i Gisakan (s. Seite 226) erstrecken sich 30 bis 40 Sm von der Küste mehrere Bergketten, dahinter bauen sich die Gipfel noch weit höherer Berge auf, im Winter mit Schnee bedeckt. Landwärts vom Kuh i Bang, durch ein Tal davon getrennt, erhebt sich ein 600 bis 900 m hoher Gebirgszug mit gleichförmigem Kamm. Von seinem Südende, das etwa 30 Sm nördlich von Buschehr liegt, scheint sich Flachland bis

Siehe Brit. Adm-Krt. Nr. 2837b (Tit. IX, Nr. 188)

zum Kuh i Gisakan auszudehnen. Nördlich von diesem Gebirgszug streicht eine niedrigere Hügelkette nach Westen, nähert sich dem Ende der Dilam-Bucht bis auf 4 Sm und biegt dann, niedriger werdend, nach Nordwesten gegen das Landinnere ab. Diese Hügelkette ist das westlichste Bergland an der persischen Seite des Golfs; das Ende des Golfs bildet eine große, durch Anschwemmungen entstandene Ebene. Auf der zuletzt beschriebenen Hügelkette sind besonders erwähnenswert der *Scharfe Pik (Sharp Peak)*, 25 Sm östlich von der Stadt Dilam, und der 168 m hohe *Schornstein-Hügel (Funnel Hill)*, 26 Sm nordwestlich von derselben Stadt.

Kuh Bebehan, eine in östlicher Richtung ziehende große Bergmasse von unregelmäßigen Umrissen, liegt $46^1/_2$ Sm etwa nordöstlich von Dilam und ragt 3170 m über dem Meere. Sein 6 Monate im Jahre mit Schnee bedeckter Gipfel ist bei sehr klarem Wetter 125 Sm weit sichtbar, also schon fast von der Barre des Schatt el-Arab aus.

Von Ras esch-Schatt nach Sabs Poschan, eine

36 Sm lange Strecke, läuft die niedrige sandige Küste mit leichter Biegung nach innen in nordnordwestlicher Richtung. Die Gezeitenströme folgen dem Verlauf der Küste. Untiefen sind dieser Küstenstrecke nicht vorgelagert. Wo ein Küstenriff vorhanden ist, ist dies nur von geringer Ausdehnung. Die 20 m-Grenze läuft 3 Sm seewärts von Ras esch-Schatt vorbei und entfernt sich weiter nordwärts etwa 6 Sm von der Küste. Die 6 m-Grenze liegt im allgemeinen nicht mehr als $1^1/_2$ Sm vom Lande. Wenn man querab von Ras esch-Schatt 27 m Wasser lotet, steht man nur 3 Sm von Land ab; weiter nördlich findet man diese Tiefe in 9 Sm Abstand.

Diese Küstenstrecke bietet nirgends geschützten Ankerplatz gegen die vorherrschenden Winde.

Chor Rohilla, 5 Sm nordnordwestlich von Ras esch-Schatt, kann von flachgehenden Booten bis zur Ortschaft Rohilla befahren werden, die $5^2/_3$ Sm nordöstlich von der Mündung in der Nähe einer Palmengruppe liegt. Die Mündung des Krieks ist flach, seine Ufer werden bei Hochwasser überflutet. Die Palmengruppe ist das einzige, was man von See aus sieht.

Die Küstenlinie zwischen Ras esch-Schatt und dem Chor Rohilla besteht aus einem schmalen Sandstreifen mit einzelnen Grasbüscheln, der nur wenige Fuß über Wasser ragt. In der Nähe des Chor Rohilla münden noch mehrere Salzwasserkrieke, alle bei der Einfahrt flach und weiter nach innen tief.

Bender Rig, eine kleine Stadt mit einigen Dattelpalmen in der Nähe, liegt 13 Sm nördlich von der Mündung des Chor Rohilla. Bei der Stadt mündet ein kleiner Kriek; Boote der Eingeborenen finden außerdem Schutz innerhalb zwei der Stadt vorgelagerten

Siehe Brit. Adm.-Krt. Nr. 2837b (Tit. IX, Nr. 188)

Sandbänken, wo sie bei Niedrigwasser trocken fallen. Die Stadt ist Ausfuhrhafen für Getreide; sie wird zum Teil bewohnt von Arabern des el-Zaab-Stammes.

Die niedrige sandige Küste zwischen dem Chor Rohilla und Bender Rig bildet eine Einbuchtung, in der die 6 m-Grenze etwa 2 Sm vom Lande liegt.

Chor Gasair, ein von großen Booten befahrener Kriek, mündet etwa auf halbem Wege zwischen dem Chor Rohilla und Bender Rig. Nahe seiner Mündung liegt ein kleines Dorf.

Kanawa ist ein großes Dorf $1/2$ Sm vom Strande und etwa 12 Sm nordnordwestlich von Bender Rig. Die Lage des Dorfes ist kenntlich an einigen Dattelpalmen und einem großen Grabmal mit Spitzturm. Außerdem steht am Strande ein großer, runder, indischer Feigenbaum, der eine gute Landmarke bildet. Bis Kanawa reicht das Gebiet des Gouverneurs von Buschehr; das Land weiter nördlich steht unter dem Chan von Bebehan.

Am Ort sind Hühner, Vieh und Gemüse zu haben.

Ankerplatz querab vom Feigenbaum auf 5,5 m Wasser etwa $1\frac{1}{2}$ Sm vom Lande. Große Schiffe ankern weiter draußen. Landen bei Niedrigwasser ist schwierig, da in den Prielen zwischen den trockenfallenden Sandbänken 0,6 bis 0,9 m Wasser stehen bleibt.

Chor Chalil ist die Mündung eines Krieks oder Flusses $1\frac{1}{4}$ Sm südlich von dem großen Feigenbaum bei Kanawa. Vor der Flußmündung fallen Sände bei Niedrigwasser 2 Kblg weit trocken. Boote aus Kanawa, die dort Küstenhandel treiben, gehen mit der Flut mehrere Sm weit flußaufwärts.

Kalat Haidar ist ein kleines Küstendorf 4 Sm nordwestlich von Kanawa. Die Einwohner sind Ackerbauer; sie sind friedlich, trotz ihres wilden Aussehens. In der Nähe des Dorfes stehen einige Dattelpalmen.

Von Sabs Poschan nach Dilam.

Von Sabs Poschan, etwa 2 Sm nordwestlich von Kalat Haidar, läuft die Küstenlinie erst 7 Sm nordnordwestwärts und dann 17 Sm etwas nördlicher bis nach Ras el-Tanb, der nächsten Huk südlich von Dilam. Längs der Küste ziehen sich einzelne mit Buschwerk bedeckte Hügel hin, hinter denen viel Raubgesindel hausen soll. 7 Sm nordwestlich von Sabs Poschan steht unter dem Kuh i Bang auf den Küstenhügeln ein etwa 15 m über dem Meere ragendes kleines Grabmal. Hinter den Küstenhügeln dehnt sich wellenförmiges, allmählich ansteigendes Gelände bis zum Fuße des Kuh i Bang aus. Zwischen diesem Grabmal und Sabs Poschan ist außerhalb 2 Kblg vom Lande kein Küstenriff; die 6 m-Grenze liegt etwa $1\frac{1}{2}$ Sm, die 20 m-Grenze etwa 4 Sm vom Lande. Die Tiefen ändern sich regelmäßig.

Siehe Brit. Adm-Krt. Nr. 2837b (Tit. IX, Nr. 188)

Sabs Poschan, auf 29° 39′ N-Br. und 50° 25′ O-Lg., ist eine wenig vortretende felsige Huk, bis auf 1½ Kblg von einem felsigen Küstenriff umgeben. Dicht östlich von der Huk sieht man einen kleinen Wasserlauf und dicht an der Küste erheben sich 12 bis 15 m hohe Hügel mit einem Grabmal auf dem Gipfel, das aber nur gesichtet wird, wenn man dicht unter Land steht.

Chor Sini, ein kleiner Kriek mit tiefem Wasser innerhalb der Barre, mündet etwa in der Mitte zwischen dem Grabmal beim Kuh i Bang und Ras et-Tanb. Südlich von der Mündung liegt ein kleines Dorf mit einigen Bäumen, und nicht weit davon erhebt sich die alte Moschee *Imam Husein,* die eine gute Landmarke bildet.

Chor el-Abd, ein kleinerer Kriek, mündet 3 Sm südöstlich von Ras et-Tanb. 2 Sm nordwestlich vom Chor el-Abd mündet der *Chor el-Lulatin.*

Dieser Küstenstrecke kann man sich bis auf etwa 1 Sm Abstand nähern. Die Wassertiefen nehmen nach Norden zu ab; etwa 12 Sm südwestlich von Ras et-Tanb lotet man nur noch 18 m Wasser.

Ras et-Tanb, die Südgrenze der Bucht Duhat Dilam, ist eine niedrige sandige Huk. Trockenfallende Sände sind ihr bis auf etwa 1 Sm Abstand vorgelagert, und flaches Wasser erstreckt sich noch beträchtlich weiter seewärts. Innerhalb des schmalen Sandstreifens, der dort die Küste bildet, dehnen sich meilenweite Sümpfe aus.

Dilam, eine Stadt mit einem viereckigen Fort, liegt an der niedrigen Küste 5 Sm nördlich von Ras et-Tanb. Die Häuser der Stadt liegen teils im Fort, teils sind sie um dieses herumgebaut. Landmarken für die Ansteuerung des Platzes sind das Fort, das zuerst in Sicht kommt, einige Bäume mit runden Kronen und etwas bebautes Land ½ Sm südlich vom Fort, ferner ein einzelner großer Baum mit runder Krone 2½ Sm nordnordwestlich vom Fort. 9 Sm südöstlich von Dilam erhebt sich ein kleiner, hell gefärbter, 50 m hoher Tafelberg mit senkrecht abstürzenden Seiten, der auf 14 Sm Abstand in Sicht kommt.

Die Küste bei der Stadt ist ein felsiger, schmaler, etwa 3 bis 4,5 m über Wasser ragender Landstreifen, der meilenweit ausgedehntes Sumpfland von der See trennt. Etwa 1¼ Sm nordöstlich von der Stadt liegt ein kleines Fort in der Nähe der Brunnen, die die Stadt mit Wasser versorgen. Mehrere von Dattelpalmen umgebene Forts liegen auch in der weiten Ebene nördlich vom Tafelberg.

Dilam ist der Hafen für den Bebehan-Distrikt. Ausgeführt werden Getreide, Baumwolle, Wolle, Fett usw.

Ankerplatz vor Dilam liegt auf 7,3 m Wasser, Grund weicher Schlick, etwa 3¼ Sm von der Stadt. Man liegt dort gegen den Schamal und zum Teil auch gegen den Südostwind geschützt, doch wird bei Südostwind wahrscheinlich viel See aufkommen.

Siehe Brit. Adm-Krt. Nr. 2837b (Tit. IX, Nr. 188)

Landung ist schwierig, da der Stadt trockenfallende Schlickbänke vorgelagert sind. Die Boote der Eingeborenen legen sich in einen die Bänke durchschneidenden Priel, wo die Ladung mit Eseln längsseit gebracht oder abgeholt wird.

Schiffsausrüstung. Vieh, Fische und Geflügel sind zu bekommen. Wasser ist teuer und nicht besonders gut.

Telegraphenverbindung mit Buschehr.

Duhat Dilam ist die in nördlicher Richtung etwa 12 Sm tief einschneidende Bucht zwischen Ras et-Tanb und Ras el-Bahrdjan. Die Wassertiefen betragen nicht über 14 m; die 6 m-Grenze liegt meistens 3 bis 4 Sm vom Lande, so daß man oft schon flaches Wasser lotet, wenn man die überall sehr niedrige Küste noch gar nicht in Sicht hat. Besonders trifft dies zu für den westlichen Teil der Bucht, wo sich vor der Küste von Ras el-Bahrdjan flaches Wasser fast 4 Sm weit erstreckt. Die Lotungen sind aber regelmäßig und das Land läßt sich deshalb leicht anloten.

Schah Abu'l-Schah, ein Dorf 8 Sm nordnordwestlich von Dilam, ist kenntlich an einem auf den Küstenhügeln erbauten großen weißen Grabmal mit Kuppel, das auf 9 bis 10 Sm Abstand in Sicht kommt. Beim Dorf mündet ein kleiner Kriek. Die Bevölkerung, die häufig mit der von Dilam in Fehde lebt, betreibt etwas Küstenhandel.

Die auf Seite 239 beschriebene Hügelkette streicht auf 3 Sm Abstand landwärts von Schah Abu'l-Schah vorbei nach Westen, biegt aber bald nach Nordwesten ab, um für das Delta der großen Ströme Platz zu machen.

Von Ras el-Bahrdjan zum Schatt el-Arab.

Ras el-Bahrdjan *(Ras ul-Bahrgan* oder *Ras Barkan)*, die Westhuk der Bucht Duhat Dilam, ist ein sehr schmaler Sandstreifen, der bei Hochwasser fast überflutet wird. Bei Hochwasser überflutete Schlickbänke umgeben die Huk und erstrecken sich meilenweit westwärts und ostwärts. Die 6 m-Grenze liegt 4 Sm südlich von der Huk. Etwa 3 Sm landwärts, scheinbar am Ufer des Hindijan-Flusses, sieht man einige Palmengruppen und das Grabmal *Mir Amman*.

Landung ist in dem weichen Schlick bis auf mehrere Sm ostwärts von Ras el-Bahrdjan unmöglich.

Hindijan-Fluß mündet etwa 4 Sm nordnordwestlich von Ras el-Bahrdjan. Der Priel durch die Schlickbank bis zur Flußmündung ist mit Pfahlbaken bezeichnet. Dampfer bis zu 2,7 m Tiefgang sind

Siehe Brit. Adm-Krt. Nr. 2837b (Tit. IX, Nr. 188)

schon 20 Sm flußaufwärts bis zur Stadt *Hindijan* gelangt. Am Flußufer, 6 Sm oberhalb der Mündung, liegt das kleine Dorf *Ab Katsch*. Der Fluß nähert sich vermöge seiner vielen Windungen östlich von Ras el-Bahrdjan bis auf 2 Sm der Küste. Die Bewohner von Hindijan sollen unfreundlich gegen Fremde sein.

Sirima nennt man eine kleine Gruppe von Bäumen mit runden Kronen 9 Sm nordwestlich von Ras el-Bahrdjan. Sie dient als Ansteuerungsmarke für den *Tab*-Fluß, südöstlich davon, der von kleinen Fahrzeugen bis zu 30 t befahren wird. Die sehr flache Mündung dieses Flusses ist noch nicht genau ausgelotet.

Ras et-Tulub, eine niedrige Huk des Festlandes, liegt 18 Sm westnordwestlich von Ras el-Bahrdjan. Etwa 3 Sm nordwestlich davon mündet ein Fluß oder Kriek, an dessen Ufern ausgedehnte Ruinen liegen. Die Küste nordwestlich von der Huk ist bei Hochwasser fast ganz überschwemmt; die Küstenumrisse sind noch nicht festgelegt.

Bänke und Inseln zwischen Ras el-Bahrdjan und dem Schatt el-Arab.

Fascht el-Miairis, eine große Sand- und Schlickbank, bei Niedrigwasser stellenweise trocken, dehnt sich südlich von Ras et-Tulub bis auf 12 Sm Abstand von der Küste aus. Eine schmale flache Rinne, *Chor Ghaslan*, trennt die Bank von Ras et-Tulub. Das etwa $3^1/_2$ Sm breite Fahrwasser zwischen der Bank und Ras el-Bahrdjan hat 5,5 m Wasser; es wird *Chor Bahrdjan* genannt.

Banna *(Bunneh)*, eine Insel 2 Sm westlich von Ras et-Tulub, ist $3^1/_2$ Sm lang, niedrig und schmal. Auf der Insel liegt eine Ruine. Zwischen der Insel und Ras et-Tulub bleibt eine tiefe Rinne.

Daira *(Dereh)*, eine niedrige und zum Teil sumpfige Insel, liegt 3 Sm südwestlich von Banna. Zwischen beiden Inseln führt in südlicher Richtung der tiefe *Chor Wusta* hindurch. In der Mitte des Fahrwassers scheint eine 1,8 m-Stelle zu liegen.

Eisch Schaham *(Aich Shaham)*, eine kleine steil in tiefes Wasser abfallende Sandbank, liegt südlich von Daira.

Maidan Ali, eine große Sand- und Schlickbank, begrenzt die verschiedenen Einfahrten in den Schatt el-Arab nach Osten. Die Bank ist etwa 15 Sm breit. Die Tiefen nehmen von dem trockenfallenden Teil nach außen regelmäßig zu; die Tiefenkurven scheinen parallel zum Lande zu verlaufen. Auf dem äußeren Teil der Bank ist Schlick, auf dem inneren Sand vorherrschend. Die 6 m-Grenze liegt südöstlich von der Huk *Bu Saif* 7 Sm, weiter südlich 13 Sm von der Küste.

Siehe Brit. Adm.-Krt. Nr. 2837b (Tit. IX, Nr. 188)

Die Bank sollte von Schiffen, die bei häsigem Wetter den Schatt el-Arab ansteuern oder sonst ihres Schiffsortes nicht sicher sind, angelotet werden.

Einzelnes Riff, auf dem die Wassertiefe 7,3 m betragen soll, erstreckt sich vor der Südwestecke der Bank Maidan Ali südöstlich von der Barre des Schatt el-Arab. Da nur Schiffe bis zu 5,2 m Tiefgang die Barre kreuzen können, bildet dieses Riff kein Hindernis für die Schiffahrt.

Chor Musa, ein großer Kriek, ist die Mündung des *Daurak*-Flusses, wahrscheinlich eines Armes des *Karun*-Flusses. Der Kriek führt etwa 5 Sm westlich von der Insel Daira vorbei und mündet bei der Ostkante der Bank Maidan Ali.

Nach Osten wird der Kriek begrenzt durch eine bei Niedrigwasser stellenweise trockenfallende Bank, die bei der kleinen niedrigen Insel *Kabr en-Nachuda,* 10 Sm nordnordwestlich von Daira, beginnt und sich 18 Sm weit in südlicher Richtung fortsetzt. Östlich von dieser Bank und nördlich von den Inseln Banna und Daira liegen noch viele Bänke mit tiefen Rinnen dazwischen, die noch nicht vermessen sind. Etwa 7 Sm nordwestlich von Kabr en-Nachuda teilt sich der Kriek in zwei Arme, einen nördlichen und einen westnordwestlichen.

Die Westseite des Chor Musa ist niedriges Sumpfland, das sich 18 Sm weit bis zum Bahmischir-Fluß ausdehnt. Die Südostkante dieses Sumpfes ist die Huk *Bu Saif.* Dicht westlich von dieser Huk mündet der *Schatt el-Kadimi,* ein Kriek mit seichter Einfahrt, von dem man annimmt, daß er mit dem Karun-Fluß in Verbindung steht. Den Namen *Daurakistan* führt die niedrige Küstenstrecke westlich vom Kriek bis zum Bahmischir-Fluß. Etwa 9 Sm westlich von Bu Saif mündet der *Schatt el-Koban,* der ebenfalls mit dem Karun-Fluß in Verbindung steht. Dieser ist ebenso wie der Schatt el-Kadimi noch nicht näher untersucht.

Kusēr Bint Sisuan *(Kaseir bint Sisuan),* ein schmales, felsiges, etwa 1 Sm langes Riff, liegt mitten im Chor Musa, 3 Sm südsüdwestlich von der kleinen Insel Kabr en-Nachuda. Tiefes Wasser, 11 m und mehr, reicht an beiden Seiten bis dicht an das Riff.

Einsteuerung in den Chor Musa geschieht am besten bei Niedrigwasser, wenn man die Sonne im Rücken hat. Die Bänke liegen dann zum Teil trocken, und man kann den Verlauf des Fahrwassers besser erkennen. Sowie man auf seichtes Wasser gerät, lasse man den Anker fallen und suche vom Boot aus durch Lotungen die tiefe Rinne festzustellen. Man halte sich möglichst an der Ostseite des Fahrwassers; der Kurs ist etwa rw. 350° (mw. NzW). Auch beim Riff Kusēr Bint Sisuan, falls man dies einlaufend an B-B. läßt, halte man die Ostseite des Fahrwassers. Sobald man Kabr en-Nachuda querab hat, drehe man auf etwa rw. 327° (mw.

Siehe Brit. Adm-Krt. Nr. 2837b (Tit. IX, Nr. 188)

NWzN) und steuere diesen Kurs, bis *Busaif (Cairn Island)* rw. 96° (mw. O^1/$_2$S) in etwa 1^1/$_2$ Sm Abstand peilt; dort kann man ankern.

Den westlichen Arm des Krieks kann man noch etwa 5 bis 6 Sm weiter hinauffahren, wenn man nur die Mitte des Fahrwassers hält. Dann wird der Kriek so eng, daß ein längeres Schiff nicht mehr drehen kann. Im nördlichen Arm steuere man mit etwa rw. 355° (mw. N^1/$_2$W)-Kurs an der Westseite entlang etwa 1^1/$_2$ Sm weit; dann biegt der Kriek nach Nordosten und später nach Osten.

Bahmischir-Fluß.

Bahmischir-Fluß ist ein etwa 54 Sm langer Arm des Karun-Flusses (s. Seite 259), der etwas oberhalb von Muhammera abzweigt und dicht östlich vom Schatt el-Arab mündet. Die folgende Beschreibung beruht auf einer flüchtigen Vermessung, die im Jahre 1890 an einem Tage ausgeführt wurde, kann also auf Genauigkeit keinen Anspruch machen. Der Flußlauf macht nahezu auf halbem Wege zwei scharfe Krümmungen; die erste etwa 11 Sm von der Mündung. Es scheint, als wenn die ersten 30 Sm von der Mündung flußaufwärts von Schiffen bis zu 2,7 m Tiefgang befahren werden könnten. Nahe bei der Mündung ist der Fluß 3 bis 4 Kblg, in der nördlichen Hälfte stellenweise aber nur 1^1/$_2$ Kblg breit. Bei der Mündung fallen die das Ufer bildenden Bänke schräg zum Fahrwasser ab; sie bestehen aus weichem Schlick und sind oberhalb der Hochwassergrenze mit Gras bewachsen. Weiter flußaufwärts werden diese Bänke härter und steiler. Der etwa 15 Sm lange nördliche Teil des Flußlaufes ist sehr seicht und uneben; stellenweise fallen bei Niedrigwasser Schlickbänke fast bis quer über das Fahrwasser trocken. Von etwa 25 Sm flußaufwärts bis fast nach Muhammera sieht man an den Ufern Dörfer und Palmenhaine.

Chor Bahmischir ist das Fahrwasser, das von der Bahmischir-Mündung durch Schlick- und Sandbänke an der Westseite der Bank Maidan Ali entlang in See führt. Die Rinne ist sehr gewunden und flach bis fast zur Flußmündung. Die Bänke zu beiden Seiten fallen nur bei Niedrigwasser trocken, so daß der Verlauf des Fahrwassers bei jedem anderen Stand der Tide schwer zu erkennen ist. 10 Sm von der Flußmündung liegt eine Barre mit 2,4 m Wasser, Grund weicher Schlick. Schiffe bis zu 2,1 m Tiefgang können also auch bei Niedrigwasser einlaufen. Innerhalb der Barre lotet man wechselnde Tiefen zwischen 3 und 3,7 m, ^{1}/$_2$ Sm von der Flußmündung 5,5 m.

Wrack liegt auf etwa 9 m Wasser etwa 2^1/$_4$ Sm ostsüdöstlich von der Außentonne des Schatt el-Arab.

Einsteuerung in den Bahmischir-Fluß.
Besondere Lotsen für den Bahmischir-Fluß gibt es nicht. Es empfiehlt

Siehe Brit. Adm-Krt. Nr. 1235 (Tit. IX, Nr. 188a)

sich, einen ortskundigen Führer eines der einheimischen Fahrzeuge anzunehmen. Die folgenden Angaben sind für den Fall gegeben, daß man ohne Führer einzulaufen wünscht; sie können aber nur ganz ungefähr als Anhalt dienen, da die vorgelagerten Bänke Änderungen unterworfen sind. Man steuere mit steigendem Wasser auf die Außentonne des Schatt el-Arab zu und drehe auf rw. 32° (mw. NNO$^5/_4$O)-Kurs, sobald man etwa 2 Sm südöstlich davon steht. Auf diesem Kurs laufe man etwa 4$^1/_2$ Sm ab, wobei man wahrscheinlich noch für den nordwestwärts setzenden Flutstrom etwas aufdrehen muß, bis man das tiefe Fahrwasser des Chor el-Amaja gekreuzt hat und die Barre des Bahmischir-Flusses anlotet. Auf diesem muß jetzt sehr vorsichtig die tiefe Rinne des Chor Bahmischir aufgesucht werden; es empfiehlt sich, etwa 2 Sm auf nordwestlichem Kurse abzulaufen und dann zu ankern, um durch ein Boot die Einfahrt in den Kriek ausloten zu lassen. Wenn man die tiefe Rinne gefunden hat, wird man mit etwa rw. 327° (mw. NWzN)-Kurs so weit laufen können, bis das Schilfrohr auf der Huk *Barr Nasar* ungefähr rw. 304° (mw. NWzW) peilt, worauf man allmählich etwas nördlicher steuert, bis die Mitte des Schilfrohrs auf Barr Nasar ungefähr rw. 271° (mw. W) peilt; dann steuert man etwa rw. 1° (mw. Nord), bis man südöstlich von der Flußmündung tieferes Wasser lotet, und dreht dann allmählich in die Mündung hinein. Auf dem nördlichen Kurse sieht man nach und nach das bei der Mündung wachsende Schilfrohr auftauchen; eine hohe viereckige Schilfmasse bezeichnet die südliche Einfahrtshuk.

Im Flusse selbst halte man sich immer an der eingebuchteten Seite des Ufers, wo man das tiefste Wasser findet, und scheere bei den scharfen Krümmungen quer über den Fluß.

Gezeiten s. Seite 249.

Mündung des Schatt el-Arab.

Das Delta des Schatt el-Arab wird gebildet durch diesen Fluß und den Seite 245 beschriebenen Bahmischir, der einen Arm des Karun-Flusses bildet. Der Karun-Fluß mündet bei Muhammera in den Schatt el-Arab.

Einfahrten in den Schatt el-Arab. Der Flußmündung sind große veränderliche Schlickbänke vorgelagert, durch die zwei Einfahrten hindurchführen. Von diesen ist aber nur die westliche betonnt, die allein für große Seeschiffe in Betracht kommt. Über beide Einfahrten ziehen sich flache Barren.

Marakat Abadan, eine allmählich gegen das Fahrwasser abfallende große Bank, trennt die Osteinfahrt von der Westeinfahrt.

Siehe Brit. Adm-Krt. Nr. 1235 (Tit. IX, Nr. 188a)

Ihr Nordwestende kommt nur bei hohen Springtiden unter Wasser. Dort liegen Fischbuhnen. Die Kante der Bank soll bei schönem Wetter und leichter Brise an Kabbelung zu erkennen sein.

Marakat Abdallah, eine andere große Bank, ebenfalls gegen das Fahrwasser allmählich abfallend, springt von der Westseite der Flußmündung weit nach Süden und Südosten vor und bildet die Grenze der Westeinfahrt. Die Bank fällt bei Niedrigwasser bis auf etwa 6 Sm von der Flußmündung trocken.

Osteinfahrt *(Chor el-Amaja)* läuft an der Ostseite der Bank Marakat Abadan erst nach Norden und dann nach Westen und trifft mit dem Hauptfahrwasser etwas unterhalb der Flußmündung zusammen. Der westwärts gerichtete Teil des Fahrwassers wird auch *Chor el-Nasar* genannt. Nach Norden wird die Einfahrt begrenzt durch eine bei Niedrigwasser trockenfallende Bank, die von Barr Nasar ostwärts und südwärts vorspringt. Die Wassertiefe beträgt am Südende 18 m, nimmt aber allmählich ab, stellenweise bis auf 2,3 m. Kurz vor der Einmündung in das Hauptfahrwasser liegt eine etwa $1/2$ Sm breite Barre mit nur etwa 1 m Wasser.

Westeinfahrt *(Chor el-Kafka)*, die etwa 11 Sm lange Haupteinfahrt in den Schatt el-Arab, läuft in etwa nordwestlicher Richtung zwischen den Bänken Marakat Abadan und Marakat Abdallah hindurch. Innerhalb der Außentonne zieht sich eine flache Barre über das Fahrwasser, die bei Springtide von Schiffen mit 5,2 m, bei Nipptide von solchen mit 4,6 m Tiefgang gekreuzt werden kann. Im Winter ist das Nachthochwasser, im Sommer das Tageshochwasser das höhere. Die innere Barre ist tiefer; oberhalb der inneren Barre nehmen die Tiefen schnell zu.

Wassertiefen in der Westeinfahrt. Die flachsten Stellen auf der äußeren Barre hatten im Jahre 1905 nur 2,1 m Wasser. Das Fahrwasser scheint flacher geworden zu sein, denn früher sind Schiffe von 5,7 bis 5,8 m Tiefgang bis nach Basra gekommen. S. M. S. »Cormoran« lotete z. B. 1895 sechs Tage nach Vollmond, also nahezu bei Nipptide, nicht unter 5,5 m Wasser auf der Barre. Auf der inneren Barre betrug die geringste Tiefe 1905 nicht unter 3,6 m. Der Schlick auf der Barre ist übrigens so weich, daß Schiffe mit starker Maschine durch die obere Schlickschicht hindurch dampfen können. Oft sind schon Schiffe über die Barre gelaufen, deren Tiefgang bis zu 0,3 m größer war als die Wassertiefe. Bisweilen leichtern Schiffe einen Teil ihrer Ladung unterhalb der Barre und nehmen ihn oberhalb der Barre wieder ein.

Betonnung der Westeinfahrt. Im Jahre 1906 lagen folgende Tonnen aus: Die Außentonne, schwarz und spitz mit Balltoppzeichen oder kleiner schwarzer Flagge auf 4,9 m Wasser, 15,2 Sm südöstlich vom Fao-Leuchtfeuer; Lawrence-Tonne, spitz, rot und weiß senkrecht

Siehe Brit. Adm.-Krt. Nr. 1235 (Tit. IX, Nr. 188a).

gestreift auf 3,4 m Wasser nicht weit von der Kante der Bank Marakat Abdallah, 11,5 Sm südöstlich vom Fao-Leuchtfeuer; die Tonnen Nr. 1 und 2, schwarz und stumpf, die erstere auf 3 m Tiefe an der Westseite des Fahrwassers, 9,3 Sm vom Fao-Leuchtfeuer, die letztere auf 2,7 m Tiefe an der Westseite des Fahrwassers, 7,7 Sm vom Fao-Leuchtfeuer; die innere Barretonne, schwarz und spitz mit Ringtoppzeichen auf 3 m Tiefe auf dem nördlichen Teil der Barre, 6,3 Sm vom Fao-Leuchtturm; drei kleine rote Spierentonnen, die die Ostseite des Fahrwassers bezeichnen sollen, fehlten im August 1906.

Auf das Vorhandensein und die richtige Lage der Tonnen kann man sich nicht verlassen.

Wrack eines zweimastigen Fahrzeuges, dessen Takelung sichtbar war und dessen Großmast etwa 4,6 m aus dem Wasser ragte, lag 1904 17,5 Sm rw. 112° (mw. OSO$^1/_8$O) von der Außentonne mit dem Bug westsüdwestlich auf 14,6 m Wasser.

Bank mit 7,3 m Wasser, Grund Sand, Muscheln und blauer Ton, liegt 12$^1/_2$ Sm etwa südsüdöstlich von der Außentonne des Schatt el-Arab.

Ansteuerung des Schatt el-Arab (Abbild. 90).

Man setzt den Kurs recht auf die Außentonne ab, die bei sichtigem Wetter unschwer aufzufinden sein soll. (Nach einer Mitteilung S. M. S. »Cormoran« von 1895 war die Tonne nur klein und selbst bei klarem Wetter nicht gut auszumachen; es muß also scharf danach ausgesehen werden.) Das Land, nämlich die Bäume und die Häuser von Fao, kommt erst in Sicht, wenn man sich auf der Barre befindet. Bei häsigem Wetter, wenn man seines Schiffsortes nicht sicher ist, suche man die Bank Maidan Ali anzuloten und steuere von dort westwärts, indem man sich, fleißig lotend, auf 9 m Wasser hält, bis man die Außentonne sichtet. (Vgl. Gezeitenstrom Seite 249.) Diese Tonne läßt man etwa 2 Kblg an St-B. und steuert rw. 301° (mw. NWzW$^3/_8$W), bis die Lawrence-Tonne rw. 338° (mw. NNW) peilt; dann setzt man seinen Kurs so, daß man dicht westlich von der Lawrence-Tonne vorbeikommt. Eine 1,8 m-Stelle befindet sich 2 Kblg östlich von dieser Tonne. Von querab von der Lawrence-Tonne ist so zu steuern, daß man 1 Kblg östlich von den schwarzen Tonnen Nr. 1 und 2 sowie von der inneren Barretonne bleibt. Von der inneren Barretonne steuert man auf das Fao-Leuchtfeuer zu, das bei den Telegraphenämtern steht, den größten Gebäuden an der Westseite der Flußmündung (Abbild. 90). Bei Befolgung der vorstehenden Anweisungen, denen die Fahrwasserverhältnisse, wie sie im Jahre 1905 waren, zugrunde liegen, wird man bis zur Lawrence-Tonne nicht unter 2,7 m Wasser bei Niedrigwasser finden; zwischen dieser Tonne und der Tonne Nr. 1 beträgt die durchschnittliche Tiefe auch 2,7 m, doch kommen verschiedene kleine 2,1 m-Stellen vor, die sich nicht immer vermeiden lassen. Querab

Siehe Brit. Adm-Krt. Nr. 1235 (Tit. IX, Nr. 188a)

von der Tonne Nr. 1 ist in der Mitte der Fahrrinne 5,0 bis 5,5 m Wasser. Nach der Nordostseite des Fahrwassers nehmen die Tiefen sehr schnell ab, der Grund wird hart, während sie nach den schwarzen Tonnen zu, wo der Grund sehr weich ist, allmählich abnehmen. Zwischen der Tonne Nr. 2 und der inneren Barretonne lotet man auf der inneren Barre nicht unter 3,2 m; oberhalb der letzteren Tonne wird das Fahrwasser tiefer.

Aussteuerung. Große Schiffe müssen bei Fao ankern und warten bis das Schiff auf Flut schwait, um bei Hochwasser bei den flachsten Stellen zu sein. Von Fao steuere man mit etwa rw. 113° (mw. OSO)-Kurs auf die innere Barretonne zu, wobei man das Leuchtfeuer recht achteraus haben muß, und laufe von der Tonne ab die entgegengesetzten Kurse wie bei der Einsteuerung. Wenn man etwa 2 Sm bei der Außentonne vorbei ist, kann man Kurs golfabwärts aufnehmen. Bei starkem Schamal oder starken Südostwinden bringen die Lotsen Segelschiffe nicht über die Barre.

Wegen der häufigen Änderungen des Fahrwassers sind die oben gegebenen Anweisungen nur mit Vorsicht zu benutzen, auch sollte man dafür sorgen, daß stets die neueste Ausgabe der Seekarte an Bord ist. Man unterlasse auch nicht, vor dem erstmaligen Einlaufen die »Nachr. f. Seef.« auf neuere Veröffentlichungen über das Fahrwasser und seine Betonnung zu prüfen.

Lotsen. Für das Befahren des Schatt el-Arab ist die Annahme eines Lotsen für Ortsunkundige unbedingt erforderlich. Man bekommt einen Lotsen in Buschehr, bisweilen auch in Lingah; dort setzt man ihn auch wieder ab.

Schleppdampfer. Im Notfalle kann man in Fao einen der englischen Barredampfer, die meist in Basra liegen, telegraphisch herbeirufen.

Gezeiten. Hafenzeit in der Westeinfahrt des Schatt el-Arab und im Chor Bahmischir $11^h 30^{min}$; Springhochwasserhöhe 3,0 m, Nipphochwasserhöhe 2,4 m, Nipptidenhub 1,5 m. Im Sommer ist das Taghochwasser, im Winter das Nachthochwasser das höhere. Im Winter ist der Unterschied in den Tag- und Nachthochwasserhöhen bei Nipptide nur sehr gering, während er bei Springtide 0,9 bis 1,2 m beträgt. Umgekehrt ist der Unterschied in den Niedrigwasserhöhen bei Tage oder bei Nacht gerade bei Nipptide am größten, etwa 1,2 bis 1,4 m, bei Springtide am geringsten, etwa 0,4 bis 0,9 m. Die höchsten Tiden bringt der April, die niedrigsten in der Regel der Oktober und der November. Zeit und Höhe der Tiden werden durch die vorherrschenden Winde sehr beeinflußt, z. B. wurde in einem Falle beobachtet, daß nach mäßig starkem, fünf Tage andauerndem Schamal das Wasser 0,15 m mehr gefallen war als gewöhnlich.

Gezeitenstrom. In der Nähe der Außentonne setzt der Ebbstrom bei Springtide mit 2 bis 3 Sm, bei Nipptide mit 2 Sm Ge-

Siehe Brit. Adm.-Krt. Nr. 1235 (Tit. IX, Nr. 188a)

schwindigkeit ungefähr südostwärts. Der Flutstrom setzt entgegengesetzt, bei Springtide mit 2 bis 3 Sm Geschwindigkeit.

Flut- und Ebbstrom setzen noch einige Zeit nach Hoch- und Niedrigwasser; nur wenn Nordwestwinde wehen, fällt das Kentern des Stromes nahezu mit dem Hoch- und Niedrigwasser zusammen. Näheren Aufschluß hierüber gibt die folgende Tabelle, deren Angaben über die Gezeiten größtenteils in den Monaten November und Dezember während der Vermessung gesammelt worden sind.

	Chor Bahmischir				Westeinfahrt (Chor el-Kafka)			
	Springtide		Nipptide		Springtide		Nipptide	
	Flutstrom	Ebbstrom	Flutstrom	Ebbstrom	Flutstrom	Ebbstrom	Flutstrom	Ebbstrom
Stromstärke in Sm..	1½ bis 2	1 bis 1½	1 bis 1¾	1 bis 1¾	1 bis 1½	1 bis 2	1 bis 1¾	1 bis 2
Mittlere Dauer des Flut- und Ebbstromes nach Hoch- und Niedrigwasser in Minuten........	40	45	30	20	80	30	unregelmäßig	50
Dauer des Stillwassers in Minuten......	25		20		15 bis 30		15 bis 30	

Schatt el-Arab.

Der Schatt el-Arab ist das gemeinsame Bett des Euphrat und Tigris von ihrem Zusammenfluß bis zum Meere. Der Fluß ist bis nach Basra schiffbar für Seeschiffe, deren Tiefgang ihnen erlaubt, die Barre zu kreuzen; er bildet von der Mündung bis 16 Sm unterhalb Basra die Grenze zwischen Persien und der Türkei. Bei der Mündung ist der Fluß etwa 1½ Sm breit.

Die Ufer sind sehr niedrig und werden von zahlreichen Bewässerungskanälen durchschnitten; mitunter ist das ganze Land, mit Ausnahme einiger erhöhter Stellen zwischen den Pflanzungen, überschwemmt. Der Ufergürtel von Fao bis einige Sm oberhalb Korna ist sehr fruchtbar. Dort wachsen Dattelpalmen und andere Früchte, Gemüse, Getreide usw. Zwischen den Pflanzungen sieht man einzelne unbebaute Sandstrecken. Weiter landwärts ist alles ein Sumpf. Die Ufer sind bevölkert von wilden Schweinen, großen Vieh- und Büffelherden. Etwas unterhalb von Muhammera werden die Palmenwälder dichter, dahinter dehnen sich fruchtbare Ebenen aus. Bei der Mündung bilden die beiden Ufer einen scharfen Gegensatz: Während die Westseite, auf der Fao liegt, dicht mit Dattelpalmen bepflanzt ist, ist das östliche oder persische Ufer, mit Ausnahme einzelner Hütten, kahl bis etwa querab von Fao. Etwa dort, wo die ersten Palmen stehen, liegt ein auffälliges Fort; hinter

Siehe Brit. Adm-Krt. Nr. 1235 (Tit. IX, Nr. 188a)

den ersten Palmen sind Araberhütten. Das an der Ostseite zwischen dem Schatt el-Arab und dem Bahmischir-Fluß eingeschlossene Land heißt *Djesiret el-Chidhr (el-Kidr)* oder *Abadan*-Insel. Der äußere tiefe Rand der Uferbänke besteht überall aus reichem Schlick, dicht bewachsen mit Schilfrohr und Gras. Der Schlick ist so weich, daß man kaum landen kann.

Das Flußwasser ist bei Ebbe bis nach Fao so frisch, daß man es trinken könnte; nur im Herbst, wenn niedriger Wasserstand herrscht, schmeckt das Wasser etwas brackig. 10 Sm oberhalb Fao ist das Wasser aber immer frisch. Lebensmittel, wie Früchte, Gemüse, Vieh, sind häufig bei den Dörfern zu bekommen.

Flußfahrt nach Basra. Genaue Anweisungen für die Flußfahrt können wegen der häufigen Änderungen des Fahrwassers nicht gegeben werden. Die neueste Ausgabe der Karte wird auch genügenden Anhalt für die Schiffsführung bieten, wenn man nur beachtet, daß sich das tiefste Wasser im allgemeinen an der eingebuchteten Seite des Ufers findet. Die Flußfahrt sollte grundsätzlich nur unter Lotsenführung unternommen werden, wenn man nicht ganz genaue Ortskenntnis besitzt. Der Grund ist übrigens so weich, daß eine Grundberührung meist keine Gefahr bietet.

Vorschrift über Fahrtminderung s. Seite 262.

Fao (Abbild. 90), kleines Dorf von etwa 400 Einwohnern, liegt auf der Westseite des Schatt el-Arab, etwas über 4 Sm von der Mündung. Im Dorf liegt ein türkisches Erdfort. Die Postdampfer nach Basra stoppen bei Fao.

Leuchtfeuer von Fao. Zwei weiße Festfeuer (gewöhnliche Öllampen) von 2 Sm Sichtweite brennen senkrecht untereinander in 1,2 m Abstand 12,2 m über Hochwasser an einem Pfahl bei dem Dorfe. Die Feuer brennen unregelmäßig, besonders wenn der Schamal weht; außerdem sollen sie schwer von den Lichtern der Ortschaft zu unterscheiden sein.

Telegraphenkabel, englisches, des Persischen Golfes läuft von Fao über Buschehr nach Karachi. Die beiden großen weißen Telegraphengebäude bilden gute Landmarken für die Ansteuerung der Flußmündung (Abbild. 90 und 91). Das eine Gebäude ist das englische Telegraphenamt für das unterseeische Kabel, das andere das türkische Telegraphenamt für den Überlandtelegraphen.

Quarantäne und Zollbehandlung. Fao besitzt ein Gesundheitsamt und ein Zollamt.

Schiffsmeldung. Unterscheidungssignal des Schiffes und Name des Agenten werden vom Telegraphenamt in Fao telegraphisch nach Basra gemeldet.

Landungsplatz ist bei einer aus roh über den Schlick geschichteten Steinen bestehenden Landungsbrücke, die etwas unter-

Siehe Brit. Adm-Krt. Nr. 1235 (Tit. IX, Nr. 188a)

halb vom Leuchtfeuer vorspringt. Auf dem Ende dieser Landungsbrücke steht das Gesundheitsamt. Tiefes Wasser reicht fast bis ans Ende der Brücke.

Von Fao zur Tschellabi-Huk.

Am Westufer des Flusses, oberhalb Fao, stehen zuerst etwa 2 Sm weit die Palmen ziemlich weitläufig, dann beginnt ein dichter Palmenhain, der fast 4 Sm weit nordwärts reicht. Zwei einzelne kleine Häuser stehen 2 und $2^1/_2$ Sm nordwestlich von Fao. Weiter landwärts hinter dem dichten Palmenhain liegen das Dorf *Maamir* und ein großes Fort. An den dichten Palmenhain schließt sich nach Norden zu eine über 2 Sm lange baumlose Strecke, an deren Nordende eine von Süden aus gut sichtbare, nach Norden zu aber verdeckte Ziegelbrennerei liegt. Weiter nördlich ist das Ufer wieder mit Dattelpalmen bepflanzt. Gegenüber der baumlosen Uferstrecke zieht sich längs des Ostufers eine über 1 Sm lange Insel, flußabwärts verlängert durch eine etwa $1^1/_2$ Sm lange trockenfallende Schlickbank. Innerhalb der Insel führt ein schmaler Bootspaß hindurch. Das Westufer ist bei der Mündung unterhalb Fao anscheinend eingedeicht.

Am Ostufer des Flusses, gegenüber von Fao, liegt ein auffälliges Fort, und nördlich davon stehen einige Bäume mit runden Kronen. Dahinter liegen Araberhütten und Pflanzungen. Nach Nordwesten zu zieht sich längs des von einem niedrigen Schlickwall eingedeichten Ufers ein über $3^1/_2$ Sm langer Palmenhain, in dem das Dorf *Kasba* liegt. An seinem Nordende sieht man eine besonders auffällige Baumgruppe und ein viereckiges Fort. Daran schließt sich eine etwa 2 Sm lange mit Buschwerk bestandene Uferstrecke und dann beginnen wieder Palmenpflanzungen, die sich bis zur Tschellabi-Huk ausdehnen. An dieser letzten Küstenstrecke, die auch zum Teil durch einen niedrigen Schlickwall eingedeicht ist, sieht man ein kleines verfallenes Haus.

Im Fluß finden sich an vielen Stellen Fischreusen.

Von der Tschellabi-Huk zur Karun-Mündung.

Von der Tschellabi-Huk läuft der Fluß erst etwa 4 Sm nordnordostwärts und biegt dann nach Nordwesten, welche Richtung er etwa 10 Sm weit beibehält. In dieser letzteren Stromstrecke *(Kabda Reach)* läuft das Fahrwasser hinter der Krümmung zuerst längs des Westufers, später, etwa vom Dorfe *Schateit* ab (s. Seite 253), längs des Ostufers. Bei der nächsten Krümmung, *el-Chasi*, biegt das Hauptfahrwasser scharf nach Westen ab und führt südlich und westlich von der Muhallah-Insel vorbei, während an der Ostseite dieser Insel ein Bootspaß nach Nordwesten läuft, der sich oberhalb der Insel wieder mit dem Hauptfahrwasser vereinigt. Nördlich von Muhallah wird das Fahrwasser durch Schlickbänke beträchtlich eingeengt; etwas unterhalb Muhammera liegt die weiter unten beschriebene Barre.

Siehe Brit. Adm-Krt. Nr. 1235 (Tit. IX, Nr. 188a)

Segelschiffe können im Fluß nur ganz kurze Schläge machen; größere Schiffe müssen sich durch Anluven und Abfallen im Fahrwasser zu halten suchen.

Während das Westufer des Flusses bis zur Krümmung bei el-Chasi von Palmenwäldern eingefaßt wird, ist das Ostufer eine weite Strecke fast baumlos. Nur bei dem kleinen verfallenen Weiler *Abadan* steht eine auffällige Baumgruppe und landwärts davon sieht man zwei Grabmäler. Ebenso sieht man Palmenpflanzungen bei den Dörfern *Schateit* und *Bawarda,* nahezu am oberen Ende der Kabda Reach. Gegenüber von el-Chasi, wo das Hauptfahrwasser abzweigt, liegt das kleine Dorf *Barēn*. Am Ostufer der Kabda Reach liegt die *Dawasir*-Insel und weiter flußabwärts noch mehrere andere Inseln, deren südöstlichste durch eine Bank bis zur nächsten Flußkrümmung verlängert wird. Der östlich von der Insel Muhallah vorbeiführende Bootspaß ist an beiden Seiten dicht mit Dattelpalmen bepflanzt. Die Insel *Muhallah,* von dreieckiger Form, ist an ihrem Südwestende sehr niedrig. Etwas nördlich von der Gabelung des Flusses in zwei Arme am Ostufer liegt das Dorf *Harta (Hurteh),* und von dort zieht sich ein Palmenwald bis zur Einmündung des Karun-Flusses. Zwischen den Palmen liegen einzelne Hütten, ein kleines Dorf und eine Ziegelbrennerei. An der Südseite der Karun-Mündung liegen Kasernen und die Quarantänestelle für Muhammera, an der Nordseite der Palast des persischen Gouverneurs und das englische Konsulat.

An der tiefen Einbuchtung des westlichen Flußufers westlich von el-Chasi liegt das Dorf *Seihan* in einer baumlosen Ebene. Daran schließt sich nach Nordwesten ein Palmenhain, in dem ein Zollhaus liegt. Weiter nördlich besteht das Ufer zuerst aus Wiesenland und dann aus Pflanzungen mit einzelnen Palmen bis gegenüber von der Karun-Mündung.

Barre unterhalb Muhammera. Etwa 2 Kblg südöstlich von der Karun-Mündung bildet sich zeitweise eine aus hartem Sand bestehende Barre, auf der bei der letzten Vermessung das tiefste Wasser bei Springniedrigwasser 4,9 m betrug. Aber etwa $1/2$ Sm südsüdöstlich vom Flaggenmast der Quarantänestelle, fast in der Mitte der Barre waren 1,2 bis 1,8 m-Stellen. Diese Barre bildet sich gewöhnlich zwischen Februar und Juni. Sie ist flacher, wenn der Karun-Fluß unabhängig vom Tigris oder vor diesem Hochwasser führt, dagegen tiefer, wenn der Tigris zuerst steigt.

Von der Karun-Mündung nach Basra.

Von der Mündung des Karun-Flusses läuft der Schatt el-Arab zuerst etwa 13 Sm westwärts und dann 5 Sm nordwestwärts bis zur Stadt Basra. Die westwärts gerichtete Stromstrecke, auch *Dabba Reach* genannt, wird von einer Kette langgestreckter, niedriger, zum Teil

Siehe Brit. Adm-Krt. Nr. 1235 (Tit. IX, Nr. 188a)

mit Dattelpalmen bestandener Grasinseln durchzogen, deren südlichste, *Dabba*, noch über die Mündung des Karun-Flusses nach Süden reicht. Die nördlichste dieser Inseln heißt *Quarantäne-Insel*. Beide Flußufer sind durchweg mit Dattelpalmen bepflanzt. Gegenüber vom Südende der Insel Dabba, am Südufer, liegt das Dorf *Mutaua* und weiter flußaufwärts ein Zollhaus; noch weiter westlich mehrere Dörfer, ein Grabmal und einzelne Hütten. Am Nordufer, 3 Sm oberhalb der Mündung des Karun-Flusses, liegt das Fort *Fahlija*, die Residenz eines Schechs, des sogenannten Fürsten von Muhammera.

Das Fahrwasser ist bei der Karun-Mündung ziemlich tief; dort muß man gut auf den Gezeitenstrom achten. Dann führt es an der Nordseite und dicht am Westende der Insel Dabba vorbei, zwischen dieser Insel und der nächsten weiter westlich, die ein auffälliges, kleines, weißes Zollhaus mit Flaggenmast trägt, hindurch. Weiter nach Westen zu liegt das Fahrwasser mehr nach dem Westufer zu. Auch vom Nordwestende der Quarantäne-Insel ab bis etwa 1 Sm nordwestlich von Basra nehmen die Tiefen nach dem Ostufer zu allmählich ab, während das Westufer steil in tiefes Wasser abfällt.

Basra.

Basra *(Bassorah)*, auf dem Westufer des Schatt el-Arab, etwa 67 Sm oberhalb der Barre, ist der Hafen für ein ausgedehntes Hinterland, dessen Handelsmittelpunkte in der Türkei Bagdad und in Persien Kirmanschah sind. Die Stadt Basra liegt nicht direkt am Strom, sondern etwa $1/_2$ Sm landwärts an einem großen Kanal *(Aschar-Kriek)*, der sich beim Zollhaus abzweigt und innerhalb der Stadt in mehrere Arme teilt.

Quarantäne und Zollbehandlung. Die Quarantänevorschriften sind sehr streng, werden aber schnell erledigt. Gesundheitspaß wird verlangt. Das Quarantäneamt *Chora* mit Flaggenmast liegt etwas über 1 Sm unterhalb der Stadt. Schiffe müssen dort ankern, bis die Pratika erteilt ist. Beobachtungszeit für verdächtige Schiffe 5 Tage. Landungsmanifest kann in englischer Sprache ausgefertigt sein.

Ankerplatz vor Basra liegt auf 9 bis 11 m Wasser in der Mitte des Fahrwassers etwas oberhalb des Kanals, der zur Stadt führt. Das Wasser ist dort weniger verunreinigt wie unterhalb der Stadt. Man vermurt wegen des starken Gezeitenstroms vor langen Ketten mit dem Bug nach Westen.

Beim Ankern ist es ratsam, sich möglichst weit frei zu halten von den Flußdampfern, die mit langer Kette vor einem Anker liegen und deren Ankergeschirr in der Regel nicht viel wert ist.

Siehe Brit. Adm-Krt. Nr. 1235 (Tit. IX, Nr. 188a)

Gezeiten. Hafenzeit bei Basra ist $6^h\ 0^{min}$, oder etwa $6^1/_2{}^h$ später als auf der Barre. Tidenhub beträgt wahrscheinlich etwa 2,7 m.

Geschwindigkeit des Ebbstroms schwankt zwischen 3 und 6 Sm, des Flutstroms zwischen 2 und 4 Sm. Der Ebbstrom setzt etwa noch einmal so lange als der Flutstrom.

Wrack eines gesunkenen Kohlenleichters lag 1898 fast in der Mitte des Fahrwassers zwischen dem Nordwestende der Quarantäne-Insel und dem Westufer des Flusses.

Dockanlage. Auf der Werft der Euphrat- und Tigris-Dampfergesellschaft befindet sich für die Flußdampfer ein 70 m langes Schlickdock, das bei gewöhnlichem Springhochwasser Schiffe bis zu 3 m Tiefgang aufnehmen kann. Die Werft wird von einem englischen Ingenieur geleitet und ist mit Werkstätten versehen.

Tonne. Eine weiße spitze Tonne liegt vor der Einfahrt in den nach der Stadt führenden Kanal.

Basra *(Bassorah, Bussorah)*, Sitz der Regierung des Paschaliks Basra und wichtige Handelsstadt, besteht aus der eigentlichen Stadt mit den verschiedenen Basaren sowie den türkischen Regierungsgebäuden und den ausgedehnten von Gärten umgebenen und von Palmenhainen durchschnittenen Vororten. In der Stadt herrscht, besonders zur Zeit der Dattelernte, reger Verkehr; die Straßen sind eng und winkelig, einige münden auf größere Plätze. Die im Besitz von Persern befindlichen Basare sind im Verhältnis zur Größe der Stadt recht bedeutend. Reges Treiben herrscht auch auf dem zur Stadt führenden Kanal, einer von dichtem Palmengebüsch eingefaßten Wasserstraße. An Moscheen und Kirchen ist Basra auffallend arm; wichtige Gebäude sind das am Kanaleingang erbaute Zollhaus, der Palast des Generalgouverneurs, das englische Konsulat, das türkische Admiralitätsgebäude und die Geschäftshäuser der europäischen Kaufleute. Eine auffällige Kirche liegt etwas oberhalb der Kanalmündung und ein Hospital jenseit des Flusses.

Einwohner im Jahre 1904 etwa 50 000, größtenteils Araber, aber auch Perser, Inder, Juden und Neger. Türken nur als Beamte, Europäer als Kaufleute. Englischer und persischer Konsul am Ort; französischer Konsularagent; deutsche Firma Robert Wönkhaus.

Einfuhr. Zucker, Kohlen, Metall, Stückgut, Manufakturwaren, Petroleum usw.

Ausfuhr. Datteln, Getreide, Teppiche, Opium, Ghee, Perlen, Wolle, Baumwolle, Gallnüsse, Süßholzwurzeln usw.

Dampferlinien. Hamburg-Amerika-Linie monatlich einmal von Hamburg. Bucknall Brothers, Anglo-Arabian and Persian Co., West Hartlepool Line monatlich einmal von England; British India

Siehe Brit. Adm-Krt. Nr. 1235 (Tit. IX, Nr. 188a)

Steam Nav. Co. alle Woche mit Post von Bombay. Bombay and Persia Steam Nav. Co. alle 14 Tage. Gelegentlich auch andere Linien. Flußdampfer nach Bagdad.
Telegraphenverbindung.

Schiffsausrüstung. Bunkerkohlen sind fast stets zu haben. Die Firmen Strick u. Co. und Lynch haben gewöhnlich 1200 und 1000 t Wales-Kohlen vorrätig; die Firma Gray, Mc-Kenzie and Co. 700 bis 1500 t meist indische Kohlen. Übernahme durch Eingeborene ist zeitraubend. S. M. S. »Cormoran« gebrauchte für 160 t fast 19^h. Frische Lebensmittel sind wohlfeil, namentlich Hammelfleisch und Geflügel, aber nicht gut. Das Flußwasser ist frisch, aber schmutzig und hat den unangenehmen Schlickgeruch.

Witterung. Seitdem Dattel- und Weizenbau an Stelle des Reisbaues getreten sind, haben sich die gesundheitlichen Verhältnisse des Landes beträchtlich gebessert. Malaria und Wechselfieber herrschen aber immer noch in der Stadt und Umgegend. Der September soll am ungesundesten sein. Juli, August und September sind außerordentlich heiß. Dezember und Januar sind kalt, oft mit Frost. Die übrigen Monate gleichen dem Frühling und Sommer des südlichen Europa. Die während der heißen Zeit wehenden Nordwestwinde sind heiß und trocken.

Von Basra nach Bagdad.

Der Schatt el-Arab ist schiffbar für kleine Schiffe bis zu 4,6 m Tiefgang bis nach Korna, am Zusammenfluß des Euphrat und Tigris, etwa 49 Sm oberhalb Basra. Die Wassermassen der beiden Ströme bleiben auch in dem gemeinsamen Bette des Schatt el-Arab auf lange Zeit getrennt; bis nach Basra fließt, so behaupten die Eingeborenen, das dunkle, klare und kühlere Tigriswasser neben den trübgelben Fluten des Euphrat hin, und von Basra aus soll man deshalb mit Vorliebe von der gegenüberliegenden Seite des Stromes Wasser schöpfen.

Die Ufer des Schatt el-Arab oberhalb Basra sind mit üppigem Pflanzenwuchs und Palmenwäldern bedeckt und von großer landschaftlicher Schönheit. Euphrat und Tigris strömen in spitzem Winkel zusammen; auf einer zwischen beiden Flüssen gebildeten Landzunge liegen die wenigen Häuser des Dorfes *Korna (Gurne oder Kurna),* kenntlich an weit sichtbaren Palmen.

Makil, ein Ort, wo die britischen Kaufleute Bagdads Landbesitz haben, liegt etwa 4 Sm oberhalb Basra, dort wo der Flußlauf westlicher biegt. Der Ort ist kenntlich an einem großen viereckigen

Siehe Brit. Adm.-Krt. Nr. 1235 (Tit. IX, Nr. 188a)

Gebäude mit Flaggenmast. Für das Anlaufen dieses Platzes ist die Erlaubnis der türkischen Behörden einzuholen. Regierungsfahrzeuge ankern bisweilen dort.

Ankerplatz liegt nahe unter dem Nordufer, wo der Strom am schwächsten ist.

Der Tigris. Der Flußlauf des Tigris von Korna bis Bagdad soll 490 Sm lang sein und keine Gefahren für die Schiffahrt bergen, ausgenommen an einigen Stellen alte Mauerreste. Das bebaute Land hört etwa 100 Sm oberhalb Korna gänzlich auf; von dort ziehen sich weite Weideflächen bis nach Bagdad. Die schwierigste Strecke des Flußlaufs, wo dieser am schmalsten ist und sehr scharfe Krümmungen aufweist, beginnt 30 Sm oberhalb Korna und ist 80 Sm lang.

Gezeiten sind fühlbar bis etwa 30 Sm oberhalb Korna; indessen setzt der Strom stets flußabwärts. Das durch die Gezeiten hervorgerufene Heben und Senken des Wasserspiegels verschwindet ganz allmählich.

Wasserstand. Nach Ansicht der Flußdampferkapitäne kann man mit einem Fahrzeug von etwa 3 m Tiefgang bis etwa 60 Sm oberhalb Korna, und mit einem Fahrzeug von 2,7 m Tiefgang noch 90 Sm weiter flußaufwärts gelangen. In der Regel kommen in der trockenen Jahreszeit Boote mit 0,9 m Tiefgang bis nach Bagdad, zu anderen Zeiten solche mit 1,5 m Tiefgang. Im Mai und Juni werden aber wahrscheinlich auch Fahrzeuge mit 1,8 m Tiefgang bis Bagdad gelangen. Der niedrigste Wasserstand ist von September bis November; im Dezember steigt der Fluß durch Regengüsse um 0,3 m, und auch in den folgenden drei Monaten halten Regengüsse den Wasserstand auf ziemlicher Höhe. Im April, wenn die Schneeschmelze in den armenischen Gebirgen eintritt, findet ein weiteres Steigen statt, das im Mai und Juni seinen Höhepunkt erreicht. Vom Juli ab fällt der Fluß wieder.

Überschwemmungen finden gelegentlich statt. Im Jahre 1896 stieg der Fluß nach heftigen Regengüssen um 2,4 m in einer Nacht, wodurch die Ufer weggewaschen wurden und das Land um Bagdad auf einer 25 Sm langen und 6 bis 7 Sm breiten Strecke überschwemmt wurde. Das Wasser stand noch über der Höhenlage der von einem Damm umgebenen Stadt. Auch im April 1894 war eine große Überschwemmung.

Dampferlinien. Auf dem Tigris verkehren zwei englische Dampfer, die den Flußdampfern auf den amerikanischen Strömen ähneln. Bis zu 30 t große Fahrzeuge der Eingeborenen sieht man flußaufwärts treideln, was bis Bagdad etwa 30 bis 40 Tage in Anspruch nimmt.

Siehe Brit. Adm-Krt. Nr. 1235 (Tit. IX, Nr. 188a)

Muhammera.

Muhammera, eine aufblühende Stadt, liegt am Nordufer des Karun-Flusses etwa 1 Sm oberhalb der Mündung. Ihre Bedeutung verdankt die Stadt ihrer Lage als Eingangshafen für die persische Provinz Arabistan. Das umgebende Land ist eine größtenteils kahle Ebene, die in den Winter- und Frühlingsmonaten bei Hochwasser auf weite Strecken überschwemmt wird.

Einwohner etwa 5600 im Jahre 1895.

Karun-Mündung *(Hafar-Kanal)* (Abbild. 92), liegt an der Ostseite des Schatt el-Arab etwa 40 Sm oberhalb Fao. Die Einfahrt in die Mündung bietet keine Schwierigkeiten, doch muß man auf den starken Gezeitenstrom achten. Die Mündung ist etwa 2 Kblg breit, die Wassertiefe beträgt 5,5 bis 7,3 m, in der Nähe der Stadt ist sogar 9 bis 9,5 m Wasser. Beide Ufer der Mündung sind mit Dattelpalmen bepflanzt. An der Südseite der Mündung liegen Kasernen und die Quarantänestelle, an der Nordseite der Palast des persischen Gouverneurs und das Landhaus des englischen Konsuls.

Ankerplatz bei Muhammera liegt querab von der Stadt dicht am Ufer. Man muß vorn und hinten vertäuen, da nicht Raum genug ist zum Schwaien. Für Schiffe, die nur kurzen Aufenthalt haben, ist es vorteilhaft, eben oberhalb der Karun-Mündung zu ankern. Am Zusammenfluß des Schatt el-Arab und Karun entsteht zeitweise so starker Strom, daß die Anker nicht halten oder die Ketten brechen.

Dampferlinien. Die British India Co. und die Bombay and Persia Steam Nav. Co. laufen regelmäßig Muhammera an. Flußdampfer gehen den Karun-Fluß aufwärts bis *Bender Nasri*.

Schiffsausrüstung. Bunkerkohlen werden etwa 700 t jährlich eingeführt, aber keine vorrätig gehalten. Eine etwa 15 m breite Kohlenbrücke, die bei Niedrigwasser trocken liegt, ist vorhanden. Lebensmittel sollen ziemlich wohlfeil zu haben sein. Als Trinkwasser dient das Flußwasser; es ist stets, auch bei Hochwasser, durchaus süß und soll, nachdem sich der Lehm gesetzt hat, sehr gut sein. Das Wasser soll in der Karun-Mündung auch reiner und kühler sein als im Schatt el-Arab; man hat im Sommer Unterschiede bis zu 9° C. in der Wasserwärme der beiden Ströme beobachtet.

Witterung. Die gesundheitlichen Verhältnisse sollen nach Angabe des Führers des persischen Regierungsdampfers besser sein als in Basra. Große Hitze und Trockenheit herrschen von Mai bis September. Ende Juli und Anfang August ist es am heißesten. Bemerkenswert ist die außerordentliche Trockenheit der Luft. Häufig treten sehr lästige Staubwinde auf, besonders im Juli, August und

Siehe Brit. Adm-Krt. Nr. 1235 (Tit. IX, Nr. 188a)

September; diese führen nicht selten so viel Staub mit sich, daß man kaum 100 m weit sehen kann. Auch Windhosen sind häufig. Regen ist im Sommer selten. Nördliche Winde sind vorherrschend.

Karun-Fluß.

Der Karun-Fluß gabelt sich etwas oberhalb Muhammera in zwei Arme: Der eine Arm strömt als Bahmischir-Fluß (s. Seite 245) nach Südosten in das Meer, der andere ergießt sich etwa 1 Sm unterhalb Muhammera in den Schatt el-Arab. Wenn der Fluß Hochwasser führt, etwa von Ende November bis April, soll er sehr reißend sein und die Stromgeschwindigkeit bis zu 6 Sm betragen; im Mai und Juni wurde 4 Sm starker Strom beobachtet. Bei niedrigem Wasserstand, im November, war 2 Sm Strom. Der Einfluß der Gezeiten macht sich etwa bis nach *Ali bin Husein* geltend. Der niedrigste Wasserstand ist von August bis Ende Oktober; während dieser Zeit werden große Schlammbänke sichtbar, zwischen denen einzelne Fahrrinnen hindurchführen. Im Januar steigt der Fluß 6,7 m.

Von Muhammera nach Achwas. Die Schiffahrt bis nach *Bender Nasri*, etwa 1 Sm unterhalb Achwas, macht für flachgehende Dampfer bis zu 0,9 m Tiefgang keine Schwierigkeiten. Die Breite des Flusses schwankt zwischen 2 und 5 Kblg, das Fahrwasser wird aber stellenweise sehr eng, hauptsächlich bei den Krümmungen. Bis zur *Samana*-Krümmung können auch Schiffe von 3,7 m Tiefgang gelangen; diese Krümmung ist sehr scharf und das Fahrwasser sehr schmal. Der Flußdampfer, der zwischen Muhammera und Bender Nasri verkehrt, hat 1,4 m Tiefgang. Das tiefste Wasser findet man in der Regel an der eingebuchteten Seite des Ufers, während die vorspringenden Ecken meist von Sandbänken eingefaßt werden, die stellenweise bis über die Flußmitte hinaus vorspringen. Der Grund besteht aus Sand oder Sand und Schlick. Bis nach *Kut ab Doola* liegen mit einer Ausnahme keine Klippen (s. weiter unten), wohl aber weiter oberhalb.

Oberhalb *Reubens*-Grabmal sind die Ufer mit dünnem Gestrüpp bestanden, dahinter dehnen sich große Ebenen aus ohne besonders hervortretende Landmarken. Etwa 44 Sm unterhalb Bender Nasri, am Ostufer des Flusses, liegt das Dorf *Farsiat*, und 2 Sm weiter flußabwärts springt vom gegenüberliegenden Ufer eine Klippe etwa 10 m weit vor, die bei hohem Wasserstand unter Wasser liegt und dann für die Schiffahrt gefährlich wird.

Etwa 7 Sm unterhalb von Bender Nasri liegt auf dem Ostufer des Flusses das Dorf *Kut ab Doola;* querab von diesem Dorf finden sich mit etwa 0,9 m Wasser bedeckte Klippen, wahrscheinlich alte Mauerreste. Weiter oberhalb bis nach Bender Nasri liegt der

Siehe Brit. Adm-Krt. Nr. 1235 (Tit. IX, Nr. 1888a)

Fluß voller Sandbänke, zwischen denen sich das Fahrwasser fortwährend ändert. Querab von Bender Nasri bildet der Fluß ein natürliches tiefes Becken, wo die Schiffe ihre Ladung löschen müssen, da die dort beginnenden mächtigen Stromschnellen die Schiffahrt sperren. Die Ladung wird durch eine Straßenbahn bis oberhalb der Schnellen geführt und dort in andere Schiffe verladen.

Stromschnellen von Achwas bestehen aus einer Anzahl von Felsriffen, die sich quer über das Flußbett erstrecken. Sie beginnen bei Bender Nasri und ziehen sich, etwas über 1 Sm breit, bis nach Achwas.

Achwas *(Ahwaz)*, eine neue Stadt von ziemlicher Handelsbedeutung mit etwa 700 Einwohnern, liegt etwa 117 Sm von Muhammera ungefähr 60 m über dem Meeresspiegel. Die Stadt soll besser gebaut sein als die meisten persischen Städte; ihre Lage erkennt man an einer 60 m hoch aus der Ebene aufsteigenden Hügelkette, die flußabwärts und auch flußaufwärts meilenweit sichtbar ist. Eine besonders gute Landmarke bilden drei kleine, dicht zusammenliegende Gipfel, von denen der höchste etwa 2 Sm von Achwas entfernt ist.

Von Achwas nach Schuschter. Oberhalb der Stromschnellen strömt der Fluß zwischen etwa 5,5 bis 6 m hohen Ufern, die allmählich steiler werden, dahin. Das Land ist flach an beiden Seiten soweit das Auge reicht. Bis *Bend i Kyr (Bund i Kir)*, 40 Sm oberhalb Achwas, wo seine drei Nebenflüsse zusammenströmen, ist der Flußlauf 1 bis 3 Kblg breit und sehr gewunden; die Schiffahrt bietet aber keine Schwierigkeiten. Das Flußbett besteht bis zur *Grana*-Stromstrecke (Reach) aus Fels, weiter oberhalb aus Sand oder Sand und Schlick. Am Südende einer in nördlicher Richtung laufenden geraden Stromstrecke liegt das Dorf *Kut el-Chamise (Wais, Weiss)*, etwa $26^1/_2$ Sm oberhalb Achwas und etwa $9^1/_2$ Sm unterhalb Bend i Kyr. Bei dem letzteren Dorf läuft man in den sehr schmalen und sehr gewundenen *Ab i Girgar* ein. Dieser Nebenfluß ist 25 bis 90 m breit und 0,3 bis 0,6 m tief. Dort, wo der Telegraphendraht den Fluß kreuzt, liegen Klippen, bei denen nur eine schmale Fahrrinne vorbeiführt. Zwischen *Sajad Hassan* und *Dalatad* liegt das Fahrwasser voll gefährlicher, anscheinend im Flußbett wurzelnder Baumstümpfe. Eine gute Landmarke bildet dort der dreieckige *Kyat*-Gipfel in der nächsten hohen Hügelkette. Die Flußufer sind stellenweise 9 bis 12 m hoch; einige Meilen oberhalb Bend i Kyr sieht man die Ruinen einer alten Stadt in Felsen eingebettet. Die Schiffahrt geht bis einige Sm oberhalb vom Dorf *Schelalieh*, das etwa 2 Sm vom Flußufer liegt; von dort bis zur 7 Sm entfernten Stadt Schuschter wird die Ladung auf Mauleseln befördert.

Siehe Brit. Adm-Krt. Nr. 1235 (Tit. IX, Nr. 188a)

Schuschter, etwa 25 Sm von Bend i Kyr, ist eine große halbverfallene Stadt, die hauptsächlich Weizen, Sesam, Gummi, Leinsamen und Bohnen ausführt. Eingeführt werden Stückgüter von Bombay, Eisen aus Europa und Tee aus Indien.

Ab i Dis. Die drei Nebenflüsse des Karun-Flusses, die bei Bend i Kyr zusammenströmen, sind der Ab i Girgar oder eigentliche Karun-Fluß, der Ab i Schatail und der Ab i Dis. Während die beiden ersteren in Nord—Südrichtung laufen und eine Insel einschließen, an deren Nordende die Stadt Schuschter liegt, strömt der Ab i Dis von der Stadt Disful aus erst in südöstlicher und dann bis zum Zusammenfluß mit den beiden anderen bei Bend i Kyr in ostnordöstlicher Richtung. Der Dampfer »Schuschan« von etwa 0,8 m Tiefgang hat diesen Nebenfluß 1891 soweit wie möglich befahren, über welche Fahrt folgender Bericht vorliegt: Der Dampfer lief von Bend i Kyr aus durch ein nur 18 m breites Fahrwasser in den Ab i Dis und folgte etwa $1^1/_2^h$ lang einer sehr gewundenen Rinne mit nur 0,9 m Wasser; dann wurde das Wasser tiefer, ungefähr 2,7 m, ausgenommen wo lange Sandbänke flache Barren mit nur 0,9 m Wasser bildeten, was etwa alle 5 Sm der Fall war.

Bei *Kut Bender* zog sich eine Klippenkette quer über den Fluß, über die ein gerades Fahrwasser mit 1,2 m Wasser hinwegführte. Daran schloß sich ein sehr verwickeltes Fahrwasser bis nach *Um el-Wawieh*, etwa 10 Sm oberhalb Kut Bender und ungefähr 20 Sm auf dem Landwege von *Disful* oder *Wisful*. Weiter kam der Dampfer nicht; die sehr beschwerliche, durch häufiges Festkommen aufgehaltene Rückreise dauerte 36^h, während die Hinfahrt 51^h in Anspruch genommen hatte.

Im Winter bei Springtide soll der Fluß bis nach *Kut Abdi Schah* schiffbar sein, einer wichtigen Stadt von 16 000 Einwohnern mit vielen Indigofabriken, die etwa 80 Sm auf dem Wasserwege und 10 Sm auf dem Landwege oberhalb Disful liegt.

Der ganze gewundene Flußlauf bis Kut Abdi Schah führt durch niedriges unbebautes Land und weit ausgedehnte Dschungeln.

Ab i Schatail, der dritte Nebenfluß des Karun-Flusses, wird etwa 1 Sm oberhalb Bend i Kyr durch Klippen für die Schiffahrt gesperrt.

Dampferverbindung besteht alle 14 Tage von Muhammera nach Achwas und anschließend oberhalb der Stromschnellen bis nach Schuschter. Oberhalb Achwas fährt der Dampfer unter persischer Flagge. Für die Fahrt nach Schuschter war 1899 nur der Dampfer »Schuschan« vorhanden, ein Heckraddampfer von 0,8 m Tiefgang. Fahrzeuge der Eingeborenen laufen ebenfalls bis nach Schuschter und Disful.

Als Regel kann ungefähr für die Flußschiffahrt nach Achwas gelten, daß der Tiefgang bei niedrigem Wasserstand 0,8 m, bei hohem Wasserstand 1,3 bis 1,5 m betragen darf.

Nachträge während des Drucks.

S. 251. **Vorschrift über Fahrtminderung im Schatt el-Arab.**

Da durch schnellfahrende Schiffe im Schatt el-Arab und den benachbarten Flußarmen Schäden verursacht worden sind, hat die türkische Regierung durch den Wali von Basra bekanntgegeben, daß alle Schiffe nach dem Passieren von Fao mit höchstens 5 Sm Geschwindigkeit fahren dürfen. Gegen Seefahrer, die durch Übertretung dieser Vorschrift Schaden verursachen, wird gesetzlich vorgegangen werden.

Namenverzeichnis.

Vorbemerkung: Die Schreibweise der türkischen, arabischen und persischen Namen beruht auf den Angaben des Königlichen Orientalischen Seminars. Zur leichteren Benutzung der britischen Seekarten ist da, wo die Schreibweise des Segelhandbuchs wesentlich von der der Karten abweicht, auch die britische Schreibweise (in Klammern) beigegeben und im Namenverzeichnis mitaufgenommen worden.

Abadan, Insel 251.
Abadan, Weiler 253.
Ab i Dis, Fluß 261.
Ab i Girgar 260, 261.
Ab i Schatail, Fluß 261.
Ab Katsch, Dorf 243.
Abu Ali, Insel 157.
Abu Charab 151.
Abu Djessa, Bank 166.
Abu el-Mawar, Riff 57.
Abu Hail, Stadt 107.
Abu Halaifa, Fort 165.
Abu Jezza, Bank 166.
Abu Kharab 151.
Abu Sabi, Stadt 110.
  „ Ankerplätze 111.
  „ Kriek 111.
  „ Lotsen 111.
  „ Reede 111.
  „ Schiffsausrüstung 112.
Abu-schehr siehe Buschehr 225.
Abu Shahr siehe Buschehr 225.
Abu shir siehe Buschehr 225.
Abu Sir, Insel 59.
Abu Thabi, Stadt 110.
Achwas, Stadt 260.
  „ Stromschnellen 260.
Adala-Bank 146.
Adjer, Zollamt 155.
Ahwaz, Stadt 260.
Aich Shaham, Sandbank 243.
Aida-Bucht 99.
Ajenat, Dorf 218.
Akaba, Dorf, Bucht 54.
Akazien-Huk 46.
Al Aghthi, Hügel 168.
Al Ajuza, Ras 167.
Al-Akkaz, Riff 168.
Ala Mulk, Fort 190.
Al Fujaira, Ort 51.

Ali bin Husein 259.
Al Jasra, Ras 148.
Al Jibba, Insel 97.
Al Jinna, Insel 158.
Al Jiraida, Insel 158.
Al Jiri, Dorf 100.
Al Junaina, Insel 118.
Al Karaiyin, Djesiret 161.
Al Khabura, Stadt 49.
Al Khadhra, Dorf 49.
Al Kran, Djesiret 161.
Al Ojair, Zollamt 139.
Al Yarim, Fasht 155.
Anitsch, Ort 142.
Arad-Halbinsel 147.
Arbak, Dorf 43.
Arsana, Insel 120.
  „ Ankerplatz 120.
  „ Perlenbänke 120.
Arzana, Insel 120.
Asch Schameiliya-Küste 50.
Aslu, Stadt 215, 216.
  „ Schiffsausrüstung 217.
Aslu Notch 215.
As Suwaik, Stadt 49.
Astola, Insel 71.
Astula, Insel 71.
  „ Durchfahrt 71.
  „ Untiefen 71.
Auli, Dorf 220.
  „ Ankerplatz 220.
Az Zaur, Ras 164.
Az Zowar, Dorf 169.

Bab, Huk, Sund 58, 59.
Bab Muchalif, Straße 59.
Bacha, Dorf 100.
Bahmadi-Gebirge 93.

Bahmischir, Fluß 245.
„ Einsteuerung 245.
„ Gezeiten 249.
Bahmischir, Kriek 245.
Bahr Abassak 228, 230.
Bahrein, Ankerplatz 154, 155.
„ Ansteuerung 150.
„ Betonnung 153.
„ Chor el-Bab 152.
„ Einsteuerung 154.
„ Gezeiten 153.
„ Hafen 153.
„ Von — nach Adjer 155.
Bahrein, Insel 147.
„ Küste 148, 149.
„ Landung 149.
Baken-Bank (Basidu) 186.
Baklang-Klippe 86.
Banak, Dorf 220.
Bandar ash Schuwaik 168.
Banna, Insel 243.
Barak, Dorf 217.
Baraki, Dorf 223.
Bardistan, Stadt 220.
Barēn, Dorf 253.
Barka, Stadt 46.
„ Ankerplatz 46.
Barn Hill 215.
Barr el-Adan, Landstrich 157.
Barr el-Gittr, Halbinsel 129.
Barr el-Katr, Halbinsel 129.
Barr Nasar 246.
Basidu-Bank 185.
Basidu, Dorf 185.
„ Schiffsausrüstung 188.
Basidu-Huk 185.
Basidu-Reede 186, 188.
„ Ansteuerung 186.
„ Gezeiten 188.
„ Innerer Paß 187.
Basim-Riff 115.
Basim el-Gharbi, Insel 116, 117.
Basra 254.
„ Ankerplatz 254.
„ Dock 255.
„ Gezeiten 255.
„ Quarantäne 254.
„ Schiffsausrüstung 256.
„ Stadt 255.
„ Wetter 256.
„ Wrack 255.
Baschi, Dorf 223.
Bassorah 254.
Bassul, Fluß 70.
Batt, Hochland 68.
Batuna, Dorf 220.
Bawarda, Dorf 253.

Beacon Shoal (Basidu) 186.
Beid Chan, Bucht, Dorf 216.
Bela, Stadt 62.
Beludschistan, Küste, Wind 21.
Bender Abbas 177.
„ Ankerplatz 178.
„ Ansteuerung 178.
„ Betonnung 178.
„ Gezeiten 178.
„ Landmarken 177.
„ Landungsplatz 178.
„ Schiffsausrüstung 179.
Bender Basatin 211.
„ Ankerplatz 211.
Bender Beid Chan 216.
„ Ankerplatz 216.
Bender Chairan, Bucht 37.
Bender Djissa, Bucht 37.
„ Gezeiten, Schiffsausrüstung 38.
Bender el-Ghani, Ankerplatz 233.
Bender esch-Schuwaik 168.
Bender Gunz 80.
Bender Hairan 75.
Bender Hameiran 194.
„ Gezeitenströme 194.
Bender Kallatu 214.
Bender Mansuri 210.
Bender Mischab, Ankerplatz 163.
Bender Muallim, Dorf 194.
Bender Nasri 258.
Bender Rig, Stadt 239.
Bender Salsul 189.
Bend i Kyr 260.
Beris, Abhang 83.
Beris, Bucht, Dorf 83.
Bijaban, Landschaft 172.
Bir-Gipfel 86, 88.
Birkat, Dorf 193.
Bistana, Berg, Dorf, Huk 198.
Bris, Ras 83.
Bu Amama, Bank 145.
Bu Asama, Bank 144.
Bu Athama, Bank 144.
Bu Mahir, Quelle 147.
Buma Sali, Turm 41.
Bund i Kir 260.
Bunneh, Insel 243.
Burdechun, Stadt 222.
Bu Rijal, Gipfel 225.
Burj Abul Lif, Fort 142.
Bu Saif, Huk 243, 244.
Busaif, Insel 245.
Bu-Saluf, Stadt 135, 137.
Buschehr 225.
„ Ansteuerung 227.
„ Außenreede 229.
„ Binnenreede 230.

Buschehr, Chor Sultani 233.
  „ Einsteuerung 231.
  „ Gezeiten 229.
  „ Hafenanlagen 232.
  „ Landmarken 225.
  „ Lotsen 228.
  „ Luftdruck 16.
  „ Quarantäne 228.
  „ Schiffsausrüstung 235.
  „ Stadt 235.
  „ Telegraphenkabel 228.
Buschehr, Halbinsel 225.
  „ Westküste 226.
  „ Küstenriff 227.
Buschir siehe Buschehr 225.
Bustano. Dorf 214.
Bu Thaluf. Stadt 135.
Bu Tini, Riff 116.

Cairn Island 245.
Chahbar, Bucht, Huk, Stadt 83—85.
Chaisat es-Sum, Bucht 37.
Chahu, Dorf 193.
Chaki Kuh, Gebirge 83.
Chakuli Kuh, Gebirge 73.
Chalil, Dorf 45.
Chamir, Ort 191.
Chamir-Pik 189.
Chan, Stadt 107.
Chandra Kup 68.
Charaba-Inselgruppe 47.
Chasab-Bucht 98.
  „ Ankerplatz 98.
  „ Gezeiten 99.
  „ Wassertiefen 98.
Chasab, Stadt 98.
Chaschus, Riff 141.
Chasēfa, Insel 147.
Chaura-Bank 143.
Chir Churna, Hügel 64.
Chor Abdallah 171.
Chor Ajas 221.
Chor Ankara 78.
Chor Bahmischir 245.
Chor Bahrani 232.
Chor Bahrdjan 243.
Chor Barambab 74.
Chor Baschubar, Fahrwasser 115.
Chor Benderga 234.
Chor Chalidj, Paß 116.
Chor Chalil 240.
Chor Chuweir 223.
Chor Dabai 108.
Chor Deira (Buschehr) 230.
  „ Außenbank 230.

Chor Deira (Buschehr), Betonnung 231.
  „ Einsteuerung 231.
  „ Fahrwasser 231.
  „ Innenbank 231.
  „ Leitmarken 231.
Chor Djafuri 186, 192.
Chor Djijuni 82.
Chor ed-Duan 125.
Chor el-Abd 241.
Chor el-Aiman 105.
  „ Wassertiefen 106.
Chor el-Amaja 246, 247.
Chor el-Bab 152.
Chor el-Baisa 104.
Chor el-Basim 115, 116.
  „ Ansteuerung 117.
  „ Einsteuerung 117.
Chor el-Hamra 104.
Chor el-Kafka 247.
Chor el-Lulatin 241.
Chor el-Nasar 247.
Chor el-Udeid, Kriek 126.
  „ Ankerplatz 127.
  „ Ansteuerung 126.
Chor esch-Schem, Bucht 96.
  „ Ankerplatz 98.
  „ Gezeiten 98.
Chor Fakan, Bucht 51.
  „ Ankerplatz 52.
  „ Schiffsausrüstung 52.
Chor Fascht, Riff 146.
Chor Galag, Mündung 88.
Chor Gasair 240.
Chor Ghanasa 109.
Chor Ghaslan 243.
Chor Ghubbet Ali 96.
Chor Ghurabi 109.
Chor Gurad 69.
Chor Guran 192.
Chor Halj, Paß 116.
Chor Hamad 92.
Chor Hasan, Stadt 138.
Chor Hingol 67.
Chor Kalija 155.
  „ Ankerplatz 155.
Chor Kalmat 70.
Chor Kantur 115.
Chor Kawi, Durchfahrt 95.
  „ Ankerplatz 96.
  „ Gezeiten 96.
Chor Kelba, Dorf 51.
Chor Lasch 90.
Chor Mala 54.
Chor Masaga 192.
Chor Minau 175.
Chor Musa 244.
  „ Einsteuerung 244.

Chor Muselamije 158.
Chor Namak, Fluß 84.
Chor Rabi, Mündung 88.
„ Ankerplatz 88.
Chor Rasdan, Bootpaß 168.
Chor Rohilla 239.
Chor Saihat, Rinne 142.
Chor Schadjidj 133.
Chor Schardja 107.
Chor Sijaret 222.
Chor Sini 241.
Chor Subija, Durchfahrt 171.
Chor Sultani 233.
„ Einsteuerung 233.
„ Ostseite 233.
„ Westseite 233.
Chor Tauala 189.
Chor Umm el-Kawen 105.
Chor Umm Kasr, Fluß 171.
Chor Wusta 243.
Churna, Insel 63.
Chuwair, Kriek 45.
Clarence-Straße 188.
„ Fahrwasser 190, 192.
„ Lotsen 189.
„ Nordküste 193.
Cliff Island 155.
Clive-Klippe 199.
Clive-Riff 48.
Coote-Riff 199.

Dabai-Huk 108.
Dabai, Stadt 107.
„ Ankerplatz 108.
„ Kriek 108.
„ Riff 108.
Dabba, Insel 254.
Dabba Reach, Flußstrich 253.
Daghmar, Dorf 34.
Daimanijat-Inseln 47.
„ Ankerplatz, Gezeiten 48.
Daira, Insel 243.
Dajir, Ort 219.
„ Ankerplatz 219.
„ Gezeitenströme 220.
„ Riff 219.
„ Schiffsausrüstung 220.
Daka, seichte Stelle 157.
Daku, Dorf 212.
Dalatad 260.
Dalma, Insel 121.
„ Ankerplatz 122.
Dammam, Stadt 141.
Darguwan, Dorf 190.
Darin, Ort 142.

Darja Scham, Hügel 67.
Darseit, Dorf 44.
Darya Cham, Hügel 67.
Das, Insel 120.
„ Ankerplatz 120.
Dascht, Fluß, Tal 80, 82.
Daurak, Fluß 244.
Daurakistan, Küstenstrecke 244.
Dawasir, Insel 253.
Dedabuun-Grabmal 236.
Deira-Huk 108.
Deira, Vorort 108.
Demi Sar, Bucht (Gwadar) 76.
„ Einsteuerung 77.
„ Gezeiten 77.
„ Riff 76.
„ Telegraphenkabel 77.
Demi Sar, Bucht (Ras Ormara) 69.
Dereh, Insel 243.
Deristan-Bucht 182, 184.
Deristan, Dorf 184.
Devil's Gap 33.
Dibba, Bucht, Stadt 52.
Dih, Dorf 206.
Dijina, Insel 121.
„ Ankerplatz 121.
Dilam, Stadt 241.
„ Ankerplatz 241.
„ Landung 242.
„ Schiffsausrüstung 242.
Diraku, Dorf 193.
Disful 261.
Djagin, Fluß 89.
Djalali, Fort 41.
Djanna, Insel 158.
„ Ankerplatz 159.
Djaschk 90.
„ Ankerplatz 91.
„ Dorf 93.
„ Fort 93.
„ Gezeiten 91.
„ Landmarken 90.
„ Ostbucht 90.
„ Schiffsausrüstung 93.
„ Telegraph 91.
„ Wassertiefen 91.
„ Westbucht 92.
Djaschk, Kap 91.
„ Ankerplatz 92.
„ Bake 92.
„ Wassertiefen 91.
Djassa, Dorf 210.
Djebel Abu Daud 36.
Djebel Abu Kaschascha 115.
Djebel Achdar 46.
Djebel Add, Insel 47.
Djebel Ali 109.

Djebel Amudi 163.
Djebel Bachmadi 90.
Djebel Bachun 178.
Djebel Banaja 164.
Djebel Baraka, Hügel 123.
Djebel Beni Djabir 33.
Djebel Bis 173.
Djebel Bistana 198.
Djebel Chaweir 157.
Djebel Chor Hamad 93.
Djebel Dangija 90.
Djebel Djarrēn 72.
Djebel Direng 219.
Djebel Duchan 147.
Djebel el-Hamar 205.
Djebel el-Harim 53, 95.
Djebel el-Udeid 126.
Djebel el-Wataid 123.
Djebel Fataisa 110.
Djebel Ghurab 67.
Djebel Ginao 178.
Djebel Gorangati 66.
Djebel Hab 67.
Djebel Hingladj 66.
Djebel Jarid 204.
Djebel Kalhat 33.
Djebel Karja 173.
Djebel Karjat 34.
Djebel Kawa 53.
Djebel Mahdi 75.
Djebel Maili 60.
Djebel Mowa, Düne 139.
Djebel Munifa 162.
Djebel Nachl 38, 45.
Djebel Sahran 141.
Djebel Saluf 163.
Djebel Sar 74.
Djebel Schabu 89.
Djebel Schem 97.
Djebel Schimil 177.
Djebel Sibi 57, 97.
Djebel Siri Ajenat 215.
Djebel Tain 38, 45.
Djebel Thahran 141.
Djebel Thanni 119.
Djebel Tjin 45.
Djebel Turandja 208.
Djebel Wakrah 129, 130.
Djebrin-Insel 222.
Djehara, Dorf 168.
Djesiret Abil Abjas 118.
Djesiret Abu Musa 200.
„ Ankerplatz, Riff 200.
Djesiret Abu Sir 59.
Djesiret Arabi 161.
Djesiret at Tawila 180.
Djesiret Bubijan 171.

Djesiret Charag 236.
„ Ankerplatz 237.
„ Ansteuerung 238.
„ Gezeiten 237.
„ Inselriff 236.
„ Landungsplatz 236.
„ Schiffsausrüstung 237.
Djesiret Chargu (Buschehr) 237.
„ Ansteuerung 238.
„ Durchfahrt 237.
„ Inselriff 237.
„ Landungsplatz 237.
„ Wassertiefen 237.
Djesiret Djun 48.
„ Ankerplatz 48.
Djesiret el-Ali 131.
Djesiret el-Bahrani 115.
Djesiret el-Chidhr 251.
Djesiret el-Ghanam 95.
Djesiret el-Hamar 119.
Djesiret el-Hamra, Stadt 103.
„ Wassertiefen 103.
Djesiret el-Karējin 161.
Djesiret el-Karu 164.
„ Untiefe 165.
Djesiret el-Kidr 251.
Djesiret el-Krēn 161.
„ Ankerplatz 161.
Djesiret et-Mukta 163.
Djesiret es-Sufla 130.
Djesiret et-Tauila 180.
„ Gefährliche Bank 182.
„ Wassertiefen 181.
Djesiret Failaka 169.
Djesiret Farsi 160.
Djesiret Farur 201.
„ Riff 202.
Djesiret Hendjam 182.
„ Ankerplatz 183.
„ Ansteuerung 183.
„ Bake, Gezeiten 183.
„ Schiffsausrüstung 184.
„ Telegraphenkabel 183.
Djesiret Herkus 161.
Djesiret Hindarabi 209.
„ Ankerplatz 210.
„ Riff 209.
Djesiret Hormus 176.
Djesiret Jun 48.
Djesiret Karnēn 120.
Djesiret Keis 206.
„ Ankerplatz 207.
„ Durchfahrt 207.
„ Gezeiten 207.
„ Schiffsausrüstung 207.
„ Wassertiefen 207.
Djesiret Kharag 236.

Djesiret Kubbar 166.
- " Ankerplatz 166.
- " Untiefen 166.
- Djesiret Kun 59.
- Djesiret Kurein 168.
- Djesiret Las Hat 128.
- Djesiret Lima 54.
- Djesiret Mischirjat 128.
- Djesiret Nabiju Farur 201.
- " Riffe 201.
- Djesiret Nabiju Tanb 199.
- Djesiret Salali 115.
- Djesiret Schahardak 67.
- Djesiret Schech Saad 234.
- Djesiret Sir Beni Jas 118.
- " Fahrwasser 118.
- Djesiret Siri 200.
- " Ankerplatz 201.
- " Dorf 201.
- Djesiret Suadi 46.
- " Ankerplatz 47.
- " Trinkwasser 47.
- Djesiret Tanb 198.
- " Ankerplatz 199.
- " Klippe 199.
- " Riff 199.
- Djesiret Umm en-Namil 168.
- Djijuni, Dorf 82.
- Djilat el-Husain, Küstenfort 141.
- Djirsa, Dorf 208.
- Djischa, Dorf, Huk 197.
- " Ankerplatz 197.
- Djun, Inselgruppe 48.
- Doha, Dorf 43.
- Doha es-Seghira, Stadt 132.
- Duan, Dorf 204.
- Duhat Abu Ali 157.
- Duhat Abu Tala 167.
- Duhat Ain es-Sih 140.
- Duhat Balbul 162.
- Duhat Cosima 168.
- Duhat Dilam 242.
- Duhat el-Adwan 139.
- Duhat el-Asli 164.
- Duhat el-Kawaisat 125.
- Duhat el-Kuwaisat 125.
- Duhat en-Nachla 125.
- Duhat es-Saur 165.
- Duhat Haffa 54.
- Duhat Kabal 55.
- " Ankerplatz 56.
- Duhat Kadine 168.
- Duhat Kathama 168.
- Duhat Kosima 168.
- Duhat Lusail 133.
- Duhat Muselamije 158.
- Duhat Salum 140.
- Duhat Salwa 139.
- Duhat Schardja 54.
- Duhat Schisa 58.
- Dukhan, Djebel 147.
- Dukuhak, Inseln 189.
- Dulu, Dorf 193.
- Duweira, Durchfahrt 39.

East Bay (Gwadar) 76.
- Eint, Dorf 44.
- Eisch Schaham, Sandbank 243.
- El-Adjer, Zollamt 139.
- " Von Bahrein nach Adjer 155.
- El-Aghsi, Hügel 168.
- El-Aiman. Fort 105.
- El-Akkas, Riff 168.
- El-Aschira, Perlenbank 145.
- El-Badi, Dorf, Insel 52.
- El-Batina-Küste 44.
- " Schiffsausrüstung 44.
- " Wassertiefen 45, 46, 49.
- El-Bida 130.
- " Ansteuerung 131.
- " Einsteuerung 132.
- " Fort 130.
- " Gezeiten 132.
- " Landmarken 131.
- " Schiffsausrüstung 133.
- " Stadt 133.
- El-Bidia, Dorf 149.
- El-Busa, Hügel 194.
- El-Bustan, Dorf 38.
- El-Chabura, Stadt 49.
- El-Chadra, Dorf 49.
- El-Chasi, Flußstrich 252.
- El-Djadi, Dorf, Kap 100.
- El-Djibba, Insel 97.
- El-Djinna, Insel 158.
- El-Djireida, Insel 158.
- El-Djiri. Dorf 100.
- El-Djunena, Insel 118.
- El-Doha 130.
- " Ankerplatz 131.
- " Landmarken 130.
- " Stadt 132.
- El-Fantas, Palmengruppe 165.
- El-Fasaja, Insel 125.
- El-Fiha, Insel 117.
- El-Fudjera, Ort, Fort 51.
- " Ankerplatz 51.
- " Schiffsausrüstung 51.
- El-Ghareja, Dorf 134.
- El-Hadd, Stadt 147.
- El-Haira, Dorf 106.
- El-Hamrija, Ort 105.
- El-Hawar, Insel 139.

Namenverzeichnis.

El-Hofuf, Stadt 140.
El-Howeila, Ort 134.
El-Ischa, Insel 117.
El-Karscha, Dorf 54.
El-Katif, Bucht 141.
El-Katif, Stadt 142.
El-Kumra, Perlenbank 163.
El-Manama 149.
„ Hafenanlagen 150.
„ Schiffsausrüstung 150.
„ Stadt 149.
El-Matra, Stadt 43.
„ Kastell 43.
El-Wakrah, Stadt 130.
„ Ankerplatz 130.
Er-Rijat, Dorf 134.
Er-Rufa, Fort 148.
Er-Ruweis, Stadt 135.
Esch-Schumeilija-Küste 50.
„ Ankerplätze, Schiffsausrüstung 51,
„ Wassertiefen 50. [52.
Eselsohren, Gipfel 225.
Es-Solata, Stadt 130, 132.
Es-Sowar, Dorf 169.
Es-Suweik, Stadt 49.

Fahal, Insel 44.
Fahlija, Fort 254.
Fak el-Asad-Sund 58.
„ Gezeitenströme 59.
Fanacha, Dorf 97.
Fanaitis, Fort 165.
Faneitis, Hügel 157.
Fao, Dorf 251.
„ Landungsplatz 251.
„ Leuchtfeuer 251.
„ Schiffsmeldung 251.
„ Telegraphenkabel 251.
Faredjat, Inseln 125.
Farsiat, Dorf 259.
Farur-Riff 202.
„ Durchfahrten 202. ·
Fascht, Dorf 106.
Fascht al Odaid 128.
Fascht Bu Sa'afa 144.
Fascht Bu Tini 116.
Fascht ed-Dibal 138.
Fascht el-Arif 128.
Fascht el-Djaser 168.
Fascht el-Etsch 171.
Fascht el-Hadeiba 167.
„ Tonne 167.
Fascht el-Jarim 145.
Fascht el-Kasch 159.
Fascht el-Miairis 243.
Fascht el-Udeid 128.

Fascht Kutat Ouschair 168.
Fascht Umm Djanna 126.
Fasta-Bucht 82.
Filam, Dorf 56.
Fine Peak 95, 99.
Fins, Dorf 34.
Fischer-Klippe 39.
Fuairit, Stadt 134.
Fudar, Dorf 100.
Funnel Hill (Dilam) 239.
Funnel Hill (Djebel Direnj) 219.

Gabrig, Fluß 89.
Gahha-Untiefe 93.
Gap Island 61.
Garr-Hügel 75.
Gerefa, Landungsplatz 51.
Ghail Schahab, Dorf 34.
Ghalat Kalba, Dorf 51.
Ghamtha, Dorf 100.
Ghara, Inselgruppe 125.
Gharum, Dorf 96.
Ghubbet Akaba, Bucht 54.
Ghubbet Ali, Dorf 96.
Ghubbet el-Hail, Bucht 45.
Ghubbet Ghasira, Bucht 56.
„ Gezeiten, Wassertiefen 56.
Ghubbet Schabus, Bucht 57.
Grana-Stromstrecke 260.
Great Pearl Bank 103.
Great Quoin, Insel 60.
Große Perlenbank 103.
Großer Keil, Insel 60.
Grubb's Notch 194.
Guran, Dorf 192.
Guri, Dorf 193.
Gurne, Dorf 256.
Guru, Dorf, Fort 173.
Gutteh, Stadt 130.
Gwadar 75.
„ Ankerplatz 77, 78.
„ Ansteuerung 76.
„ Einfuhr 78.
„ Gezeiten 77.
„ Ostbucht 76, 77.
„ Riff 76.
„ Schiffsausrüstung 79.
„ Stadt 78.
„ Telegraphenkabel 77.
„ Wassertiefen 76, 78.
„ Westbucht 77.
Gwadar Head 75.
Gwatar, Bucht 81.
„ Gezeiten 82.
„ Wassertiefen 82.
Gwatar, Dorf 82.
Gwatar-Flach 82.

Hab, Fluß 63, 64.
Habalain, Dorf 56.
Hadd at Thalei-Riff 109.
Hadd el-Hamara, Sandsteert 164.
Hadd es-Salei-Riff 109.
Hafar-Kanal 258.
Hail, Dorf 45.
Haiwa-Ankerplatz 33.
Halat Dalma, Sandbank 128.
Halat el-Mubarras, Insel 115.
Halat en-Nannas 148.
Halat Hail, Insel 115.
Halat Masuma, Insel 122.
Halila, Dorf 224.
Halul, Insel 135.
  „ Ankerplatz 135.
  „ Flach 135.
Hamadan, Dorf 88.
Hamadija, Hügel 140.
Hana-Bucht 99.
Hanjura-Bucht 109.
Hara-Gebirge 66.
Haraf, Dorf 99.
Haraka, Bucht 145.
Harira, Stadt 207.
Harta, Dorf 253.
Hasina, Dorf 205.
Hassa, Dorf 96.
Hendjam-Sund 182.
Heuschober-Hügel 203.
Hindarabi, Insel 191.
Hindijan, Fluß 242.
  „ Stadt 243.
Hormus, Dorf 176.
Hormus, Insel 176.
  „ Ankerplatz 177.
  „ Durchfahrt 177.
Hummocks, Hügel (Basidu) 185.
Hurteh, Dorf 253.

Imam Husein, Moschee 241.
Imamsada, Dorf 227.
Imamsada-Moschee 224, 226.

Jadum, Ras 145.
Jagin, Ras 89.
Jasat, Inselgruppe 123.
  „ Ankerplatz 123.
Jashk 90.
  „ Kap 91.
  „ Stadt 93.
Jashk East Bay 90.
Jashk West Bay 92.
Jilat al-Husain, Küstenfort 141.
Jinna, Insel 158.
Jischa-Huk 196.
Jiti, Bucht 37.
Jiyuni, Dorf, Ras 81, 82.

Kabba, Dorf 96.
Kabda Reach, Flußstrich 252.
Kabel-Bank 213.
Kabr en-Nachuda, Insel 244.
Kachal, Klippeninsel 58, 61.
Kada, Bucht 98, 99.
Kada, Dorf 99.
Kaharband-Bank 80.
Kair, Dorf 87.
Kair, Fluß 87.
Kaisa-Gipfel 57.
Kalali, Dorf 147.
Kal'at el-Abed, Dorf 208.
  „ Ankerplatz 208.
Kalat Hadji Karitu, Fort 193.
Kalat Haidar, Dorf 240.
Kalat Kelba, Dorf 51.
Kalbu, Bucht 42.
Kalbu, Stadt 43.
Kalhat, Dorf 33.
Kalija, Klippe 145.
Kalla, Ort 175.
Kamgar-Hügel 70.
Kana, Dorf 97.
Kanawa, Dorf 240.
  „ Ankerplatz 240.
Kangun, Bucht 218.
Kangun, Stadt 218.
  „ Ankerplatz 218.
  „ Trinkwasser 218.
Kantab, Dorf 38.
Kantur, Insel 115.
Kapar, Dorf 74.
Karam, Dorf 52.
Karjat, Dorf 35.
  „ Ankerplatz 35.
  „ Schiffsausrüstung 35.
Karjat, Klippeninsel 35.
Karjat el-Kebira, Dorf 35.
Karjat es-Seghira, Dorf 35.
Karun-Fluß 259.
  „ Mündung 258.
Karyat, Dorf 35.
Kasba, Dorf 252.
Kaseir bint Sisuan, Riff 244.
Kasr Diwan, Klippe 155.
  „ Ankerplatz 155.
Kasr el-Baja, Klippe 124.
Kasr el-Mitma, Riff 163.
Kasr Umm es-Sahal, Riff 163.
Kassad, Dorf 215.
Kata ad Jaradeh, Riff 139.

Kataat Arafiyan. Riff 165.
Katagar, Küstenstrich 80.
Kat'at Arēfijan, Riff 162, 165.
Kat'at Djaradeh, Riff 139.
Kathedral-Felsen 75.
Kawuni, Dorf 185.
Kedj, Tal 73.
Kegelspitz 95.
Keil-Hügel (et-Tauila) 173, 183, 189.
Keil-Inseln 60.
Kel Laschtan, Hügel 195.
Ketat Echtschedjera, seichte Stelle 138.
Khaki Ruh, Gebirge 83.
Khali, Ras 153.
Khalil, Dorf 45.
Kharaba-Inselgruppe 47.
Khargu. Djesiret (Buschehr) 237.
Khargu, Ras 182.
Kharug, Ras 182.
Khasab-Bucht 98.
Khaseifa, Insel 147.
Khaura-Bank 143.
Khor Tawala 189.
Khuwair, Kriek 45.
Kindj-Fluß 83.
Kingfisher-Bank 198.
Kischkuh, Berg, Huk 184.
Kischm. Huk 178.
Kischm 180.
„ Ankerplatz 181.
„ Ansteuerung 180.
„ Gezeiten 181.
„ Insel 180.
„ Riffe 180.
„ Schiffsausrüstung 181.
„ Stadt 180.
Kissar Tehimija, Huk 234.
Kleiner Keil, Insel 61.
Kogan, Dorf 223.
Korat, Dorf 211.
Korein s. Koweit 166.
Koren s. Koweit 166.
Korna, Ort 257.
Koweit, Bucht 167.
„ Nordseite 169.
„ Südseite 167.
Koweit 166.
„ Ankerplatz 170.
„ Ansteuerung 169.
„ Gezeiten 170.
„ Schiffsausrüstung 171.
„ Stadt 166.
„ Wassertiefen 170.
Kubbat al-Hail, Bucht 45.
Kuchari, Ras 67.
Kueit s. Koweit 166.
Kuët s. Koweit 166.

Kuh Bebehan, Berg 239.
Kuh Chormudj, Bergrücken 225.
Kuh Darabul, Hügel 81.
Kuh Daram 73, 75.
Kuh Dimak, Hügel 74.
Kuh Gukardi, Hügel 89.
Kuh i Bang, Berg 238.
Kuh i Gisakan, Berg 226.
Kuh i Mubarak, Felsen 172.
Kuhistak, Dorf 174.
Kuh Kalat, Gebirge 88.
Kuh Talar, Hügel 70.
Kuh Tuschdan, Hügelkette 77.
Kuh Uschadan, Höhenzug 90.
Kumar Sija, Dorf 193.
Kumsar, Dorf 60, 96.
Kun, Insel 59.
Kunari, Huk, Kriek 173.
Kung, Dorf 194, 195.
„ Ankerplatz 195.
„ Landung 195.
„ Schiffsausrüstung 195.
Kureja-Huk 140.
Kurna, Dorf 256.
Kusēr Bint Sisuan, Riff 244.
Kut Abdi Schah 261.
Kut ab Doola, Dorf 259.
Kutat abu Taleh, Riff 168.
Kutatain Ouscheridj, Riff 168.
Kut Bender 261.
Kut el-Chamise, Dorf 260.
Kuweit s. Koweit 166.
Kyat-Gipfel 260.

Lafka-Sände 230.
Laft, Huk 191.
Laft, Stadt 191.
„ Schiffsausrüstung 191.
Laft Kedim, Ort 190.
Lakki, Hügelkette 63.
Larak, Insel 179.
„ Ankerplatz 179.
„ Wassertiefen 179.
Las, Dorf 212.
„ Ankerplatz 212.
Lasa, Dorf 212.
Laur, Dorf 223.
Leuchtturm-Klippe 148.
Lighthouse Rock 148.
Lijah, Dorf 106, 107.
Lijah-Huk 106.
Lima, Dorf, Bucht 55.
„ Ankerplatz, Schiffsausrüstung 55.
Lima, Gipfel, Huk, Insel 54.
Lingah 195.
„ Ankerplatz 196.

Lingah, Ansteuerung 196.
" Dampferlinien 196.
" Hafenanlagen 196.
" Hafenfeuer 196.
" Lotsen 196.
" Schiffsausrüstung 196.
Lingah-Pik 194.
Little Quoin, Insel 61.
Liyah, Dorf 106.

Maamir, Dorf 252.
Machasib, Insel 128.
Machi, Dorf 99.
Mada, Dorf 97.
Madjis, Dorf 50.
Magam, Dorf 211.
Mahamalija, Insel 124.
Mahana as Saghira, Dorf 149.
Mahana es-Seghira, Dorf 149.
Maidan Ali, Bank 243.
" Einzelnes Riff 243.
Majalu, Dorf 218.
Majamat entin, Inseln 127.
" Riffe 128.
Makalla, Bucht 39.
Makalla wabar, Ankerplatz 34.
Maki-Huk 88.
Makil, Ort 256.
" Ankerplatz 257.
Maklab, Bucht 97.
Makran siehe Mekran.
Maksa, Kap 91.
Manidji-Fluß 69.
Manora-Huk 63.
Maraif djein, Huk 109.
Marakat Abadan, Bank 246.
Marakat Abdallah, Bank 247.
Marakibat Sadun, Hügel 153.
Mariner-Bank 199.
Marwadi-Riff 146.
Masan, Dorf 182.
Maschi, Bucht 207.
Maschi, Dorf, Huk 206.
Maschila, Sumpf 223.
Maschkan, Insel 169.
Maskat 38.
" Ankerplatz 40.
" Ansteuerung 40.
" Bucht 39.
" Gezeiten 40.
" Klima 42.
" Landmarken 38.
" Landungsplatz 41.
" Leuchtfeuer 40.
" Schiffsausrüstung 42.
" Stadt 41.
" Telegraphenkabel 41.

Maskat, Insel 39.
Maskat-Sattel, Hügel 38.
Masna, Dorf 49.
Mason-Bank 91.
Masra, Gipfel 141.
Mateira, Dorf 43.
Matra-Bucht 42.
" Ankerplatz 43.
Matra-Pik 43.
Matschahi, Dorf 210.
Matschasib, Insel 128.
Mekran-Küste, Wind 16, 18.
" Strom 24.
Menama, Stadt 149.
Merani-Fort 40.
Meriton-Bucht 118.
Middle Point (Kumsar)
" East 96.
" West 96.
Minau, Kriek, Stadt 175.
Mir Ammam, Grabmal 242.
Mittelhuk (Kumsar)
" Östliche 96.
" Westliche 96.
Miyamat entin, Inseln 127.
Mocheila, Insel 222.
" Wassertiefen 222.
Moghab-Schlucht 41.
Much, Hügel 73.
Mufka, Fischerdorf 226.
Mugu-Bucht 203.
Mugu, Stadt 204.
" Ankerplatz 204.
" Schiffsausrüstung 204.
Muhallah, Insel 253.
Muhammeds Watchman, Grabmal 236.
Muhammera, Stadt 258.
" Ankerplatz 258.
" Dampferlinien 258.
" Schiffsausrüstung 258.
" Witterung 258.
Muharrek, Insel (Bahrein) 146.
Muharrek, Insel (Buschehr) 233.
Muharrek, Stadt 147.
Mukaka, Dorf 56.
Mukbara, Insel 47.
Mukh, Hügel 73.
Murer, Dorf 50.
Musandam-Halbinsel 58.
Musandam-Insel 58.
" Wassertiefen 58.
Muschkan-Klippen 59.
Muselamije, Dorf 159.
Muselamije, Insel 158.
Mutaua, Dorf 254.

Namenverzeichnis.   273

Naband, Dorf 178.
Nabend-Bucht 215.
  „ Einsteuerung 215.
Nabend, Ras 214.
Nabend, Stadt 216.
  „ Ankerplatz 216.
  „ Schiffsausrüstung 216.
Nabi Sali, Insel 148.
Nachilu, Bucht, Dorf 211.
  - Ankerplatz 211.
Nachilu-Huk 210.
  „ Bank 210.
Nachl Haschin, Dorf 216.
Nachlistan, Dattelpflanzung 188. 193.
Nachl Takki, Dorf 217.
Nadjan-Küste 127.
  „ Inseln und Riffe 127.
Nadjwa-Riff 143.
Naita, Insel 124.
  - Paß 124.
Najhan-Küste 127.
Namakdan, Hügel 184.
Nasifi, Dorf 98.
Nimble-Bank 202.
Nord-Bank (Basidu) 186.
Nordhügel 140.
North Hill 140.

Ojar, Zollamt 139.
Oman, Golf von —, Gezeiten 26.
  „ Nordküste 95, 113.
  „ Westseite 33.
  - Wind 21.
Ormara, Dorf 70.
  - Schiffsausrüstung 70.
  - Telegraph 70.

Pab-Gebirge 62.
Padi Sar, Bucht (Gwadar) 77.
  „ Ankerplatz 78.
  „ Wassertiefen 78.
Padi Sar, Bucht (Ras Ormara) 69.
Paipuscht, Dorf 190.
Paps, Hügel (Darseit) 44.
Pasim-Bucht 86.
  „ Ankerplatz 87.
Pasim, Dorf 86.
Pasni, Dorf 72.
  „ Ankerplatz 73.
  „ Bucht 72.
  „ Schiffsausrüstung 73.
Pazim, Bucht 86.
Perlen-Bänke 113.
Pillar Rock 38.
Pinnacle Rock (Maskat) 39.

Pinnen-Klippe 39.
Pull 190.
Pur Ali, Fluß 62.
Pur-Kriek 66.

Quarantäne-Insel 254.
Quêt siehe Koweit 166.
Quoin Hill (et-Tauila) 133, 183, 189.
Quoins, the, Inseln 60.

Rabij, Chor 88.
Raka, Insel 155.
Rakat el-Ali, Bank, 228, 230.
Rak az-Zakum, Perlenbank 116.
Rak el-Hadjdji, Riff 115.
Rak el-Hajji 115.
Rak es-Sekum, Perlenbank 116.
Rams, Fort, Stadt 101.
Ras, Dorf 211.
Ras Abu Ahmad 104.
Ras Abu Ali 157.
Ras Abu Daud 35.
Ras Abu'l Muschut 130.
Ras Achtar 218.
Ras al Abyaz 44.
Ras al Baz 42.
Ras al Hazra 125.
Ras al Khaima, Stadt 101.
Ras Ascheiridj 168.
Ras Aschiradj 138.
  „ Ankerplatz 138.
  „ Ansteuerung 138.
Ras asch Shir 173.
Ras Assak 123.
Ras Aswat 218.
Ras Barabach 175.
Ras Bardhaldj 164.
Ras Barkan 242.
Ras Barud 117.
Ras Baschin 57.
Ras Bassul 70.
Ras Beris 83.
Ras Biddija 158.
Ras Bildani, Riff 162.
Ras Bistana 198.
  „ Ankerplatz 198.
Ras Bu Abut 130.
Ras Bu Amran 137.
Ras Bu Kamheis 126.
Ras Chali 142, 153.
Ras Chargu 182.
Ras Charju 196.
  „ Gezeitenströme 197.
  - Riff 197.
Raschid, Insel 118.

Segelhandbuch f. d. Persischen Golf.   18

Ras Dastakan 184.
Ras Dibba 52.
Ras Dilla 56.
Ras Djadum 145.
„ Ankerplatz 145.
Ras Djagin 89.
„ Wassertiefen 90.
Ras Djalja 117.
Ras Djebrin 222.
Ras Djeddi 72.
Ras Djijuni 81.
Ras el-Ain 145.
Ras el-Abias 44.
Ras el-Abreischa 171.
Ral el-Adjusa 167..
Ras el-Allatsch 129.
Ras el-Ars, Bake, Riff 167.
Ras el-Bab 59, 60.
Ras el-Bahrdjan 242.
„ Landung 242.
Ras el-Barr 148.
Ras el-Bas 42.
Ras el-Chaima 101.
„ Ankerplatz 102.
„ Bucht 102.
„ Gezeiten 102.
„ Landmarken 101.
„ Schiffsausrüstung 102.
Ras el-Chairan 36.
Ras el-Chan 222.
„ Wassertiefen 222.
Ras el-Djabri 233.
Ras el-Djadi 99.
Ras el-Djisra 148.
Ras el-Ghaf 46.
Ras el-Ghar 159.
Ras el-Ghurab 110.
Ras el-Hamar 44.
Ras el-Hasra 125.
Ras el-Hatam 97.
Ras el-Jadda, Sandbank 146.
Ras el-Kahaf 115.
Ras el-Kalija 157, 165.
Ras el-Kanada 38.
Ras el-Katifan 133.
Ras el-Kiafdji 164.
Ras el-Kuh 94, 172.
„ Ankerplatz 94.
„ Wassertiefen 94.
Ras el-Marg 230.
Ras el-Marrar 218.
Ras el-Maruna 134.
Ras el-Mischab 163.
„ Gezeiten 162.
Ras el-Mutaf 220.
„ Ankerplatz 221.
„ Gezeitenströme 221.

Ras el-Mutaf. Leitmarken 221.
Ras el-Tanb 241.
Ras en-Nuf 133.
Ras er-Rumman 148.
Ras esch-Schabb 145.
Ras esch-Schadjar 34.
Ras esch-Schateif 43.
Ras esch-Schawari 194.
Ras esch-Schech 99.
Ras esch-Schinas 197.
„ Gezeitenströme 197.
„ Wassertiefen 198.
Ras esch-Schaghab 226, 231.
Ras esch-Schatt 227.
Ras esch-Schir 173.
Ras esch-Schuam 100.
Ras es-Saur 164.
Ras es-Sawad 139.
Ras es-Sawami 117.
Ras es-Silla 123.
Ras es-Surra, Perlenbank 146.
Ras et-Tanadjib 161.
„ Ankerplatz 162.
Ras et-Tulub 243.
Ras Fasta 81.
Ras Fudar 233.
Ras Garnan 81.
Ras Gunz 80.
Ras Haffa 54.
Ras Halila 223.
„ Ankerplatz 224.
„ Bänke 224.
„ Trinkwasser 224.
Ras Hamra 54.
Ras Hanjura 109.
Ras Hasa 109.
Ras Ialiya 117.
Ras Jarid 204.
„ Riff 204.
Ras Kabr Hindi 58.
Ras Kaisa 57.
Ras Kalbu 39.
Ras Kamiti 75.
Ras Kantut 109.
Ras Kapar 74.
Ras Karenēn, Riffgebiet 129.
Ras Kathama 168.
Ras Kiskisan 36.
Ras Kowasir 43.
Ras Kuh Lab 84.
Ras Kunari 173.
Ras Kuschar 67.
„ Ankerplatz 67.
Ras Kuwakib 141.
Ras Laffan (Abu Sabi) 110.
Ras Laffan (el-Bida) 134.
Ras Lima 54.

Ras Lulija 51.
Ras Machduk, Klippe 60.
Ras Maidani 88.
„ Wassertiefen 88.
Ras Malan 67.
„ Ankerplatz 68.
Ras Marovi 55.
Ras Maschērib 124.
Ras Maskat 39.
Ras Matbach 133.
Ras Muari 63.
Ras Muchalif 59.
Ras Musandam 58.
Ras Nabend 214.
„ Gezeitenströme 214.
Ras Nessa 131.
Ras Nuch 75, 76.
„ Riff 76.
Ras Ormara 68.
„ Gezeitenstrom 69.
„ Wassertiefen 69.
Ras Pasim 87.
Ras Pischkan 78.
Ras Rakkin 134.
Ras Raschidi 87.
Ras Rekkan 134.
Ras Safanija 163.
Ras Sakani 70.
Ras Salak 183, 184.
Ras Samid 55.
Ras Samut 54.
Ras Sarkan 56.
Ras Sarwan, Riff 154.
Ras Schahath 96, 98.
Ras Schahid 74.
Ras Schahid Bender 74.
Ras Schamal Bender 74.
Ras Scharita 60.
Ras Schech Masud 99.
„ Gezeiten 99.
Ras Sēha 140.
Ras Suwaik, Riff 59.
Ras Suwat 53.
Ras Tank 87.
„ Wassertiefen 87.
Ras Tannura 143, 156.
„ Ankerplatz 143.
„ Gezeiten 143.
Ras Tarkun 184.
Ras ul-Bahrgan 242.
Ras Umm el-Hasa 134.
Redem-Riff 117.
Reideim-Riff 117.
Reischahr-Huk 226.
Rennie-Riff 144.
Reubens-Grabmal 259.
Rija, Dorf 151.

Rijam-Bucht 43.
Riya, Dorf 151.
Riyam-Bucht 43.
Rohilla, Ortschaft 239.
Rote Insel (Schisa) 58.
Rubeidja, Ort 139.
Rumra, Wasserlauf 73.
Runder Hügel (Darseit) 44.
Ruus al Jebel, Vorgebirge 52.
Ruus el-Djebel, Vorgebirge 52.
„ Wassertiefen 53.
Ruwul Sadna, Dorf 52.

Saba Djesair, Inseln 47.
Sabanat, Sandhügel 140.
Sabs Poschan, Huk 241.
Sabut, Insel 122.
Sadaisch, Fluß 89.
Sadna, Dorf 52.
Safil, Ort 207.
Sahm, Dorf 49.
Sai, Fort 101.
Saihat, Stadt 142.
Sail Rock 71.
Sainubi, Dorf 190.
Saja, Insel 147.
Sajad Hassan 260.
Sakamkam, Dorf 51.
Salama, Insel 60.
Salama wa-Banataha, Inseln 60.
„ Gezeiten, Wassertiefen 61.
Saleibichat, Dünen 167.
Samana-Krümmung 259.
Sambarun-Riff 209
Sanabis, Dorf 142.
Sar, Hügel 74.
Sarub, Bank 169.
Sattel-Hügel (Buschehr) 230.
Säulen-Klippe 38.
Saya, Insel 147.
Schabus, Bucht, Dorf 57.
Schaddi Chor, Fluß 73.
Schah Abu'l-Schah, Dorf 242.
Schah Allum-Riff 135, 213.
Schahin Kuh, Hügel 214.
Schajij, Chor 133.
Schakali Kuh, Gebirge 73.
Schandra-Kuppe 68.
Schardja-Huk 106.
Schardja, Stadt 106.
„ Ankerplatz 106.
„ Kriek 107.
„ Landungsplatz 106.
„ Wassertiefen 106.
Scharfer Pik 239.
Schateif, Bucht, Dorf 43.

18*

Schateit, Dorf 252. 253.
Schatt el-Arab, Mündung 246.
— Ansteuerung 248.
— Aussteuerung 249.
— Betonnung 247.
— Einfahrten 246.
— Gezeiten 249.
— Lotsen 249.
— Osteinfahrt 247.
— Westeinfahrt 247.
— Wrack 248.
Schatt el-Arab 250.
— Fahrtminderung 262.
— Flußfahrt 251.
— Mündung 246.
Schatt el-Kadimi, Krick 244.
Schatt el-Koban, Krick 244.
Schech Gata-Bank 145.
Schech Schuaib, Insel 211.
— Ankerplätze 212.
— Küste 211.
— Riff 212.
— Schiffsausrüstung 213.
Schelalieh, Dorf 260.
Schem, Dorf 97.
Schem, Insel 97.
Skereba, Dorf 149.
Scheunen-Gipfel 215.
Schiaiba, Fort 165.
Schilu, Dorf 218.
Schinas, Bucht, Dorf 197.
Schinas, Stadt 50.
— Ankerplatz 50.
Schirau, Insel 121.
Schir Schurna, Hügel 64.
Schisa, Bucht, Dorf 58.
Schituar, Insel 212.
— Bank 212.
— Durchfahrt 213.
Schiwa, Dorf 213.
— Ankerplatz 214.
Schiwa, Schiffsausrüstung 214.
Schlucht-Insel 61.
Schornstein-Hügel (Dilam) 239.
Schornstein-Hügel (Djebel Direnj) 219.
Schuam-Gipfel 95.
Schuam, Huk 100.
Schuam, Stadt 100.
Schueiba, Fort 165.
Schur, Berge 66.
Schurna, Insel 63.
Schusa, Dorf 182.
Schuschter, Stadt 261.
Segel-Klippe 71.
Seihan, Dorf 253.
Sellag, Dorf 149.
Sharp Peak 239.

Sib, Stadt 45.
— Ankerplatz 45.
Sibi, Dorf, Insel 97.
Sifa, Turm 36.
Sifat esch-Schech, Dattelgehölz 37.
Sifla, Dorf 193.
Sija Kuh, Berg 83.
Sira, Fort 39.
Sir Abu Nuair, Insel 112.
— Ankerplatz 112.
— Wassertiefen 112.
Sira el-Gharbi, Fort 39.
Siri Jafal 215.
Sirima, Baumgruppe 243.
Sitra, Dorf, Insel 148.
Sobeir, Stadt 171.
Schar, Stadt 49.
— Ankerplatz 50.
— Gipfel 50.
Sonmijani 65. 66.
— Ankerplatz 65.
— Ansteuerung 55.
— Einfahrt 65.
— Gezeiten 65.
— Lagune 66.
— Stadt 66.
Sonmijani-Bucht 62.
South Cove (Kumsar) 96.
Southeast Cove (Kumsar) 96.
Stiffe-Bank 213.
Suadi, Huk, Insel 46.
Subacha-Küste 123.
Subara, Dorf 51.
Subija, Dorf, Chor 171.
Suchnunija, Insel 139.
Sudab, Dorf 38.
Südbucht (Kumsar) 96.
Südostbucht (Kumsar) 96.
Suraf, Höhenzug 89.
Suru, Dorf 178.
Suwaik, Insel, Riff 59.

Tab, Fluß 243.
Tahiri, Dorf 217.
— Ankerplatz 217.
— Schiffsausrüstung 218.
Taiwa, Dorf 33.
Tallu-Hügel 68.
Tangak, Dorf 233.
Tangistan, Fort 223.
Tank, Dorf 87.
Tarut, Insel, Fort 142.
Tauana, Dorf, Huk 205.
— Ankerplatz 206.
Tawachul, Insel 59.
Tawana, Dorf 205.

Tersai, Dorf 193.
Teufels-Schlucht 33.
Thaluf. Djebel 163.
Tharub, Bank 169.
Tibba, Dorf 100.
Tigris 247.
„ Dampferlinien 257.
„ Gezeiten 257.
„ Überschwemmungen 251.
„ Wasserstand 257.
Tis, Fort 85.
Tis, Huk 84.
Tschahbar-Bucht 83.
„ Ankerplatz 85.
„ Wassertiefen 84.
Tschahbar-Huk 84.
Tschahbar, Stadt 85.
„ Ansteuerung 84.
„ Einfuhr 85.
„ Gezeiten 85.
„ Landung 85.
„ Schiffsausrüstung 85.
„ Telegraph 85.
Tschahu, Dorf 193.
Tscharak-Bucht 205.
Tscharak, Stadt 205.
„ Ankerplatz 205.
„ Kriek 205.
„ Landung 205.
„ Schiffsausrüstung 205.
Tschatschus, Riff 141.
Tschiru, Bucht 209.
Tschiru, Huk 209.
„ Gezeiten 209.
„ Sandbank 210.
Tschiru, Stadt 209.
„ Ankerplatz 209.
Tudjak, Dorf 173.
Tujak, Dorf 173.
Tuzhdan, Hügelkette 77.

Überhängender Pik 176.
Uha, Insel 169.
Umm el-Fajarin, Insel 57.
„ Gezeitenströme 57.
Umm el-Hamail, Bank 158.
Umm el-Hatab, Insel 124.
Umm el-Hul, Huk 129.
Umm el-Kawen, Huk 104.

Umm el-Kawen, Stadt 104.
„ Ankerplatz 104.
„ Kriek 105.
„ Reede 104.
„ Wassertiefen 105.
Umm el-Koram, Insel 221.
Umm el-Madjarib, Insel 115.
Umm el-Maradim, Insel 164.
Umm en-Namil 168.
Um el-Wawieh 261.
Umm Kasr, Fort 171.
Umm Nahsan, Insel 155.
„ Gezeiten 156.
Umm Sila, Insel 222.

Vindar, Fluß 65.

Wadi Hail el-Ghaf, Schlucht 34.
Wadi Semail, Tal 45.
Wais, Dorf 260.
Warba, Insel 171.
Webb-Riff 72.
Weiß, Dorf 260.
Weiße Huk (Ras el-Abias) 44.
Weißer Berg (Sib) 45.
West Bay (Gwadar) 77.
White Hill (Sib) 45.
Wisful 261.

Yalali, Fort 41.
Yarid, Ras 204.
Yasat, Inselgruppe 123.
Yiti, Bucht 37.

Zabut, Insel 122.
Zackiger Pik 176.
Zadna, Dorf 52.
Zai, Fort 101.
Zainubi, Dorf 190.
Zakhnuniya, Insel 139.
Zarrain, Hügel 72.
Zarwan, Ras 154.
Zellag, Dorf 149.
Zirkuh, Insel 119.
„ Ankerplatz 119.
„ Lotungen 120.
„ Untiefen 120.
Zubara, Dorf 51.

Tafel I.

bbild. 1 siehe Tafel XIV.

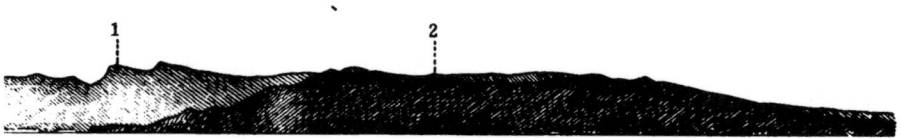

bbild. 2: **Wadi Hail el-Ghaf** (1) (Teufelsschlucht) in rw. *214°* (mw. SWzS); 2 Ras Abu Daud.

bbild. 3: **Maskat.** 1 Sattelhügel; 2 Ras Maskat in rw. *276°* (mw. W½N) 22 Sm.

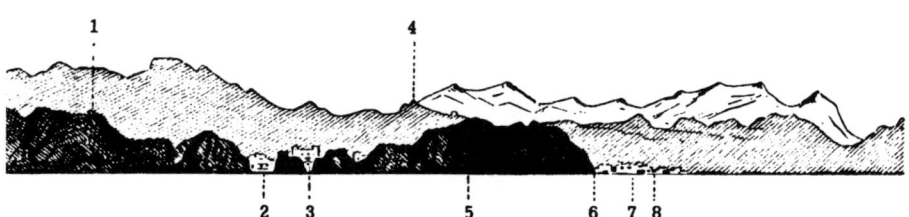

bbild. 4: **Maskat.** 1 Turm; 2 Stadt; 3 Djalali-Fort in rw. *254°* (mw. WSW½W); 4 Maha-Gipfel; 5 Insel Maskat; 6 Ras Maskat; 7 Fischer-Klippe; 8 el-Matra.

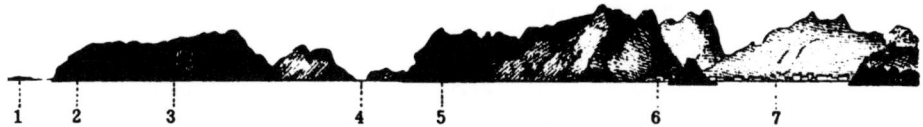

bbild. 5: **Maskat.** 1 Fischer-Klippe; 2 Ras Maskat in rw. *119°* (mw. SOzO½O); 3 Insel Maskat; 4 Bucht von Maskat; 5 Ras Kalbu; 6 Kalbu; 7 Doha.

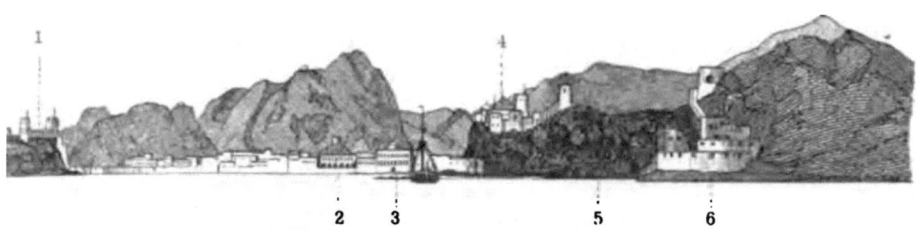

bbild. 6: **Maskat.** 1 Djalali-Fort; 2 Zollamt; 3 Palast des Imam; 4 Merani; 5 Makalla-Ankerplatz; 6 Sira el-Gharbi.

Tafel II.

Abbild. 7: **Maskat**, innerer Hafen: Palast des Imam und Merani-Fort.

Abbild. 8: **Maskat** vom äußeren Ankerplatze.

Abbild. 9: **Ras Kowasir** (1) — 2 Ras esch-Schateif in rw. *272°* (mw. W⅛N); 3 Fahal-Insel in rw. *285°* (mw. WNW⅝W).

Abbild. 10: **El-Matra** von der Bucht aus.

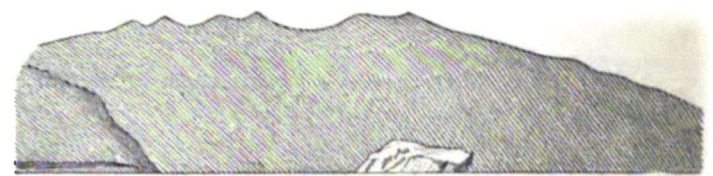

Abbild. 11: **Fahal-Insel** in rw. *214°* (mw. SWzS) *5* Sm.

Abbild. 12: **Djebel Achdar** (1) in rw. *175°* (mw. S½O) *66* Sm.

Tafel III.

Abbild. 13: Suadi-Inseln (1) in rw. *158°* (mw. SSO) *4* Sm.

Abbild. 14: Sohar-Gipfel in rw. *226°* (mw. SW).

Abbild. 15 und 16 siehe Tafel XIV.

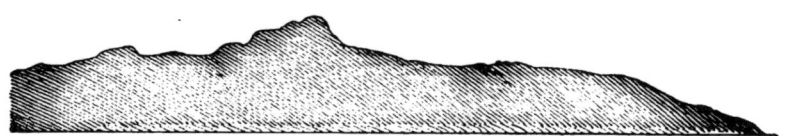

Abbild. 17: Djebel el-Harim in rw. *279°* (mw. W³/₄N).

Abbild. 18 siehe Tafel XIV.

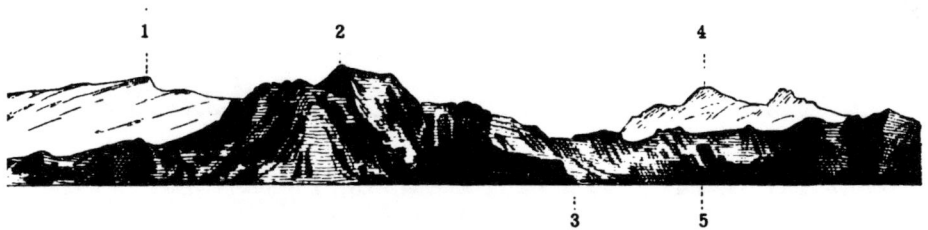

Abbild. 19: Duhat Schisa.   1 Djebel el-Harim; 2 Djebel Sibi; 3 Ras Kaisa in rw. *238°* (mw. SWzW¹/₈W); 4 Kegelspitz; 5 Duhat Schisa.

Abbild. 20: Musandam-Halbinsel.   1 Ras Kabr Hindi in rw. *255°* (mw. WSW⁵/₈W); 2 Fak el-Asad-Sund in rw. *291°* (WNW¹/₈W).

Tafel IV.

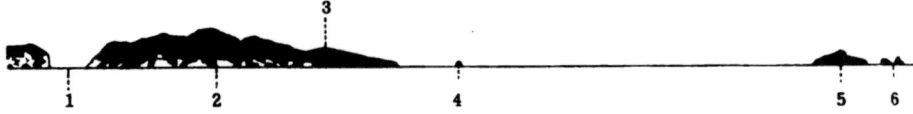

Abbild. 21: **Insel Musandam.** 1 Fak el-Asad-Sund in rw. ***291°*** (mw. WNW¼W);
2 Insel Musandam; 3 Insel Tawachul; 4 Kaschal;
5 Großer Keil; 6 Kleiner Keil.

Abbild. 22: **Chor Sifet el-Hadschadsch** (Malcolm's-Bucht) von Land aus.

Abbild. 23: **Ras Machduk.**

Abbild. 24: **Salama wa-Banataha.** 1 Kleiner Keil; 2 Schlucht-Insel; 3 Großer Keil
in rw. ***276°*** (mw. W½N) ***6*** Sm.

Abbild. 25 siehe Tafel XIV.

Abbild. 26: **Gwadar.** 1 Ras Nuch in rw. ***293°*** (mw. WNW) ***10*** Sm.

Abbild. 27, 28, 29, 30, 31 siehe Tafel XIV.

Abbild. 32: **Ras Maidani** in rw. *35°* (mw. NOzN) *10* Sm.

Abbild. 33 siehe Tafel XVI.

Abbild. 34: **Djebel Bahmadi** (1) in rw. *338°* (mw. NNW); 2 Djebel Dangija.

Abbild. 35: **Ras Schech Masud.**

Abbild. 36: **Ras el-Chaima.**

Abbild. 37: **Dabai.**

Abbild. 38: **Djebel Ali** in rw. *63°* (mw. NOzO¹/₂O) *15* Sm.

Tafel VI.

Abbild. 39: Ras Hanjura.

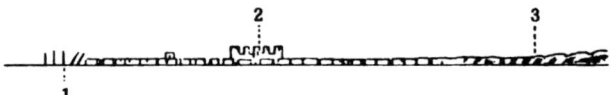

Abbild. 40: Abu Sabi.

Abbild. 40a: Abu Sabi: 1 Masten von Fahrzeugen der Eingeborenen; 2 Fort in rw. *124°* (mw. SOzO) *5* Sm; 3 Djebel Fataisa *9* Sm

Abbild. 41: Sir Abu Nuair in rw. *288°* (mw. WNW$^{1}/_{2}$W) *5$^{1}/_{2}$* Sm.

Abbild. 42: Zirkuh in rw. *270°* (mw. West) *5* Sm.

Abbild. 43: Djesiret Karnēn in Eins mit Zirkuh in etwa *3$^{1}/_{2}$* Sm Abstand.

Abbild. 44: Es-Solata, Kasr des Schechs.

Tafel VII.

Abbild. 45: El-Adjer.

Abbild. 46: Bahrein. 1 Djebel Duchan aus Nordosten gesehen; 2 Insel Muharrek; 3 Dattelpalmen von Rija.

Abbild. 47: Bahrein. Altes Kasr des Schechs.

Abbild. 48: Bahrein. Portugiesisches Fort.

Abbild. 49: Bahrein. Die beiden Minarette.

Tafel VIII.

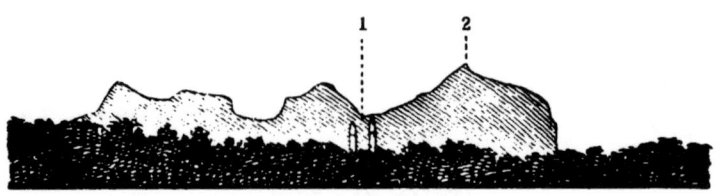

Abbild. 49a: **Bahrein.** 1 Die beiden Minarette in rw. *182°* (mw. S¹/₈W) in Eins mit der Westschulter des Djebel Duchan (2).

Abbild. 50 siehe Tafel XVI.

Abbild. 51: **Ras et-Tanadjib** in rw. *270°* (mw. West) *8* Sm.

Abbild. 52: **Djebel Amudi** in rw. *231°* (mw. SW¹/₂W) *5* Sm.

Abbild. 53: **Djebel Banaja** in etwa rw. *259°* (mw. WzS) *5* Sm.

Abbild. 54: **Kuh i Mubarak** (1) in rw. *79°* (mw. OzN) *12* Sm.

Abbild. 55: **Kuh i Mubarak** (1) Loch sichtbar; 2 Djebel Karja in rw. *355°* (mw. N¹/₂W).

Abbild. 56: **Kuh i Mubarak** (1) in rw. *91°* (mw. Ost) *3¹/₂* Sm.

Tafel IX.

Abbild. 57: **Djebel Karja** (1) in rw. *57°* (mw. NOzO); 2 Djebel Bis.

Abbild. 58: **Chor Minau.** 1 Überhängender Pik in rw. *23°* (mw. NNO).

Abbild. 59: **Chor Minau.** 1 Zackiger Pik; 2 Überhängender Pik in rw. *79°* (mw. OzN).

Abbild. 60: **Djesiret Hormus** in etwa *9* Sm Abstand vom Westen gesehen; 1 altes Portugiesisches Fort; 2 altes Minaret.

Abbild. 61: **Djebel Schimil** (1) in rw. *57°* (mw. NOzO) *40* Sm.

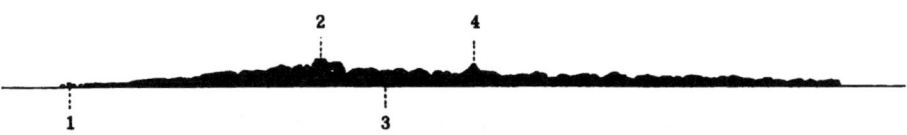

Abbild. 62: **Insel Larak.** 1 Altes Niederländisches Fort; 2 Hoher Gipfel in rw. *119°* (mw. SOzO1/2O); 3 Larak; 4 Kegelgipfel.

Tafel X.

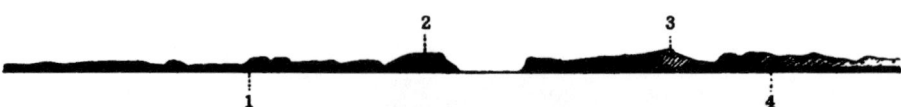

Abbild. 63: **Hendjam-Sund.** 1 Insel Hendjam; 2 Tafelhügel in rw. *265°* (mw. W1/2S;
3 Kischkuh; 4 Ras Chargu.

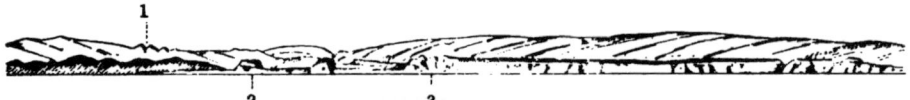

Abbild. 64: **Basidu.** 1 Grubb's Notch; 2 West Hummock; 3 East Hummock in
rw. *329°* (mw. NNW7/8W) *10* Sm.

Abbild. 65: **Basidu.** 1 West Hummock in rw. *302°* (mw. NWzW1/4W) *16* Sm;
2 East Hummock; 3 Lingah-Pik; 4 Grubb's Notch.

Abbild. 66: **Djebel Bistana** (1) in rw. *293°* (mw. WNW) *9* Sm.

Abbild. 67: **Djesiret Tanb** in etwa rw. *189°* (mw. S3/4W) *11* Sm.

Abbild. 68: **Djesiret Nabiju Tanb** in etwa rw. *271°* (mw. West) *7* Sm.

Abbild. 69: **Djesiret Abu Musa** in rw. *226°* (mw. SW) *13* Sm.

Abbild. 70: **Djesiret Sirri** in rw. *237°* (mw. SWzW) *6* Sm.

Tafel XI.

Abbild. 71: Djesiret Nabiju Farur (1) in rw. *214°* (mw. SWzS) *3* Sm; 2, 3 u. 4 Klippen.

Abbild. 72: Djesiret Farur. 1 Djebel Turandja; 2 Djesiret Farur; 3 ihr Gipfel in rw. *359°* (mw. Nord).

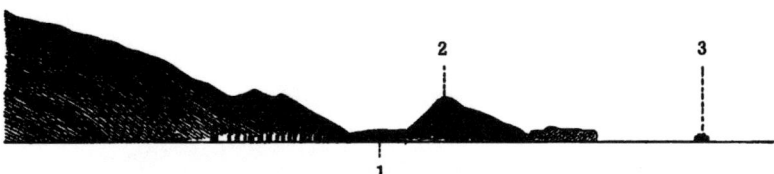

Abbild. 73: Tauana (1); 2 Djebel Hamar in rw. *63°* (mw. NOzO½O) *9* Sm; 3 Tscharak-Fort.

Abbild. 74: Schahin Kuh in rw. *338°* (mw. NNW) *8* Sm.

Abbild. 75: Siri Jafal (1) in rw. *91°* (mw. Ost) *35* Sm.

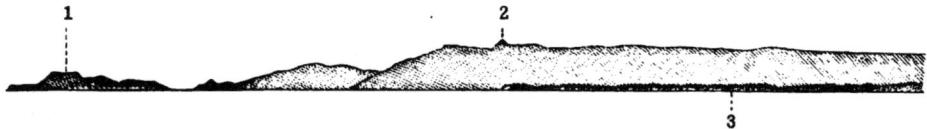

Abbild. 76: Djebel Siri Ajenat (1); 2 Siri Jafal in rw. *338°* (mw. NNW) *50* Sm; 3 Küste südlich von Ras Nubend.

Tafel XII.

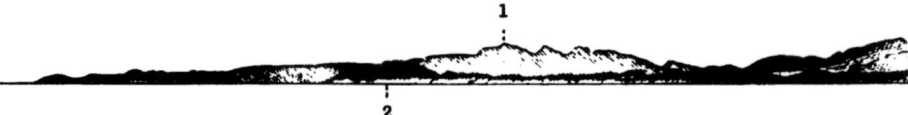

Abbild. 77: Djebel Direng (1) in rw. *333°* (mw. NNW½W); 2 Schornstein-Hügel

Abbild. 78 u. 79 siehe Tafel XVI.

Abbild. 80: Djebel Direng in rw. *74°* (mw. ONO½O) *20* Sm.

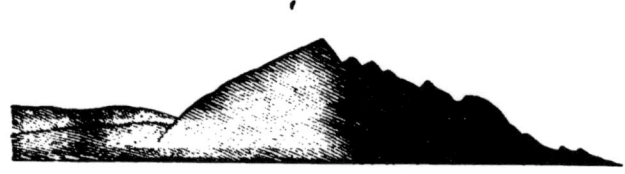

Abbild. 81: Kuh Chormudj in rw. *119°* (mw. SOzO½O) *50* Sm.

Abbild. 82: Bu Rijal (1) in rw. *40°* (mw. NO½N) *30* Sm; 2 Kuh Chormudj.

Abbild. 83 u. 84 siehe Tafel XVII.

Abbild. 85: Buschehr. 1 Niedrige Ebene; 2 Russisches Konsulat; 3 Kuh Chormudj in rw. *113°* (mw. OSO) *45* Sm.

Abbild. 86: Kuh i Gisakau (1) etwa rw. *34°* (mw. NOzN) *50* Sm.

Abbild. 87: **Buschehr.** 1 Minaret der Imamsada-Moschee; 2 Ras Halila in rw. ***140°*** (mw. $SO3/8S$); 3 Bu Rijal.

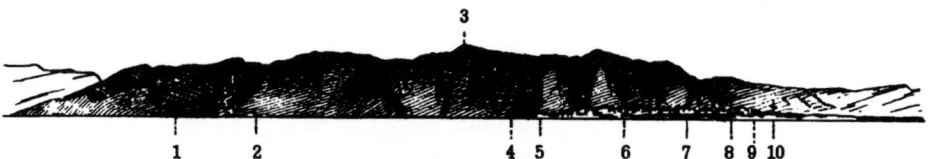

Abbild. 88: **Buschehr.** 1 Kleine Bäume; 2 Lazarett; 3 Gipfel von 1200 m; 4 Huk in rw. ***97°*** (mw. $O1/2S$); 5 Mast des Zollamts; 6 Mast; 7 Mast des persischen Statthalters; 8 Mast des englischen Konsulats; 9 Schwarzer Turm; 10 Mast des französischen Konsulats.

Abbild. 89: **Kuh i Bang** in rw. ***18°*** (mw. $NzO1/2O$) ***15*** Sm.

Abbild. 90 siehe Tafel XVII.

Abbild. 91: **Fao mit Telegraphenämtern.**

Abbild. 92: **Karun-Mündung.**

Abbild. 1: **Wadi Hail el-Ghaf.** (1) (Teufelsschlucht) in r

Abbild. 15: **Ruus el-Djebel.** 1 Ghubbet Ghasira; 2 Djebel Sibi; 3 Ghubbet Sch:
7 Ras Kabr Hindi; 8 Musandam-Insel *21* Sm ab.

Abbild. 16: **Ruus el-Djebel.** 1 Lima-Gipfel; 2 Umm el-Fajarin-Insel in rw. *220°* (r
8 Ras Kabr Hindi; 9 Majili-Pik; 10 Kumsar-Hügel; 1:

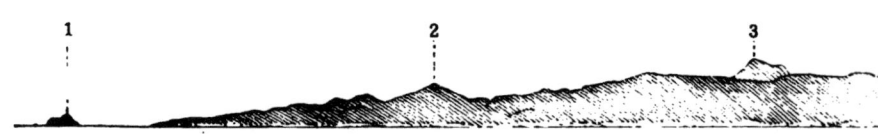

Abbild. 18: **Ruus el-Djebel.** 1 Djebel Schem: 2 Kegelspitz;

Abbild. 25: **Djebel Hingladj** (1

Tafel XIV

5° (mw. W¹/₂S) *35* Sm; 2 Djebel Karjat; 3 Djebel Abu Daud.

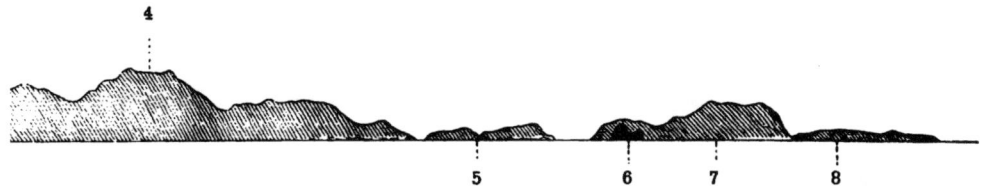

4 Kaisa-Berg; 5 Duhat Schisa; 6 Umm el-Fajarin in rw. *344°* (mw. NzW¹/₂W) *10* Sm;

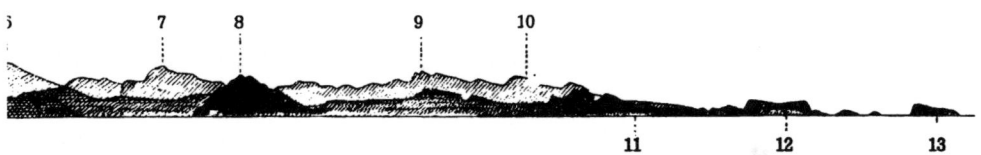

W¹/₂S); 3 Djebel el-Harim; 4 Kaisa-Berg; 5 Djebel Sibi; 6 Kegelspitz; 7 Djebel Schem; ;andam-Insel; 12 Djesiret Kun; 13 Tawachul in rw. *268°* (mw. W¹/₄S).

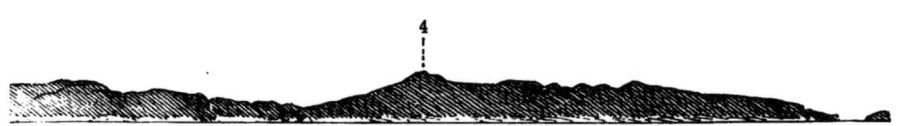

ebel el-Harim in rw. *108°* (mw. OSO¹/₂O) *50* Sm; 4 Djebel Kawa.

rw. *349°* (mw. NzW) etwa *40* Sm.

Abbild. 27: Gwadar. 1 Ras Nuch in etwa r

Abbild. 28: Gwatar-Bucht. 1 Kastellhügel

Abbild. 29: Ras Beris (1) in rw. *321°*

Abbild. 30: Tschahbar. 1 Tis-Huk in rw. *57°* (mv

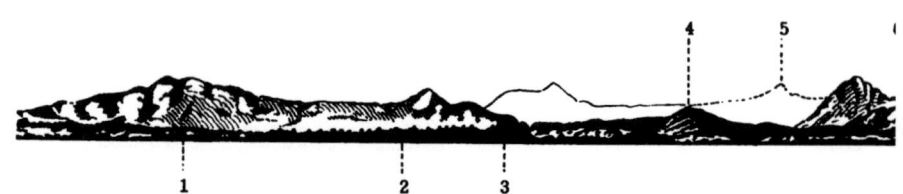

Abbild. 31: Chor Rabl. Ras Maidani in rw. *266°* (mw. W½S) *9* Sm, Kuh Kalat in rw.
5 Djebel Schahu; 6 Kora tel-usif; 7 Bandmuli; 8 Karwan;

Tafel XV.

' (mw. West) *15* Sm; 2 Djebel Mahdi; 3 Sar.

; Fasta in etwa rw. *349°* (mw. NzW) *10* Sm.

$N^1/_2 N$) etwa *8* Sm; 2 Chaki Kuh-Gebirge.

); 2 Tafelland von Tschahbar; 3 Chaki Kuh-Gebirge.

mw. ONO⁷/₈O) *15* Sm. 1 Puschtesar; 2 niedrige Sandhuk; 3 Ras el-Chor; 4 Makipuscht; tel-bender; 10 Towak.

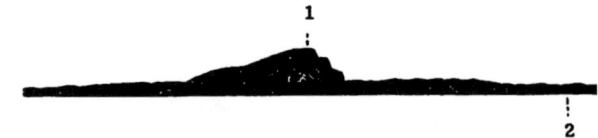

Abbild. 33: **Djebel Schahu,** *60* Sm ab (1) — 2 Küst

Abbild. 50: **Bahrein.** 1 Kalali-Turm; 2 Simahi; 3 ed-Dir; 4 Arad; 5
8 Djebel Duchan; 9 Portugiesisches Fort.

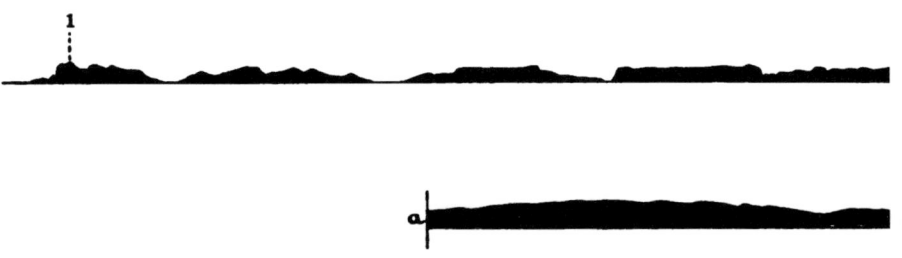

Abbild. 78: **Djebel Direng** (1) in rw. *6°* (mw. N½O) *57* Sm; 2 Abhang; 3 Dj

Abbild. 79: **Djebel Direng** (1) in rw. *57°* (mw. NOzO) *20*

Tafel XVI.

ze von Ras Maidani in rw. *321°* (mw. NW½N) *6* Sm.

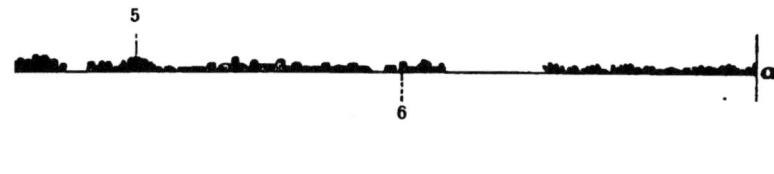

; 6 Muharrek-Fort in rw. *164°* (mw. SzO½O) *7* Sm; 7 er-Rufa-Fort;

Ajenat in rw. *46°* (mw. NO) *55* Sm; 4 Siri Jafal in rw. *68°* (mw. ONO) *65* Sm.

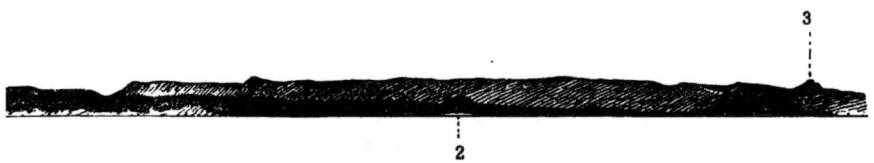

chornsteinhügel; 3 Djebel Siri Ajenat in rw. *96°* (mw. O½S).

Abbild. 83: **Buschehr.** (Nordende der Stadt unter dem höchsten Punkt des Hinterlands von Rakat el-Ali). 1 Kuh i Gisakan; 2 Stadt Buschehr; 3 M₁

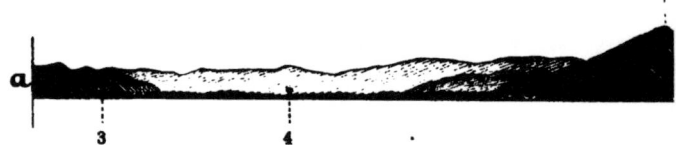

Abbild. 84: **Bu Reijal** (1) in rw.

Abbild. 90: **Schatt el-Arab-Mündung.** 1 Türkisches

Tafel XVII.

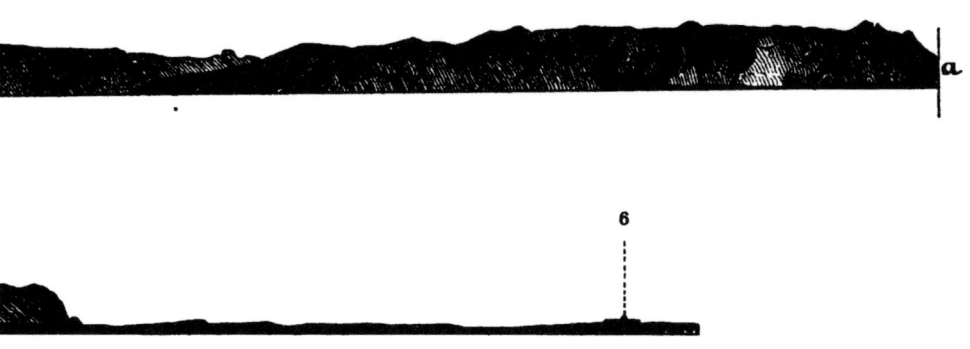

laggenstange der Britischen Residentschaft in rw. **65°** (mw. NOzO³/₄O) führt über den Steert utsches Konsulat); 4 Einzelner Baum; 5 Kuh Chormudj; 6 Imamsada-Moschee.

mw. NzW) **36** Sm; 2 Kuh Chormudj.

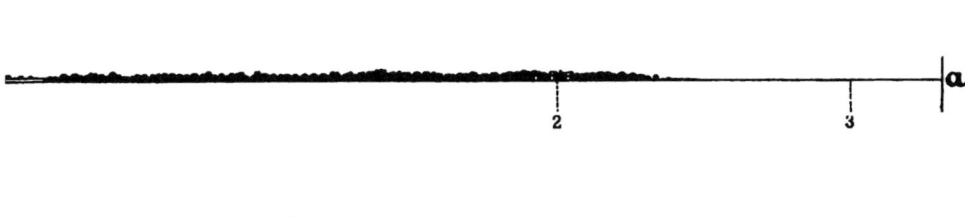

rw. **290°** (mw. WNW¹/₄W) **3** Sm; 2 Fao; 3 Schatt el-Arab.

Von dem Reichs-Marine-Amt, Nautische Abteilung, sind herausgegeben worden:

I. Verzeichnis der Leuchtfeuer aller Meere. 1907.

Verlag von E. S. Mittler & Sohn, Kgl. Hofbuchhandlung, Berlin SW., Kochstr. 68-71.

I. **Heft:** Ostsee, Belte, Sund, Kattegat und Skagerrak. (Karten Titel I und II.)   Geh. 75 Pf.; geb. 1,35 Mk.

II. **Heft:** Nordsee, Nördliches Eismeer. (Karten Titel III und XIII.)   Geh. 75 Pf.; geb. 1,35 Mk.

III. **Heft:** Englischer Kanal, W-Küste von England und Schottland, Küsten von Irland. (Karten Titel IV.)   Geh. 50 Pf.; geb. 1,10 Mk.

IV. **Heft:** Mittelmeer, Schwarzes und Asowsches Meer. (Karten Titel V.)   Geh. 1,— Mk.; geb. 1,60 Mk.

V. **Heft:** Nördlicher Atlantischer Ozean. (Karten Titel VI.)   Geh. 1,20 Mk.; geb. 1,80 Mk.

VI. **Heft:** Westindien und Südlicher Atlantischer Ozean. (Karten Titel VII und VIII.)   Geh. 60 Pf.; geb. 1,20 Mk.

VII. **Heft:** Indischer Ozean und Ostindischer Archipel. (Karten Titel IX und X.)   Geh. 60 Pf.; geb. 1,20 Mk.

VIII. **Heft:** Nördlicher und Südlicher Stiller Ozean. (Karten Titel XI und XII.)   Geh. 60 Pf.; geb. 1,20 Mk.

II. Segelhandbücher.

In Vertrieb bei Dietrich Reimer (Ernst Vohsen), Berlin SW., Wilhelmstraße 29.

Segelhandbuch für die Ostsee. In fünf Abteilungen zu beziehen:

1. Abteilung: Meteorologische, klimatologische und physikalische Verhältnisse des Ostsee-Gebiets. Dritte Auflage. 1906.
Preis geb. 2,50 Mk.

2. Abteilung: Das Kattegat und die Zugänge zur Ostsee. Dritte Auflage. 1901.   Preis geb. 3,50 Mk.

3. Abteilung: Von der Linie Schleimünde—Fakkebjerg bis zur Linie Nimmersatt—Torhamns Udde. Vierte Auflage. 1904.
Preis geb. 3,50 Mk.

4. Abteilung: Die russische Küste von der preußischen Grenze bis Dagerort, der Moon-Sund, Rigasche und Finnische Meerbusen. Dritte Auflage. 1903.   Preis geb. 3,50 Mk.

5. Abteilung: Die Ostküste von Schweden. Der Bottnische Meerbusen und die Ålands-Inseln. Dritte Auflage. 1900.
Preis geb. 3,— Mk.

Segelhandbuch für die Nordsee. I. Teil. In vier Heften zu beziehen:

1. Heft: Meteorologische und klimatologische Verhältnisse, magnetische Elemente, physikalische und Strömungsverhältnisse des Nordsee-Gebiets. Zweite Auflage. 1903.   Preis geb. 2,— Mk.

2. Heft: Skagerrak. Dritte Auflage. 1901. Preis geb. 3,— Mk.
3. Heft: Deutsche Bucht der Nordsee. Dänische Küste von Hanstholm bis zur deutsch-dänischen Grenze mit dem Limfjord. Holländische Küste von der Ems bis Terschelling. Sechste Auflage. 1906. Preis geb. 4,— Mk.
4. Heft: Die Hoofden. Vierte Auflage. 1904. Preis geb. 3,— Mk.

Segelhandbuch für die Nordsee. II. Teil. In drei Heften zu beziehen:
1. Heft: Küste Norwegens von Lindesnes bis zur russischen Grenze. Zweite Auflage. 1907. Preis geb. 4,— Mk.
2. Heft: Die Shetland- und Orkney-Inseln, die Nord- und Ostküste Schottlands von Kap Wrath bis Kinnaird Head. Dritte Auflage. 1904. Preis geb. 3,— Mk.
3. Heft: Ostküste Schottlands von Kinnaird Head bis Berwick und die Ostküste Englands von Berwick bis Cromer. Zweite Auflage. 1902. Preis geb. 3,— Mk.

Die Dänischen Häfen. Zweite Auflage. 1902. Preis geb. 3,— Mk.

Segelhandbuch für die Insel Island. 1899. Preis geb. 2,50 Mk.

Segelhandbuch für die Süd- und Ostküste von Afrika von dem Kap der Guten Hoffnung bis Kap Guardafui einschließlich der Comoren-Inseln. Zweite Auflage. 1903. Preis geb. 4,— Mk.

In Vertrieb bei E. S. Mittler & Sohn, Berlin SW., Kochstraße 68—71.

Segelhandbuch für die Färöer. 1905. Preis geb. 1,— Mk.

Segelhandbuch für den Englischen Kanal.
I. Teil: Die Südküste Englands. Dritte Auflage. 1904. Preis geb. 3,— Mk.
II. Teil: Die Nordküste Frankreichs. Dritte Auflage. 1905. Preis geb. 3,— Mk.

Segelhandbuch für den Irischen Kanal. Zweite Auflage. 1904. Preis geb. 5,— Mk.

Segelhandbuch für die Westküste Schottlands. 1905. Preis geb. 3,— Mk.

Segelhandbuch für die Nord- und Westküsten Spaniens und Portugals.
1904. Preis geb. 5,— Mk.
Hierzu ein Beiheft mit Küstenansichten. 1904. Preis geb. 5,— Mk.

Segelhandbuch für das Mittelmeer.
I. Teil: Die Ostküste Spaniens und Balearen und Südküste Frankreichs und Korsika. 1905. Preis geb. 3,— Mk.
Hierzu ein Beiheft mit Küstenansichten. Preis geb. 3,— Mk.
II. Teil: Die West- und Südküste Italiens, Sardinien und Sizilien. 1905. Preis geb. 3,— Mk.
Hierzu ein Beiheft mit Küstenansichten. 1905. Preis geb. 3,— Mk.
III. Teil: Die Nordküste Afrikas. 1905. Preis geb. 3,— Mk.
Hierzu ein Beiheft mit Küstenansichten. Preis geb. 3,— Mk.

IV. Teil: Griechenland und Kreta. 1906.   Preis geb. 3,— Mk.
In Arbeit hierzu ein Beiheft mit Küstenansichten.
V. Teil: Die Levante. 1906.   Preis geb. 3,— Mk.
In Arbeit hierzu ein Beiheft mit Küstenansichten.
VI. Teil: Adriatisches Meer im Druck
In Arbeit hierzu ein Beiheft mit Küstenansichten.

Segelhandbuch für das Schwarze Meer. 1906.   Preis geb. 3,— Mk.
Im Druck hierzu ein Beiheft mit Küstenansichten.

Segelhandbuch für das Rote Meer und den Golf von Aden.
1906.   Preis geb. 4,50 Mk.
Hierzu ein Beiheft mit Küstenansichten. 1906.   Preis geb. 3,— Mk.

Segelhandbuch für den Persischen Golf. 1907.   Preis geb. 3,— Mk.

Segelhandbuch für die Westküste von Hindustan.
1907.   Preis geb. 3,— Mk.

Segelhandbuch für den Golf von Bengalen in Vorbereitung.

III. Verzeichnis der Zeitsignal-Stationen aller Meere.
Fünfte Auflage. 1903.   Preis geb. 1,— Mk.

In Vertrieb bei E. S. Mittler & Sohn, Berlin SW., Kochstraße 68—71.